STUDIA OCCITANICA

Volume I

Paul Remy

STUDIA OCCITANICA

in memoriam Paul Remy

in 2 volumes

Volume I
The Troubadours

Edited by
Hans-Erich Keller

in collaboration with

Jean-Marie D'Heur   Guy R. Mermier   Marc Vuijlsteke

MEDIEVAL INSTITUTE PUBLICATIONS
Western Michigan University
Kalamazoo, Michigan - 1986

Library of Congress Cataloging in Publication Data

Studia occitanica in memoriam Paul Remy.

French, English, German, and Italian.
Half title: Studia occitanica.
Contents: v. 1. The troubadours — v. 2. Narrative, philology.
1. Provençal philology. 2. Troubadours. 3. Remy, Paul, 1919-1979. I. Title: Studia occitanica. II. Remy, Paul, 1919-1979. III. Keller, Hans-Erich.
ISBN 0-918720-73-7 (set)
ISBN 0-918720-71-0 (v. 1)
ISBN 0-918720-72-9 (v. 2)
ISBN 0-918720-76-1 (pbk. : set)
ISBN 0-918720-74-5 (pbk. : v. 1)
ISBN 0-918720-75-3 (pbk. : v. 2)

Kalamazoo, Michigan 49008

Cover Design by Linda K. Judy
Printed in the United States of America

CONTENTS
VOLUME I

The Troubadours

VOLUME II
Part One: The Narrative

Part Two: Philology

Preface

Death claimed Paul Remy in Brussels on 27 September 1979, at the age of sixty. His sudden disappearance profoundly shocked our scientific community, since he had been among us just a few weeks earlier at the International Arthurian Congress in Regensburg, where he was still the same warm person we had come to love and esteem so much over the years. This affection and respect extended to both sides of the Ocean, for he had been a frequent guest in the States and loved to return there ever since his stay at Yale. I think none of us will ever forget his address as the featured speaker of the final plenary session at the Second Congress of the International Courtly Literature Society in Athens, Georgia, in which he exposed to an enthusiastic audience his literary and philological beliefs (unfortunately, never published).

Given the widespread great sympathy Paul Remy enjoyed, it was only natural that the idea would arise, immediately after his death, of a memorial volume in his honor, having as theme the scientific domain to which he had dedicated his research for nearly forty years: the Occitan literature and language. Four of his friends—two from his indigenous Belgium and two from the New World—took the initial steps that led to the project which acquired the Latin title of *Studia Occitanica*, due to its international character. Thanks to the encouragement of another of Paul's friends, Otto Gründler, Director of The Medieval Institute of Western Michigan University at Kalamazoo, Michigan, who agreed to publish the volume, and to the financial help of the Faculteit van de Letteren en Wijsbegeerte of the Rijksuniversiteit at Ghent, it was possible to launch a worldwide invitation to contribute to the volume. The response was overwhelming: nearly seventy articles from more than a dozen countries, all on the subject of Occitan lyrics, narrative, or philology; as such, it was feasible to divide them into two volumes, one concerning the troubadours, the other narrative fiction and philology, a division which moreover accommodates separate marketing of the two volumes.

It is clear that such a large number of contributions required several years of editing and more than a considerable amount of correspondence. Their preparation by word processor at The Ohio State University has permitted the contributions to remain up to date, a precious feature in the fast-moving evolution of our science. Despite availing ourselves of the latest computer technology, the two volumes would not be available at this date without the untiring assistance of my dear wife, Barbara. In addition to her own scholarly pursuits and teaching obligations, she devoted many hours to the tedious work of coding the manuscripts on disk for typesetting. We owe her our most heartfelt thanks for sacrificing countless hours for this publication, her way of paying homage to the memory of a fine friend.

May the *Studia Occitanica* now go forth as a testimonial of our dedication to studies in the field, a dedication so brilliantly illustrated by our dear friend and colleague Paul Remy.

Columbus, Ohio, December 1983

Hans-Erich Keller
Editor

Paul Remy (1919-1979)

Patrick Collard

Paul Remy est décédé le 27 septembre 1979 à Bruxelles, âgé de soixante ans. C'est avec douleur et consternation que ses amis, ses collègues, ses collaborateurs, ses étudiants reçurent la triste nouvelle du deuil cruel qui frappe sa famille. Que Madame P. Remy et ses enfants sachent que nous pensons à eux avec la plus sincère des sympathies.

Pour ceux qui fréquentaient Paul Remy ou qui avaient eu des contacts récents avec lui, le choc fut particulièrement brutal parce que totalement imprévu: ils gardent en effet l'image d'un homme actif, plein de projets concernant ses travaux et ses cours universitaires, des colloques et autres rencontres scientifiques à organiser . . .

Né à Schaerbeek près de Bruxelles le 11 avril 1919, Paul Remy entreprend ses études supérieures à l'Université Libre de Bruxelles et obtient son titre de licencié en philologie romane en 1943, devant le Jury Central: le jeune étudiant annonce déjà le brillant médiéviste, son mémoire de licence sur *Le roman provençal de "Jaufre"* lui valant le titre de Premier Lauréat du Concours des bourses de voyages du Gouvernement belge. A la même époque (1944), il publie - déjà - *La littérature provençale au moyen âge. Synthèse historique et choix de textes.*

Successivement professeur dans l'enseignement secondaire et chercheur mandaté par le Fonds National de la Recherche Scientifique (FNRS), il organise - l'Université de Bruxelles ayant fermé ses portes sous l'Occupation - des cours clandestins de littérature française à la demande du Professeur Gustave Charlier, d'octobre 1943 au mois d'août 1944. Volontaire de guerre, il accompagne en Allemagne la *15th Scottish Infantry Division* en tant qu'interprète. Revenu en Belgique, il poursuit sa carrière au FNRS et à l'Université de Bruxelles comme assistant de Mme Julie Bastin. C'est en 1953 qu'il soutient, toujours à Bruxelles, où il deviendra chargé de cours, sa brillante thèse de doctorat sur *L'expression du temps dans les "Chroniques" de Froissart*.

Après cinq années d'enseignement de la grammaire française à la Faculté Polytechnique de Mons, il est nommé, en 1958, professeur ordinaire à l'Université d'Elisabethville, Zaïre, ex-Congo belge. Sa charge de cours y comprend, entre autres, les "Exercices philologiques sur les langues romanes", les "Notions de grammaire historique du français", l'"Explication d'auteurs français et provençaux du moyen âge". Il est doyen de sa faculté de 1959 à 1961.

Quittant l'Afrique pour l'Amérique, c'est comme "Visiting Professor" à l'Université de Yale, Connecticut, qu'il assurera, entre 1961 et 1963, une série de cours sur la littérature française du moyen âge, la chanson de geste, la poésie lyrique, le roman courtois. En février 1963, il devient chargé de cours à l'Université de Gand, où il sera nommé en 1965 professeur ordinaire et titulaire de la Chaire de littérature romane, fonction qu'il occupera jusqu'à sa mort et à laquelle il consacrera le meilleur de lui-même. Sous la direction de Paul Remy, l'étude de la littérature occitane à l'Université de Gand se développe de façon remarquable; la bibliothèque du Séminaire de littérature romane s'enrichit considérablement; de plus en plus nombreux chaque année, les étudiants s'inscrivent au cours d'explication d'auteurs occitans ou demandent à Paul Remy d'être leur directeur de mémoire de licence. Susciter l'intérêt et des vocations fut certes un des aspects les plus positifs et bénéfiques d'un professorat - hélas, trop vite interrompu - nourri de fécondes et savantes recherches: *Jaufre*, *Flamenca*, le jeu parti, *La Vie de Saint Alexis*, la littérature arthurienne, voilà quelques thèmes qui tout particulièrement passionnèrent Paul Remy et firent l'objet de plusieurs articles ou communications publiés dans des actes, des revues, des ouvrages collectifs: *Le Moyen Age*, *Revue belge de Philologie et d'Histoire*, *Romanica Gandensia*, *Revue de l'Université de Bruxelles*, *Romania*, *Cahiers de Civilisation médiévale*, *Recueil de travaux offerts à Clovis Brunel*, *Mélanges M. Delbouille*, *Actes du Ve Congrès International de linguistique et de philologie romanes*, *Actes du Ier Congrès International de langue et de littérature du Midi de la France*, *Arthurian Literature in the Middle Ages* de Roger Sherman Loomis, *Histoire illustrée des lettres françaises de Belgique* de G. Charlier et J. Hanse, le *Lexikon des Mittelalters*, etc.

Mais il faut souligner aussi que la curiosité scientifique et artistique de Paul Remy ne se laissait pas enfermer dans un seul domaine ou une seule époque. Sa passion pour le moyen âge ne l'empêcha nullement de montrer un vif intérêt, et ce dès le début de sa carrière, pour des sujets fort divers, comme en témoignent ses articles sur *L'Albatros* de Baudelaire, les mots provençaux dans les romans d'Henri Bosco, *Bodas de Sangre* de Garcia Lorca, Marnix de Sainte-Aldegonde, sans oublier les critiques théâtrales qu'il rédigeait dans les années cinquante pour le quotidien *La Dernière Heure* ou encore le chapitre sur le théâtre belge contemporain dans l'ouvrage, déjà cité, de G. Charlier et J. Hanse.

Mais on sait, en Belgique comme ailleurs, que Paul Remy était bien plus qu'un nom dans des revues scientifiques. D'abord parce que, aimant communiquer, voyager et recontrer ses collègues de par le monde, il était féru de congrès, colloques et autres réunions ou cours à l'étranger. Ensuite parce que, tout au long de sa carrière, il assumera un rôle très actif dans plusieurs sociétés savantes: secrétaire et bibliographe, de 1950 à 1979, de la section belge de la Société Internationale Arthurienne dont, en 1979, il devient Vice-Président d'Honneur; secrétaire, de 1950 à 1956, de la Société pour le Progrès des Etudes philologiques et historiques, section de philologie romane et germanique; Président honoraire du Centre Nord-Américain de Langue et Culture d'Oc; Président honoraire de l'International Courtly Literature Society et Président de sa section belge; membre actif de la Société de Linguistique Romane, de la Société Internationale Rencesvals et de la Medieval Academy of America. Convaincu de la fonction enrichissante des voyages, il ne manquait jamais l'occasion d'encourager les jeunes - ses étudiants, ses collaborateurs - à élargir leur horizon dans un sens profitable à leurs recherches et à leurs études. Il était d'ailleurs membre du Conseil de la Jeunesse belge à l'Etranger.

De celui qui nous a quitté en laissant un grand vide, nous retiendrons, parmi tant d'autres qualités, son raffinement et sa cordialité; son dévouement et sa fidélité dans l'amitié; son ironie pénétrante qui allait de pair avec la générosité dans le jugement; sa conscience de la relativité des choses, sa culture, sa profonde tolérance envers les opinions d'autrui. Paul Remy était un homme attachant. Un humaniste.

"La dreicha maniera de trobar": Von der Bedeutung der provenzalischen Dichtung für das europäische Geistesleben

Richard Baum

"Cantars non pot gaire valer, / Si d'inz del cor
no mov lo chanz"[1].

"Bernart ist ohne Zweifel einer der trefflichsten Liederdichter, die das Mittelalter hervorgebracht hat; seine Lieder athmen eine schmelzende Innigkeit der Empfindung so wie eine ganz eigenthümliche Kindlichkeit des Ausdrucks. . ."[2]. Gemeint ist Bernart von Ventadorn, und von ihm übersetzt Friedrich Diez auch eines jener 'überaus zarten' Lieder, "die an einen Tristan gerichtet sind, unter welchem männlichen Namen vielleicht eine Freundin versteckt ist"[3]; zitiert sei hier nur die erste Strophe:

Seh' ich die Lerche, die mit Lust
Die Flügel auf zur Sonne schwingt,
Und dann herab schwebt unbewusst
Vor Wonne, die ihr Herz durchdringt;
Ach, welche Wehmuth fasst mich an,
Wenn ich ein Wesen fröhlich seh',
Es nimmt mich Wunder, dass mir dann
Das Herz nicht schmilzt vor Sehnsuchtsweh![4]

Schon früher ist darauf hingewiesen worden, dass aus Diezens "meisterhaften Übertragungen", in denen sich Philologie zur "nachschaffenden Poesie" erhebt, das "feinste Empfinden für die Kunstmittel der poetischen Rede" spricht[5]. Wenn man bedenkt, dass der Verfasser der *Grammatik der romanischen Sprachen* und des *Etymologischen Wörterbuchs der romanischen Sprachen* in jungen Jahren selbst Gedichte schrieb, so ist eine Äusserung wie die folgende aus dieser Zeit nicht weiter verwunderlich:

> Es ist unwidersprechlich fest und wahr, es ist in das Leben aller Völker gepflanzt, die Weisheit der Dichtung verkündigt es aller Orten, dass nur das einzige Gefühl, die Liebe, alles ergründet; wie jene Pflanze, die dem Wanderer eine Quelle andeutet, so führen sinnvoll die Geistesschöpfungen der Völker auf den Strom der Ewigkeit. Alle Wissenschaft, alle Gelehrsamkeit nützt nur verneinend[6].

Getragen von der Strömung der Zeit, beflügelt durch die Studien der Schlegel und Grimm, wendet Diez sich im Jahre 1816 den "Minnesingern des Südens" zu[7].

In ähnlichem Geiste hatte, kurz nach der Jahrhundertwende, auch Raynouard das Studium der provenzalischen Sprache und Literatur aufgenommen[8]. Aus dem zweiten Band seines grossen Werkes, der den "Minnehöfen" und anderen literar- historischen Fragestellungen gewidmet ist, schlägt dem Leser, wie es Josef Körner treffend formuliert, "der Luftzug des romantischen Geistes allenthalben entgegen". "Die klassische Sappho", so heisst es weiter,

> und die provenzalische Dichterin Comtesse de Die werden einander gegenübergestellt: dort "la sensibilité toute matérielle", hier "le coeur, le coeur seul qui s'abandonne". Deutlich hören wir die Ouvertüre zur französischen Romantik. Was die Bekanntschaft mit Byron und der Einfluss der deutschen Literatur vollendeten, beginnen die zu neuem Leben erweckten Troubadours. . .[9].

Doch die Zeit schreitet fort; romantische Begeisterung mündet ein in ernsthaftes Forschen. Neben den Liebhaber der Dichtung tritt der Philologe.

"Les travaux de M. Raynouard sont destinés à remplir une grande lacune dans l'histoire littéraire du moyen âge. Tout le monde parloit des Troubadours, et personne ne les connoissoit. . .". Mit diesen Worten begrüsst August Wilhelm Schlegel den ersten Band des *Choix des poésies originales des troubadours* (1816). Die *Observations sur la langue et la littérature provençales* (1818), dem sie entstammen, beschäftigen sich jedoch nur beiläufig mit den poetischen Qualitäten der provenzalischen Dichtung; "[elles] n'ont d'autre but que d'attirer l'attention du public sur une entreprise littéraire de la plus grande importance, sous le rapport de la philologie et de l'histoire du moyen âge"[10]. Schlegel ist, bei aller Kritik an

Details und an der These vom "provenzalischen" Ursprung der romanischen Sprachen, aufrichtig bemüht, die Leistung des französischen Gelehrten zu würdigen. Das Hauptanliegen seines Werkes, in dem die langjährigen Vorarbeiten zu dem geplanten *Essai historique sur la formation de la langue française* ihren Niederschlag finden[11], ist allerdings die Erschliessung von *Forschungsperspektiven*. Philologische und historische Gesichtspunkte stehen dabei im Vordergrund.

Die von Schlegel gegebenen Anregungen sollten bald schon fruchten. Die Kritik an Raynouard wird, wie sich in einer der ersten Rezensionen von Diez zeigt, vernehmlicher[12]; Diezens als erstes (und einziges) Heft der "Beiträge zur Kenntniss der romantischen Poesie" erschienene Abhandlung *Ueber die Minnehöfe* (1825) entsteht gar in der Auseinandersetzung mit Raynouards Ausführungen zu dem die Phantasie nicht zum ersten Male beflügelnden Thema der *Cours d'amour*[13]. Noch grösser wird die Distanz zum Ahnherrn romanistischer Studien mit den Werken *Die Poesie der Troubadours* (1826) und *Leben und Werke der Troubadours* (1829). Die Phase des, wie Jacob Grimm beiläufig vermerkt[14], mit einiger Schwerfälligkeit verbundenen "Tieferdringens" beginnt, das Ideal eines kritischen Textes - "ein Punkt, der für die gelehrte Benutzung der Werke von entschiedener Wichtigkeit ist"[15] - findet, von Schlegel formuliert[16], recht rasch Verbreitung. Ein Nachklang von romantischer Begeisterung ist allenfalls noch in manchen Übertragungen provenzalischer Verse zu vernehmen. Die romanische Philologie ist geboren.

"Ieu sui Arnaut, que plor e vau cantan..."

> La littérature provençale, capitale dans l'histoire culturelle de l'Europe, représente aujourd'hui un siècle de travail et d'érudition. Plus qu'H.-P. de Rochegude (1741-1834), c'est un député à l'Assemblée législative, originaire de Brignoles en Provence, F.-J.-M. Raynouard, qui, en publiant les six volumes de son *Choix des poésies originales des troubadours* (1816-1821), apporta le premier l'esprit de méthode dans une matière vaste et dispersée...

Paul Remy eröffnet mit diesem Hinweis seine Einführung in die provenzalische Literatur[17]; im Anschluss daran verweist er auf Diez und dessen Monographien von 1826 und 1829, sodann auf Fauriel und dessen *Histoire de la poésie provençale* (1846)[18]. "Ces trois pionniers", so wird weiter ausgeführt, "avaient donné le branle; sur leur traces il faudra désormais étudier en profondeur, étudier minutieusement les textes, répandre l'enseignement...". Ein neues Zeitalter in der Geschichte provenzalischer Studien hat damit begonnen.

Das Studium der provenzalischen Sprache und Literatur, das, wie andere neuere Philologien in der Phase ihrer "wissenschaftlichen" Grundlegung, Impulse von der nach neuhumanistischen Prinzipien ausgerichteten Altertumswissenschaft empfängt[19], kennt eine lange Tradition. Schlegel, mit ihr wohlvertraut, erwähnt Lacurne de Sainte-Palaye und Millot, Bembo und Tassoni, Nostradamus, Crescimbeni und Salvini, vor allem aber Bastero, "celui qui s'y entendoit le mieux sous le rapport grammatical et philologique"[20], und auch der junge Diez kommt auf diese Autoren zu sprechen[21]:

> ...Der Dichter *Tassoni* ... durchliest nur gelegentlich die Handschriften zum Behuf seiner *Considerazioni sopra le rime di Petrarca* [Mod. 1609. 8°][22]; andere Literatoren, wie *Gregorio de Mayans y Siscar*, *Varchi*, *Pasquier*, *Caseneuve*, *Llio* begnügten sich mit der Ansicht einiger Handschriften, bis endlich ... der bekannte *La Curne de Sainte-Palaye* zu einem entscheidenden Werk Hoffnung machte, das aber vielleicht zum Glück nicht zu Stande kam[23]; eine Ausbeute aus seinen Papieren war *Millot's* höchst mittelmässige *Histoire littéraire des Troubadours* [Paris 1774. 8°], die auf keinen Fall im Stande war, die Liebe zu dieser Literatur zu entzünden. Von den Denkmälern der ältern und eigentlichen provenzalischen Poesie ist bis dahin im Grunde noch nichts gedruckt worden...

Schlegel und Diez ging es nicht zuletzt darum, den Beginn einer wissenschaftlichen Disziplin zu markieren. Die Ergebnisse älterer Arbeiten erfahren dadurch zwangsläufig eine "Umwertung": jenseits von Raynouard liegt der Bereich der "Vorgeschichte". Mit der weiteren Entwicklung der Forschung tritt diese dann mehr und mehr in den Hintergrund[24]: "...les progrès considérables réalisés à partir des années 1815-1820 creusèrent d'un coup l'écart entre linguistique naissante et âge précédent, et l'on conçoit aisément le sentiment de rupture qu'éprouvèrent alors de nombreux érudits..."[25] Aus grösserem Abstand besehen, erscheint die Zäsur jedoch weniger markant.

Daniel Droixhe, der sich unter wissenschaftsgeschichtlichem Gesichtspunkt mit dem 17. und 18. Jahrhundert befasst, ermöglicht eine adäquatere Einschätzung der Forschungstradition. Die Kontinuität philologischer Forschung wird greifbar, und in der Tat: "...les mentalités, les méthodes, la mise en place des matériaux, qui supposent la naissance d'une science, ne se font pas ... en un jour"[26]. Ein hervorragendes Arbeitsinstrument für den spezielleren Bereich der provenzalischen Philologie hatte zuvor schon Eleonora Vincenti mit ihrer *Bibliografia antica dei trovatori* geschaffen. Deutlich werden hier sogleich, sozusagen auf den ersten Blick, die beiden Triebfedern provenzalischer Studien: die "philologische" und die "historische". Es ist geradezu so, als ob Schlegel als Anreger gewirkt hätte.

Das historische Interesse an den Troubadours erwacht im Frankreich des 17. Jahrhunderts. "Guillaume de Catel è il primo autore di un'opera puramente storica che dedichi una certa attenzione ai trovatori, e questo perché li vede nei loro rapporti con principi e fatti d'arme..."[27]. Vor allem südfranzösische Gelehrte (wie Caseneuve, De Vic und Vaissète, Papon) wenden in der Folgezeit diesem Themenkreis ihre Aufmerksamkeit zu.

Die provenzalische Philologie, die mit Lacurne de Sainte-Palaye im 18. Jahrhundert einen Höhepunkt erreicht[28], manifestiert sich in Frankreich erstmals mit Jehan de Nostredame. Da die Lebensgeschichten der Troubadours vor allem in Italien auf Interesse stiessen und die Anregung zu deren Studium von dort ausging, wurde sein Werk gleichzeitig unter dem Titel *Le Vite delli più celebri et antichi primi poeti provenzali* (1575) veröffentlicht.

Es ist also durchaus kein Zufall, wenn die Bibliographie von Eleonora Vincenti in Italien erscheint; die "Provenzalisten" treten hier zuerst auf den Plan.

> Il primo commentatore del Petrarca che si sia preoccupato di fornire qualche notizia sui trovatori citati nel *Trionfo d'Amore* è il Vellutello, sfruttato poi dal Gesualdo, dal Daniello e dall'Alunno. Egli identifica i sedici trovatori ricordati dal Petrarca, ed aggiunge brevi indicazioni sulla loro vita; per fare ciò ebbe certamente la possibilità di consultare i manoscritti A ed N^2, che si trovavano a quel tempo in Italia[29].

Seit dem Beginn des 16. Jahrhunderts, im Gefolge von Vellutello, befassen sich in Italien Gelehrte, zu denen auch die von Schlegel und Diez genannten gehören, immer wieder mit den Troubadours[30]. Doch die Tradition lässt sich noch weiter zurückverfolgen.

Im sechsundzwanzigsten Gesang des "Purgatorio" (vv. 115-19) kommt es zu einer Begegnung mit Arnaut Daniel, dem Guido Guinizelli höchstes Lob zollt:

> "O frate", disse, "questi ch'io ti cerno
> col dito", e addito un spirto innanzi,
> "fu miglior fabbro del parlar materno.
> Versi d'amore e prose di romanzi
> soverchio tutti..."[31].

Wenig später (vv. 136-42) gewahrt Dante den in dieser Weise Gepriesenen:

> Io mi fei al mostrato innanzi un poco,
> e dissi ch'al suo nome il mio disire
> apparecchiava grazïoso loco.
> El comincio liberamente a dire:
> "*Tan m'abellis vostre cortés deman,*
> *qu'ieu no me puesc ni voill a vos cobrire.*
> *Ieu sui Arnaut, que plor e vau cantan...*"[32].

Ein Meister der Sprache und Dichtung ist Arnaut auch in den Augen Petrarcas; im *Triumphus Cupidinis* (IV, 40-44) sind ihm die folgenden Verse gewidmet:

> . . . e poi v'era un drappello
> di portamenti e di volgari strani:
> fra tutti il primo Arnaldo Daniello,
> gran maestro d'amor, ch'a la sua terra
> ancor fa onor col suo dir strano e bello.

Textstellen dieser Art machen verständlich, dass mit dem intensiveren Studium Dantes und Petrarcas auch das Interesse für die Troubadours erwacht; zu seiner Belebung im 16. Jahrhundert trägt nicht zuletzt die Auffindung von Dantes *De vulgari Eloquentia* bei[33].

"Parladura natural et drecha"

> Deux grands poètes du quatorzième siècle, le Dante et Pétrarque, ont parlé des Troubadours avec une haute estime. La langue provençale leur étoit presque aussi familière que leur langue maternelle, surtout à Pétrarque, qui a passé une grande partie de sa vie dans la France méridionale. . .[34].

Damit charakterisiert Schlegel einen nicht unwesentlichen Aspekt des Verhältnisses der beiden Dichter zu Sprache und Liedern der Troubadours: sie sind für sie noch "erlebte" Realität, wobei auch die heimische Tradition der Troubadourlyrik eine Rolle spielt[35].

Die provenzalische Literatur, die sich zur Zeit Dantes bereits über einen Zeitraum von fast zweihundert Jahren erstreckt, gehört in Italien, wie die lateinische, zum "autoritären Vorgut", an dem man sich orientiert[36]. Welchen Ruf allein schon die Sprache, die sogenannte "lingua *oc*", geniesst, erhellt aus einer Bemerkung wie der folgenden: ". . . Pro se vero argumentatur alia[37], scilicet *oc*, quod vulgares eloquentes in ea primitus poetati sunt tanquam in perfectiori dulciorique loquela, ut puta Petrus de Alvernia et alii antiquiores doctores" (*De vulgari Eloquentia* I,x,2.)[38]. Als Sprache der höchsten Form des Dichtens stellt Dante das Provenzalische über das Französische, die Sprache der Lehr- und Unterhaltungsliteratur, zu dessen Vorzügen er die "faciliorem ac delectabiliorem vulgaritatem" zählt.

Von dem Interesse für provenzalische Sprache und Dichtung im Italien des 13. und 14. Jahrhunderts zeugt sodann die Handschriftentradition[39]. Ein Zitat aus D'Arco Silvio Avalles Monographie zum Thema scheint geeignet, sie kurz zu beleuchten: "È già stato messo in rilievo che dei 95 canzonieri, 52, cioè piu della metà, provengono dall'Italia, e che degli altri, 10 sono d'origine catalana e 14 francese, per cui ben pochi, 19 in tutto (un quinto esatto del totale) si possono dire veramente occitanici." Von Bedeutung ist die daran anknüpfende Folgerung:

> La constatazione è indubbiamente importante ed unita all'altra che nessuno di questi codici risale oltre la metà del XIII secolo, sembra dar ragione a chi sostiene che il successo della lirica trobadorica nella Francia meridionale avrebbe poggiato fin dall'inizio su di una diffusione di tipo *orale*, e che da orale tale diffusione si sarebbe trasformata in *scritta* solo molto piu tardi soprattutto in paesi come l'Italia, la Francia del Nord e la Catalogna, dove ovvî motivi di ordine linguistico avrebbero consigliato di affidarne la sopravvivenza alle carte dei libri manoscritti"[40].

Die aus Italien, Nordfrankreich und Katalonien stammenden Liederhandschriften könnten somit bereits als Ergebnis "philologischer" Tätigkeit eingestuft werden.

Die provenzalische Liederhandschrift XLI, 42 der Laurenzianischen Bibliothek zu Florenz[41] enthält, ausser der "Anthologie", Texte über die Dichter - die sogenannten Troubadourbiographien (*vidas* und *razos*) - und Beiträge zur Sprache: eine Grammatik (Uc Faidits *Donatz Proensals*[42]), ein provenzalisch-italienisches Glossar und eine für Autor und Publikum bestimmte Abhandlung über die Sprache der Dichtung (Raimon Vidals *Razos de trobar*[43]). Neben der "Poesie der Troubadours" stehen hier (wie in einigen anderen Handschriften[44]), Arbeiten, welche diese zur *Voraussetzung* haben. Dabei handelt es sich um Beiträge zur "Literaturgeschichte" (*vidas* und *razos*), zur "Sprachbeschreibung" and "Sprachlehre" (Grammatik und Glossar) und zur "Sprachpflege" (Traktat über den "guten" Sprachgebrauch).

Bei John H. Marshall, einem Kenner der Materie, begegnet eine Formulierung, die es nahelegt, diese Beobachtungen in einen allgemeinen Zusammenhang zu stellen. Nachdem Raimon Vidal in seinen *Razos de trobar* die Bezeichnung *lemosi* präzisiert und den Begriff der *parladura natural et drecha* eingeführt hat, heisst es: "...Et per totas las terras de nostre lengage son de maior autoritat li cantar de la lenga lemosina qe de neguna autra parladura; per qu'ieu vos en parlerai primeramen"[45]. Darauf beziehen sich die folgenden Zeilen: "The language of a literature which has *autoritat*... - which has, that is, attained to a "classic" status in the vernacular comparable with that of the Latin *auctores* - must necessarily have canons of correct usage. The whole of the *Razos* implies a clear awareness of this on Vidal's part"[46]. Erfreut sich eine Literatur einer gewissen Wertschätzung, die sich im Bewusstsein von Kennern u.a. als Auffassung vom Erreichen eines "Höhepunktes" manifestiert, so begründet sie eine *Tradition*. Damit wird sie für Autoren, die in literarischer und sprachlicher Hinsicht die Rolle von "Mittlern" und "Vermittlern" spielen, zum Gegenstand der Aufmerksamkeit, die in weiterem Schrifttum ihren Niederschlag findet. Mit den Troubadourbiographien und den nach den *Razos de trobar*[47] entstandenen "Sprach-" und "Dichtungslehren" (wie Uc Faidits *Donatz Proensals*, Terramagnino da Pisas *Doctrina d'Acort*, Jofre de Foixàs *Regles de trobar* und der *Doctrina de compondre dictats*[48]) beginnt für die provenzalische Literatur (und in der Romania überhaupt) das Zeitalter der "Sekundärliteratur"[49]. Aus historischen Gegebenheiten lässt sich erklären, dass die Initiativen zur Überlieferung bzw. zur Entstehung dieses Schrifttums von Katalanen und Italienern ausgehen[50], dass diese Initiativen in Südfrankreich erst im 14. Jahrhundert im Rahmen der vom *Consistori de la subregaya companhia del Gai Saber* bewirkten "Renaissance" der provenzalischen Dichtung eine gewisse Fortsetzung finden[51].

Eine weitere Beobachtung allgemeinerer Tragweite lässt sich anschliessen. Die Genauigkeit der Angaben des dem *Donatz Proensals* beigegebenen Reimlexikons veranlassen Raynouard zu der folgenden Bemerkung:

> De telles circonstances, et plusieurs autres que je ne puis indiquer ici, ne laissent aucun doute sur l'état de perfection et de fixité auquel était parvenue la langue des troubadours, regardée alors comme classique dans l'Europe latine. Et pourrait-on en être surpris quand on voit, pendant les quatre siècles antérieurs, les monuments de cette langue se succéder, sans offrir de variations notables dans les formes grammaticales?[52]

Diese beiläufig getroffene Feststellung wird im Vorwort des *Lexique roman* - Dante gewissermassen bestätigend - verdeutlicht: Das Provenzalische hat den Zustand der Stabilität und vollendeter Ausprägung eher erreicht als die anderen romanischen Sprachen: ". . . la langue des troubadours, la romane provençale, sortie immédiatement du type primitif, c'est-à-dire de la langue rustique, se forma et se perfectionna avant les autres langues de l'Europe latine"[53]. Obwohl auch später immer wieder vermerkt wird, dass das Provenzalische den Charakter einer *Koine* besitzt, ist der Tatsache, dass es die *erste* Koine der Romania darstellt, längst nicht die gebührende Aufmerksamkeit zuteil geworden.

Die Sprache der Troubadours steht im Zeichen *bewusster* Vereinheitlichung, ist, um mit Karl Vossler zu sprechen, "das Ergebnis eines wählenden, sichtenden, von aufstrebendem Geschmack geleiteten Bemühens, das über den Gesichtskreis des heimatlichen Kirchturms oder Herrenschlosses hinauswill"[54]. Sie ist im wahrsten Sinne des Wortes *Literatursprache*, denn ihre Entwicklung ist aufs engste mit dem Entstehen einer von der Literarästhetik des "lateinischen Mitelalters" geprägten Literatur verknüpft[55]. Durch ihre Existenz als Literatursprache - als "Gattungssprache der Minnelyrik", wie Heinrich Morf hinzusetzen würde[56] - trägt sie massgeblich zur Ausbildung eines "neuen" *Sprachbewusstseins* in den mittelalterlichen Sprachgemeinschaften bei. Durchaus zutreffend konstatiert Vossler, dass das Mittelhochdeutsche der Minnesinger, das Schriftgalizische der portugiesischen und spanischen Troubadours, das Italienische der sizilianischen und toskanischen Dichter "ähnlich stilisierte, dem provenzalischen Vorbild nachfolgende Kunstsprachen" sind[57]; die "europäische Wirkung" manifestiert sich darüber hinaus jedoch noch in einem anderen Bereich: der empirisch erbrachte Beweis ihrer *Regelhaftigkeit* - der Aufweis ihrer "Grammatik" - stimulieren die Reflexion über die "Volkssprache". Erinnert sei nur an Dante, dessen Auseinandersetzung mit der "dreicha maniera de trobar" in Theorie und Praxis ihren Niederschlag findet: in *Vita Nuova* und *Convivio* einerseits, in *De vulgari Eloquentia* andererseits[58]. In seinem Brennspiegel sammeln sich neue Impulse.

Wie für Dante die Theorie im Dienste von Sprache und Dichtung steht, so steht die Arbeit von Kopisten, Kommentatoren und Gelehrten der Folgezeit - von den sprachtheoretischen Aktivitäten mancher Renaissancephilologen abgesehen - im Dienste der Tradition; ihr Anliegen ist es, diese zu pflegen, den Weg zu den Dichtern der Vergangenheit zu ebnen. Und hier ergeben sich Berührungspunkte zu den Dichtern und Philologen des beginnenden 19. Jahrhunderts: bestrebt, sich in den "Geist der Zeiten" zu versetzen, sehen sie eine reizvolle und zugleich verdienstliche Aufgabe in der schrittweisen Erschliessung der Natur- und Kunstpoesie des Mittelalters. "Pour voir fleurir la rose des Alpes", so ist Schlegels richtungweisende Stimme zu vernehmen,

> il faut gravir des montagnes. Pour jouir de ces chants qui ont charmé tant d'illustres souverains, tant de preux chevaliers, tant de dames célèbres par leur beauté et leur grâce, qui ont eu tant de vogue, non seulement dans tout le midi de l'Europe, mais partout où brilloit la chevalerie, et jusque dans la terre sainte; pour jouir de ces chants, dis-je, il faut écouter les Troubadours eux-mêmes, et s'efforcer de comprendre leur langage[59].

Die Forderung, die aus diesen Worten spricht, findet gleichsam ein Echo in den letzten Zeilen von Paul Remys Einführung in die provenzalische Literatur:

> Puissent ces pages rappeler à quelques-uns, montrer à d'autres que la littérature du Midi médiéval, loin d'être une annexe des lettres françaises, éblouit tout l'Occident par sa spontanéité ou sa délicatesse. Puissent les étudiants, après avoir parcouru nos réflexions et nos brefs extraits, considérer Bernart de Ventadour et Peire Cardenal non pas comme des noms vides de sens et qu'il faut retenir, mais comme de grands poètes qu'on lit et qu'on aime. Ils retrouveront chez eux, autant que chez les écrivains classiques, le don de vie et de beauté[60].

Philologie, in diesem Geiste, im Bewusstsein der geistes- und kulturgeschichtlichen Bedeutung des verwalteten Erbes betrieben, wird, wie die Vergangenheit lehrt, ihre Früchte tragen. Keine geringe Aufgabe des Philologen ist es, gerade in den Zeiten ausufernder Forschung, dafür zu sorgen, dass der Sinn der Verse eines Bernart von Ventadorn lebendig wird, ja lebendig bleibt:

Cantars non pot gaire valer,
Si d'inz del cor no mov lo chanz[61].

Anmerkungen

[1]Motto August Wilhelm Schlegels auf der Titelseite seiner *Observations sur la langue et la littérature provençales* (1818; Nachdr., Tübingen, 1971).

[2]Friedrich Diez, *Leben und Werke der Troubadours. Ein Beitrag zur nähern Kenntniss des Mittelalters*, 2., verm. Aufl. v. Karl Bartsch (Leipzig, 1882), S. 18.

[3]Ibid., S. 30.

[4]Ibid., S. 31.

[5]Ernst Robert Curtius, "Bonner Gedenkworte auf Friedrich Diez zum 15. März 1944", *Romanische Forschungen* 60 (1947), 405. Zu Diezens Stil der Übersetzung s. Wolf-Dieter Lange, "Magie des Ursprungs. Zum hundertsten Todestag von Friedrich Diez am 29. Mai 1976", *Bonner Universitätsblätter* 1976, 36-37.

[6]Zitiert nach Curtius, "Bonner Gedenkworte", S. 397.

[7]Curtius, "Bonner Gedenkworte", S. 403. In Anbetracht der Tatsache, dass Diez sich bereits seit Februar 1816 mit den "provenzalischen und altspanischen Minnesingern" befasst, wäre man durchaus geneigt, der Überlieferung, derzufolge es Goethe war, der dem jugendlichen Besucher in Jena Anfang April 1818 den Weg zu den Troubadours wies, mit Giordano Brunos "Se non è vero, è molto ben trovato" zu begegnen. Die Skepsis eines Ernst Robert Curtius (S. 403-04) ist aber wohl unangebracht. Nichts scheint nämlich der Annahme entgegenzustehen, dass Diez durch den berühmten Zettel von Goethes Hand - mit dem Hinweis auf Raynouards im Erscheinen begriffenes Werk - in seiner Unternehmung aufs beste bestärkt wurde. - Zu Diezens Begegnung mit Goethe s. auch Josef Körner, "François-Juste-Marie Raynouard", *Germanisch-Romanische Monatsschrift* 5 (1913), 474-75, und *Goethe Handbuch*, hgg. Alfred Zastrau, 2. Aufl. (Stuttgart, 1961), Sp. 1862-63. Vgl. Alberto Vàrvaro, *Storia, problemi e metodi della linguistica romanza* (Neapel, 1968), S. 54.

[8]Zu Raynouard s. vor allem Körner, "Raynouard", und Wolfgang Rettig, "Raynouard, Diez und die romanische Ursprache", in *In Memoriam Friedrich Diez*, hgg. Hans-Josef Niederehe und Harald Haarmann (Amsterdam, 1976), S. 247-71. Vgl. Vàrvaro, *Storia*, S. 33-40.

[9]Körner, "Raynouard", S. 468-69.

[10]Schlegel, *Observations*, S. 1 u. 80.

[11]Auch nach dem Erscheinen von Raynouards *Choix* trägt sich Schlegel (s.

Observations, S. 22; vgl. S. 56) noch mit dem Gedanken, "de traiter le sujet dans une plus grande étendue, et de donner, autant que cela est possible, l'histoire des diverses langues qui ont été parlées simultanément ou successivment dans les Gaules, dans le pays compris entre les Pyrénées et le Rhin". Vgl. Gunter Narr, "August Wilhelm Schlegel - ein Wegbereiter der Romanischen Philologie", in August Wilhelm Schlegel, *Observations*, S. iv-v. Zur Diskussion von Raynouards Konzept der "langue romane" s. Schlegel, *Observations*, S. 39-51. Vgl. Körner, "Raynouard", S. 465-66, 468, 472-74, 483-85, sowie Rettig, "Raynouard", S. 252-64.

[12]Diez (Rez.), François-Juste-Marie Raynouard, *Choix des poésies originales des troubadours*, 6 Bde. (Paris, 1816-1821), 1, und Schlegel, *Observations*, in *Friedrich Diez' kleinere Arbeiten und Recensionen*, hgg. Hermann Breymann (München, 1883), S. 39-48.

[13]F.-J.-M. Raynouard, *Choix*, 2:lxxix-cxxiv. Zum Thema "Minnehöfe" s. Sebastian Neumeister, *Das Spiel mit der höfischen Liebe* (München, 1969), S. 86-88; zur Bibliographie s. *Der provenzalische Minnesang*, hgg. Rudolf Baehr (Darmstadt, 1967), S. 525-27.

[14]S. Körner, "Raynouard", S. 477.

[15]Diez, *Die Poesie der Troubadours. Nach gedruckten und handschriftlichen Werken derselben dargestellt*, 2., verm. Aufl. v. Karl Bartsch (Leipzig, 1883), S. x.

[16]"...Pour faire avancer la philologie du moyen âge, il faut y appliquer les principes de la philologie classique" (Schlegel, *Observations*, S. 62).

[17]Remy, *La littérature provençale au moyen âge. Synthèse historique et choix de textes* (Brüssel, 1944), S. 2.

[18]Zu dem letztgenannten s. Baum, "Claude Fauriel und die romanische Philologie", in *In Memoriam Friedrich Diez*, S. 275-323.

[19]S. hierzu Hans Helmut Christmann, "Sprachwissenschaft und Sprachlehre: Zu ihrem Verhältnis im 18., 19. und 20. Jahrhundert", *Die Neueren Sprachen* 75 (1976), 425-28.

[20]Schlegel, *Observations*, S. 82-85.

[21]Diez (Rez.), "Raynouard", S. 40-41; s. auch Diez, *Poesie*, S. v-vi.

[22]Ergänzung des Heraugsgebers.

[23]Mit ähnlicher Zurückhaltung äussert sich Schlegel, *Observations*, S. 82, Anm. 1. S. dazu unten, Anm. 28.

[24]Vgl. Gustav Gröber, "Geschichte der romanischen Philologie", in *Grundriss der romanischen Philologie*, hgg. Gustav Gröber, 1 (Strassburg, 1888), S. 1-139. Eine Ausweitung der Perspektive erfolgt bei Albert Stimming, "Aus der Geschichte der romanischen Philologie", in *Göttinger Universitätsreden aus zwei Jahrhunderten (1737-1934)*, hgg. W. Ebel (Göttingen, 1978), S. 503-15; der Blick wandert zurück bis ins 13. Jahrhundert.

[25]Daniel Droixhe, *La linguistique et l'appel de l'histoire (1600-1800): Rationalisme et révolutions positivistes* (Genf, 1978), S. 11.

[26]Droixhe, *Linguistique*, S. 9-10. Als "Beweisstück" sei in diesem Zusammenhang die Arbeit von Wolfgang Sykorra, *Friedrich Diez' Etymologisches Wörterbuch der romanischen Sprachen und seine Quellen* (Bonn, 1973) genannt.

[27]Eleonora Vincenti, *Bibliografia antica dei trovatori* (Mailand, 1963), S. xliii.

Hierzu und zum Folgenden s. auch Heinrich Morf, "Vom Ursprung der provenzalischen Schriftsprache", in ders., *Aus Dichtung und Sprache der Romanen*, 3 (Berlin, 1922), S. 352, Anm. 21; Carla Cremonesi, "Problemi della lirica romanza", in *Preistoria e storia degli studi romanzi*, hgg. Antonio Viscardi et al. (Mailand, 1955), S. 221-66; Baum, "Grammaire provençale, philologie et linguistique", *Revue de linguistique romane* 35 (1971), S. 281; Droixhe, *Linguistique*, S. 334-345; Ulrich Mölk, *Trobadorlyrik. Eine Einführung* (München, 1982), S. 11-22.

[28]Seit der Arbeit von Lionel Gossman, *Medievalism and the Ideologies of the Enlightenment: The World and the Work of La Curne de Sainte-Palaye* (Baltimore, 1968), erscheint das philologische Schaffen dieses Autors in anderem Licht. Vgl. Droixhe, *Linguistique*, S. 148-50, und Mölk, *Trobadorlyrik*, S. 12-13.

[29]Vincenti, *Bibliografia*, S. xxiii.

[30]S. hierzu Santorre Debenedetti, *Gli studi provenzali in Italia nel Cinquecento* (Turin, 1911), sowie ders., "Tre secoli di studi provenzali (XVI-XVIII)", in *Provenza e Italia*, hgg. Vincenzo Crescini (Florenz, 1930), S. 141-76; Vincenti, *Bibliografia*; Baum, "Grammaire provençale", S. 280-81. Vgl. Joseph Salvat, "*Romanistes* (Littérature occitane)", in *Dictionnaire des lettres françaises. Le moyen âge*, hgg. Georges Grente (Paris, 1964), S. 660-61.

[31]Antonio Viscardi, "Arnaldo Daniello (Arnaut Daniel)", in *Enciclopedia dantesca*, 6 Bde (Rom, 1970-1978), 1:384, gibt dazu den folgenden Kommentar: ". . . tutto quanto hanno scritto, in versi e in prosa, in volgare *soverchia* A., perché più di tutti gran *fabbro* del parlare materno: artefice meraviglioso che con vigorosa energia ha foggiato il volgare, creando una lingua poetica potente che è sua, inconfondibilmente sua; e che pienamente traduce e realizza nella parola l'immagine che il poeta ha intuito".

[32]Zum Thema "Dante und Arnaut Daniel" s., ausser dem soeben genannten Beitrag von Viscardi, Adolf Kolsen, "Dante und der Trobador Arnaut Daniel", *Deutsches Dante-Jahrbuch* 8 (1924), 47-59. Zum Thema "Dante und die Troubadours" sei verwiesen auf Pier Vincenzo Mengaldo, "oc (oco)", in *Enciclopedia dantesca*, 4:111-17, und ders., *Linguistica e retorica di Dante* (Pisa, 1978); vgl. Karl Vossler, *Die Göttliche Komödie* (Heidelberg, 1925), S. 430-68.

[33]S. hierzu Debenedetti, *Studi provenzali*, sowie Mengaldo, *Linguistica*, S. 22-26.

[34]Schlegel, *Observations*, S. 10.

[35]S. hierzu Viscardi, "La poesia trobadorica e l'Italia", in ders., *Ricerche e interpretazioni mediolatine e romanze* (Mailand, 1970). Vgl. Terramagnino da Pisa, *Doctrina d'acort*, hgg. Aldo Ruffinatto, (Rom, 1968), S. 14-16. Zur Bibliographie s. Mengaldo, "oc (oco)", S. 117.

[36]Vgl. Ernst Robert Curtius, *Europäische Literatur und lateinisches Mittelalter* (Bern, 1948), S. 35.

[37]Zuvor war von der "lingua *oil*" die Rede.

[38]Zur Erläuterung dieser Textstelle s. u.a. Mengaldo, *Linguistica*, S. 319 (s.v. *provenzale*).

[39]S. hierzu, ausser D'Arco Silvio Avalle, *La letteratura medievale in lingua d'oc nella sua tradizione manoscritta* (Turin, 1961), auch Clovis Brunel, *Biblio-*

graphie des manuscrits littéraires en ancien provençal (Paris, 1935).

[40]Avalle, *Letteratura medievale*, S. 44-45.

[41]Zu dieser Handschrift s. Terramagnino da Pisa, hgg. Ruffinatto, S. 17-18, und *The "Razos de trobar" of Raimon Vidal and Associated Texts*, hgg. John H. Marshall (London, 1972), S. ix-x.

[42]*The "Donatz proensals" of Uc Faidit*, ed. Marshall (London, 1969), bes. S. 66-77 ("Faidit as Grammarian").

[43]Marshall, *Razos*, S. lxxix-lxxxvi, gibt eine vorzügliche Analyse des Werkes von Raimon Vidal, welcher die Ausführungen von Elizabeth R. Wilson, *The Lyrics of Old Provençal Prose: Generic Movements of Space and Time in the "Vidas" and "Razos"* (Diss., Princeton Univ., 1977), Kap. 1, "*Las Razos de trobar*: the Prose of Troubadour Poetics", zur Seite zu stellen wären.

[44]S. die Handschriftenbeschreibungen bei Marshall, *Donatz*, S. 3-4, u. 6-8, und *Razos*, S. ix-xiii. Von Interesse sind in diesem Zusammenhang auch die Bemerkungen Wilsons, *Lyrics*, S. 252 ff.

[45]Marshall, *Razos*, S. 6, Z. 74-76. S. hierzu Morf, "Ursprung", S. 324-33, sowie den Kommentar von Wilson, *Lyrics*, S. 15 ff.

[46]Marshall, *Razos*, S. lxxxii.

[47]Marshall, *Razos*, S. lxx, zufolge sind sie zwischen 1190 und 1213 entstanden.

[48]Hierzu sowie zu den anderen Traktaten dieser Art s. Marshall, *Donatz* und *Razos*. Verwiesen sei auch auf Morf, "Ursprung", S. 333-339. Zu den Troubadourbiographien s. die Monographie von Wilson. Vgl. *Biographie des troubadours. Textes provençaux des XIIIe et XIVe siècles*, hgg. Jean Boutière und Alexander H. Schutz, 3. Aufl. (Paris, 1973), S. vii-xv.

[49]Ähnliche Überlegungen finden sich bei Stimming, "Geschichte", S. 504: ". . . Sobald aber in einem Land erst eine Literatur vorhanden war, begann man auch meist früh, sich theoretisch mit der Sprache zu beschäftigen, und damit war der erste Schritt zu einer romanischen Philologie getan. Auf diesem Wege nun ist das *Provenzalische* allen übrigen romanischen Sprachen vorausgeeilt, und zwar fallen die hierher gehörigen Werke teils in das Gebiet der Literaturgeschichte, teils in das der Grammatik, endlich in das der Metrik".

[50]Vgl. Ciro Trabalza, *Storia della grammatica italiana* (Mailand, 1908), S. 32-34; Vàrvaro, *Storia*, S. 13-17; Marshall, *Donatz*, S. 62-65 u. 79-80; Hans-Josef Niederehe, *Die Sprachauffassung Alfons des Weisen. Studien zur Sprach- und Wissenschaftsgeschichte* (Tübingen, 1975), S. 84-85.

[51]Bibliographische Hinweise zu diesem Themenkreis gibt Salvat im *Dictionnaire des lettres françaises*, S. 222, 437 u. 462; zur älteren Literatur s. Camille Chabaneau, *Origine et établissement des Jeux floraux. Extraits du manuscrit inédit des "Leys d'Amors"* (Toulouse, 1885).

[52]Raynouard, *Choix*, 2:cliii-cliv.

[53]Raynouard, *Lexique roman, ou Dictionnaire de la langue des troubadours*, 6 Bde. (Paris, 1838-1844), 1:xviij. Vgl. Körner, "Raynouard", S. 484. Zur Entstehungsgeschichte des Provenzalischen s. ausser Morf, "Ursprung", Max Pfister, "Die Anfänge der altprovenzalischen Schriftsprache", *Zeitschrift für romanische Philolo-*

gie 86 (1970), 305-23, und ders., "La langue de Guilhelm IX, comte de Poitiers", *Cahiers de Civilisation Médiévale* 19 (1976), 91-113. Vgl. Mölk, *Trobadorlyrik*, S. 47-49, und Dietmar Rieger, "Die altprovenzalische Lyrik", in *Lyrik des Mittelalters. Probleme und Interpretationen*, hgg. Heinz Bergner, 2 Bde. (Stuttgart, 1983), 1:202-05.

[54]Vossler, "Die Dichtung der Trobadors und ihre europäische Wirkung", *Romanische Forschungen* 51 (1937), 267.

[55]Erinnert sei hier an die allgemeineren Studien von Curtius, *Europäische Literatur*, und, trotz der Kritik dieses Gelehrten (*Zeitschrift für romanische Philologie* 58 [1938], 1-50; vgl. Viscardi, "La scuola medievale e la tradizione scolastica classica", in ders., *Ricerche*, 191-202), von Hans H. Glunz, *Die Literarästhetik des europäischen Mittelalters. Wolfram - Rosenroman - Chaucer - Dante* (Frankfurt, 1963). S. auch Robert R. Bolgar, *The Classical Heritage and Its Beneficiaries* (Cambridge, Eng., 1954); *Classical Influences on European Culture, A.D. 500-1500*, hgg. Robert R. Bolgar (Cambridge, Eng., 1971); Erich Auerbach, *Literatursprache und Publikum in der lateinischen Spätantike und im Mittelalter* (Bern, 1958). Speziell zu den Troubadours s. Warner F. Patterson, *Three Centuries of French Poetic Theory: A Critical History of the Chief Arts of Poetry in France (1328-1630)*, 3 Bde. (Ann Arbor, 1935), 1, bes. S. 13 ff.; Linda M. Paterson, *Troubadours and Eloquence* (Oxford, 1975); François Pirot, *Recherches sur les connaissances littéraires des troubadours occitans et catalans des XIIe et XIIIe siècles* (Barcelona, 1972); Costanzo Di Girolamo, "*Trobar clus e trobar leu*", *Medioevo romanzo* 8 (1981-83), 11-35. Vgl. *Three Medieval Rhetorical Arts*, hgg. James J. Murphy (Berkeley, 1971).

[56]Morf, "Ursprung", S. 334.

[57]Vossler, "Dichtung", S. 267.

[58]S. hierzu die in Einzelheiten gehende Diskussion von Wilson, *Lyrics*, bes. S. 269 ff.

[59]Schlegel, *Observations*, S. 9-10.

[60]Remy, *Littérature provençale*, S. 94.

[61]Vincenzo Crescini hat vor einigen Jahrzehnten, anlässlich des Erscheinens von Appels grosser kritischer Ausgabe der *Lieder* Bernarts von Ventadorn, bereits an diese Aufgabe erinnert: "Vicende della vita, cronologia, anno della nascita, anno della morte; cose importanti; ma ciò che d'un poeta importa ancor più è la poesia. E il filologo qui non è solamente, o non dev'essere un ricercatore di fatti. L'ufficio suo diventa più delicato e arduo: della terra bisogna staccarsi e ascendere verso lontananze eteree di sogno. . ." (zitiert nach Viscardi, "Gli studi sulla poesia di Bernardo di Ventadorn e i nuovi problemi della critica trobadorica", in ders., *Ricerche*, S. 213). Als hoffnungsvolle Signale könnten die Veröffentlichungen von Dietmar Rieger (*Mittelalterliche Lyrik Frankreichs*. I. *Lieder der Trobadors* [Stuttgart, 1980], und "Altprovenzalische Lyrik") und Ulrich Mölk (*Trobadorlyrik*) gewertet werden.

Les troubadours dans la *Divine Comédie*: Un problème d'onomastique poétique

Raoul Blomme

Lorsqu'on prend en considération les "oeuvres complètes" de Dante, l'on peut constater que des dix troubadours qui s'y trouvent cités nommément, il n'y en a que six qui apparaissent dans la *Divine Comédie*. Ce sont Bertrand de Born, Arnaut Daniel, Guiraut de Borneil, Folquet de Marseille, Sordello et Raymond Béranger. Ce dernier, n'y figurant qu'en tant que personnalité politique (*Par*. VI, 133-38), peut être exclu du nombre des poètes proprement dit. De même pouvons-nous négliger Raymond V, comte de Toulouse, qui dans le *Convivium* (IV, XI, 14) n'apparaît qu'en tant qu'exemple de libéralité. Restent huit troubadours, qui tous servent à illustrer quelque aspect de la lyrique provençale à laquelle Dante essaye de rattacher son propre *trobar* dans le *De Vulgari Eloquentia*. Or tous n'apparaîtront plus dans la *Comédie*. Si ceci peut poser le problème de l'exclusion de certains d'entre eux (Aimeric de Belenoi, Aimeric de Peguilhan, Peire d'Auvergne), il pose tout autant celui du choix qui privilégia l'inclusion de cinq troubadours dans la structure poétique de la *Comédie* et, en particulier, des trois qui en tant que représentants exemplaires de genres poétiques différents apparaissent, selon une hiérarchie inhérente à leurs matières poétiques, respectivement dans chacune des trois *cantiche*. Il s'agit de Bertrand de Born, Arnaut Daniel et Folquet de Marseille. Dante a pleinement respecté leurs personnalités historiques, mais c'est, nous semble-t-il, en fonction des virtualités poétiques que leurs noms pouvaient offrir, qu'il faudra interpréter leur insertion poétique. Puisque ces troubadours se présentent à Dante-protagoniste en se nommant, il faudra également tenir compte de l'importance que Dante-auteur attribue au fait de donner ou de prononcer un nom propre[1].

Pour établir une hiérarchie canonique dans les différentes matières poétiques, Dante déclare dans le *De Vulgari Eloquentia* qu'il y a trois *magnalia*; ce sont les trois "grandes matières" qui peuvent servir d'argument à la *canzone*. Il s'agit de *l'armorum probitas*, *l'amoris accensio* et la *directio voluntatis*[2]. En fonction des troubadours qui lui sont connus, il cite pour chacun d'eux celui qui y excella. Ainsi Bertrand de Born devient le représentant de la "poésie des armes" en Provence, tandis qu'en Italie il n'y a personne à avoir chanté les armes, du moins pas avant que Dante lui-même, au chant XXVIII de l'"Enfer", où il rencontre Bertrand, ne réussisse à évoquer par son propre style "guerrier" celui de son interlocuteur[3]. Pour la poésie de l'"ardeur amoureuse", dans laquelle s'illustra Arnaut Daniel en Provence et en Italie Cino da Pistoia, il se pose un problème littéraire concernant la supériorité du "meilleur artisan du parler maternel" sur le représentant de la "poésie de la rectitude", Guiraut de Borneil. Il se trouve que celle-ci, du moins dans le *De Vulgari Eloquentia*, étant jugée selon une hiérarchie des valeurs intrinsèques, apparaît comme supérieure à la poésie de l'amour. Mais avec le temps, le critère formel venant à se substituer à un critère conceptuel, le jugement prononcé par Guinizzelli au *Purgatoire* (XXVI, 115-20), qui affirme la supériorité d'Arnaut sur "tous ceux qui ont écrit en vers ou en prose en langue vulgaire", au lieu d'infirmer ce qui est déclaré dans le traité de l'éloquence en langue vulgaire, permet de reformuler la problématique des *magnalia* dans un sens plus littéraire, de la même façon que la citation des noms de troubadours dans la *Comédie* doit être repensée dans sa dimension poétique.

Pour illustrer le degré suprême de la "construction" dans son *De Vulgari Eloquentia*, Dante cite également l'incipit d'une chanson de Folquet de Marseille, dont, selon Aristide Marigo, "il aura admiré les périodes amples qui se développent dans chaque strophe"[4]. Dès lors on ne s'étonnera pas que les procédés d'insertion du nom *Folchetto* dans la *Comédie* reflètent le caractère stylistiquement plutôt artificiel de la poésie doctrinale du poète provençal.

Quant au choix opéré par Dante pour la *Comédie* parmi les troubadours cités précédemment dans son traité du *De Vulgari Eloquentia*, on peut affirmer avec Vincenzo Mengaldo que

> à part Sordello ce sont précisément et uniquement les quatre troubadours qui constituent l'armature du canon provençal du traité, qui reviennent dans la *Comédie*: Guiraut, évoqué de biais, mais les trois autres en tant que véritables protagonistes d'épisodes qui s'échelonnent selon une progression et des rapports certainement très calculés, un par *cantica*[5].

Il se trouve que ces troubadours cultivent effectivement des genres poétiques différents: Bertrand de Born est le chantre des armes, Arnaut Daniel chante l'amour courtois et Guiraut de Borneil la rectitude. Quant à Folquet de Marseille, qui se trouve inscrit dans le filon de l'amour courtois qui au-delà du souvenir de la *passada folor* d'Arnaut (Purg. XXVI, 143) trouve dans la *Comédie* son point de départ dans l'épisode de Francesca (Enf. V), Dante s'en souvient comme d'un ardent défenseur de la Foi. Sordello, mantouan comme Virgile et troubadour d'Italie, constitue un lien idéal entre la matière poétique provençale et italienne. Malgré le fait que chacun des poètes cités par Dante ait une valeur exemplaire, il ne s'agit pas de s'attarder à en évaluer l'importance historico-littéraire, déjà trop souvent mise en évidence et non sans avoir donné lieu à quelques controverses, mais de centrer plutôt l'attention sur le rôle qu'ils sont amenés à jouer dans une oeuvre poétique. Par rapport à la simple citation érudite telle qu'elle est pratiquée dans le *De Vulgari Eloquentia*, l'insertion d'un anthroponyme dans un texte poétique requiert une analyse non plus de sa valeur historico-littéraire, ou du moins pas uniquement de celle-ci, mais des procédés qui visent à mettre en évidence ses virtualités poétiques.

On sait combien le seul fait de *nommer* peut être important pour un poète du moyen âge. Il suffit de se rappeler la mise en garde de Dante à propos du nom de Béatrice dans la *Vita Nova*. Qu'on relise la première rencontre du jeune Dante avec sa Dame. Il y est dit que beaucoup l'*appelaient* Béatrice ignorant comment l'appeler autrement, ou plus exactement ne sachant pas ce que signifie le fait de donner ou de prononcer un nom, du moins selon l'interprétation qu'on peut faire du passage suivant:

> Quando a li miei occhi apparve prima la gloriosa donna de la mia mente, la quale fu chiamata da molti Beatrice le quali *non sapeano che si chiamare*.
>
> (II, 1)

Au lieu de se contenter de la leçon de la SDI, *che si chiamare*, André Pézard[6] préfère lire *ch'èsi chiamare* 'ce qu'est nommer'. Ceci renforce l'interprétation selon laquelle beaucoup appelaient la Dame de Dante Béatrice tout en ne sachant pas ce que signifie donner un nom. C'est dire que sans s'embarrasser de philosophie de la langue, la plupart appelaient Béatrice "Béatrice", ignorant à quel point ce nom correspondait à son essence, puisqu'il signifie 'celle qui confère la béatitude'. De même lorsqu'à la fin de la *Vita Nova*, dans le sonnet *Deh peregrini che pensosi andate*, il est dit que la cité reste plongée dans la douleur suite à la mort de Béatrice, il faut comprendre qu'en perdant "sa Béatrice" elle a perdu ce qui la rendait "bienheureuse":

> Ell'ha perduta la sua beatrice.
>
> (v. 12)

On observera l'emploi de la minuscule dans le texte de la SDI.

On peut facilement trouver de nombreuses applications du postulat dantesque selon lequel "nomina sunt consequentia rerum" (*VN* XIII, 4). Ainsi le nom *Primavera* dans la *Vita Nova* (XIII, 4), par lequel Dante désigne Giovanna, la Dame de Cavalcanti, peut-il être décomposé en *prima verrà*, ce qui signifie qu'en 'venant la première', Giovanna précédera Béatrice tout comme Giovanni (Jean Baptiste) précéda le Christ. La comparaison biblique permet à Dante d'affirmer ainsi la suprématie de sa propre poétique sur celle de son aîné. Dans la *Comédie* Lucie (*Lucia*) symbolise la grâce "illuminante" (Enf. II, 97 svv.); *Bonagiunta* (Purg. XXIV, 19-23) pouvant se lire *Bona-giunta*, et *giunta* pouvant être employé dans le sens de *giuntura*, 'jointure', 'articulation' (Enf. XIX, 26), en tant que poète antérieur au "doux style nouveau", il a été choisi pour illustrer la "bonne jointure" entre les "anciens" et les "modernes". De telles pratiques étymologiques sont fréquentes et ne devraient pas avoir de quoi surprendre. Ce ne sont là que quelques exemples qui se fondent sur la pratique de la correspondance entre *res* et *nomen*, qui, dans le cas de Béatrice, acquiert cependant une valeur tout autre que celle d'un simple jeu étymologique, puisqu'elle est le résultat de l'application d'un acquis augustinien, qui porte sur la rectitude du signe linguistique[7].

De même que la rime peut conditionner, selon un mouvement à rebours, la spécificité phonique et rythmique du vers, l'insertion d'un nom, qu'il soit historique ou non, peut mettre en branle des relations susceptibles d'être décelées au niveau du signifiant. Dès lors pourront apparaître des correspondances phoniques, qui selon des procédés souvent pseudo-homophones élargissent la signification d'un mot pris isolément.

Avant d'examiner cas par cas comment l'insertion des noms de troubadours se réalise poétiquement, rappelons que selon la prédilection dantesque pour le nombre trois ou ses multiples (ainsi Béatrice se trouve-t-elle assimilée "par analogie" au nombre neuf) ce sont trois représentants bien distincts de la poésie provençale qui apparaissent chacun dans une des trois *cantiche* de la *Comédie*, à savoir Bertrand de Born en "Enfer", Arnaut Daniel au "Purgatoire" et Folquet de Marseille au "Paradis". Tous des troubadours qui appartiennent à la même génération de poètes actifs durant la seconde moitié du douzième siècle et morts dans les premières décennies du siècle suivant. Ainsi le nom peut-il donner lieu à des jeux étymologiques ou pseudo-étymologiques, qui entament pour le moins l'univocité de leur valeur référentielle. Ceci permet de les remotiver en activant leurs virtualités significatives[8].

L'enseignement étymologique d'un Isidore de Séville, pour qui "dum videris unde ortum est nomen, citius vim ejus intellegis" (I, 29), n'a pu qu'inciter Dante à faire résonner dans toute sa plénitude le sens originel du nom propre.

Le représentant du *magnalium* inférieur, selon la hiérarchie instituée dans le *De Vulgari Eloquentia*, apparaît forcément dans la première *cantica* (Enf. XXVIII, 118-142). Dans la neuvième bolge parmi les semeurs de discorde Dante voit

> Un busto sanza capo andar sì come
> andavan li altri de la trista greggia;
> e'l capo tronco tenea per le chiome,
> pesol con mano a guisa di lanterna.
> (vv. 119-22)

("un tronc sans tête avancer comme avançaient les autres du triste troupeau; et le chef tronqué il le tenait par les cheveux, pendant en main à guise de lanterne".)
Apparemment Dante ne pense plus au poète dont il a parlé dans son traité de l'éloquence en langue vulgaire, mais uniquement au semeur de discorde. Il lui suffisait de puiser dans la *vida* de Bertrand de Born où il est dit que:

> Seingner era totas ves quan se volia del rei Enric [Henri II] e del fill de lui, mas totz temps volia que ill aguessen guerra ensems, lo paire e·l fils e·l fraire, l'uns ab l'autre. E totz temps volc que lo reis de Fransa e·l reis d'Engleterra aguessen guerra ensems[9].

En faisant sienne la condamnation du biographe de Bertrand, Dante ne pouvait que le représenter parmi les damnés. Ayant par ses conseils perfides (*ma' conforti*) dressé le "jeune roi" contre son père, Henri II d'Angleterre, tout comme Achitophel dressa par ses instigations l'un contre l'autre Absalon et son père David, et ayant ainsi divisé des personnes aussi étroitement liées, Bertrand se trouve condamné pour l'éternité à cheminer avec la tête séparée du tronc, pour qu'en lui s'observe l'implacable loi du talion.

Bertrand *se nomme* au milieu d'un tercet, dans un hendécasyllable *a maiore* au rythme heurté et qui se rattache avec enjambement à un vers accentué de manière aussi inattendue qu'exceptionnelle sur la cinquième, huitième et dixième syllabe. D'ailleurs on a souvent lu *Giovanni* au lieu de *giovane*, commettant ainsi une erreur historique à force de vouloir uniformiser l'accentuation:

> E perché tu di me novella porti,
> sappi ch'i' son Bertram dal Bornio,
> quelli che diedi al re giovane i ma' conforti.
> (vv. 133-35)

("Et pour que de moi tu portes des nouvelles, sache que je suis Bertrand de Born, celui qui donna au jeune roi les mauvais conseils".)

La césure après *Bertram*, ainsi que le passage du rythme anapesticoïambique au trochaïque, contribue à la mise en relief de l'élément *Bornio*. En se nommant, Bertrand ne fait que confirmer par son nom la représentation puissamment visualisée d'un homme décapité, puisque l'idée de séparation se trouve en fait exprimée dans la seconde partie de l'anthroponyme, à savoir *Bornio* (<fr. *borne*), 'pierre de séparation', mais tout autant 'aveugle' (<fr. *borgne*), comme il convient à qui est privé de vie spirituelle et condamné pour l'éternité à la cécité spirituelle. Deux vers au rythme ascendant, avec anacruse de deux syllabes dans l'un (*E perché*), d'une dans l'autre (*che diedi*), enchâssent le vers médian où un changement rythmique inattendu prépare l'insertion de l'anthroponyme. C'est dire que les procédés métriques isolent particulièrement ce tercet, qui devient de par sa fonction et sa place (en guise de conclusion) le plus important du chant. Le rythme métrique renforcé par les allitérations de *s* et de *b* contribue donc à mettre en évidence l'élément *Bornio* autour duquel gravite le sens de la représentation aussi étonnante qu'horrible d'un homme décapité, ceci étant préparé poétiquement par tout ce qui précède. En effet, selon Edoardo Sanguineti, pour "enregistrer" l'horreur "ressentie entièrement 'in re'", Dante se serait servi de toutes les ressources de la rhétorique "en une convergence absolue de toutes les intentions expressives, convergence qui est ressentie davantage au fur et à mesure que la segmentation des épisodes et de l'écriture poétique s'accentue"[10]. Cette "segmentation de l'écriture" nous semble même se réaliser par l'emploi et l'insertion rythmique d'un anthroponyme composé: *Bertram dal Bornio*. Ceci ne sera pas le cas ni pour Arnaut, ni pour Folquet. En revanche, Mario Fubini parle d'une progression dans les moyens expressifs et considère le chant XXVIII comme "un travail plutôt artistique et rhétorique que purement poétique"[11], qui permet à Dante, en décrivant des plaies et des blessures atroces, de rivaliser avec le représentant provençal de la poésie guerrière, fût-ce en condamnant par la représentation de la douleur la joie belliqueuse de celui-ci. Il se trouve donc que Dante réussit indirectement, à savoir par l'évocation d'un troubadour, à combler par son propre langage allusif une lacune, puisque en Italie il n'y avait pas de chantre des armes. A cette "lectura" de Mario Fubini il faut rattacher l'analyse pénétrante d'Ettore Paratore, dont les recherches minutieuses, entre autres sur le tissu phonique (ainsi les rimes présentent-elles une "carica fonica irta e segmentata")[12], ou sur le lexique (*accisma*, *musare* ou *asbergo* remontent au provençal), permettent de cerner davantage un moment de l'élaboration du style dantesque. On peut en conclure que l'analyse stylistique du chant XXVIII, qui porte le sceau du nom "segmenté" d'un troubadour, corrobore le rapport contraignant qu'entretiennent la matière et son expression poétique.

Dans le cas d'Arnaut Daniel, au moment où Dante le rencontre sur la septième corniche du "Purgatoire" (ch. XXVI), il manifeste aussitôt le désir de connaître son *nom*:

Io mi fei al mostrato innanzi un poco,
e dissi ch'al *suo nome* il mio disire
apparecchiava grazïoso loco.
(vv. 136-38)

("Je m'avançai un peu vers l'ombre désignée, et je lui dis qu'à son nom mon désir préparait un gracieux accueil").

Afin que le troubadour *se nomme*, Dante s'exprime en un style recherché, voire précieux, entre autres par l'emploi de la diérèse dans *grazïoso*, dont Carlo Grabher a pu dire "che più fa indugiare sulla parola in una cortese ostentazione"[13]. Le mode d'expression de Dante convient à merveille à un représentant des plus experts du *trobar clus*. En répondant dans son propre idiome, Arnaut peut affirmer indirectement sa prédilection pour le style parfois obscur, mais toujours raffiné, auquel son interlocuteur l'invite, puisqu'il le prévient qu'il ne sera pas obscur, ne désirant pas se "cacher" (*cobrire*):

Tan m'abellis vostre cortes deman
qu'ieu no me puesc ni voill a vos *cobrire*.
(vv. 140-41)

Avant de *se nommer* Arnaut avertit donc que, bien qu'expert en "motz cubertz", il entend faire résonner son nom de la manière la plus évidente et il conclut:

Ieu sui Arnaut, que plor e vau cantan.
(v. 142)

Tout comme pour Bertrand, Dante fait résonner le nom d'Arnaut dans le premier hémistiche, avec un identique et tout aussi affirmatif "je suis". Cependant, ceci ne se fait pas dans le vers médian, mais dans le vers initial du tercet, qui marque le moment culminant d'un discours qui s'étend sur huit vers, tous écrits en provençal et dans le style même de celui qui s'y trouve représenté. L'intégration linguistique d'un anthroponyme provençal n'exclut pas pour autant les correspondances qui peuvent être perçues avec le macrotexte italien de la *Comédie*. C'est ce qui permet à Roger Dragonetti, dans sa lecture exemplaire de la *Comédie*, de suggérer une consonance subtile du nom Arnaut avec l'italien *Arno*:

> Autant dire qu'ici les noms peuvent sonner avec plus de plénitude. Comment dès lors ne pas reconnaître, dans ces sonorités, la source maternelle de Dante, l'*Arno*. Ainsi la source du lieu natal et la source du *parlar materno*, rassemblées en *trobar clus*, s'indentifient dans les

> sonorités de leurs noms, malgré un déplacement d'accent assez significatif. Les pleurs et les chants d'Arnaut fusionnent avec ceux de l'*Arno* dans ce *discorrere* qui les porte tous deux "Infin là 've si rende per ristoro / Di quel che 'l ciel de la marina asciuga, / Ond'hanno i fiumi ciò che va con loro" (Purg. XIV, 34-36). Et l'on comprend encore mieux la densité de signification du vers "Dirvi ch'i' sia, saria parlare indarno", qu'on pourrait entendre ainsi: "Vous dire qui je suis ce serait vous parler d'Arnaut"[14].

Quoi qu'il en soit, Arnaut Daniel devient la figure emblématique d'une étape, combien décisive, dans l'évolution poétique de Dante. Certes, il faut bien admettre que le déplacement d'accent dans *Arnàut / 'Arno* fait difficulté, mais les relations homophones sont plus que suffisantes pour permettre une insertion poétique satisfaisante d'un nom provençal dans le réseau de correspondances phoniques de la *Comédie*.

Voyons à présent comment sont exploitées les virtualités significatives du nom de Folquet de Marseille. Folquet demeure dans le ciel de Vénus, parmi les esprits *fulgurants* (*fulgidi*). En se présentant il se nomme *Folco*. En fait, pour nous faire connaître son nom, qui est mis en évidence en tête de vers (Par. IX, 94), il lui faut exactement douze vers de style périphrastique, qui s'accordent d'ailleurs parfaitement à la question aussi docte qu'artificielle de Dante, question qui ne contient pas moins de trois néologismes (*inluia*, *intuassi*, *immii*). Folquet nous est donc présenté par le biais d'un discours qui évoque les procédés rhétoriques de sa propre écriture. C'était déjà le cas pour Bertrand et pour Arnaut. L'insertion poétique de l'anthroponyme se réalise une fois de plus au moyen de procédés complexes qui évoquent de façon adéquate la poésie de celui qui est *nommé*. Ainsi l'épisode du "Paradis", qui peut se dire une évocation historiquement fidèle d'un troubadour, devient aussi et surtout le lieu privilégié où Dante fait résonner autant que possible les virtualités phoniques et sémiques d'un nom. *Folco*, en tant qu'esprit "fulgurant", provoque le rapprochement avec *fulgore*, 'fulguration'. *Folco* étant présenté comme une *letizia*, une 'allégresse', en tant qu''âme joyeuse', Dante peut dire:

Per letiziar là sù fulgor s'acquista.
(v. 70)

("Par l'allégresse là-haut la fulguration s'acquiert".)

Et quand le troubadour se nomme finalement, il déclare:

Folco mi disse quella gente a cui
fu noto il nome mio. . .
(vv. 94-95)

("Folco m'appelèrent ceux à qui mon nom était connu".)

Qu'on se souvienne de ceux qui ne savaient pas ce que pouvait signifier le seul fait de prononcer le nom de Béatrice. Et Folquet conclut:

. . .e questo cielo
di me s'imprenta, com'io fe' di lui. . .
(vv. 95-96)

("Et ce ciel s'empreint de moi comme je fis de lui".)

Le ciel de Vénus reçoit donc l'empreinte de la lumière de Folquet tout comme celui-ci avait subi dans sa jeunesse son influence qui prédispose aux ardeurs de l'amour. Le sème *lumière/feu* est également mis en évidence par une longue périphrase pour désigner le lieu de naissance du troubadour. Au lieu de dire que Folquet est né à Marseille, Dante cite *Buggea* (Bougie en Algérie), ville située presque sur le même méridien que Marseille. Or, il nous semble que *Buggea* appartienne à cette géographie poétique de Dante, qui permet le rapprochement avec *Bruggia*. *Buggea/Bruggia* présente, pour le moins, une consonance quasi homophone, et *Bruggia* renvoie à *brugiare*, qui signifie 'brûler'. Dans le célèbre chant XV de l'"Enfer", où les damnés cheminent sous une pluie de feu, Dante se protège des flammes en se tenant sur une digue, comme celles, nous dit-il, que les Flamands construisirent entre *Guizzante* et *Bruggia* (Bruges):

Quali Fiamminghi tra Guizzante e Bruggia.
(v. 4)

Dans ce vers, on trouve le sème "feu" aussi bien dans *Fiamminghi* que dans *Bruggia* et *Guizzante*. Que le nom *Guizzante* désigne Cadzand en Hollande ou Wissant en France (Pas-de-Calais), il renvoie de toute façon à *guizzare*, tout comme *Bruggia* renvoie à *brugiare*. Et *guizzare* peut se dire d'une flamme qui vacille.

Ainsi donc la "figure" de Folquet de Marseille, dont les commentateurs s'accordent à souligner la représentation historiquement fidèle, se trouve intégrée dans le tissu poétique de la *Comédie* par un jeu subtil de correspondances phoniques et sémiques.

En guise de conclusion, on peut constater que, dans les noms de troubadours privilégiés par Dante, le référent s'atténue en faveur de la signification, l'affaiblissement de la fonction dénotative étant d'ailleurs compensé par un travail très subtil sur le signifiant. D'autre part, l'intégration des noms de troubadours au discours poétique peut libérer des sens aussi étonnants qu'imprévus, sans contredire pour autant leur *sensus historialis*.

De même que Dante fait dire à Folquet à propos de l'influence du troisième ciel "di me s'imprenta, com'io fe' di lui", on peut affirmer que les noms laissent leur empreinte sur le texte poétique tout en s'en imprégnant. C'est dire que la citation des noms de troubadours provençaux n'étant jamais anecdotique, il faut la comprendre comme une intégration explicite d'une expérience poétique revécue personnellement. Ainsi la Provence, en tant que contrée de la langue, se trouve-t-elle intégrée poétiquement dans la structure même de l'*Opus magnum*.

Notes

[1]Pour l'importance de l'onomastique voyez François Rigolot, *Poétique et onomastique: l'exemple de la Renaissance* (Genève, 1977).

[2]Nous nous sommes servi de l'*Enciclopedia dantesca* pour les articles "constructio", "magnalia", "oc" et ceux qui concernent les différents troubadours cités par Dante.

[3]Voir la "lectura Dantis" de Mario Fubini, *Il canto XXVIII dell'Inferno* (Florence, 1962).

[4]Aristide Marigo, *De Vulgari Eloquentia* (Florence, 1957), p. 214.

[5]Vincenzo Mengaldo, l'art. "Oc" dans l'*Enciclopedia dantesca*, 4, p. 115.

[6]André Pézard, *Dante sous la pluie de feu* (Paris, 1950), pp. 362-63.

[7]Voir Marcia L. Colish, *The Mirror of Language: A Study in the Medieval Theory of Knowledge* (New Haven et Londres, 1968), pp. 291-317.

[8]Voyez ce qu'écrit Rigolot, *Poétique et onomastique*, pp. 23-24, à propos de la "remotivation textuelle du signifiant onomastique".

[9]Jean Boutière et Alexandre H. Schutz, *Biographies des Troubadours*, 3e éd. (Paris, 1973), p. 65.

[10]Edoardo Sanguineti, *Interpretazione di Malebolge* (Florence, 1961), p. 288 n.

[11]Fubini, *Il canto XXVIII*, p. 27.

[12]Voir la "lectura Dantis" d'Ettore Paratore du chant XXVIII de l'Enfer, in *Inferno: Letture degli anni 1973-'76* (Rome, 1977), pp. 683-704.

[13]Carlo Grabher, *La Divina Commedia. Purgatorio* (Milan et Messine, 1964), p. 305, note aux vv. 136-38.

[14]Roger Dragonetti, "Dante pèlerin de la Sainte Face", *Romanica Gandensia* 11 (1968), 229-30.

Le personnage de Frédéric II dans la poésie lyrique d'oc du XIIIe siècle

Charles Brucker

Quand on cherche a éclaircir la nature des rapports qui lient le poète du moyen âge et, plus particulièrement, le poète lyrique politique, à la société, à l'environnement politique et social dans lequel il vit, on oublie trop souvent[1] que la mention plus ou moins insistante d'un personnage ou d'un événement peut faire l'objet d'analyses historiques, stylistiques et littéraires et constituer un moyen de connaître l'opinion du poète devant tel événement ou tel personnage, encore que dans le cas de la poésie lyrique occitane ou française, de type politique, les conventions pèsent lourdement dans la tradition poétique. Or, on accorde une importance excessive aux contraintes stylistiques ou thématiques, qui, il est vrai, sont réelles dans ce genre; bien plus, l'étude de cette poésie souffre d'une tendance qui consiste à sacrifier à certaines modes en matière de critique littéraire et à valoriser à l'excès le caractère mercenaire et, par conséquent, artificiel, voire fictif, de cette poésie politique.

Il nous a paru intéressant, à partir d'un détail précis, de repenser le problème de l'actualité de la poésie lyrique politique et celui du rôle littéraire des références sociales et politiques. Nous avons choisi, à cet effet, non pas un événement, mais un personnage, marquant s'il en est, Frédéric II. Nous nous proposons d'examiner l'attitude des troubadours du XIIIe siècle à l'égard de Frédéric II. Les poèmes s'échelonnent sur une période suffisamment importante pour qu'une évolution soit éventuellement sensible. L'ensemble des poèmes pris en considération ici, au nombre de 20[2], se situent entre 1213 et 1269, le dernier étant postérieur à la mort de Frédéric II, qui survint en 1250.

Un critère extérieur dans le classement des traits saillants de ces poèmes peut être le degré d'agressivité ou de bienveillance du poète à l'égard du personnage, en l'occurrence Frédéric II. D'une façon générale, nous distinguerons les poèmes négatifs, critiquant un aspect de la personnalité ou du comportement de Frédéric II, des poèmes positifs où le poète fait l'éloge du souverain. Il est évident que, pour la connaissance des réactions des poètes devant les diverses attitudes de Frédéric, les poèmes négatifs sont bien plus révélateurs que les poèmes positifs.

Les poèmes négatifs

Il est remarquable que les poèmes négatifs, au nombre de 5 (25%), sont chronologiquement groupés dans deux périodes de la vie et de la carrière de Frédéric II: les années 1220-1225 et les années 1240-1269[3]. La première question que l'on est amené à se poser est bien celle-ci: ces deux périodes correspondent-elles à des moments particulièrement importants de la carrière politique, royale et impériale de Frédéric II?

La période 1220-1225

La période 1220-1225 est décisive dans la vie politique de Frédéric II. C'est en 1221 qu'il est couronné empereur. On comprend que c'est à cette période[4] que les troubadours sont particulièrement sensibles au comportement du souverain, car la partie orientale du Midi de la France[5] fait partie du Saint Empire Romain Germanique; d'une manière plus générale, à partir de ce moment, tout le monde occcidental est touché par le comportement tantôt complaisant, tantôt agressif de Frédéric II à l'égard de la papauté; enfin, c'est alors que commencent les difficultés de Frédéric II avec les villes lombardes ou, du moins, avec certaines d'entre elles[6]. C'est aussi l'époque où l'Europe occidentale tout entière a les yeux tournés sur Frédéric II en raison de ses nombreuses et longues hésitations à partir en croisade, hésitations qui lui vaudront bien des antipathies. Ces sentiments négatifs, plus ou moins virulents, plus ou moins violemment exprimés, sont le fait de troubadours tels que Folquet de Romans, Peirol et Elias Cairel.

a. *Folquet de Romans*. L'un des poèmes de Folquet de Romans[7] fait allusion à Frédéric II d'une manière bien particulière. La référence, inattendue, à l'"autorité" de Frédéric II est curieusement intégrée dans la critique de Guillaume IV de Montferrat et dans l'éloge de son père, Boniface Ier de Montferrat:

str. IV Max, qui ver en jutjuria
ver dis lo reis Frederics
que mestier i auria pics[8],

qui l'aver trair' en volria[9].

Par une sorte d'ironie, les paroles prêtées à Frédéric II se retournant contre lui-même, c'est l'empereur qui est visé au premier chef, semble-t-il, par le reproche de manque de libéralité; interprétation d'autant plus plausible que ce ne serait pas la première fois qu'un troubadour lui reprocherait sa cupidité et son avarice[10].

b. *Peirol.* Dans le poème de Peirol "Pus flum Jordan ai vist el Monumen"[11], le personnage de Frédéric II, sans occuper une place centrale, est, en quelque sorte, le prétexte permettant au poète de fustiger l'inertie du monde contemporain en face de l'énergie déployée par les grands hommes du passé. Il s'agit d'une chanson de croisade où sont glorifiés (str. III) Richard Coeur de Lion, Conrad de Montferrat, l'empereur Frédéric Ier; dans la même strophe, le poète annonce une réserve quant aux grands d'"aujourd'hui", réserve qui deviendra critique dans les strophes IV et V.

La strophe IV[12] comporte une progression assez remarquable dans le sens d'une critique de plus en plus virulente:

1° Dieu devrait mieux (selon les mérites de chacun) répartir les biens de ce monde (vv. 22-24).
2° La richesse incite les grands à mépriser Dieu (v. 25).
3° L'empereur essaie d'échapper aux serments qu'il avait faits de partir en croisade (vv. 26-28).

La strophe représente un ensemble thématique non clos où la mention de l'empereur Frédéric II constitue un point culminant dans l'ordre des récriminations de Peirol contre les grands de ce monde.

La strophe suivante reprend le thème du personnage de l'empereur; le poète place ce dernier devant ses responsabilités et le met en présence des faits:

str. V Emperador, Damietta·us aten,
e nueg e jorn plora la blanca tors
per vostr'aigla, qu'en gitet us voutors.
Volpilla es aigla que voutors pren!
Anta y avetz e·l Soudan onramen,
e, part l'anta, avetz y tug tal dan
que nostra ley s'en vai trop rezeguan.

Responsabilité d'abord: *Damietta* . . ., Damiette en détresse. Faits ensuite: gain et victoire en perspective pour le sultan. Mais responsabilités et faits sont enrobés dans le sentiment de type féodal qu'est *anta*/*onramen*. Aux yeux du poète, c'est avant tout Frédéric II qui est le grand responsable de la situation. En effet, c'est fort habilement qu'il en arrive à la conclusion que l'origine du mal dans le monde chrétien doit être cherché dans la recréantise de l'empereur.

c. *Elias Cairel.* Elias Cairel, dans un poème[13] qui semble dater des années 1222-1225, reproche à Guillaume IV de Montferrat la perte de la Thessalonique. Mais le ton devient beaucoup plus agressif quand, aux vers 41 et suivants, le poète en vient à parler de l'empereur; il est le premier[14] des troubadours à affirmer franchement que Frédéric est parjure; en plus, dans son poème, Elias Cairel s'adresse à Frédéric II lui-même:

> Emperaire Frederic, ieu vos man
> Que de son dan faire s'es entremes
> Vassals, quand a a son seignor promes
> So dond il faill a la besoigna gran, . . .

La faute de Frédéric II fait l'objet d'une amplicification grâce aux ressources qu'offre au poète le vocabulaire féodal (*dan - vassals - promes*).

La période 1240-1269

La seconde période où se manifeste, de la part des poètes lyriques, une agression dirigée contre Frédéric II est l'année 1240 et les dix années qui suivent, avec une critique posthume en 1269.

a. *Uc de Saint-Circ.* En 1240, Uc de Saint-Circ[15] encourage Guido Guerra, Michaele Morosino (podestat de Faenza), Bernardo di Fosco et Ugolini de Fantolini, assiégés à Faenza (août 1240-août 1241) par Frédéric II, considéré maintenant comme l'antéchrist; le poète conseille aussi à Raimon VII de Toulouse (allié de Frédéric II en 1240) de ne pas s'attirer de nouvelles humiliations en s'alliant avec l'empereur; le roi de France, saint Louis, sachant que Frédéric II a promis aux Anglais des territoires perdus en France, doit retenir Frédéric II à Milan; l'Eglise et le roi de France devront envoyer une armée contre Frédéric II, cet impie; le poète se réfère à Guillaume Ier de Savoie, évêque de Valence, partisan de Frédéric II jusqu'en 1238, et mort en 1239 (peut-être empoisonné par Frédéric II); les frères de Guillaume, Amédée et Thomas de Savoie, ne doivent pas non plus - c'est le voeu du poète - soutenir Frédéric II[16].

Uc de Saint-Circ envisage donc une conjuration universelle contre Frédéric II. Sans jamais le nommer, le poète conduit son poème de façon à faire de Frédéric II le point de mire de ses critiques au long de sa pièce. Le poète part innocemment de considérations morales très générales; mais, dès la première strophe, qui évoque l'affaire de Faenza, le lecteur (ou l'auditeur) ne peut s'y tromper. D'ailleurs, la seconde strophe le renforce dans son impression première. L'habileté du poète a consisté, à partir de la strophe III, à faire de Frédéric II un personnage menaçant, susceptible d'intimider ses alliés ou ses anciens alliés: Raimon VII, s'il revenait à alliance avec

Frédéric II, se verrait de nouveau aux prises avec la papauté[17]. L'intervention du pape, dans ce poème, donne au personnage de Frédéric II des dimensions religieuses: il est l'antéchrist (le mot n'est pas prononcé par le poète), à tel point que (str. V)[18] le poète souhaite voir s'organiser une croisade contre Frédéric II. Il est remarquable que ce dernier, qui avait été mêlé si longtemps aux affaires des croisades, finît par être lui-même l'objet d'une croisade. Mais, en un sens, ce retournement relève d'une certaine logique, puisque, s'opposant à la croisade par son refus d'y participer et par ses hésitations, il voit la croisade se retourner contre lui, du moins dans l'hypothèse et l'imagination du poète. D'ailleurs, cette attitude du poète est liée à la prétendue perfidie de Frédéric II, évoquée dans la str. VIII[19]: sournoisement, le poète laisse entendre que Frédéric II est responsable de la mort de l'évêque de Valence, pourtant son allié de jadis.

A première vue, ce détail semble détonner dans l'ensemble thématique du poème. En fait, il constitue un point culminant dans la façon de créer autour de Frédéric II une ambiance d'hostilité, motivée d'après le poète, et qui devrait entraîner l'isolement de l'empereur.

b. *Un poème anonyme de 1269*. Il est significatif que le seul poème négatif - le dernier dans l'ordre chronologique - qui soit postérieur à la mort de Frédéric II (il est habituellement daté de 1269) se rattache à une phase particulièrement aiguë de la lutte de l'empereur contre la papauté[20]. En effet, l'auteur du poème, anonyme, fait l'éloge de Grégoire de Montelongi, ambassadeur papal en Lombardie, qui servait la sympathie du pape pour les Lombards, rebelles et ennemis de Frédéric II. Ce fut l'adversaire le plus acharné de ce dernier, décidé à déjouer son habileté. Il encourageait toutes les aspirations des villes du Nord, du moment qu'elles étaient hostiles à Frédéric II. En somme, c'est du plus grand ennemi de Frédéric II que le poète chante les louanges[21].

Un cas particulier

Si les cas où les poèmes, tout en évoquant le personnage de Frédéric II, sont neutres à son égard, se laissent assez facilement déterminer[22], il n'en est pas de même pour les poèmes positifs ou négatifs dont l'éloge ou l'agressivité est indirecte[23]. Ce cas particulier est bien représenté par le poème "Ia de far un sirventes"[24], attribué par Schultz-Gora à Guilhem Figueira[25].

Outre l'extrême virulence de l'attaque - dans une intention louable, il est vrai - de Guilhem Figueira contre Frédéric II, c'est la progression de cette virulence de strophe en strophe, ainsi que la manière, très particulière, dont le poète attaque l'empereur, qui est remarquable.

La progression se manifeste de la façon suivante:

1° Le poète se fait un devoir de dire la vérité à l'empereur.

2° L'empereur, selon le poète, s'acharne à se déshonorer.
3° Pour le remettre dans le droit chemin, le poète ne se contentera pas de le blâmer; il ne reculera pas devant l'injure.
4° L'empereur est devenu cupide.
5° Il faut l'aider car il est couard.
6° Alors qu'il chasse avec chiens et léopards, il s'imagine vaincre les Lombards.
7° Il est assez naïf et inconscient pour le croire.

A examiner superficiellement l'enchaînement des idées ainsi présentées, on a le sentiment que le poète se contente de mépriser l'empereur et qu'il y a, dans ce poème, une progression dans le sens du mépris, l'indignation ayant précédé ce sentiment, comme si le poète était las de s'indigner contre un couard. En fait, pour peu qu'on y regarde de plus près, on constate que chaque strophe contient un argument décisif, qui n'est pas un blâme à proprement parler (le poète le dit lui-même)[26], mais un élément de la description de l'état d'âme de l'empereur, destinée à rendre celui-ci conscient de ses défauts: ric croi (v. 6); auci pretz (v. 14); cobes - avar (v. 26); mal frut . . . semenar (v. 34); vils e coartz (v. 49); nescis e musartz (v. 58); unz penz' e autre sap (v. 64). Si l'on essaie de replacer chaque élément de cette progression dans l'ensemble de l'argumentation, on se rend aisément compte que le point culminant de l'indignation, accompagnée d'un certain mépris, est situé dans la strophe IV (illustration de la cupidité, dont le thème est soigneusement préparé et annoncé par la strophe III qui porte sur l'avarice). Mais, en fait - et c'est l'originalité de la pièce - à partir de là, on est en présence d'une sorte de second poème. L'indignation qui se manifeste dans la première partie n'enlève rien, dans l'esprit du poète, au mérite de Frédéric II; au contraire, les mots durs qu'il a eus à l'égard de l'empereur étaient destinés à réveiller celui-ci de sa torpeur. De fait, la strophe V permet de saisir tout l'intérêt que le poète porte à l'empereur et à l'empire. Plus on avance dans la lecture du poème, plus on a l'impression que le poète s'est défait de tout sentiment négatif à l'égard de Frédéric II, qu'il se situe au-dessus des conjonctures et qu'il prend en quelque sorte sa place, puisqu'il lui indique, sous la forme d'un énoncé sentencieux, la ligne de conduite à tenir (str. VI). C'est là l'indice le plus sûr du fait que le poète politique, phénomène social sans doute, se situe, voudrait se situer, sinon au-dessus de la société[27], du moins à la tête de celle-ci.

Si, plus qu'aucun autre poème, cette pièce nous permet de nous rendre compte de la manière dont le poète conçoit son rôle dans la société, elle donne, également, l'occasion de voir comment il nuance et justifie son attitude à l'égard de Frédéric II; les reproches adressés à celui-ci s'inscrivent dans un contexte éthique, politique et social.

Si virulent que puisse être le ton de l'ensemble du poème, Guilhem Figueira se montre, en fait, très nuancé dans ses attaques mêmes, et la manière dont il s'adresse à l'empereur varie pratiquement d'une strophe à une autre.

1° Dans la première strophe s'affirme la supériorité ou l'indépendance d'humour, sinon de fait, du poète qui est conscient de son "métier", de son expérience, de son talent, mais qui, aussi, d'emblée, se place sur le plan de l'impartialité; bien plus, il se considère comme la voix de la vérité et de la justice (v. 7):

Per qu'ieu non m'en puesc taire.

Il se doit de dire la vérité à l'homme concerné et à la société. Toutefois, déjà à la fin de cette strophe se révèle un sentiment de pudeur; le poète préférerait se taire puisque, pour une fois, il ne pourra pas faire l'éloge de l'empereur[28].

2° Mais il ne peut se taire (str. II) ni contenir sa colère (v. 1). Il reproche surtout à l'empereur d'ignorer ce qu'est la vraie valeur (*pretz*) et de se déshonorer (*fassa desonor*), lui et ses sujets (*qe trop longamen reing*).

3° Si *ira* est le terme marquant de la seconde strophe, c'est l'accumulation d'injures qui caractérise la troisième. Le ton modéré attaché à l'expression *nol voil blasmar* porte à croire que ses paroles dures sont destinées à faire sortir l'empereur de son inconscience, à le stimuler et à le pousser vers la victoire, qui semble lui échapper à cause de ses défauts moraux.

4° Toutefois, au milieu du poème (str. IV), afin de rappeler à la mémoire de l'empereur ses erreurs et de le ramener par là dans le droit chemin, il lui faut évoquer un détail qui le condamne tout particulièrement: c'est l'affaire du seigneur de Baruth[29]. On remarque qu'à ce moment, le poète renonce au ton violent.

5° Bien plus, dans la strophe V, il appelle à l'aide pour l'empereur, au nom de l'empereur. L'expression *Davas totas partz* ("Ara somon c'on l'aiut. . .") est significative. Elle montre clairement qu'aux yeux du poète, l'empereur, son comportement correct, ses victoires, son prestige sont d'une importance vitale pour le monde. Il explique pourquoi il faut l'aider: il s'agit de vaincre Milan, affaire politique, mais aussi affaire morale, comme on le voit dans la seconde moitié de la strophe (vv. 45-50):

. . . , mas nol cut
ia sia tant auzartz
qe s'en auz enanz traire,
si tot l'a convengut,
car es vils e coartz
et *avols* guerrejaire.

6° Dans la strophe VI, ce manque de courage, évoqué plus haut, est expliqué, sur un ton ironique, images et scènes à l'appui, par une allusion

directe à la vie de plaisirs que mène l'empereur à Padoue où il séjourne pendant plus de deux mois (février-mars 1239)[30], fêté par la ville, se livrant à une vie de cour facile: c'est le portrait de l'"empereur inconscient".
7° Dans la strophe VII, le poète fustige explicitement l'inconstance de Frédéric II (vv. 66-70):

> . . . unz penz' et autre sap,
> e totz nescis penzaire
> perchaza leu son dan
> tro qe ven a mescap,
> si s'en pot leu estraire.

Sa légèreté est présentée d'une manière plaisante. Cette dernière strophe, entre autres éléments que nous avons soulignés, montre que, en fait[31], le poète n'en veut pas à Frédéric II, mais simplement qu'il est bien décidé à tout mettre en oeuvre, y compris les invectives, pour inciter l'empereur à poursuivre sa carrière autrefois si victorieuse.

Comment expliquer cette attitude du poète? Les victoires de Frédéric II sur les villes rebelles du Nord de l'Italie[32] et le désir que forme le poète de le voir continuer dans cette voie s'incrivent dans la tendance de Guilhem Figueira à considérer la corruption du clergé de Rome comme la source de tous les maux[33]; or, on le sait, la papauté a tout fait pour encourager la révolte des villes lombardes.

Les poèmes positifs

Sans doute les poèmes positifs ont-ils, dans l'ensemble, moins d'importance, moins de signification que les poèmes négatifs, quand il s'agit d'examiner la réaction du poète à l'égard d'un personnage, étant donné que le poème laudatif[34] est un genre artificiel et que les louanges se font souvent sur commande, tout particulièrement à l'époque qui nous concerne ici. Il n'empêche que, si l'on prend en considération les poèmes positifs les plus importants, c'est-à-dire ceux où les mentions de Frédéric II par le poète revêtent une certaine importance, ils peuvent nous apporter des renseignements sur la façon dont le personnage de Frédéric II est intégré dans le poème, et sur la signification, pour le poète, du personnage lui-même, en dépit des expressions élogieuses qui peuvent nous paraître de pure forme. Sur neuf poèmes positifs[35], deux seulement sont absolument désintéressés, en ce sens qu'ils sont exclusivement centrés sur le personnage de Frédéric II et que l'éloge sans réserve semble être indépendant de tout autre motif; c'est-à-dire que le personnage de Frédéric II n'est nullement utilisé pour servir d'amplification ou d'appui à une argumentation dont le propos lui serait plus ou moins étranger. Ces poèmes sont ceux d'Aimeric de Peguilhan[36] et de Guilhem de Figueira[37].

Aimeric de Peguilhan

L'ouverture du poème d'Aimeric de Peguilhan "En aquel temps quel reis moric 'N Amfos" se fait sur un ton d'espérance, qui succède à la tristesse; mais, fait plus important, toute la strophe est bâtie sur le thème "absence de Pretz et de Dos" (valeur et largesse). C'est grâce au terme *Pretz* que la seconde strophe est étroitement liée à la première, et c'est alors que, discrètement, par allusions et métaphores, est introduit le personnage de Frédéric II. Le ton devient aussitôt emphatique: c'est Dieu qui envoie le guérisseur qu'il est (v. 11):

> qu'un bon metge nos a Dieu sai trames.

Metge, terme à résonance presque magique, comporte une apposition prestigieuse (v. 12 "savi e ben apres"); la métaphore se prolonge (vv. 13-14):

> Que conoys totz los mals et totz los bes
> E mezina quascun segon que s'es.

De même que la strophe I finissait sur un ton d'espérance (v. 8 "Mas ar los vey restauratz ambedos"), de même la strophe II comporte un point culminant, à la fin, qui est constitué par le thème du désintéressement (v. 15 "Et anc loguier non demandet ni ques"), que rehausse l'idée de générosité ("franc et cortes") et, en même temps, forme le lien entre cette strophe et la précédente.

De l'intelligence, du courage et de la générosité, le poète en arrive à des qualités qui font de Frédéric II un saint (v. 23):

> E fa de Dieu cap e comensamen...,

ou, au moins, un homme pur et innocent de tout péché (v. 24):

> Que l'ensenh'[38] a guardar de falhimen.

Jamais encore un poème faisant l'éloge de Frédéric II n'est allé aussi loin. Si l'emphase n'est pas absente, si les procédés rhétoriques ne sont pas inconnus dans ce poème d'Aimeric de Peguilhan, il n'en est pas moins vrai que le poète semble sincère dans cette pièce vers 1220, où tous les espoirs fondés sur Frédéric II sont encore permis.

Guilhem Figueira

Si, dans son poème, Aimeric de Peguilhan porte de l'interêt exlusivement à la personne de Frédéric II, Guilham Figueira[39], tout en louant, d'une manière aussi sincère, Frédéric II, s'attache, avant tout, à travers son éloge, à défendre les intérêts de l'Empire et à prendre en considération la façon de gouverner de Frédéric II. En effet, à travers la haine que le poète voue aux Lombards, et de strophe en strophe, se fait jour la volonté d'une mise en relief des qualités, des prérogatives et des devoirs de Frédéric II.

C'est un fait précis qui détermine l'allure du poème: le souci que causent à l'empereur les Lombards révoltés. Et pourtant - comme pour effacer cette zone d'ombre -, le poète nous présente l'empereur comme un personnage doté de toutes les qualités chevaleresques et courtoises (v. 26), invincible, pour peu que lui-même veuille bien faire le geste qui s'impose (v. 27 "s'elh repaira envas lor"). Pour la première fois, un poème nous fait sentir la puissance quelque peu divine de Frédéric II, franchement placé au-dessus des querelles partisanes.

Quel que soit le poète, quelle que soit la période prise en considération, on est amené à reconnaître que le genre de poésie ayant pour objet l'éloge ou la critique d'un personnage, en l'occurrence Frédéric II, est davantage le reflet de la vie sociale que de la vie politique. En d'autres termes, à travers des considérations politiques percent le prestige et l'autorité de Frédéric II, qui est diversement apprécié par les troubadours, mais rarement en fonction de leurs positions personnelles ou partisanes. Les rapports personnels que les troubadours ont pu entretenir avec Frédéric II ne semblent pas avoir joué un rôle important dans leur attitude à l'égard de l'empereur.

Ce qui importe bien plus dans les divergences d'opinions concernant la politique et le caractère même de Frédéric II, c'est la période de sa carrière à laquelle appartient tel ou tel poème; ce détail est singulièrement important dans le cas des poèmes négatifs. Les événements sont donc déterminants dans l'attitude qu'adoptent les troubadours à l'égard de Frédéric II. Toutefois, ce n'est pas leur signification proprement politique qui transparaît dans leurs poèmes, mais bel et bien leur fonction de révélateurs des valeurs éthiques du comportement de l'empereur, dans la mesure où ils sont le reflet de la manière dont, dans la société contemporaine, est perçu et ressenti le rôle et le rayonnement de Frédéric II.

Appendice

Liste des poèmes étudiés

1.	1213	0	Pons de Capdoil[40]
2.	1213-14	0	Anonyme[41]
3.	1220	+	Aimeric de Peguilhan[42]
4.	1220	–	Folquet de Romans nº 3[43]
5.	1220	0	Folquet de Romans nº 5[44]
6.	1220	0	Guilhem Figueira nº 9a[45]
7.	1220	0	Guilhem Figueira nº 6[46]
8.	1221	–	Peirol[47]
9.	1222-25	–	Elias Cairel[48]
10.	1222-26	+	Peire Cardenal nº 15[49]
11.	1226	+	Folquet de Romans nº 4[50]
12.	1226	–	Folquet de Romans nº 5[51]
13.	1228	+	Folquet de Romans nº 7[52]
14.	1229	+	Guilhem Figueira nº 2[53]
15.	1230	+	Peire Cardenal nº 29[54]
16.	1226-35	+	Guilhem Figueira nº 3[55]
17.	1238	+	Guilhem Figueira nº 7[56]
18.	1239	+	Guilhem Figueira, attrib.[57]
19.	1244-49	0	Guilhem Figueira nº 1[58]
20.	1269	–	Anonyme[59]

N.B. + = positif; – = négatif; 0 = neutre.

Notes

[1]L'excellent ouvrage de Karen W. Klein, *The Partisan Voice: A Study of the Political Lyric in France and Germany, 1180-1230* (La Haye et Paris, 1971) ne met guère l'accent sur cette question.

[2]Voir l'Appendice.

[3]Bien que la mort de Frédéric II se situe en 1250, il nous a paru intéressant de tenir compte de l'appréciation et du jugement qu'un poète a formulés quelque vingt ans après.

[4]Voir Ernst H. Kantorowicz, *Frederick the Second* (Londres, 1957), pp. 107 et suiv.

[5]Kantorowicz, *Frederick*, pp. 147 et suiv.

[6]En theorie du moins. Voir, par ex., Kantorowicz, *Frederick*, p. 391.

[7]*Die Gedichte des Folquet von Romans*, éd. Rudolf Zenker, Romanische Bibliothek, 12 (Halle, 1896), pp. 46-48, *Una chanso sirventes*. Cf. Vicenzo De Bartholomaeis, *Poesie provenzali storiche relative all'Italia*, 1 (Rome, 1931), pp. 235-38.

[8]Au sens figuré; voir Emil Levy, *Provenzalisches Supplement-Wörterbuch. Berichtigungen und Ergänzungen zu Raynouards "Lexique roman"*, 6 (Leipzig, 1910), pp. 307-08.

[9]Les paroles de Frédéric II semblent se retourner contre lui-même.

[10]Voir le poème "Ia far un sirventes", attribué par Schultz-Gora à Guilhem Figuiera, commenté en II de cet article (voir aussi notes 24 et 25); voir pour l'interprétation, *Grundriss der romanischen Literaturen des Mittelalters*, VI/2 (*La littérature didactique, allégorique et satirique*, sous la direction de Hans Robert Jauss, Heidelberg, 1970), n° 5784.

[11]Éd. Stanley C. Aston (Cambridge, 1953) n° 32, pp. 161-63. Cf. De Bartholomaeis, *Poesie*, 2, (Rome, 1931), pp. 11-14.

[12]"Belh senher Dieux, si feyssetz a mon sen, / ben guardaratz qui faitz emperadors / ni qui faitz reys ni datz castels ni tors; / quar pus son rics vos tenon a nien. / Qu'ieu vi antan faire man sagramen / l'emperador, don ar s'en vai camjan / quo fes lo guasc que traissetz de l'afan".

[13] De Bartholomaeis, *Poesie*, 2:28-31, "Qui saubes dar tant bon conseil denan. . .". Cf. Hilde Jaeschke, *Der Trobador Elias Cairel. Kritische Textausgabe mit Übersetzungen und Anmerkungen*, Romanische Studien, 20 (Berlin, 1921).

[14]Dans le cadre des troubadours qui, dans leurs poèmes, ont évoqué, d'une manière quelque peu significative, le personnage de Frédéric II. Rappelons que nous excluons de notre étude les poèmes dont l'allusion à Frédéric II ne permet aucune interprétation concernant le personnage lui-même. Voir la liste de Schultz-Gora (note 25).

[15]Éd. Alfred Jeanroy et Jean-Jacques Salverda de Grave, Bibliothèque méridionale, 15 (Toulouse, 1913), n° 23, pp. 96-99, "Un sirventes vuelh far en aquest son d'En Gui. . .". Cf. De Bartholomaeis, *Poesie*, 2:153-57.

[16]V. 41: "Ges Flandres ni Savoia nol devon mantener".

[17]V. 17: "Sil chaptel coms Raimons, gart qu'en fassa son pro, / Qu'eu vil quel

Papal Tolc Argens' e Avigno".

[18]V. 37: "Doncs la Gleisa el Reis i devon pervezer / Quens manden la crosada ens veingran mantener; / Et anem lai en Poilla lo Regne conquerer, / Car cel qu'en Dieu non cre non deu terra tener".

[19]V. 41: "Ges Flandres ni Savoia nol devon mantener, / Tant lor deu de l'eleg de Valensa doler". Par *Valensa*, il est fait allusion à Guillaume Ier de Savoie, évêque de Valence, par *Flandres* à Amédée, frère de Guillaume, époux de Jeanne de Flandre.

[20]De Bartholomaeis, *Poesie*, 2:265-68 (poème anonyme), "En chantan m'aven a retraire".

[21]Le personnage est explicitement nommé ("Lo pro patriarcha Gregor", str. III).

[22]Pons de Capdoill, "En honor del Pair', en cui es", in De Bartholomaeis, *Poesie*, 1:193-96. Anonyme, "Lo Senher que formet lo tro", in De Bartholomaeis, *Poesie*, 2:199-202. Guilhem Figueira, "Totz hom qui ben comensa e ben fenis", in *Guilhem Figueira, ein provenzal. Troubadour*, éd. Emil Levy (Berlin, 1880), n° 6, pp. 59-52. Idem, "Bertram d'Aurel, se moria", éd. Levy, n° 9a, pp. 55-56. Idem, "Del preveire major", éd. Levy, n° 1, pp. 31-33.

[23]Dans l'ordre de l'éloge: Guilhem Figueira, "D'un sirventes far et son que m'agenssa", éd. Levy, n° 2, pp. 35-43; Peire Cardenal, "Clergue si fan pastor", éd. Pierre Lavaud, Bibliothèque méridionale, 37 (Toulouse, 1957), pp. 170-75. Dans l'ordre de la critique: voir note 20, Anonyme.

[24]In De Bartholomaeis, *Poesie*, 2:142-46.

[25]Oscar Schultz-Gora, *Ein Sirventes von Guilhem Figueira gegen Friedrich II* (Halle, 1902).

[26]"Mas ieu nol voil blasmar" (str. III).

[27]Voir Klein, *The Partisan Voice* p. 102.

[28]Vv. 9-10: "A gran fastic m'o teing / Qar de lui sui chantaire".

[29]Vv. 35-37: "Q'el volc desritar / Lo segnor de Barut / Els autres de repaire;. . ." Voir Kantorowicz, *Frederick*, p. 181.

[30]Voir Kantorowicz, *Frederick*, p. 470.

[31]Le ton est relativement modéré.

[32]Voir str. II: "E cuja venzer Lombartz / Totz a son coman;. . ."

[33]Le cas est particulièrement net dans le long poème "D'un sirventes far en est son que m'agenssa" (voir note 23).

[34]Klein, *The Partisan Voice*, pp. 55 et suiv.

[35]Voir l'Appendice.

[36]"En aquel temps quel reis moric 'N Amfos", in De Bartholomaeis, *Poesie*, 2:246-50.

[37]"Ja de far nou sirventes", n° 3, pp. 43-44.

[38]Ibid., v. 8.

[39]Voir note 37.

[40]Voir note 22.

[41]Ibid.

[42]Voir note 36.

[43]Voir note 7.

[44]Éd. Zenker, *Folquet von Romans*, n° 6, pp. 54-55. Cf. De Bartholomaeis, *Poesie*, 2:3-7.

[45]Voir note 22.

[46]Voir note 22.

[47]Voir note 11.

[48]Voir note 13.

[49]Éd. Lavaud, n° 15, pp. 62-64.

[50]Éd. Zenker, *Folquet von Romans*, n° 4, pp. 48-50. Cf. De Bartholomaeis, *Poesie*, 2:43-45.

[51]Éd. Zenker, n° 5, pp. 50-52. Cf. De Bartholomaeis, *Poesie*, 2:40-43.

[52]Éd. Zenker, *Folquet von Romans*, n° 7, pp. 57-61. Cf. De Bartholomaeis, *Poesie*, 2:86-89.

[53]Éd. Levy, n° 2, pp. 35-43.

[54]Éd. Lavaud, n° 29, pp. 171-75.

[55]Éd. Levy, n° 3, pp. 43-44.

[56]Ibid., n° 7, pp. 52-54.

[57]Voir note 24.

[58]Voir note 22.

[59]Voir note 20.

Appunti in margine al discordo plurilingue di Raimbaut de Vaqueiras

Furio Brugnolo

Ad onta delle valutazioni fortemente riduttive che ne sono state date sul piano propriamente critico, estetico ("virtuosismo superficiale", "gratuito pezzo di bravura", "esperimento freddo e cerebrale", e così via)[1], il discordo "Eras quan vey verdeyar" (PC 392,4) di Raimbaut de Vaqueiras[2] continue a godere fra gli addetti ai lavori di solidissima reputazione - reputazione che, come è noto, "ne date pas d'aujourd'hui"[3] - e ad occupare nell'ambito degli studi occitanici e, più in generale, romanzi una posizione di spiccato (e talora, come conviene a un "monument of unique literary and linguistic interest",[4] perfino invadente) rilievo: ciò per le ben note ragioni d'ordine metrico (in senso lato) e tecnico-formale (in rapporto p. es. alla sua originale fisionomia e alla sua stessa qualifica di "discordo"[5], nonché alla sua collocazione nell'ambito della grande tradizione del plurilinguismo e poliglottismo poetico medievale[6]) e, appunto, e soprattutto, storico-linguistiche: le strofe II, IV e V del componimento, assieme ai relativi distici della *tornada*, costituiscono, se non proprio la prima, una delle prime manifestazioni letterarie delle lingue italiana, guascone e galego-portoghese.

E tuttavia sarebbe azzardato affermare che "Eras quan vey" si presenta al lettore e al critico odierno come un testo provvisto di un apparato interpretativo soddisfacente in tutte le sue parti: se prescindiamo infatti dagli aspetti, diciamo così, esterni (o esteriori) - ivi compreso quello puramente filologico ed esegetico[7]-, bisogna riconoscere che mancano ancora moltissimi tasselli indispensabili a ricomporre il quadro (storico, culturale, istituzionale. . .) in cui inserire, caratterizzare e valutare equamente il singolare esperimento rambaldiano. Esperimento virtuosistico, si, ai limiti del ludismo verbale, ma non per questo meno carico di altri di implicazioni culturali e di significati che vanno al di là della mera operazione formale.

Bene ha fatto dunque Jean-Marie D'Heur, in un saggio recente[8], a richiamare, anche se indirettamente e da una prospettiva particolare, l'attenzione su un aspetto del discordo rimasto finora decisamente in ombra (o quanto meno sottovalutato)[9]: quello, appunto, delle sue implicazioni culturali, cioè del sistema di allusioni e riferimenti letterari - prodotto di precise mediazioni intertestuali, se non di vere e proprie "fonti" - sotteso alle singole strofe (alle singole "lingue", in senso anche semiotico) del componimento (o almeno ad alcune di esse). Gli appunti che seguono si configurano essenzialmente come uno sviluppo (e in parte una rettifica e/o precisazione) delle osservazioni contenute in quell'importante saggio.

La serrata analisi filologica e linguistica della strofa galego-portoghese (che riporto, di seguito, nell'edizione Linskill e, a fronte, nella "ricostruzione" proposta dal D'Heur)

V. Mas tan temo vostro preito,
todo·n son escarmentado.
Por vos ei pen'e maltreito
e meo corpo lazerado:
la noit, can jatz en meu leito,
so mochas vetz resperado;
e car nonca m'aprofeito
falid'ei en mon cuidado.
(Linskill)

V. Ca tan tem'o vosso preito,
tod'eu son escarmentado:
por vos ei pen', e maltreito
é meu corpo lazerado.
De noit'eu jaç'en meu leito,
son muitas vezes penado,
e ca nunca mi-a proveito
falid'é en meu cuidado.
(D'Heur)

ha indotto lo studioso belga alla suggestiva conclusione che tale strofa riveli "une utilisation de motifs et d'expressions qui sont propres à la lyrique galicienne"[10]: utilizzazione cosciente e premeditata, giacché "tournures et formules, lexique et syntaxe relèvent de l'observation d'une technique étrangère déjà constituée et déjà sûre d'elle-même"[11]. L'affermazione va, credo, quanto meno mitigata: non tanto, o non solo, per l'inevitable (letteralmente) impossibilità di raffronti e confronti (condotti infatti su autori galego-portoghesi tutti posteriori a Raimbaut)[12], né per le discutibili (anche se non illegittime) ipotesi d'ordine storiografico[13] (viziate forse da una sorta di petizione di principio), ma proprio per la perentorietà, logica prima ancora che metodologica, dell'assunto e il peso delle conseguenze che, a rigore, possono derivarne a livello più generale (va da sé che quest'ultima prospettiva non poteva essere presa in considerazione dal D'Heur, visti i confini ben precisi della sua indagine). Se è vero infatti che il discordo nasce *anche* dalla constatazione, lungimirante, "que s'illustraient un peu partout dans la chrétienté des langues lyriques dignes de la plus grande attention"[14] (ma ciò vale naturalmente, a quell'altezza cronologica, più per il francese e, entro certi limiti, il galego-portoghese che per l'italiano - per non dire il guascone), assai più problematica è la convinzione, o l'ipotesi, che Raimbaut proceda a una vera e propria "imitation" di quelle liriche "straniere", in ciò che esse "peuvent comporter de plus spécifique, de plus topique"[15]. Bene o male (a seconda cioè delle variabili di tipo socioculturale, linguistico, ecc.), il "topico", lo "specifico" di tali liriche - anche di quelle a venire - non si differenzia fondamentalmente - almeno al livello quì pertinentizzato, quello della *canso*, del "grande canto cortese"[16] - dal topico e dallo specifico (ma i due concetti sembrano un po' in contraddizione) della lirica dei trovatori occitanici, diffusa in tutt'Europa attraverso una rigida codificazione. Obbiettività scientifica e correttezza metodologica impongono dunque, a mio parere, di presupporre fermamente (ma non acriticamente), in prima istanza, e fino a prova contraria, l'occitanità di base (topica, tematica, ideologica, formulare, ecc.) di *tutte* le strofe del discordo, subordinando al rinvenimento di effettivi, e consistenti, luoghi paralleli (se non imitati) nelle varie tradizioni liriche que chiamate in causa - o presagite - l'attribuzione a Raimbaut de Vaqueiras di un preciso e calcolato intento mimetico (e non solo genericamente allusivo) nei confronti di quelle tradizioni. Questa procedura è solo apparentemente schematica e ingombrante: in realtà, oltre che equa e è congruente sul piano della verosimiglianza storica e culturale, è anche la sola che ci permetta, in seconda istanza, di cogliere e valorizzare in tutto il suo significato la complessa dosatura di elementi eterogenei che l'esperimento di Raimbaut inevitabilmente (cioè anche preterintenzionalmente) comporta. E i compiti da assolvere, in questa prospettiva, sono tutt'altro che onerosi.

Valga, per cominciare, l'esempio della strofa italiana:

II. Io son quel que ben non aio
ni jamai non l'avero,
ni per april ni per maio,
si per ma donna non l'o;
certo que en so lengaio
sa gran beutà dir non so,

çhu fresca qe flor de glaio,
per qe no m'en partiro.

Sarebbe possibile - anche operando (è giocoforza) coi criteri diacronici, e anzi propriamente retroattivi, del D'Heur[17] - , sarebbe possibile individuare in questa strofa (nonché nei due versi italiani della *tornada*: "que cada jorno m'esglaio. / Oi me lasso! que faro", vv. 43-44) dei tratti *tipici* (o specifici) della lirica illustre italiana della prima metà del Duecento (lirica siciliana, siculo-toscana e, per le scarse vestigia che ce ne sono giunte, settentrionale)? La domanda non è retorica, ma la risposta - una volta passati rapidamente al vaglio i prodotti di quella lirica - è comunque negativa. Al contrario, non vi è praticamente elemento, in questa strofa, che non abbia il suo antecedente o quanto meno il suo *pendant* nella lirica dei trovatori - e, direi, solo in quella. Bastino i seguenti raffronti

Per l'attacco del v. 9: "Eu·m sui cel qu'e re no tira" (Bernart de Ventadorn, PC 70,18, v. 15), "mas hieu sui selh que no·m recre / d'amar lieys. . ." (Arnaut de Maruelh, PC 30,18, vv. 23-24), ecc.[18]; per l'intero concetto espresso dai vv. 9-12: "[est vostre amicx] jamay salutz ni autre be / non aura, si de vos no·l ve" (Arnaut de Maruelh, *Saluts* I, vv. 7-8, Bec); per la dittologia "aprile e maggio" (v. 11), cfr., fra i tanti, Arnaut de Maruelh, PC 30,19, v. 52, Elias Cairel, PC 133,1, vv. 1-2, ecc.; per il v. 43 della *tornada*: "que totz jorns muer. . ." (Arnaut de Maruelh, PC 30,9, v. 20), "don m'esglai. . ." (Raimbaut d'Aurenga, PC 389,19, v. 36); quanto ai motivi dell'indicibilità della bellezza di madonna (già in Cercamon, PC 112,1b, v. 16, in Bernart de Ventadorn, PC 70,27, vv. 39-40, ecc.), della sua "freschezza" (cfr. p. es. Giraut de Bornelh, PC 242,60, vv. 15-17: "c'anc de rozeus no nasquet flors / plus frescha. . .)[19] e della fedeltà incrollabile dell'amante (v. 16, ripreso poi dal v. 24 della strofa francese), i riscontri sono perfino superflui, tanto si tratta di stereotipi; perfino il motivo della diversità linguistica (v. 13) - così legato al contesto specifico del discordo - trova corrispondenza in un'altra lirica rambaldiana (anche se di non sicura attribuzione), PC 392,6, vv. 49-51: ". . .en nostre lenguatge / m'es plus dous c'autre parlars / de na Beatriz lauzars" (con identica funzione encomiastica).

Analogo discorso vale, e a maggior ragione, per la stofa guascone, che si configura veramente come un concentrato di luoghi comuni della *fin'Amor* trobadorica: al punto che una sua eventuale ritraduzione in occitanico sarebbe tutt'altro che disagevole[20]. Si veda p. es. per v. 25: ". . . io mi rent a bos", Bernart de Ventadorn, PC 70,31, v. 56: ". . . a vos me ren"; per v. 28: "ab que no·m hossetz tan hera", Bernart de Ventadorn, PC 70,8, v. 5: "que fossetz vas me tan dura" (ma si veda quì sotto); per v. 29 (*beras haisos*), Arnaut de Maruelh, *Saluts* I, v. 97 (*bela faisso*), Gaucelm Faidit, PC 167,37, v. 37 (*vostras bellas faissos*) e innumerevoli altri; per v. 31 (*Boste son*), Bernart de Ventadorn, PC 70,33, v. 29: "Domna, vostre sui e serai",

Arnaut de Maruelh, *Saluts* II, v. 27 (*vostre soi)*, ecc.; quanto all'espressione del v. 30 ("e color hresc' e noera"), essa si ritrova tale e quale in Gui d'Uissel, PC 194,15, v. 6: "ab color fresqu'e novella" (e cfr. anche Daude de Pradas, PC 124,2, v. 25), per tacere dell'autentico sperpero di *fresca color* in tutta la lirica occitanica (due casi anche nello stesso Raimbaut). Solo il verso finale ("no·m destrengora hiera") sembra conservare un sapore leggermente idiomatico (quasi dialettale, si direbbe), anche se il tipo di metafora è tutt'altro che raro nei trovatori.

Già la sola quantità dei dati raccolti (attraverso sondaggi limitati a pochi autori) è indicativa; e induce a sottoporre le tesi del D'Heur sulla strofa galego-portoghese a un ridimensionamento o almeno a una relativizzazione. Si badi bene: il D'Heur ha perfettamente ragione a sostenere la, diciamo così, portoghesità di un buon numero di elementi lessicali, sintattici e tematici della strofa: la quale è senza dubbio, tra quelle alloglotte, la più idiomatica e semioticamente caratterizzata del discordo (prova ne sia che ben difficilmente essa potrebbe venir ritradotta in occitanico). Cianondimeno è indubbio che anche quì l'ipoteca occitanica si fa sentire in tutto il suo peso e, insieme, in tutta la sua calcolata polivalenza. Ignoro la rilevanza (qualitativa e quantitativa) del tema dell'insonnia e angoscia notturna dell'amante nella lirica galego-portoghese; ma, qualunque essa sia - e, stando ai dati forniti da Nydia G. B. de Fernández-Pereiro in un saggio recente[21], dovrebbe essere inferiore persino a quella, già parcamente rappresentata, del motivo complementare del sonno e del sogno d'amore[22], pure di derivazione occitanica, mi sembra evidente che i versi centrali della V strofa (quelli anche espressivamente più rilevati):

la noit, can jatz en meu leito,
so mochas vetz resperado. . .
(Linskill)
De noit'eu jaç'en meu leito,
son muitas vezes penado. . .
(D'Heur)

alludano inequivocabilmente - comunque li si voglia leggere - a un motivo tutt'altro che infrequente nei trovatori (a cominciare almeno da Jaufré Rudel)[23] e particolarmente caro a un contemporaneo di Raimbaut, Arnaut de Maruelh. Si veda ad esempio il notissimo passo del primo dei *Salutz*: "Tot jorn suefre esta batalha, / mas *la nueg* trac pejor trebalha: / qe *can* me soi anatz *jazer*, / e cug alcun plazer aver, / adonc me torn e·m volv e·m vir, / pens e repens [si ricordi il *cuidado* di Raimbaut, v. 40] e pueys sospir. / E pueys me levi en sezens, / apres retorni me·n jazens. . ." (vv. 109-16); o anche il più sintetico: "*La nueg el lieg* vir e torney, / e·l *jorn* trassalh et *esglai*, / quar nulhs hom pieitz de me non tray" (PC 30,11, vv. 41-43) (dove è notevole rintracciare, v. 42, un possibile modello dell'italiano "cada *jorno m'es-*

glaio" di Raimbaut); ma si tengano presenti, oltre ai succedanei[24], anche le probabili fonti dirette dello stesso Arnaut, tutte - ovviamente - in Bernart de Ventadorn: "Be sai *la noih, can* me despolh, / *el leih* qu'eu no dormirai re. / Lo dormir pert, car eu lo·m tolh / per vos, domna, don me sove" (PC 70,41, vv. 17-20), "Tota *noih* me vir' e·m lansa / desobre l'esponda: / plus trac *pena* d'amor / de Tristan. . ." (PC 70,44, vv. 43-46), ". . . *la noih, can* vau *jazer*, / . . . / et eu . . . / mor d'enoi e de pezansa" (PC 70,45, vv. 10-14). Riannettere il passo di Raimbaut (cioè i vv. 37-40) a questa insigne trafila è non solo doveroso, e insomma inevitabile, ma anche, mi pare, indispensabile per la soluzione dei problemi esegetici che esso comporta[25].

La strofa galego-portoghese si trova ad essere, così, dal punto di vista stilistico e letterario, la più - ripeto - idiomatica e individualizzata, e, insieme, la più ibrida, nel senso che contamina (o semplicemente combina) elementi indubbiamente collegati - attraverso varie mediazioni - a tradizioni liriche transpirenaiche con elementi (soprattutto tematici) tipici del repertorio occitanico. In particolare, la situazione dei vv. 37-38 (o meglio, 37-40) anticipa nettamente - e con maggiore evidenza se ci si attiene al testo della vulgata - quella che il D'Heur ha perfettamente illustrato per il distico galego-portoghese della *tornada*

mon corasso m'avetz treito
e mot gen favlan furtado.
(Linskill)
meu corasso[n] m'avetz treyto
e mot gen faulan furtado.
(D'Heur)

(che è poi il distico finale dell'intero componimento, vv. 49-50): "Non seulement la langue des deux . . . vers . . . indique une simple teinture galicienne-portugaise sur un fond occitan, mais encore, le motif qui est invoqué dans ces deux vers [nella *tornada* è il motivo del 'cuore rubato'] est particulier à la lyrique occitane et ne me paraît pas se trouver dans la lyrique galicienne-portugaise"[26].

Non ho parlato, finora, della strofa francese del discordo (o meglio, dei versi francesi, comprendendo anche i due della *tornada*):

III. Belle douce dame chiere,
a vos mi doin e m'otroi;
je n'avrai mes joi' entiere
si je n'ai vos e vos moi.
Mot estes male guerriere
si je muer per bone foi;
mes ja per nulle maniere

no·m partrai de vostre loi.
. . . .
(*tornada*) si sele que j'ai plus chiere
me tue, ne sai por quoi?
. . . .

Dire che anche quì Raimbaut riutilizza e rimodula i topoi, le formule e gli stilemi più triti e consueti del trobadorismo occitanico[27] è niente più che un truismo, anzi, se possibile, un truismo al quadrato: giacché la poesia dei *trouvères* - e a nient'altro che a questa può riferirsi, se c'è l'operazione mimetico-allusiva di Raimbaut - è quella che più da vicino e fedelmente ormeggia i modelli lirici d'*oc*, accentuandone proprio i tratti più stereotipi e convenzionali; talché "on peut vraiment parler [almeno per il registro del 'grande canto cortese'], non seulement d'influence, mais de véritable démarquage poétique"[28]. L'ampiezza del fenomeno è nota; così com'è noto che esso trae alimento e giustificazione da un imprescindibile vincolo, come dire?, di primogenitura, da un rapporto privilegiato che si afferma (e si legittima) in termini di priorità cronologica prima ancora che esponenziale. E quì è (per tornare alla nostra *cobla*, alla sua genesi e alla sua funzione) un punto discriminante: a differenza di quelle delle penisole iberica e italiana[29], la lirica cortese del Nord della Francia non è affatto, all'epoca in cui Raimbaut compone il suo discordo (tra 1200 e 1202 circa), una lirica neonata - e sia pure precocemente irrobustita[30] - o addirittura in embrione: è, né più né meno, la seconda grande lirica d'arte europea dopo l'occitanica; una lirica la cui tradizione si fonda su un *corpus* già imponente di testi - prodotti nel corso di almeno un trentennio - e che a sua volta tende a porsi come autorevole modello di riferimento per le culture volgari più dinamiche e ricettive (a cominciare da quella germanica)[31]. Non solo: è ormai provato che la stessa tradizione occitanica - tradizione sinora "rigorosa ed esclusiva"[32] - comincia, sia pure con cautela, ad accogliere, già sullo scorcio del XII secolo, influenze e suggestioni provenienti dalla lirica dei trovieri d'*oïl*, sull'onda di un ingente sviluppo di relazioni letterarie (e talora personali) che se all'origine è a senso unico (da Sud a Nord), comporta ben presto anche un movimento contrario e complementare[33]. Si possono fare al proposito i nomi di Gaucelm Faidit, di Sordello, di Guiraut Riquier[34]. Ma la personalità sopra tutte emblematica, in questo contesto, sembra essere proprio quella di Raimbaut de Vaqueiras. Valeria Bertolucci Pizzorusso, in particolare, ha dimostrato[35] che, lungi dal limitarsi alla ripresa di meri spunti tematici o comunque esteriori (tali, fra l'altro, le frequenti ma ormai canoniche allusioni alla materia epica e cavalleresca)[36], la poesia di Raimbaut denuncia occasionalmente tracce sicure e consistenti della lettura di uno dei primi, e più dotati, imitatori della lirica cortese d'*oc*: Conon de Béthune; quello stesso Conon in cui è stato individuato l'interlocutore francese di Raimbaut nel notissimo *partimen* bilingue *Seigner Coine, jois e pretz et amors* (PC 392,29), scambiato a Costantinopoli nel 1204 o, forse, già nel Monferrato un paio d'anni prima[37]. E fondata l'opinione della Bertolucci[38] che a mediare, sul piano letterario, fra i due poeti sia stato il trovatore a cui entrambi hanno più volte guardato come a un maestro e modello di stile e di tecnica: Bertran de Born[39]; e la mediazione tanto più si spiega, in quanto lo stesso Bertran, amico personale di Conon (cui si rivolgeva col *senhal* di *Mon Isembart*)[40], non sembra essere stato a sua volta del tutto immune da un certo influsso di quest'ultimo[41]. A sua volta Conon avrà "probabilmente funzionato da tramite per quanto riguarda la seconda notevolissima (e sicura) conoscenza francese di Raimbaut, il signore e poeta Huon d'Oisi, parente e maestro di Conon . . . , il quale, con il suo *Tornoiement des dames* composto certamente non dopo il 1189, ha fornito al trovatore provenzale l'idea della guerra femminile che questi canta nel *Carros*, databile, come è noto, intorno al 1202"[42], o poco prima: vale a dire nel medesimo periodo in cui l'"ecumenismo" rambaldiano[43], la sua "ouverture vers l'extérieur"[44], "verso esperienze letterarie diverse e nuove rispetto al chiuso ambito provenzale"[45], si estrinseca in *exploits* poetici tanto poliedrici quanto irripetibili: il *Carros*, appunto, l'estampida *Kalenda maya* (improvvisata, com'è noto, sulla melodia eseguita alla corte di Monferrato da due *joglars de Franza*[46]), e, *last but not least*, il nostro discordo, in cui la strofa francese occupa proprio la posizione centrale[47]: non a caso, se è vero che quelle tali "esperienze letterarie diverse e nuove" sono tutte riconducibili, in definitiva, a chiare matrici - e matrici propriamente liriche - di origine oitanica.

Sorprende pertanto, date queste premesse, che, anche là dove non si è mancato di rilevare le motivazioni squisitamente culturali che ispirano la strofa francese[48], non sia mai stata presa seriamente in considerazione l'ipotesi che proprio quì, in questa strofa, operino, al di là delle allusioni e dei rinvii generici a tutto un filone di lirica straniera, quei collegamenti specifici, diretti, intenzionali con singoli testi che sarebbe vano cercare per le strofe italiana, guascone e (anche ammettendo la tesi del D'Heur) galego-portoghese. Anche nel recente saggio di Carla Cremonesi su *Conon de Béthune, Rambaldo di Vaqueiras e Peire Vidal*[49] (come, del resto, in quello già citato della Bertolucci, e nel commento del Linskill) non è dato rinvenire alcun accenno al problema, non dirò delle eventuali fonti della strofa francese del discordo, ma almeno a quello del sistema di relazioni intertestuali (in prospettiva oitanica, ovviamente) in cui essa, anche solo virtualmente, si colloca e si (auto-)valorizza.

Eppure già il solo incipit della strofa doveva suggerire qualcosa. *Douce dame* è appellativo piuttosto frequente nei trovieri antichi, a inizio di canzone o di strofa; abbastanza frequente è anche *Bele douce dame* (p.es. Gace Brulé, *De la joie*, v. 33, inizio strofa V: "Bele douce dame, merci")[50]. Ma, a mia conoscenza, c'è un solo incipit (di strofa e contemporaneamente - stando almeno all'edizione Wallensköld[51] - di canzone) che comincia *Belle doce Dame chiere*: ed è, quasi a farlo apposta, l'attacco della canzone VII (R. 1325) di Conon de Béthune. Un bel caso - ma niente più - di memoria, e anzi citazione, incipitaria (legittimata dalla relativa anodinità della formula)? Non direi, se leggiamo attentamente l'intera strofa di Conon, badando particolarmente alle sue parti esterne (inizio e fine), le più esposte retoricamente e semioticamente e quindi le più memorizzabili:

Belle doce Dame chiere,
Vostre grans beautés entiere
M'a si pris
Ke, se iere em Paradis,
Si revenroie je arriere,
Por convent ke ma proiere
M'eüst mis
La ou fuisse vostre amis
Ne vers moi ne fuissiés fiere,
Car ainc ens nule maniere
Ne forfis
Par coi fuissiés ma guerriere.

La struttura metrica e quella tematica concordano, come si vede, solo parzialmente[52]. Ma basta mettere tra parentesi il nucleo centrale del testo (oltretutto difficilmente utilizzabile perché troppo marcato sul piano dell'intenzione tematica)[53], e l'ordito di base, lo scheletro su cui Raimbaut ha imbastito il suo *exercice de style* è sotto i nostri occhi:

Belle doce Dame chiere,	*Belle douce dame chiere,*
*Vos*tre grans beautés *entiere*	a *vos* mi doin e m'otroi;
M'a si pris	je n'avrai mes joi' *entiere*
....	si je n'ai vos e vos moi.
....	Mot estes *ma*le *guerriere*
Car ainc *ens nule maniere*	si je muer per bone foi;
Ne forfis	mes ja *per nulle maniere*
Par coi fuissiés *ma guerriere.*	no·m partrai de vostre loi.

Due fatti vanno particolarmente rilevati (anche perché decisivi per l'istituzione del rapporto intertestuale formale): che Raimbaut non ha derogato, una volta delimitato il suo campo d'intervento, dalla scelta della quattro parole-rima in *-iere* (appunto le prime due, e nel medesimo ordine, e le ultime due, in ordine invertito - cioè partendo dal basso, quasi una specie di simmetria speculare - , della strofa cononiana); e, soprattutto, che in tutti e quattro i casi il prelievo della parola-rima ha coinvolto inevitabilmente anche altri segmenti - più o meno estesi - del contesto, anche solo fonico, che su quella converge. Si veda infatti per il v. 2 la conversione di *vostre* iniziale in *a vos*, con cui pure comincia il secondo verso di Raimbaut; nonché, forse, lo slittamente di *grans beautés* nella strofa italiana (*gran beutà*, v. 14). Più vistosi e significativi i prelievi dai due eptasillabi finali: non *maniere*, ma, integralmente, *per nulle maniere* (= *ens nule maniere*); non *guerriere*, ma *Male guerriere* (preceduto dal verbo "essere"), con recupero integrale, a livello del significante, di *MA guerriere* (pure preceduto dal verbo "essere"). Il principio della concatenazione memoriale ci indurrebbe a vedere anche nel sintagma minimo *por quoi* che chiude il distico francese della *tornada* (v. 46) un estremo e involontario riecheggiamento del segmento iniziale dello stesso v. 12 di Conon[54]. Comunque sia, non v'è dubbio che i legami di solidarietà intertestuale tendono ad estendersi, per così dire, dal centro - quì in senso letterale - alla periferia, per associazioni meccaniche, involontarie, più che per coscienti strategie formali. Talché non ci si stupirà di vedere chiamate in causa, in questa diramazione, anche strofe diverse da quella francese. Certo, l'identità, cui s'accennava, di *grans beautés* (Conon, v. 2) e *gran beutà* della strofa italiana del discordo può anche essere casuale (e comunque poco significativa, data l'alta frequenza del sintagma); ma che dire della corrispondenza lineare tra "ne vers moi ne fuissiés fiere" (Conon, v. 9) e il quarto verso della strofa guascone di Raimbaut: "ab que no·m hossetz tan hera" (v. 28)? Il fatto che si possa risalire a una fonte comune più antica (come già visto, Bernart de Ventadorn, PC 70,8, v. 5: "que fossetz vas me tan dura") non toglie che essa sia stata quanto meno contaminata col suo derivato oitanico: la cui funzione nel processo di elaborazione formale del discordo resta pertanto confermata.

Siamo in presenza di un vero e proprio omaggio al troviero artesiano; un omaggio dissimulato, fatto di allusioni sottili, di ammiccamenti discreti (forse leggermente ironici, o, in senso lato, parodici[55]); ma non per questo meno concreto e significativo[56].

Le conseguenze degli accertamenti condotti sulla strofa francese del discordo sono tutt'altro che irrilevanti. Mi limiterò a una sobria e sintetica elencazione.

E confermata l'ipotesi della Bertolucci di una pronta e vivace apertura di Raimbaut de Vaqueiras alle coeve esperienze della lirica cortese d'*oïl*, in particolare a quelle compiute da Conon de Béthune[57]. Questo, nel quadro di un rapporto dialettico *oc*/*oïl*, che risulta essere, anche per quanto riguarda la cultura lirica, assai più complesso e sfaccettato di quanto normalmente ammesso, con precoci interferenze e scambi reciproci fra trovatori e trovieri[58]. L'Italia settentrionale sembra aver particolarmente favorito l'intensificarsi di questi scambi[59].

Per il caso specifico in esame, la relazione Conon de Béthune - Raimbaut de Vaqueiras, si deve ammettere che il dialogo (ravvicinato o a distanza)[60] fra i due poeti comincia ben prima[61] di quello realmente intrattenuto (*partimen* bilingue) durante la IV crociata (o poco prima, durante l'ipotetico passaggio di Conon per il Monferrato)[62]. Nello scambio (ma il termine è forse improprio), Raimbaut sembra essere piuttosto quello che riceve (sia pur non passivamente) che quello che dà: nella prospettiva però di una progettualità letteraria in continua, anche se disordinata, trasformazione (e quì è il particolare significato storico dell'opera rambaldiana).

Tutto ciò non contrasta con i dati cronologici generalment accettati. Raimbaut è forse di qualche anno più giovane del nobile signore di Béthune (anche la differenza sociale ha il suo peso); la sua produzione va, per quanto ci è noto, dal 1188-1189 al 1204-1205, ma il suo periodo più intenso e creativo (se precindiamo dalla "Lettera epica", che peraltro vi si collega) coincide col soggiorno alla corte di Bonifacio di Monferrato fra 1197 e 1202; il discordo "Eras quan vey" si colloca, come s'è detto, nell'estrema fase di questo periodo. La produzione di Conon (che partecipò alla III crociata, ritornandone però quasi subito, nel 1189) è quasi tutta anteriore alla fine del secolo: per il Wallensköld le sue prove più antiche sono del 1180 circa; le due canzoni di crociata ("Ahi! Amors, com dure departie" e "Bien me deüsse targier")[63] risalgono al 1188-1189; la canzone VII, "Belle doce Dame chiere", non dovrebbe situarsi a molta distanza da quest'ultima data (per il Becker e il Frappier[64] la prima strofa sarebbe anteriore alla III crociata, la seconda immediatamente posteriore)[65].

Viene confermata, anche per l'episodio in questione, l'importanza determinante della, chiamiamola così, "funzione Bertran de Born" all'interno dello sviluppo dei rapporti fra trovatori e trovieri sullo scorcio del XII secolo. Il sistema di corrispondenze e correlazioni multiple che ha indotto la Bertolucci a parlare di un decisivo "triangolo di poeti"[66] (appunto, Bertran-Conon-Raimbaut) si constituisce e funziona anche in questo caso, con una perentorietà tanto maggiore quanto lineare ed elementare è la concatenazione dei dati. La canzone di Conon a cui fa capo l'operazione mimetico-allusiva di Raimbaut (e su cui si richiama l'attenzione del lettore avvertito) presenta uno schema metrico assai elaborato, senza riscontri nella lirica d'*oïl*: *7a'7a'3b7b7a'7a'3b7b7a'7a'3b7a'* (Mölk-Wolfzettel 394, *unicum*). Questo schema però non è originale di Conon de Béthune, bensì riproduce integralmente uno schema introdotto nella letteratura occitanica proprio da Bertran de Born, con la canzone "Chazutz sui de mal en pena" (PC 80,9; Frank 135,2)[67], databile, secondo lo Stimming, al 1182-1183. La successiva diffusions di tale canzone e del suo metro nella lirica dei trovatori - diffusione tutta posteriore al 1200 e, si badi bene, tutta italiana, visto che le uniche imitazioni pervenuteci (Peire Guilhem de Luserna, Uc de Sant Circ, Bartolomeo Zorzi)[68] sono state prodotte in Italia settentrionale, fra Veneto e Liguria - non dovette essere del tutto dissociata dalla conoscenza e forse dall'apprezzamento del suo più antico *contrafactum*, appunto quello oitanico (veicolo, oltretutto, di un testo di notevole originalità e livello poetico[69]); a tanto maggior ragione si spiega che un autore come Raimbaut de Vaqueiras per il quale la lettura del canzoniere di Bertran de Born aveva costituito un'"esperienza fondamentale"[70] abbia scelto, facendosi per una volta, e sia pure per pochi versi, *trouvère*, di evocare al suo pubblico - un pubblico di italiani, per così dire, cosmopoliti - proprio quel testo. L'allusione si realizza così "come un voluto e preciso, imprescindibile riferimento ad una 'memoria dotta' presupposta nel lettore o nell'ascoltatore: si configura come desiderio di risvegliare una vibrazione all'unisono tra la memoria del poeta e quella del suo lettore in rapporto ad una situazione poetica [e, aggiungerei, a una congiunzione culturale] cara ad entrambi"[71].

Una postilla finale. E probabilmente riduttivo e semplicistico supporre che Raimbaut abbia composto la terza strofa del discordo tenendo d'occhio solo la canzone di Conon de Béthune. Attorno a questa fonte primaria - se così possiamo definirla - si dev'essere inevitabilmente addensata, e come coagulata, una piccola ma compatta costellazione di fonti secondarie. Ma una precisa verifica è resa difficile dalla fluidità e scarsa differenziazione del materiale di raffronto (oltre che dall'esiguità dell'oggetto investigato). Non vorrei comunque omettere di segnalare, con tutta la prudenza e la stringatezza che il caso comporta, due elementi utili a un'ulteriore precisazione del quadro delineato.

Nella canzone *D'Amors, qui m'a tolu a moi* (R. 1664; *coblas doblas*) di Chrétien de Troyes - anteriore al 1180 - la prima rima, *-oi*, dà luogo al seguente sistema: *MOI* : *OTROI* : *POR QUOI* : *voi* : *PAR ma BONE FOI* : *sa LOI* : *croi* : *soploi* : *anvoi* : *doi*. Il sistema rimico in *-oi* della strofa francese di Raimbaut de Vaqueiras è, a sua volta, il seguente (comprendendo anche la *tornada*): *OTROI* : *MOI* : *PER BONE FOI* : *vostre LOI* : *POR QUOI*. Dunque, Raimbaut ripropone ben cinque delle *prime* sei (tutte quelle della prima strofa e la prima della seconda) parole-rima (o intere clausole) della canzone di Chrétien. Pura coincidenza o disegno intenzionale? Lascio quì irrisolta la questione - pur propendendo, ovviamente, per il secondo corno[72] - , limitandomi ad osservare che la canzone di Chrétien - uno degli archetipi del trobadorismo oitanico - doveva essere ben nota anche nei cenacoli meridionali, se è vero che essa "non solo riecheggia intenzionalmente e in maniera ben riconoscibile espressioni e motivi della celebre canzone di Bernardo [di Ventadorn] 'Can vei la lauzeta mover', ma contiene anche un'allusione polemica a un altro trovatore occitanico, amico di Bernardo: Raimbaut d'Aurenga"[73].

A dispetto della varietà linguistica, "Eras quan vey" presenta una certa uniformità tematica. Non arriverei a parlare di monotonia e di "poverty of invention"[74], ma è innegabile che di strofa in strofa prende forma un rigido sistema di connessioni interne: replicazioni concettuali e lessicali, parallelismi d'espressione, ecc.[75]. In particolare le tre strofe centrali (quella galego-portoghese presenta, come ha mostrato anche il D'Heur, una relativa autonomia) "ont ceci en commun qu'*elles* expriment tou*tes* une déclaration d'amour et de fidélité à la dame . . . , déclaration mêlée de compliments . . . , même si la dame se montre insensible"[76]. Tralascio d'indicare le corrispondenze, del resto facilmente individuabili (e individuate)[77]. In questo contesto di indifferenziata omogeneità, assume particolare rilievo la circostanza che il tema della morte per amore, e anzi per mano stessa della dama, sia riservato esclusivamente alle sezioni francesi del discordo: vv. 21-22: "Mot estes male guerriere / *si je muer* per bone foi", 45-46: "*si sele* que j'ai plus chiere / *me tue* . . . ?". Ora è un fatto che nella lirica dei trovieri, soprattutto quella più antica, il tema - o meglio, la metafora (in sé topica) - della morte per amore e, più ancora, della crudeltà di madonna che uccide l'amante acquista un peso e una rilevanza assolutamente inconsueti, impensabili nella lirica dei trovatori, da cui pure deriva[78]: la frequenza e l'intensità, addirittura ossessive (e sia pure convenzionalmente ossessive), con cui viene trattato ne fanno un vero emblema o contrassegno tematico di quella lirica. Lo si vede bene nelle canzoni di un Blondel de Nesle[79]: *A l'entree*, vv. 15-21: "Dame, quels est vo volontez? / *Morra por vous* si bons amis? / . . . *Je morrai*, quar vous m'avez pris"; *L'amours*, vv. 23-24: "Dieus! *Pour coi m'ocirroit*, / quant ainc ne li menti?" (e cfr. anche v. 47); *Chanter m'estuet*, v. 17: ". . . celle, qui estoit m'anemie"; *Onques maiz*: "e quant ma dame *ocis m'avra*"; *Quant je plu sui*, v. 5: "*s'ele m'ocit* . . ." (e cfr. anche v. 75); ecc.; di un Gace Brulé: *Quant voi la flor*, v. 10: "*Morrai*, ce m'est vis . . . ", e v. 46: "Ainz *m'avra ocis* . . . "; *Quant je voi*, v. 35: "por Deu, *ne m'ocïez mie*"; *Biaus m'est estez*, v. 34: ". . . et si *me vuet ocire*"; *Sanz atente*, v. 5: "qu'*ele m'ocit* a desraison"; e ancora XV, 26; XVII, 5; XXXV, 16; XLIV, 33; ecc.; dello stesso Conon de Béthune: *Chançon legiere*, v. 28: "*s'ele ne me velt ochirre*", v. 36: "Tous *i morrai* en soffrance", e v. 40: "si ke *je muir* tous joians"; *Se raige et derverie*, vv. 11-12: "Tolu m'avés la vie / et mort . . . ".

E si potrebbe continuare a lungo. In questo caso, insomma, non esiterei ad applicare le già citate parole del D'Heur anche alla strofa francese del discordo: quì davvero essa sembra rivelare "une utilisation de motifs et d'expressions qui sont propres à la lyrique" d'*oïl*. E un "rifare il verso" a determinati poeti che induce a sospettare che proprio da questi Raimbaut derivi anche lo schema metrico delle strofe di "Eras quan vey" (otto eptasillabi alternativamente maschili e femminili secondo lo schema di base *a b' a b' a b' a b'*)[80], non attestato in terra occitanica prima di lui, ma ben presente, tra gli altri, in Blondel e Gace[81].

Note

[1]Sintetizzo in queste formule i giudizi espressi pressoché unanimemente dalla critica rambaldiana, nei vari interventi (i più importanti sono citati nelle note che

seguono) sul discordo plurilingue.

[2]Si cita dall'edizione curata da Joseph Linskill, *The Poems of the Troubadour Raimbaut de Vaqueiras* (L'Aia, 1964), pp. 191-98 (XVI). Per la strofa galego-portoghese, v. più sotto.

[3]Così Jean-Marie D'Heur, *Troubadours d'oc et troubadours galiciens-portugais. Recherches sur quelques échanges dans la littérature de l'Europe au moyen âge* (Parigi, 1973), p. 191, che rinvia, oltre che ai succedanei antichi dell'esperimento rambaldiano (in particolare il sirventese *Un nou sirventes ses tardar* di Bonifacio Calvo e la *Cobla en VI lengatges* di Cerveri de Girona), alle *Leys d'Amors* (XIV sec.) e alle *Vies* di Jean de Nostredame (XVI sec.). Quest'ultimo, com'è noto, era stato colpito dalla singolarità del discordo al punto da illustrarne estesamente la genesi e da citarne per intero gli *incipit* delle cinque *coblas*, con evidente ammirazione. Quanto alle *Leys d'Amors*, sia il capitolo sul genere del discordo sia quello sulle tecniche del plurilinguismo poetico (*cobla partida*) si fondano, più o meno esplicitamente, sull'esempio rambaldiano (in particolare, per l'autore delle *Leys*, tipica *cobla partida* è la *tornada* di "Eras quan vey"; più sintomatico ancora è il fatto che il componimento venga preso, abitrariamente, anche come modello di discordo *tout court*, laddove esso costituisce invece un'eccezione: cfr. D'Heur, *Troubadours*, p. 193). Cfr. anche Linskill, *Raimbaut de Vaqueiras*, p. 196 e.v. più sotto.

[4]Linskill, ibidem.

[5]Per taluni studiosi infatti, p. es. István Frank, *Répertoire métrique de la poésie des troubadours* (Paris 1953-57), p. xliii, "Eras quan vey" non può essere classificato realmente come un "discordo" (manca infatti, se si prescinde dalla sempre varietà di distribuzione di rime maschili e rime femminili - i *motz* del v. 8 - , il polimorfismo metrico tipico di questo genere). Per tutta la questione, cfr. da ultimo Jean Maillard, "Coblas dezacordablas et poésie d'oïl", in *Mélanges de philologie romane dédiés à la mémoire de Jean Boutière*, 1 (Liège, 1971), 361-75; Richard Baum, "Le descort ou l'anti-chanson", in *Mélanges Boutière*, 1:75-93; Erich Köhler, "Deliberations on a Theory of the Genre of the Old Provençal Descort", in *Italian Literature. Roots and Branches. Essays in honor of Thomas G. Bergin* (New Haven e Londra, 1976), pp. 1-13.

[6]V. da ultimo Furio Brugnolo, "Sulla canzone trilingue *Aï faux ris* attribuita a Dante", in id., *Plurilinguismo e lirica medievale: Da Raimbaut de Vaqueiras a Dante* (Roma, 1983), pp. 115-26.

[7]Ma anche quì resta ancora parecchio da fare, malgrado i contributi fondamentali di un Crescini, di un Appel, di un Linskill (cui rimandiamo per la bibliografia relativa), di un D'Heur.

[8]D'Heur, *Troubadours*, pp. 151-94 ("Le descort plurilingue de Raimbaud de Vaqueiras"); e v. anche pp. 315-16.

[9]Si veda anche l'impostazione assunta da Giuseppe Tavani, *Poesia del Duecento nella penisola iberica. Problemi della lirica galego-portoghese* (Roma, 1969), pp. 59-65, che sottolinea l'interesse linguistico ed espressivo di Raimbaut a scapito di quello propriamente culturale (il gioco dei rinvii e delle allusioni letterarie), rappresentato piuttosto dalla linea Bonifacio a Calvo Cerveri de Girona.

[10]D'Heur, *Troubadours*, p. 179; v. anche p. 188.

[11]Ibid., p. 315.

[12]Ibid., pp. 188 ss. E corretta l'argomentazione giustificativa del D'Heur, per il quale, anche se i tratti comuni non sono "strictement synchroniques, leur répétition et leur accumulation pendant un siècle et demi autorisent les rapprochements". Ciò non toglie che il materiale debba essere attentamente vagliato, prima di arrivare a conclusioni definitive.

[13]Ibid., p. 183: "Il faut en conclure que le galicien avait, dès la fin du XIIe siècle, conquis sa place de langue lyrique dans la Péninsule ibérique et que sa suprématie était tellement acquise qu'elle pouvait s'affirmer au delà des Pyrénées"; cfr. anche p. 315: "Le témoignage de Raimbaud de Vaqueiras comporte une reconnaissance *de facto* du galicien-portugais en tant que langue lyrique riche de possibilités et sans doute de réalisations". Certo in questa prospettiva mal si spiega l'uso del guascone (che non doveva essere particolarmente noto in Italia settentrionale, dove il discordo fu composto).

[14]Ibid., p. 315.

[15]Ibid., p. 315.

[16]Per il discordo come sottogenere della *canso* (e per il Frank "Eras quan vey" è, come s'è visto, anche formalmente una canzone), cfr. da ultimo Köhler, *Deliberations*, pp. 1 ss.

[17]Cioè commisurando i dati a una tradizione che è tutta posteriore.

[18]Cfr. anche Ponç d'Ortafà, PC 379,2, vv. 41-2: "Ieu soi aissel que no tensa / ab sidons...". Per trovare attacchi di questo genere nella letteratura italiana bisogna aspettare, se non vado errato, gli stilnovisti: p. es. Cino da Pistoia XLI, 1: "Signori, *i' son colui che* vidi Amore", CXXXVI, 1: "*Io son colui che* spesso m'inginocchio" (e cfr. già Rustico Filippi, *Assai mi son coverta*, 10: "e' son quelle che non trovo riposo").

[19]E il *glai* (v. 15) è bensì fiore frequente nella lirica dei trovatori (per Raimbaut stesso, v. l'*estampida*, v. 3: "...ni flors de glaia"), non certo in quella italiana.

[20]A parte le particolarità fonetiche (p. es. le rime in *-era*, bivalenti in occitanico).

[21]"Le songe d'amour chez les troubadours portugais et provençaux", in *Mélanges d'histoire littéraire, de linguistique et de philologie romanes offerts à Charles Rostaing* (Liège, 1974), pp. 301-15. Per il topos della perdita del sonno, cfr. ora anche Giuseppe Tavani, "La poesia lirica galego-portoghese", in *Grundriss der romanischen Literaturen des Mittelalters*, vol. 2: *Les genres lyriques*, parte 1, fasc. 6 (Heidelberg, 1980), pp. 77-78.

[22]Cfr. Pierre Bec, *Les Saluts d'amour du troubadour Arnaud de Mareuil* (Toulouse, 1961), p. 59: "...ce thème se trouve développé ... sous ses deux aspects complémentaires: d'une part, la description des angoisses nocturnes de l'amant, que sa passion empêche de dormir et, d'autre part, le rêve compensateur qui lui apporte la paix de l'âme et du corps"; con la successiva precisazione: "Il y a donc en réalité deux thèmes distincts, bien qu'en parfaite corrélation, dans la peinture des tribulations nocturnes du troubadour: l'angoisse et l'insommnie d'une part, le sommeil et le rêve de l'autre, qui calment et consolent, permettant à l'amant de jouir en pensée de sa dame" (p. 60).

[23]PC 262,3, vv. 19-24: "Anc tan suau no m'adurmi / mos esperitz tost no fos la, / ni tan d'ira non ac de sa / mos cors ades no fos aqui; / e quan mi resveill al mati / totz mos bos sabers mi desva, a, a"; e 262,4, vv. 35-38: "et en durmen sotz cobertors / es lai ab lieis mos esperitz; / et s'amors mi revert a mau / car ieu l'am tant e liei non cau" (da quì anche Rigaut de Berbezilh, PC 421,4, vv. 45-48: "e la nueg, quant eu cug dormir / l'esperitz vai s'ab lei jazer", ecc.).

[24]Guilhem Ademar, Folquet de Romans, Amanieu de Sescars, ecc. (cfr. Bec, *Les Saluts*, pp. 61-62; Fernandez-Pereiro, "Le songe d'amour", pp. 312-14). Per la lirica d'*oïl*, cfr. già Gace Brulé, "Las, por quoi", vv. 27-28: "La nuit quant tout le mont se dort, / lors me muet et met en effroi".

[25]Mi riferisco in particolare ai vv. 39-40, che, sulla base delle fonti e dei paralleli indicati, potrebbero essere messi in relazione - ai fini della loro interpretazione contestuale - con quello stato di profonda frustrazione che l'amante prova risvegliandosi bruscamente dal sogno o dalla visione (*cuidado*) in cui si vede felicemente in compagnia dell'amata; situazione descritta già da Arnaut de Maruelh, *Saluts* 1, vv. 161-72 (e nelle canzoni PC 30,3, vv. 29-35, e 30,4, vv. 15-21), poi da Folquet de Romans e altri (cfr. Bec, *Les Saluts*, p. 61). Cfr. Herman Braet, "'Visio Amoris'. Genèse et signification d'un thème de la poésie provençale", in *Mélanges Rostaing*, 1:95: "Dans le récit qu'il fait de son expérience, la réaction du rêveur est significative à cet égard. Grâce à sa vision, il connaît une jouissance parfaite, 'tro que·s trasfigura': elle disparaît au moment même où il se croit comblé. La déception est cruelle: '. . . totz mos bos sabers mi desva', se plaint Jaufré Rudel": giacché, come direbbe il nostro Raimbaut, "nonca n'aprofeito". Per *cuidado* nel senso di 'sogno', 'visione', 'immaginazione' nella lirica galego-portoghese, cfr. Fernández-Pereiro, "Le songe d'amour", pp. 308-11 (notevole, per il nostro assunto, il passo di Joan Soaires Somesso citato a p. 308). Quanto al v. 38, il quadro interpretativo appena suggerito farebbe pendere la bilancia a favore della lezione *resperado* "risvegliato", contro *penado* (difeso dal D'Heur, *Troubadours*, p. 170; ma si noti che appena tre versi prima il poeta scrive già *per vos ei pen[a]*): il poeta si sveglia nella notte e s'accorge con amara delusione che ciò che ha vissuto nel suo *cuidado* non è che una chimera (*falid'ei*. . .). La seconda quartina della strofa galego-portoghese implicherebbe insomma entrambi gli aspetti - complementari - del tema delle tribolazioni notturne dell'amante, le "due facce del dittico" (Bec, *Les Saluts*, p. 61): "l'angoisse et l'insomnie d'une part", per ripetere le parole già citate del Bec, "le sommeil et le rêve de l'autre".

[26]D'Heur, *Troubadours*, p. 180.

[27]Cfr., nell'ordine: "Bella dousa dona. . .", Raimbaut d'Aurenga, PC 389,25, v. 33; "Bela domna, doussa, plazens", Raimon de Miraval, PC 406,36, v. 33; "Car'amiga dols'e franca, / covinens e bell'e bona, / mos cors a vos s'abandona", Peire Vidal, PC 364,15, vv. 1-3; "Aissi·us autrey, pros domna conoissens, / mon cor. . .", Arnaut de Maruelh, PC 30,16, vv. 25-6; "A lei m'autrei e·m rent e·m do", Gaucelm Faidit, PC 167,5, v. 5; ". . . a leis es donatz / mos coratges et autreiatz", Peirol, PC 366,2, vv. 45-6; "senes lieis, no·m pot nuills jois plazer", Gaucelm Faidit, PC 167,40, v. 9; ". . . que m'es mal' enemia", Guillem de Saint-Didier, PC 234,9, v. 10 (e già v. 5: ". . . selieys que mi guerreya"); "murrai si·us am per bona fe", Giraudo Lo Ros, PC 240,5, v. 9; "traitz sui per bona fe", Bernart de Ventadorn, PC 70,4, v. 15; "E s'om ja per ben amar mor, / eu en morrai. . .", Bernart de Ventadorn, PC

70,41, vv. 13-4; "Vol me doncs midons aucire, / car l'am?", Bernart de Ventadorn, PC 70,27, vv. 50-1; ecc.

[28]Pierre Bec, *La lyrique française au moyen âge (XIIe- XIIIe siècle)*, 1, *Études* (Parigi, 1977), p. 45.

[29]Non esiste una tradizione lirica autonoma in Guascogna.

[30]Cfr. D'Heur, *Troubadour*, pp. 183, 315 (v. n. 13).

[31]Cfr. István Frank, *Trouvères et Minnesänger. Recueil de textes pour servir à l'étude des rapports entre la poésie lyrique romane et le Minnesang au XIIIe siècle* (Saarbrücken, 1952); Silvia Ranawake, *Höfische Strophenkunst: Vergleichende Untersuchungen zur Formentypologie von Minnesang und Trouvèrelied* (Monaco di Baviera, 1976; con ricca bibliografia).

[32]Valeria Bertolucci [-Pizzorusso], "Posizione e significato del canzoniere di Raimbaut de Vaqueiras nella storia della poesia provenzale", in *Studi mediolatini e volgari* 11 (1963), 33.

[33]Riflesso anche nella - par quanto limitata - tradizione manoscritta di componimenti francesi in versione occitanica, primo fra tutti la canzone di crociata "Ahi! Amors, com dure departie" di Conon de Béthune (ca. 1187): cfr. Jean-Marie D'Heur, "Traces d'une version occitanisée d'une chanson de croisade du trouvère Conon de Béthune (R. 1125)", *Cultura Neolatina* 32 (1963), 73-89, che così conclude: "Si Conon de Béthune fut un des premiers, et des plus talentueux, imitateurs de la lyrique courtoise d'oc, cela ne signifie pas que son oeuvre (et a fortiori un chant de croisade) confondait sa frontière avec celle, idéale, du domaine d'oïl. Il est au contraire certain que cette oeuvre fut accueillie en terre d'oc": come mostrano del resto i rapporti fra lo stesso Conon e Bertran de Born, mirabilmente illustrati da Ernest Hoepffner, "Un ami de Bertran de Born: *Mon Isembart*", in *Études romanes dédiées à Mario Roques* (Parigi, 1946), pp. 15-22. L'Hoepffner ha giustamente insistito sulla reciprocità degli scambi tra la cultura lirica d'*oc* e quella d'*oïl*: "Les échanges de chansons entre le Midi et le Nord étaient alors [fine XII sec.] déjà fréquents et souvent rapides. Une chanson provençale de Bertran, dans le Périgord, apparaît peu de temps après sous une forme française en Artois. Le contraire aussi peut se produire [come mostra appunto il caso citato dell'artesiano Conon]. La circulation n'était pas nécessairement à sens unique". Uno studio sistematico di questa "circulation" resta uno dei compiti più urgenti - e affascinanti - della filologia romanza.

[34]Cfr. Bec, *La lyrique française*, p. 48. Com'è noto, la retrouenge "Can vei reverdir les jardis" di Gaucelm Faidit (composta probabilmente durante la III crociata, tra 1190 e 1191) è, assieme al "frammento" del nostro Raimbaut, l'unica lirica in lingua d'*oïl* composta da un trovatore occitanico.

[35]Bertolucci-Pizzorusso, "Posizione", pp. 19-30.

[36]Cfr. Linskill, *Raimbaut de Vaqueiras*, pp. 97, 120, 125, 151, 182, 190, 341, ecc.

[37]Vale a dire nell'inverno 1200-1201, quando Conon, che ebbe un ruolo importante nella preparazione e nella conduzione della IV Crociata, si recò in Italia "in qualità di delegato de' baroni francesi per trattar col doge Enrico Dandolo circa il trasporto de' pellegrini nell'Oriente" (Vincenzo de Bartholomaeis, "De Rambaut e de Coine", *Romania* 34 [1905], 51), o, con maggiore verosimiglianza, nell'autunno

del 1202, quando i Crociati - a capo dei quali era stato da poco eletto Bonifacio di Monferrato - attraversarono l'Italia settentrionale per raggiungere Venezia, donde imbarcarsi: Conon, "passando, col fiore della nobiltà francese, per il Monferrato, non vi si sarà . . . soffermato per accompagnarsi con Bonifazio, al cui seguito s'era messo, col fiore della nobilità lombarda, anche Rambaldo? Non se ne saprebbe ragionevolmente dubitare" (ibid., p. 52). In realtà l'ipotesi che il *partimen* sia stato scambiato già prima della IV Crociata è meno difendibile dell'altra solo nella misura in cui vi è la prova certa che entrambi i poeti si trovavano nel 1204 a Costantinopoli, o comunque nei paraggi (v. Linskill, *Raimbaut de Vaqueiras*, p. 239). Il ruolo della IV Crociata come fattore determinante per l'incremento dei rapporti fra trovatori e trovieri è stato certamente sopravvalutato (cfr. da ultimo anche Carla Cremonesi, "Conon de Béthune, Rambaldo di Vaqueiras e Peire Vidal", in *Studi filologici, letterari e storici in memoria di Guido Favati*, 1 [Padova, 1977], 234-44).

[38]Bertolucci-Pazzorusso, "Posizione", pp. 19-21, 27-30.

[39]Cfr. Hoepffner, "*Mon Isembart*", pp. 16-21; Bertolucci-Pizzorusso, "Posizione", pp. 9-29, dove si rilevano anche alcune significative convergenze che accomunano i tre poeti (v. spec. pp. 19 ss.).

[40]Cfr. Hoepffner, "*Mon Isembart*", pp. 16 ss.

[41]Ibid., pp. 19, 21-22. Comunque sia, certo è che un "lien intime" unisce non meno di cinque canzoni di Conon ad altrettante di Bertran.

[42]Bertolucci-Pizzorusso, "Posizione", pp. 31-2.

[43]E il Tavani, "Poesia del Duecento", p. 59, che parla dell'"ambizione *ecumenica* del discordo di Raimbaut", il quale scrive "come cittadino del mondo (di quel mondo europeo-mediterraneo che coincideva integralmente con l'ambito culturale dei trovatori)".

[44]Jules Horrent, "*Altas undas que venez suz la mar*", in *Mélanges Boutière*, 1:315. "Raimbaut a le goût de l'inédit et, pour raffraîchir certains genres poétiques, des sommets de l'apogée provençale, il tend l'oreille vers le chant extérieur et entend des paroles italiennes, écoute des romans français, connaît Conon de Béthune. . ." (ibid., p. 314).

[45]Bertolucci-Pizzorusso, "Posizione", p. 34.

[46]Così almeno la relativa *razo*; né v'è motivo di revocarla in dubbio. Cfr. anche D'Heur, *Troubadours*, p. 182: "A la cour même de Montferrat, Raimbaud avait dû voir défiler des jongleurs de toutes espèces et de toutes origines. Sans ces rencontres de collègues étrangers, sans leur fréquentation à la cour où vivait Beau Chevalier, l'idée de composer une chanson d'amour en plusieurs langues n'avait aucune chance ni de naître ni d'aboutir".

[47]Ci sarà una voluta alternanza, un disegno prestabilito, per cui le tre lingue già illustrate da una lirica d'arte occupano le tre strofe dispari?

[48]Cfr., tra gli altri, Linskill, *Raimbaut de Vaqueiras*, p. 30 n.: "In the case of the French stanza, we have already noted Raimbaut's wide acquaintance with contemporary French epics and romances"; D'Heur, *Troubadours*, p. 183: "Le choix de la troisième langue revenait de droit à la langue l'oïl qu'une abondante littérature avait déjà illustrée. Et, d'autre part, nous avons vu Raimbaud faire allusion dans plusieurs pièces écrites entre 1197 et 1201 à des oeuvres françaises contemporaines, et ses allusions attestent qu'il les connaissait autrement que de réputation".

[49]Cremonesi, "Conon de Béthune".

[50]Si cita dall'edizione di Holger Petersen Dyggve, *Gace Brulé trouvère champenois: Édition des chansons et étude historique* (Helsinki, 1951).

[51]*Les chansons de Conon de Béthune*, éditées par Axel Wallensköld (Parigi, 1921). Nella versione del ms. U, confinata dal Wallensköld in apparato (pp. 28-29), la nostra strofa è invece la terza (vv. 25-36) di una canzone che comincia "Talent ai que je vos die" (R. 1137). V. più oltre.

[52]In particolare per il metro, l'unico punto di contatto (a parte la rima *-ere*) è l'uso dell'eptasillabo (sia maschile che femminile).

[53]Sulla spiccata originalità e vigore semantico di questo passo (fattori che, giusta l'estetica medievale, ne compromettono la riproducibilità) ha insistito Jean Frappier, *La poésie lyrique en France aux XIIe et XIIIe siècles* (Parigi, 1958-1959), p. 133: Conon vi esprimerebbe "les sentiments les plus audacieux de l'amour courtois; jamais peut-être, chez les trouvères, l'aspect religieux ou hyperreligieux de cet amour s'est affirmé avec plus de netteté que dans cette strophe". Proprio quest'aspetto era, oltretutto, particolarmente estraneo alla poetica rambaldiana.

[54]Ma va avvertito che l'enunciato rambaldiano è topico, specie nella lirica d'*oïl*: si veda in particolare, in Gace Brulé, il *refrain* di "Bel m'est quant je voi": "Ahi! Amour, grant tort avez de moi, / Qui me menez a mort, *si ne savez pour coi*", oppure i vv. 25-6 di "Las, por quoi": "Amors m'ocit a mout grant tort, / *Si ne set a dire por quoi*".

[55]Sulla componente parodica in Raimbaut, cfr. il mio saggio "Parodia linguistica e parodia letteraria nel contrasto bilingue *Domna, tant vos ai preiada* di Raimbaut de Vaqueiras", in Brugnolo, *Plurilinguismo*, pp. 9-65.

[56]Per la sua strofa francese Raimbaut può forse aver tenuto presenti anche altri componimenti di Conon: cfr. p. es. per il v. 24 (del resto topico), "Ahi! Amors, com dure", v. 6: ". . . Ja ne m'en part je mie!" (e viceversa, "Se raige et derverie", v. 30: "Et si me part di li"). Notevole in questo contesto il calco ritmico-sintattico operato su "Bien me deüsse targier", vv. 25-26: "*Ne ja por nul* desir*ier* / *Ne* remanr*ai*. . ." ai vv. 23-24: "*mes ja per nul*le man*iere* / *no*m partr*ai*. . .".

[57]Cfr. Bertolucci-Pizzorusso, "Posizione", p. 30: "La direzione nord-sud si afferma nel rapporto tra Conon e Raimbaut con maggiore perentorietà di quanto non avvenga nella relazione Conon-Bertran de Born".

[58]Cfr. Hoepffner, "*Mon Isembart*", p. 22.

[59]Specialmente negli anni immediatamente precedenti la IV Crociata. In particolare la corte del Monferrato sembra aver costituito un polo d'attrazione sia per trovatori occitanici che per trovieri e giullari francesi: cfr. Linskill, *Raimbaut de Vaqueiras*, p. 20. Il *marchis* menzionato dallo stesso Conon de Béthune nella canzone "L'autrier avint", v. 39, è quasi certamente Bonifacio di Monferrato (celebrato anche da Arnaut de Maruelh, Cadenet, Folquet de Romans, Hugues de Berzé, ecc.).

[60]Sull'eventuale passaggio di Conon in Provenza e in Italia prima della IV Crociata, cfr. De Bartholomaeis, "De Rambaut e de Coine", pp. 51-52 (v. sopra n. 37), Wallensköld, *Conon de Béthune*, pp. IV ss.

[61]Diversamente da quanto ribadito ancora recentemente dalla Cremonesi,

"Conon de Béthune", per la quale il rapporto tra i due poeti si sarebbe sviluppato quasi esclusivamente durante o comunque grazie alla IV Crociata, e a vantaggio, per così dire, soprattutto di Conon de Béthune. Questi avrebbe composto in Oriente la sua canzone (o meglio tenzone) "L'autrier avint en cel autre pais", modellandola (ironicamente, cioè con inversione dei ruoli: è la dama a supplicare il cavaliere) sulla nota tenzone bilingue di Raimbaut "Domna, tant vos ai preiada". L'accostamento in verità non mi sembra molto persuasivo. L'eventuale modello di Conon potrebbe venir ravvisato altrettanto bene, se non meglio, nella tenzone (fittizia) tra Raimbaut d'Aurenga e la dama "Amics, en gran cossirier" (PC 46,3 = 389,6), dov'è pure la donna a sollecitare l'amore dell'uomo. Quanto all'epoca di composizione, mi sembra più plausible la seguente argomentazione: il "Barrese" (*li Barrois*) cui si fa riferimento al v. 40 "deve identificarsi con Guglielmo di Barres, cavaliere famoso, che nel 1188 vinse a singolar tenzone Riccardo Cuor di Leone: la canzone può quindi ritenersi di non molto posteriore a questa data" (Aurelio Roncaglia, *Antologia delle letterature medievali d'oc e d'oïl* [Milano, 1973], p. 395), e quindi più o meno contemporanea alla tenzone bilingue di Raimbaut de Vaqueiras (ca. 1190).

[62]V. sopra nn. 37 e 60.

[63]Secondo la Bertolucci-Pizzorusso, "Posizione", pp. 19-21, queste due canzoni potrebbero aver esercitato qualche influenza - coniugata con quella di Bertran de Born - sulla canzone di crociata di Raimbaut "Ara pot hom conoisser e proar" del 1201 (cfr. Linskill, *Raimbaut de Vaqueiras*, p. 222).

[64]Cfr. Philipp August Becker, "Conon de Béthune", in id., *Zur romanischen Literaturgeschichte. Ausgewählte Studien und Aufsätze* (Monaco di Baviera, 1967), p. 178; Frappier, *La poésie lyrique*, pp. 124 ss.

[65]Com'è noto, vi è una forte discrepanza, per non dire contraddizione, fra la prima (inc. "Belle doce Dame chiere") e la seconda strofa (che inizia "Ne lairai ke je ne die") della canzone VII di Conon (= R. 1325): la seconda è un'aspra e quasi violenta ritrattazione della prima - la dama è ora accusata di infedeltà e scostumatezza - , un, per dirla alla provenzale, *comjat* sigillato da un perentorio "si ne vos amerai mie". Per Frappier, *La poésie lyrique*, p. 133, il contrasto non stonerebbe in un poeta come Conon, e quindi sarebbe originario. Il problema è complicato dal fatto che esistono altre due versioni della canzone: R. 1131 (incl. "Ne lairai ke je ne die", cioè la seconda strofa di R. 1325, seguita da un'altra) e R. 1137 (inc. "Talent ai que je vos die"; quì la terza strofa coincide con la prima di R. 1325, "Belle doce Dame chiere"). Su tutta la questione ecdotica, v. Wallensköld, *Conon de Béthune*, pp. 27-29, e Friedrich Gennrich, "Zu den Liedern des Conon de Béthune", *Zeitschrift für romanische Philologie* 42 (1922), 239-41. Quest'ultimo è dell'opinione che "in der Ausgabe ist . . . R. 1325 zu streichen und durch R. 1137 und R. 1131 zu ersetzen" (p. 241). R. 1131 sarebbe un *contrafactum* della versione originaria, R. 1137; mentre in R. 1325 si dovrà "eine verderbte Überlieferung erkennen, die eine Strophe aus R. 1137 [appunto la terza] und eine aus R. 1131 überliefert" (p. 240). Quale versione aveva sotto gli occhi Raimbaut de Vaqueiras? Forse proprio R. 1137, a giudicare dalla corrispondenza fra l'ultimo verso della sua strofa in lingua d'*oïl*: "no·m partrai de vostre loi" - anticipato in forma ancor più concisa alla fine della strofa italiana: "per qe no me·n partirò" - e l'ultimo verso della prima strofa di "Talent ai que je vos die": "N'istrai de sa seignorie", a sua volta ribadito dal v. 42: "N'istroie de son servise" (conclusione letteralmente capovolta, come s'è visto, nella versione R.

1131; ma v. sopra, n. 56). Anche la ripctizione di *chiere* in rima nella *tornada* - ripetizione che imbarazzava Vincenzo Crescini, *Romanica fragmenta* (Torino, 1932), p. 528 ("Negligenza o intenzione?") - potrebbe spiegarsi col rinvio globale a R. 1137, dove il *chiere* dell'*incipit* della terza strofa ("Belle doce Dame chiere") è anticipato nella prima, v. 5: "Mais ma chiere dolce amie". In ogni caso la questione è, ai fini del presente studio, soltanto marginale.

[66]Bertolucci-Pizzorusso, "Posizione", p. 28.

[67]Si tratta di uno schema decisamente raro anche nella lirica occitanica, come rileva anche l'Hoepffner, "*Mon Isembart*", p. 17, che così lo descrive: "des strophes de douze vers; les vers de sept et de trois syllabes; deux rimes seulement, une masculine et une feminine, réparties de la même manière", aggiungendo, a proposito del *contrafactum* oitanico (R. 1325): "les deux rimes [a partire però dalla terza *cobla*] du troubadour (*ia* et *os*) se retrouvent, francisés en *ie* et *ous*, chez le trouvère". Com'è noto, Conon ripropone anche in un'altra sua canzone ("Tant ai amé") uno schema bertrandino ("Ges de disnar"): cfr. ibid., p. 16.

[68]Cfr. Gianfranco Folena, "Tradizione e cultura trobadorica nelle corti e nelle città venete", in *Storia della Cultura Veneta*, 1, *Dalle Origini al Trecento* (Vicenza, 1976), pp. 509-10, 531-32, 554-55.

[69]Cfr. Frappier, *La poésie lyrique*, p. 134: "Littérairement, la première strophe est de beaucoup la plus réussie: dans un moule d'une structure recherchée, Conon est arrivé à couler une seule phrase, longue de douze vers, vraiment élégante, où il exprime les sentiments les plus raffinés et les plus audacieux de l'amour courtois".

[70]Bertolucci-Pizzorusso, "Posizione", p. 12. L'influenza esercitata su Raimbaut da Bertran de Born costituisce "un punto di riferimento al quale possono essere ricondotti molti dei fili dell'ordito poetico rambaldiano" (ibid., p. 9).

[71]Gian Biagio Conte, *Memoria dei poeti e sistema letterario: Catullo, Virgilio, Ovidio, Lucano* (Torino, 1974), p. 10.

[72]Decisiva al riguardo mi sembra la sostanziale corrispondenza nella seriazione delle rime (aperta in entrambi i casi dalla coppia - invertita in Raimbaut - *moi* - *otroi*).

[73]Roncaglia, *Antologia*, p. 394 (con riferimento al suo precedente articolo "Carestia", in *Cultura Neolatina* 18 [1958], 121-37).

[74]Linskill, *Raimbaut de Vaqueiras*, p. 196.

[75]Cfr. ibid., e D'Heur, *Troubadours*, pp. 152-53. Notevoli anche i connettori fonici in sede di rima: p. es. il timbro *a* collega la prima (*-ar*, *-atges*), la seconda (*-aio*) e la quinta strofa (*-ado*), il timbro *o* connette la strofa italiana (*-o*) a quella guascone (*-os*); e quest'ultima è collegata a quella francese attraverso *-iere* / *-era*.

[76]D'Heur, *Troubadours*, p. 153.

[77]V. sopra n. 75.

[78]Cfr. p. es. Cercamon, PC 112,4, v. 45; Rigaut de Berbezilh, PC 421,10, vv. 39-40; Bernart de Ventadorn, PC 70,27, v. 50; ecc. Ma nei trovatori è più frequente l'immagine di Amore stesso che uccide (sul tema della "morte per amore" nei trovieri v. ora Gisia Zaganelli, *"Aimer", "sofrir", "joïr": I paradigmi della soggettività nella lirica francese dei secoli XII e XIII* [Firenze, 1982], spec. pp. 67-193).

[79]Si cita dall'ediz. a cura di Leo Wiese, *Die Lieder des Blondel de Nesle* (Dresden, 1904).

[80]Ma la distribuzione delle terminazioni maschili e femminili varia, come è noto, di strofa in strofa (a ciò allude probabilmente il *dezacordar los motz* di vv. 7-8), talché la seconda e la terza strofa hanno, al contrario della prima (e della quarta), i versi dispari maschili, quelli pari femminili. Nella quinta strofa tutte le rime sono femminili.

[81]Cfr. in particolare del primo la canzone "En tous tans" (a rime grammaticali), del secondo "Quant nois et giaus". Lo schema (che corrisponde poi a quella che in italiano sarà denominata "ottava siciliana") ricorre anche nel Castellano di Couci, in Moniot d'Arras e in molti anonimi (Mölk-Wolfzettel 689). L'ottastico a rime alternate è anche lo schema di gran lunga preferito dagli autori di liriche bilingui franco-latine (cfr. Brugnolo, "Sulla canzone trilingue", p. 41). Nella lirica occitanica lo si ritrova, dopo Raimbaut de Vaqueiras, in Guiraudo lo Ros, Guiraut de Calanso e in un anonimo (Frank 225).

De la folie à la mort: Images de l'individu chez Peire Cardenal dans les pièces *Una ciutatz fo, no sai cals* et *Un sirventes novel vueill comensar*

Geneviève Crémieux

Ges qui·m repren mon chan no m'es grieu
Car man far ben si tot n'en fauc pauc ieu;
Ab que la gen renhesson ben e gen,
Pois pogran dir: de fol apren hom sen[1].

Cité de la folie

"Una ciutatz fo, no sai cals...": Cité des fous. Envahissement de l'espace par la folie: les hommes d'une ville, "touchés" par la pluie, deviennent subitement fous. Référence à une vieille tradition populaire qui lie pluie et folie. D'où vient-elle? Sans posséder de véritables précisions quant à l'origine de cette tradition, on peut cependant affirmer que Cardenal n'est pas le seul à l'avoir utilisée. Santorre Debenedetti la retrouve dans un conte indien[2], René Lavaud, l'éditeur de Peire Cardenal[3], la rattache "aux effets merveilleux . . . que la superstition populaire attribue aux pluies de Mai: par exemple, elles rendent beau celui qui les reçoit"[4]. Une chose au moins paraît certaine: le motif de l'eau et de la folie est désormais tenu pour traditionnel dans la littérature médiévale; avant d'aborder la côte de Cournouailles, Tristan se déguise en fou. Le troubadour toulousain Guilhem de Montanhagol, contemporain de Cardenal, reprend la même parabole, bien qu'il la replace dans un tout autre contexte[5]. Dans son ouvrage sur la folie, Michel Foucault ne parle-t-il pas de la "vieille alliance de l'eau et de la folie"[6], après avoir affirmé: "Une chose est certaine: l'eau et la folie sont liées pour longtemps dans le rêve de l'homme européen"[7]. Dans la cité envahie, place aux fous. Pluie et folie vont servir de "prétexte" à Cardenal, un peu à la manière d'un sermon, pour dénoncer une fois de plus les vices et travers du siècle.

Une fable sociale

Non puesc dire l'error
Dels fals segle trachor
Que fai de blasme lauzor
E de sen folia[8].

Cité des fous et monde en folie: avec la *faula* de la Cité, Cardenal donne un sens très fort à ses attaques véhémentes contre la société de son temps. Société fondée sur les principes de *cortezia* et de *larguetat*, société perturbée. D'ailleurs Cardenal lui-même le souligne, il insiste:

Aquist faula es per lo mon:
Semblanz es als homes que·i son.
Aquest segle es la ciutatz,
Quez es totz plens de dessenatz[9].

Mais il ne fait là, au fond, que reprendre des thèmes qu'il a inlassablement exploités à travers son oeuvre. Dénonciation des méchants, des mauvais (*li malvat*): désormais le monde est la proie du Mal. Développement d'une dialectique du Mal liée à la folie. Car les hommes ont bien été touchés par une sorte de folie collective qui les a rendus mauvais. Celle-ci se trouve dès lors considérée comme une extériorisation de "l'erreur" fondamentale des hommes qui se sont détachés du Bien.

Un article de F. R. P. Akehurst, s'il ne concerne en définitive que le corpus de la *fin'amors*, montre néanmoins que le mot, ou, disons, la "notion" de *folia*, de *fol* a pris différentes acceptations chez les troubadours[10]. Or, chez Cardenal, la folie est indissociable du Mal. Il semble donc qu'on doive accepter le sens de base n° 1 défini par Akehurst: 'croyance ou action erronée' (avec comme exemple à l'appui un vers de Guiraut de Bornelh: "Be·n ditz gran folia").

Les fous, pour Cardenal, sont le parfait reflet de l'erreur générale dans laquelle la société est tombée. Déchéance de la société, déchéance de l'individu:

Qar destruitz es homs desapoderatz

Qan l'a sotz mes l'avolors res que sia:
Qar son bon sen ha vencut la follia
E·l tortz lo dreg e la vertut peccatz[11].

Cité reflet du monde, reflet du Mal: c'est bien à elle que Cardenal "adresse" sa fable.

Monde des fous, monde de la violence

Folie et violence. Indissociables eux aussi dans le monde de la Cité. D'ailleurs Cardenal s'attarde longuement sur le comportement social des fous de la Cité: il y consacre quatre *coblas* sur un total de dix-sept. Et ce qui frappe, justement, c'est cette tension permanente qui caractérise les rapports sociaux: le comportement des fous de la Cité est dominé par des mouvements "déraisonnables", par une violence gestuelle ininterrompue[12]. Les *coblas* quatre, cinq et six marquent bien une prise de conscience du délire collectif qui s'est emparé des habitants de la Cité. Longue description des manifestations d'une folie surtout gestuelle: à la fois déraison (l'un est en chemise, l'autre est nu)[13], violence pure (on lance des pierres, on se frappe, on se pousse)[14], malédiction (on se menace, on injurie-*maldis*), illusion (on croit être roi), agression (onzième *cobla*).

Le procédé peut être incontestablement rapproché, tant pour le vocabulaire utilisé que pour le choix des motifs, d'une autre pièce de Cardenal, "De paraulas es grans mercatz":

L'uns conseilla e l'autre brama;
L'uns menassa e l'autre clama,
L'uns maldis e l'autre folia,
L'autre dis non enaissi sia[15].

Cette description appliqueé des "fous" en délire demeure très proche de l'image traditionnelle des fous à cette époque. On le voit bien dans l'article que Jean-Claude Schmitt a consacré au suicide au moyen âge: "L'individu en était jugé véritablement fou qu'à partir du moment où sa folie se traduisait violemment dans tout son corps. Seule cette frénésie parvenait à rompre le rapport étroit du fou à son entourage. . ."[16]. Tristan, toujours lui, n'échappe pas au climat de violence qui semble entourer l'image traditionelle du fou au moyen âge:

Comme fous va, chascuns lo hue
Gitant li pierres a la teste[17].

Les fous de Cardenal correspondent donc exactement à l'image classique du fou tel qu'il apparaît dans la littérature médiévale[18]. Mais, dans la *faula* de

Peire Cardenal, cité, folie et violence, traitées de manière tout à fait traditionnelle ne servent en réalité que de toile de fond à des préoccupations plus personnelles.

"Ami" de Dieu

C'est bien parce que le Mal a tout envahi que la société court à sa perte:

> Li pleuia sai es cazeguda:
> Cobeitatz, e si es venguda
> Un'erguelhoz'e grans maleza
> Que tota la gen a perpreza[19].

La fable est donc destinée à s'élever une fois de plus contre ce "mal" qui précipite la société de *cortezia* vers son déclin. Et Cardenal de s'armer une fois de plus des mêmes invectives, des mêmes procédés surtout[20]. Car il n'a cessé d'opposer systématiquement les manifestations du Bien à celles du Mal. Dans cette société dominée par les forces maléfiques, Bien et Mal se disputent sans cesse[21]. C'est cette même opposition que Cardenal développe dans la *faula*: à travers la parabole de la *Ciutatz*, il ne fait que reprendre des thèmes et motifs déjà exploités.

Monde fou, nous dit Cardenal, parce que monde qui a perdu le sens:

> Tot lo mon plainh, quar es fals o trichaire,
> E quar son sen a camjat e perdut[22].

Sen - c'est-à-dire en fait ce que nous appellerions le "bon sens". Levy, dans son *Petit Dictionnaire Provençal-Français*, donne à *sen* les significations suivantes: 'sens; esprit; intention; opinion; signification; raison; chose raisonnable'[23]. Or, dans la *Ciutat*, Cardenal met en opposition le "bon sens" à la folie: toute sa fable est bâtie autour des deux termes-clés que sont *sen* et *dessenat* ('insensé, fou')[24]; le vocabulaire de la folie soigneusement choisi par Cardenal se resserre autour du concept *sen*. Il utilise en fait exclusivement (exception faite, pourtant, du mot *folia*, qui apparaît à la fin du soixante-cinquième vers: "Que·l sens de Dieu lor par folia") des termes dérivés du mot *sen*. Et il organise à partir de *sen* toute une série de mots sémantiquement antonymes à *sen* lui-même: *dessenat*, *desseneron*, *dessenamens*, employés de préférence aux mots *folia* ou *follor*, qui apparaissent pourtant abondamment dans d'autres pièces du troubadour, comme par exemple avec "La gran follor del mon tortz ten a sen"[25]. Ce rapport constant de *sen* à *folia* demeure donc un motif très connu de la thématique usuelle de Cardenal. Mais dans la fable de la Cité, ce rapport change. Car il y a nouveauté: l'utilisation de mots de la même famille, à partir du radical *sen*, accentue signulièrement l'idée de "perte" qui transparaît tout au long du récit[26]. Et, dans "Una ciutatz...", la présence des dérivés de *sen* est particulièrement importante, puisqu'elle concerne en tout onze *coblas* sur les dix-sept (plus deux vers pour l'envoi) qui forment l'ensemble de la *faula*. Avec une très forte prédominance de l'emploi de l'adjectif *dessenat* (sept fois contre trois fois seulement *sen*), il apparaît nettement que c'est la folie du monde qui l'emporte sur le "bon sens". Il existe alors une relation permanente entre le monde de la folie et celui du "bon sens": idée de dépendance réciproque. "Totz lo sabers del segle es foudatz"[27]: dans ce monde à l'envers, Dieu seul doit servir de point de repère à celui qui veut garder son bon sens:

Que·l majer sens c'om pot aver
Si es amar Dieu e temer
E gardar sos comandamens[28].

La sagesse, en ce monde de folie, est d'être l'ami de Dieu: "l'amix de Dieu". Et ceux qui ont "perdu" l'esprit de Dieu: "Car lo sen de Dieu an perdut" (dit-il, parlant des fous de la Cité), sont dès lors considérés comme "fous" (*dessenat*). Cardenal a bien insisté par ailleurs sur la valeur du sage, ami de Dieu:

Qui vol aver fina valor entieira
Aia ab Dieu amor et acordansa
E veia ben es esgart ez enquieira
De quels afars a plazer o pezansa,
E segua·ls bos e lais lo enois[29].

Le sage de la Cité, c'est celui qui suit la raison, la raison étant elle-même de se placer du côté de Dieu. L'homme irrationnel, c'est celui qui refuse d'aimer Dieu et de suivre ses commandements: "Qu'il no temon Dieu ni peccat"[30], c'est le mauvais (*malvat*), c'est le fou de la Cité[31].

Solitude du sage

Rétrécissement de l'espace: un seul habitant de la Cité a échappé à la pluie, parce qu'il était dans sa maison lorsqu'il pleuvait. "Tug desseneron mas sol us"[32]: un seul a échappé à la folie. C'est le sage, l'ami de Dieu. Mais qu'on ne s'y trompe pas: s'il a été soustrait aux effets terribles de la pluie-qui-rend-fou, c'est parce que Dieu l'en a préservé: "...Dieus n'a alcun gardat."[33] Un seul sage:

E garda aval et amon
S'i negun savi n'i veira
E negun savi non i ha[34].

Solitude de l'individu. Car celui qui ne se comporte pas comme tout le monde est immédiatement l'objet de la suspicion générale. Ainsi que l'énonce très justement Jacques Le Goff: "L'individu, c'est celui qui n'a pu échapper au groupe que par quelque méfait . . . L'individu c'est le suspect"[35]. Or, dans ce monde de fous, c'est le sage qui est considéré comme étant l'insensé par les fous eux-mêmes:

Cuidon c'aia perdut son sen
Car so qu'il fan no·l vezon faire[36].

Exclusion. Le sage en butte à l'hostilité menaçante de la collectivité n'a d'autre ressource que de se réfugier dans sa maison pour lui échapper. Renversement: ce sont les fous qui font subir au "sage" les mauvais traitements ordinairement réservés aux fous par la société médiévale: "A l'égard des aliénés, la première réaction de la société médiévale est un mouvement de rejet. Sans être bannis des villes et isolés dans des lazarets, les fous restent des marginaux. Ils ne sont pas vraiment acceptés par les communautés urbaines. Ils font figure d'indésirables"[37].

Or, Cardenal donne justement la primauté à l'exclu, à l'individu. "Aquel qu'avia son sen": l'individu, c'est le sage. Son bon sens (qui, on l'a vu, lui vient de Dieu) lui permet de prendre conscience de la folie des autres:

Meravillet se mot fortmen
E vi ben que dessenat son[38].

L'immense confusion qui s'est établie autour du terme *dessenatz* met assez en évidence que seul le sage peut réaliser que c'est la cité toute entière qui a été prise de démence. Et Cardenal, déjà, se place aux côtés du sage, même si la tâche lui semble ardue:

Encar veira hom sazo
Que·l segles non aura lei. . .
E can Dieus aura amic
Non trobara on se fic:
Aissi er lo mons aders
Que per tot er non-devers[39].

C'est au prix de l'exclusion, inévitable, que l'individu s'affirme. A aucun moment le sage de Cardenal ne paraît tenté de se rallier aux fous. Il maintient donc, envers et contre tous ces fous, une attitude qui ne tend qu'à le faire exclure du groupe des habitants de la Cité, auquel il appartient pourtant. Singulière attitude, cependant, si on songe que le "sage" de Montanhagol, lui, finit par se laisser gagner à la même folie collective, elle aussi manifestation du Mal:

Com al savi fo ja, que·s saup triar
De la plueja que·ls autres enfolli
Per que lui sol tenio·lh fol per fat
Tro qu'en viret son sen ab lur foldat
E anet s'en en l'aiga ad enfollir[40].

La différence est lourde de sens pour qui veut la comprendre: pour Peire Cardenal, il s'agit d'échapper à la folie à tout prix. Ne pas se laisser envahir par le délire collectif. Nouvelle dimension de l'individu, ami de Dieu.

Nouvelle image de l'individu, qui se détache sur un fond de motifs traditionnels: l'image de l'eau et de la folie, le mal qui a tout envahi, la déchéance de la société de *cortezia*, l'opposition de *sen* a *folia*, la vraie valeur de l'ami de Dieu, la folie du monde. Désormais l'homme se retrouve seul. Seul dans la cité des fous, seul face aux autres, seul dans ses convictions. Seul aux prises avec son propre destin.

L'enjeu

Car face à la folie, l'enjeu est de taille. Cardenal a mis en garde les *malvat* contre le sort qui leur était réservé, s'ils persistaient dans l'erreur, s'ils ne voulaient pas se reprendre à temps. C'est la mort qui viendra les anéantir:

E qan moron, perdon rendas e ces
E riqesas e tot zo q'an conques[41].

Mais plus encore que la mort, et derrière elle, se profile l'obsédante vision:

Can nos n'irem e rendrem comte grieu
De totz lo faitz, al jorn del jutjamen
Al franc senhor que·ns formet de nien[42].

Jugement dernier, épreuve fatale. Dramatisation. Le jugement dernier est senti comme une épreuve tragique. L'inquiétude est grande: "A partir du XIIIe siècle, l'iconographie déroule pendant quatre siècles environ sur l'écran des portails historiés le film de la fin des temps, les variantes du grand drame eschatologique qui laisse transparaître, sous son langage religieux, les inquiétudes nouvelles de l'homme à la découverte de sa destinée"[43].

Un sirventes novel vueille comensar
Que retrairai al jor del jujamen
A sel que·m fes e·m formet de nien[44].

Cardenal entame donc un nouveau *sirventes*. Pour le réciter au jour du Jugement. Le danger représenté par la folie de la Cité est immense, car la folie du monde précipite tout droit en enfer. Image effrayante: feu et douleur, sans fin: "El fuec arden . . . d'enfern". Motif présent chez de nombreux troubadours, Cercamon parmi eux, qui annonce lui aussi aux méchants:

El fuec major seretz creman
En la pena qe non trasvai[42].

Mal, folie, erreur, conduisent tout droit en enfer. Echapper aux fous de la Cité c'est, au fond, échapper à l'enfer. Et ne pas se laisser prendre au piège de la folie revient à se préserver du terrible châtiment. Celui qui est fou, celui qui a perdu le "sens" de Dieu, "l'insensé" est irrémédiablement voué à la damnation éternelle.

L'homme est face à son juge. Cardenal reprend à son compte tous les thèmes traditionnels de l'eschatologie chrétienne. Mais il insiste de manière saisissante sur la grande solitude de l'homme. Comme le sage seul au milieu des fous, l'homme doit agir seul. Et au jour du jugement, il se retrouvera seul devant son juge.

A chacun d'apprendre à se garder du Mal et de la folie du siècle, à seule fin de se soustraire aux tourments de l'enfer:

Qui sen fara
Ben trobara
Per c'om di: que cascuns si gar[46].

Et ce, même au prix de l'hostilité générale, de l'incompréhension des fous de la Cité. Le troubadour lui-même n'est-il pas en butte à la folie des hommes de son temps? Il montre volontiers que ses protestations contre la folie du siècle comportent une part de risque. Mais il préfère encore parler que se taire, même s'il s'expose à la vindicte collective (qui n'est pas sans rappeler celle subie par le sage de la Cité):

Ergoils contra major forsa
Non es ges proz ni salutz,
Qu'eu vei los tals escondutz
Alions, e ma cara torsa
Per escarnir lo folatge,
Dir qui·l tem, neis e l'abais.
Sufrens cant er'hom, peis ne trais[47].

Plaidoyer

Réponse à la folie. Réponse à la fable. Cardenal a entamé un nouveau *sirventes*. En fait, il entame son plaidoyer. Seul. "Lo mieu plaideiamen": ce qui importe à Cardenal, avant tout, c'est d'assurer son propre salut. Car il s'agit bien, en définitive, d'assurer son propre salut.

Premier argument du troubadour: il a déjà subi l'enfer, malgré lui:

> Ieu li dirai: "Senher, merce, non sia!
> Qu'el mal segle tormentiei totz mos ans"[48].

C'est le monde terrestre qui a été son tourment: allusion à la Cité des fous. Poids du monde, du Mal, de la folie:

> Ieu trazi pietz que si portava chieira
> Quan vei far mal a la gen ni grevansa[49].

Ayant déjà enduré mille maux, il serait parfaitement injuste que son "juge" le remît en enfer.

Adresse à Dieu, invocation. Cardenal doit se servir des moyens dont il dispose pour convaincre son "juge": en tant que "troubadour", il adresse son chant à Dieu. D'ailleurs, les troubadours ont souvent su mettre leur art au service de leurs préoccupations. L'appel de Folquet de Romans dans sa belle aube religieuse "Vers Dieus, el vostre nom e de Sancta Maria" montre assez qu'il faut savoir plaider sa cause auprès de Dieu:

> e prec, Senher, que·us prenda
> gran pietatz de me,
> que no·m truep ni·m malme
> ni m'engane de re
> diables, ni·m surprenda[50].

Car Dieu peut sauver le troubadour - et par là lui éviter l'enfer:

> Aquel glorios Dieus que son cors det a venda
> per totz nos a salvar...[51]

Cardenal le sait bien, qui place en Dieu ses espoirs:

> Ieu no me vueill de vos dezesperar;
> Anz ai en vos mon bon esperamen,
> Que me vaillas a mon trespassamen[52].

Cardenal veut croire que Dieu ne peut être que juste. En cas d'injustice, c'est-à-dire au cas où il serait placé en enfer, Cardenal s'engage à adresser une réclamation à son juge:

S'ieu ai sai mal et en enfern l'avia,
Segon ma fe tortz e peccatz seria
Qu'ieu vos puesc ben esser recastenans
Que per un ben ai de mal mil aitans[53].

Car Cardenal doit être sauvé. Le seul sage de la Cité des fous, c'est lui. Il est le *savi* qui n'a pas été touché par la pluie. Parce qu'il était "protége", Cardenal n'a pas été frappé de folie. Il est ce sage "ami" de Dieu, il possède le "sens" de Dieu et il a laissé l'esprit du monde ("Car lo sen del mon a laissat")[54]. "A Dieu grazisc car m'a donat lo sen..."[55] C'est de Dieu lui-même qu'il détient ce bon sens qui le fait paraître fou aux yeux de ses contemporains. Il est cet individu qui sait distinguer le Bien du Mal. Cardenal est ce troubadour qui chante pour dénoncer la folie du monde, parce qu'il est convaincu d'être le sage de la fable. Et c'est pour cela qu'il devra être sauvé par Dieu. La première réponse que Cardenal est en mesure d'apporter aux hommes de son temps, c'est la nécessité de s'appuyer sur un comportement individuel, qui se base sur le "bon sens".

Mais Cardenal sait aller plus loin encore. Son dernier argument est le plus percutant. En fait, il propose à Dieu un marché:

E farai vos una bella partia:
Que'm tornetz lai don moc lo premier dia
O que'm siatz de mos tortz perdonans.
Qu'ieu no·ls fora si non fos natz enans[56].

En dernier recours, il rappelle à "sel que·m fes e formet de nien" qu'il n'a pas demandé à venir dans ce monde de fous. Il demande par conséquent à Dieu de le remettre à sa place initiale, ou de lui pardonner ses fautes, puisqu'il ne les aurait pas commises s'il n'était pas né. Déculpabilisation de l'homme: il ne porte plus la responsabilité du mal qu'il fait, ou qu'il favorise par sa mauvaise conduite. Il serait donc injuste de le faire souffrir alors qu'il ne se juge pas responsable du mal qu'il a pu faire.

La superposition des thèmes de la mort, de l'enfer et de la folie, et leur exploitation dans la fable "Una ciutatz fo", et dans le *sirventes* "Un sirventes novel vueill comensar" n'est que le reflet de l'inquiétude de Peire Cardenal face à la folie de ses contemporains.

Il nous propose donc, à travers son "chant", non pas un témoignage sur la folie des hommes, mais une réponse à la déraison de l'ensemble de la collectivité: seules, la force et la détermination d'un comportement individuel, si ce dernier est lié au bon sens, peuvent assurer le salut de l'âme.

La folie chantée par Cardenal sert de révélateur à l'individu face à la société. L'individu tend à s'affirmer: il joue en rôle de plus en plus actif pour prendre en charge son propre destin.

Confiance en l'homme, s'il a su se placer du côté du Bien; confiance en Dieu, s'il sait sauver ceux qui méritent de l'être. Car le troubadour s'est parfois montré plus amer:

Ben volgra, si far si pogues
Que Dieus agues tot so qu'ieu ai,
E lo pensament e l'esmai,
Et ieu fos Dieus si con el es;
Qu'ieu lo fera segon que·m fai,
E·l rendera segon c'ai pres[57].

Notes

[1]Vv. 57-60 de la chanson "Mon chantar vueil retraire al cuminal", in *Poésies complètes du troubadour Peire Cardenal*, éd. René Lavaud (Toulouse, 1957), p. 388.

[2]Santorre Debenedetti, "Un riscontro orientale della parabola di Peire Cardenal", *Rendiconti della Reale Accademia dei Lincei, Classe di scienze morali, storiche e filologiche*, 5 e série, 29 (1920), pp. 224-31.

[3]*Peire Cardenal*, éd. Lavaud, p. 530.

[4]Ibid., p. 538.

[5]Dans la pièce "Non estarai per ome que·m casti", éd. Jules Coulet (1898).

[6]Michel Foucault, *Folie et déraisons: Histoire de la folie à l'âge classique* (1961; Paris, 1972), p. 24.

[7]Ibid., p. 22.

[8]Vv. 61-74 de la pièce "Falsedatz e demezura", éd. Lavaud, p. 78.

[9]Vv. 49-52 de "Una ciutatz fo".

[10]F. R. P. Akehurst, "La folie chez les troubadours", dans *Mélanges de philologie romane offerts à Charles Camproux* (Montpellier, 1978), pp. 19-27.

[11]Vv. 21-24 de la chanson "Ges non me sui de mal dir chastiatz", éd. Lavaud, p. 320.

[12]Dans son article "Les fous dans la société médiévale", *Romania* 98 (1977), 443, Philippe Ménard déclare justement: "Nos auteurs peignent habituellement des fous furieux, et non de paisibles innocents ... La peinture de la folie furieuse est toujours saisissante ... Frapper, lacérer, mordre, voilà les signes classiques d'un accès de démence".

[13]Ménard, "Les fous", p. 435: "Autre signe de démence: quitter son logis en sous-vêtements, sans s'habiller complètement ... Les vêtements, de dessus ou de dessous, résistent difficilement à la rage des déments. Au bout de quelque temps, le fou se retrouve nu comme un ver".

[14]Bernard Chaput, "La condition juridique et sociale de l'aliéné mental", dans

Aspects de la marginalité au moyen âge (Montréal, 1975), p. 39: "Les cheveux tondus et la manie de frapper tout le monde sont donnés partout comme les signes les plus caractéristiques de la folie de Tristan".

[15]Vv. 7-10 de la chanson "De paraulas es grans mercatz", éd. Lavaud, p. 228.

[16]Jean Claude Schmitt, "Le suicide au moyen âge. IV: Le suicide des fous", *Annales* 1 (1976), 3.

[17]Cité par Bernard Chaput, "La condition juridique", p. 39.

[18]A ce propos il pourrait être intéressant de constituer une "typologie" du fou dans la littérature médiévale d'oc et d'oïl (cf. les textes déjà utilisés par Ménard et Akehurst).

[19] *Cobla* 15.

[20]Par exemple dans la pièce "Totz lo sabers del segle es foudatz", éd. Lavaud, p. 524.

[21]C'est dans la pièce "Caritatz es en tan bel estamen", éd. Lavaud, p. 278, que Cardenal développe la célèbre dispute entre Tortz et Dreg.

[22]Vv. 29-30 de la chanson "Aissi com hom plainh son fill o son paire", éd. Lavaud, p. 248.

[23]Emil Levy, *Petit Dictionnaire Provençal-Français* (Heidelberg, 1923), p. 339.

[24]Levy, *Petit Dictionnaire*, p. 116.

[25]V. 45 de la chanson "Caritatz es en tan bel estamen", éd. Lavaud, p. 282.

[26]D'ailleurs *dessenat* = *des* + *senat*. Il faut le prendre dans le sens de 'insensé'. Le couple *fols e dessanatz* apparaît au vers 28 de la chanson "Lo mons es aitals tornatz", éd. Lavaud, p. 380.

[27]Éd. Lavaud, p. 524.

[28]Vv. 53-55 de la chanson "Una ciutatz fo".

[29]Vv. 29-33 de la chanson "Ieu trazi pietz que si portava chieira", éd. Lavaud, p. 328.

[30]V. 19 de la chanson "Qui volra sirventes auzir", éd. Lavaud, p. 192.

[31]Cf. les notes de la Discussion dans *Aspects de la marginalité au moyen âge*, p. 53:

> C'est plutôt à un autre niveau que le fou pourrait se définir comme marginal, et c'est dans la mesure où il est le lieu où le logos impérialiste, ordonnateur de toute la société, ne s'y retrouve plus. Je me demande alors si le fou au Moyen-Age n'est pas plutôt le non-sage, l'insipiens, l'être irrationnel, l'être immoral? (Guy H. Allard).

[32]V. 5 de "Una ciutatz fo".

[33]V. 61 de "Una ciutatz fo".

[34]Vv. 28-30 de "Una ciutatz fo".

[35]Jacques Le Goff, *La civilisation de l'occident médiéval* (Paris, 1964), p. 359.

[36]Vv. 34-35 de "Una ciutatz fo".

[37]Ménard, "Les fous", p. 447.

[38]Vv. 25-26 de "Una ciutatz fo".

[39]Vv. 49-50, 57-60 de la pièce "L'afar del comte Guio", éd. Lavaud, p. 90.

[40]Guilhem de Montanhagol, "Non estarai per ome que·m casti", éd. Coulet, p. 120.

[41]Vv. 15-16 de "A totas partz vei mescl'ab avaresa", éd. Lavaud, p. 38.

[42]Vv. 54-56 de la chanson "Mon chantar vueill retraire al cuminal", éd. Lavaud, p. 392.

[43]Philippe Ariès, *L'homme devant la mort* (Paris, 1978), p. 103.

[44]"Un sirventes novel vueill comensar", éd. Lavaud, p. 222.

[45]Vv. 29-30 de la chanson "Ab lo pascor m'es bel qu'eu chan", éd. Alfred Jeanroy (Paris, 1966), p. 13.

[46]*Cobla* 31 de la pièce "Predicador", éd. Lavaud, p. 434.

[47]*Cobla* unique, éd. Lavaud, p. 557.

[48]Vv. 6-7 de la pièce "Un sirventes novel vueill comensar", éd. Lavaud, p. 222.

[49]Vv. 1-2 de la pièce "Ieu trazi pietz que si portava chieira", éd. Lavaud, p. 326.

[50]"Vers Dieus, el vostre nom e de Sancta Maria". Cette pièce se trouve dans l'édition de Stanislas Stroński, *Le troubadour Folquet de Marseille* (Cracovie, 1910), p. 109.

[51]Vv. 61-62 de la chanson "Vers Dieus, el vostre nom. . .", éd. Lavaud, p. 112.

[52]Vv. 33-35 de la pièce "Un sirventes novel", éd. Lavaud, p. 224.

[53]Vv. 41-44 de la pièce "Un sirventes novel", éd. Lavaud, p. 226.

[54]V. 70 de la pièce "Una ciutatz fo", éd. Lavaud, p. 535.

[55]"A Dieu grazisc car m'a donat lo sen", éd. Lavaud, p. 240.

[56]Vv. 37-40 de la pièce "Un sirventes novel", éd. Lavaud, p. 226.

[57]"Ben volgra, si far si pogues", éd. Lavaud, p. 242.

Une réminiscence hébraïque dans la musique du troubadour Guillaume IX

Marie-Henriette Fernandez

La musique des chansons de Guillaume IX n'est pas parvenue jusqu'à nous, à l'exception de deux fragments, l'un de la chanson I et l'autre de la chanson XI de l'édition Alfred Jeanroy, "Companhon farai un vèrs desconvenent" et "Pos de chantar m'es prez talentz"[1]. Le second fragment, en particulier, doit sa survie à un contrafactum figurant dans le *Jeu de sainte Agnès*. L'air en est clairement désigné comme emprunté à Guillaume IX: le jeu de scène, en effet, est indiqué ainsi:

> *Modo surgunt omnes et tendunt in medio campi et faciunt omnes simul planctum in sonu* [sic] *del comte de Peytieu:*

Bel seiner Dieus, tu sias grasiz
quar nos as ves tu convertiz
que non siam trastut periz.
Grasiz sias de nostra salut.

Seiner, ques en croz fust levaz,
e morz per nostres grieus pecaz,
mil vez, seiner, en sias lausaz
quar nos as mostrat ta vertut.

Seiner Dieus, nostri grieu pecat
non nos sian recastenat
maih ajhas de nos pietat
pueh ques a tu nos em rendut[2].

De toutes les chansons de Guillaume IX qui nous ont été conservées, la seule qui présente à la fois le caractère d'un *planctus* et le schéma d'un ensemble de *strophes couées* d'octosyllabes avec une rime-refrain, de forme aaab cccb dddb etc., est la chanson XI,

Pos de chantar m'es prez talentz,
Farai un vers don sui dolenz
Mais no serai obedienz
En Peitau ni en Lemozi

Qu'èra m'en irai en eissilh:
En gran paor, en grand perilh,
En guerra laissarai mon filh,
E faran li mal siei vezi.
Etc.[3]

Ce schéma, apparu en premier chez Venance Fortunat, est le plus répandu dans la poésie religieuse, surtout à partir du Xe siècle. On en trouve un développement, sous la forme aaab ab, dans les *versus* de Saint-Martial de Limoges.

Or, sautant en quelque sorte par-dessus la tête de Guillaume de Poitiers, la musique de ce contrafactum, telle qu'elle nous est transmise par le ms. Chigi C.V. de la Bibliothèque Vaticane, se révèle être celle d'un *versus* de Saint-Martial, "Annus novus in gaudio", de schéma a a a a b b b b etc.:

Annus novus in gaudio
agatur in principio
magna sit exultatio
in cantoris tripudio...[4]

Chacun des cinq couplets est suivi d'un refrain de quatre vers de six syllabes. La mélodie reprise par Guillaume IX est seulement celle du premier couplet. Elle a été identifiée par Jacques Chailley; donc la chanson XI de Guillaume est elle-même un contrafactum de ce *versus*[5]. Jacques Chailley a remarqué que la mélodie, très simple, commune au premier couplet de ce poème, à la chanson "Pos de chantar" et au *planctus* du *Jeu de sainte Agnès* était aussi, aux déformations près, celle du très célèbre "O filii et filiae", trope de *Benedicamus Domino* de la Résurrection, dont la dernière version est encore en usage de nos jours, et dont il existe même un contrafactum français postérieur au Concile Vatican II:

Chrétiens, chantons le Dieu vainqueur,
Fêtons la Pâque du Seigneur,

Acclamons-le d'un même coeur,
Alleluia.

Jacques Chailley écrit: “Si la chanson faite par Guillaume sur ‘les Misères de sa capitivité’ est malheureusement perdue, nous possédons celle par laquelle il charge strophes et mélodie de son testament personnel et politique. C'est aussi la seule dont nous possédions, par recoupements, un fragment de musique: on y retrouve une des formules mélodiques familières aux *versus* martialiens”[6].

Voici cette formule:

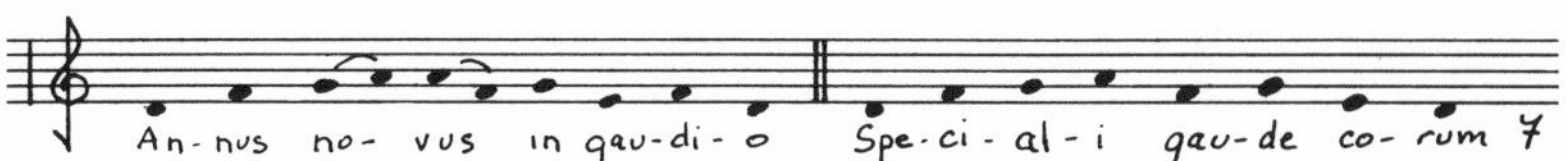

Dans le manuscrit elle se présente, très exactement, ainsi:

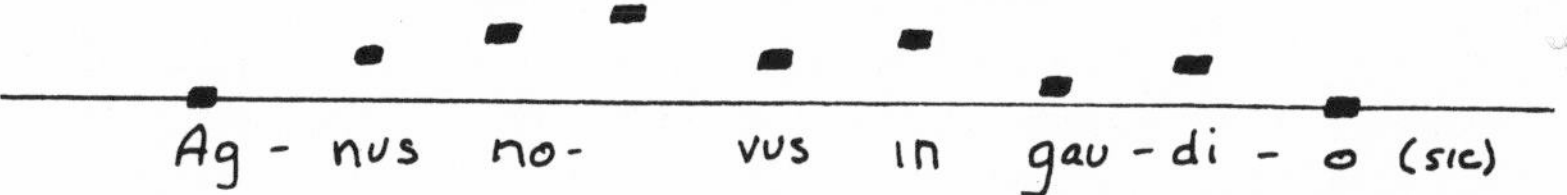

Et Jacques Chailley ajoute: “Ce sera encore, plus tard, la formule mélodique de l' ‘O filii’ qui est, nous l'avons vu, un trope de *Benedicamus Domino*”[7].

Telle quelle, cette mélodie est du XVe siècle, remaniée au XVIIIe, comme l'a noté aussi Jacques Chailley: “Le célèbre ‘O Filii’ pascal, que l'on chante encore aujourd'hui aux saluts du Saint-Sacrement, sous une forme musicale refaite au XVIIe siècle, mais dont l'original est l'oeuvre du cordelier Jehan Tisserant, mort en 1494, est l'un des derniers tropes de *Benedicamus* appartenant à cette catégorie”[9].

Ce trope est construit sur le *Benedicamus Domino* commun aux messes IX et X de l'édition vaticane des livres grégoriens, *Benedicamus* qui reprend l'intonation du *Kyrie* X, dont le *Kyrie* IX est un développement[10]:

Kyrie X:

Kyrie IX:

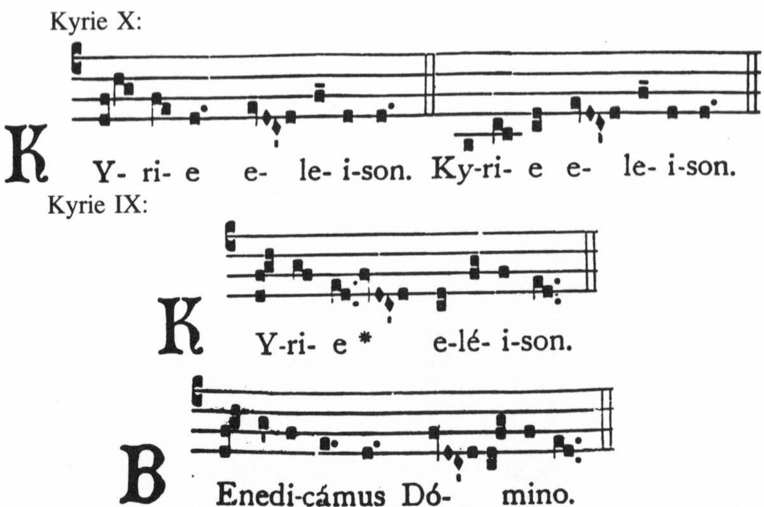

Dans toutes les pièces citées plus haut, ainsi que dans la chanson XI de Guillaume IX et son contrafactum provençal, nous retrouvons, plus ou moins orné, le même dessin de base

Chanson XI de Guillaume de Poitiers[11]:

“Planctus” du *Jeu de sainte Agnès*[12]:

On trouve à la base de toutes ces mélodies un même noyau générateur, *ré fa la fa ré*, la charpente du IIe mode ou *Protus authente*. C'est dans le *Kyrie* X qu'elle se voit le mieux.

Or, l'intonation de ce *Kyrie* reprend presque exactement une formule du chant synagogal citée par Léon Algazi[13]:

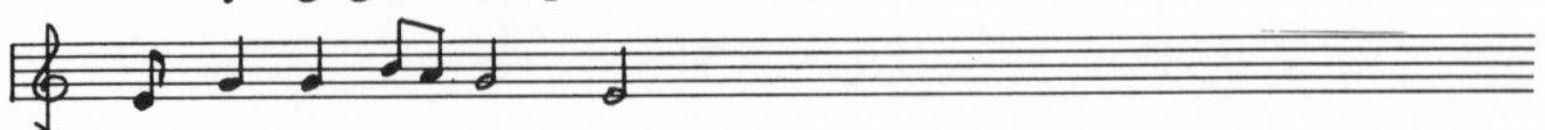

Cela peut facilement se transposer en

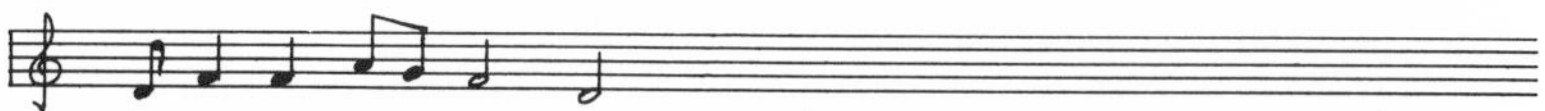

Cette parenté n'a rien d'étonnant: les mélodies de *Kyrie*, étant les plus anciennes du chant dit grégorien, sont celles qui doivent le plus à la tradition orientale[14]. Par ailleurs, Eric Werner a établi un rapprochement entre ce même *Kyrie X* et l'une des formules du chant sepharad de la *Tefilla*[15]:

Il est à peu près évident que la mélodie du *Kyrie X* provient de la synagogue. Comme l'écrit Solange Corbin, "pourquoi d'ailleurs le rituel chrétien, qui se voulait une réforme simple du rituel juif, eût-il emprunté une autre musique que celle de la synagogue?"[16] Mais on peut faire un rapprochement encore plus frappant entre la dernière chanson de Guillaume IX et cet autre exemple de psalmodie sepharad, cité également par Eric Werner[17]:

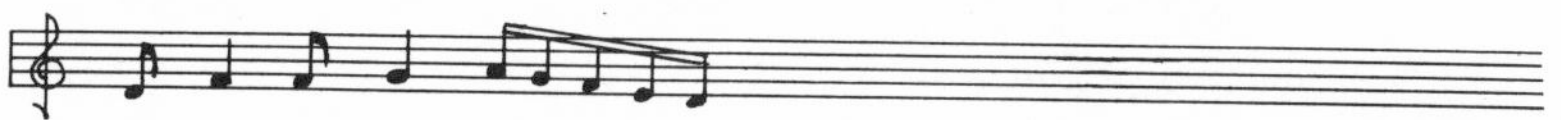

C'est une formule léguée par la tradition des Juifs d'Espagne, tradition archaïque, antérieure au christianisme[18]. Le fait est troublant: il n'est pas étonnant de voir une phrase hébraïque passer du chant synagogal au *Kyrie*, du *Kyrie* au *versus* et du *versus* au *vers* de Guillaume IX et au *Jeu de sainte Agnès*; il l'est un peu plus de voir le *versus Annus novus in gaudio* reproduire très fidèlement une intonation venue - par quels chemins? - du monde juif ibérique.

Et cela nous amène à poser une fois de plus le vieux problème de l'influence arabe sur l'oeuvre de Guillaume IX et des troubadours: la thèse soutenue vigoureusement par Aloys Nykl[19] et qu'il eût sans doute revue à la lumière du versus *Annus novus*, attaquée efficacement par Pierre Le Gentil[20] mais qui, examinée à nouveau, avec des nuances, par Pierre Bec[21] prend un autre aspect: si quelque chose est venu d'Espagne (et dans ce cas particulier, Saint-Martial l'aura reçu avant Guillaume IX), l'apport ne proviendrait-il pas plutôt des milieux juifs que des milieux arabes? Et supposons que quelque jongleur ait colporté le dernier des fragments cités plus haut et que ce fragment soit tombé dans l'oreille d'un clerc de Saint-Martial: le clerc peut avoir été séduit moins par ce qu'il y avait de *nouveau* que par ce qu'il y avait de *familier*, par sa parenté avec le *Kyrie* X et le *Benedicamus Domino*. L'influence dite arabo-andalouse sur la lyrique d'oc, si elle s'est réellement exercée, a donc quelques chances d'avoir été surtout une influence juive[22].

Quoi qu'il en soit, la musique de Guillaume IX porte la trace incontestable d'une tradition hébraïque.

Notes

[1]Alfred Jeanroy, *Les chansons de Guillaume IX* (Toulouse et Paris, 1905), pp. 22-23 et 52. Pour la musique, voir Ismaël Fernandez de la Cuesta, *Las cançons dels troubadors* (Toulouse, 1979), pp. 47-48.

[2]*Le Jeu de sainte Agnès*, éd. Alfred Jeanroy et Théodore Gerold, Les Classiques français du Moyen Age, 68 (Paris, 1931), p. 37.

[3]Pierre Bec, *Nouvelle anthologie de la lyrique occitane* (Avignon, 1970), p. 171.

[4]Ms. Paris Bibl. Nat., Lat. 1139, f. 43; le manuscrit porte la leçon *agnus novus*, mais c'est évidemment, d'après le contexte, un lapsus calami.

[5]Cf. Jacques Chailley, "Les premiers troubadours et les versus de l'Ecole Aquitaine", *Romania* 76 (1955), 235-36.

[6]Jacques Chailley, "Musique postgrégorienne", in *Histoire de la Musique*, éd. Roland Manuel, 1 (Paris, 1960), 731-32.

[7]Ibid., p. 732.

[8]*Chant grégorien*, extrait n° 800 de l'Édition Vaticane (Paris, Tournai, Rome et New York, 1958), p. 1875.

[9]"Musique postgrégorienne", p. 725.

[10]Extrait n° 800, pp. 43 et 40.

[11]"Musique postgrégorienne", p. 731, et "Les premiers troubadours", p. 235.

[12]*Sainte Agnès*, éd. Alfred Jeanroy et Théodore Gerold, p. 72.

[13]"La musique juive", in *Histoire de la Musique*, éd. Roland Manuel, 1:367.

[14]Cf. Armand Machabey, "Le origini asiatiche della litania cristiana occidentale", *La Rassegna musicale* 4 (1951), pp. 279-85.

[15]*The Sacred Bridge* (New York, 1959), p. 568.

[16]"A la conquête de l'avenir: Le christianisme devant les civilisations traditionnelles", in *Histoire de la musique*, éd. Roland Manuel, 1:626.

[17]*The Sacred Bridge*, p. 437.

[18]Ibid., p. 436.

[19]*Hispano-Arabic Poetry* (1946; repr. Genève, 1974), pp. 317-83.

[20]"La strophe zadjalesque, les kharjas et le problème des origines du lyrisme roman", *Romania* 84 (1963), 1-27, 209-50.

[21]*Nouvelle anthologie*, pp. 45-52.

[22]Cf. Pierre Le Gentil, "La strophe zadjalesque", p. 14.

The Seasonal Topos in the Old Provençal *canzo*: A Reassessment

Eliza Miruna Ghil

Introductory Remarks

A question of traditional importance in the criticism dealing with the Old Provençal love song is the so-called "spring opening" or "nature topos." Widely considered as a typical formula of beginning for the *canzo* genre, the topos was described as follows by Alfred Jeanroy, in his classical work *La poésie lyrique des troubadours*:[1]

> Une antique tradition, dont l'origine est mal éclaircie, voulait que la chanson d'amour commençât par une description de la saison qui, en renouvelant la nature, ranime dans le coeur de l'homme l'allégresse de vivre et la puissance d'aimer. Si haut que nous remontions, nous trouvons cette tradition solidement établie: sur les trois chansons courtoises de Guillaume IX, il y en a deux qui commencent par une description de la sorte; chez Rudel, Peire d'Auvergne et même Ventadorn, la proportion n'est pas moins forte. Ces descriptions offrent sans doute quelques jolis traits assez vivement rendus, mais elles ne trahissent jamais une impression sincère ou profonde: les arbres se parent de feuilles et de fleurs, les oiseaux chantent, l'air est plus doux et plus pur, l'eau court plus claire dans les ruisseaux: en voilà le fond à peu près invariable (II, 128).

In conclusion, Jeanroy states: "En somme, celui qui aura la patience de dresser cette statistique trouvera environ dans une chanson sur trois ou quatre une description de nature comme motif initial" (II, 130).

I decided to have this patience for a corpus of twelve troubadours.[2] The following remarks present my own conclusions on the content and the functions of the seasonal topos in the troubadour *canzo* of the twelth century.

Both Jeanroy's general statements and numerical estimates are in need of a reassessment, in my view. Two of the critic's remarks seem questionable from the start: 1) the critique leveled against the lack of "sincerity" and "depth" in the troubadours' descriptions of nature, and the assertion that those are mostly descriptions of spring; 2) the assumption that the seasonal opening is a characteristic feature of the *exordium* in the *canzo* as genre.

Critics concur nowadays in emphasizing the highly conventionalized character of medieval lyrical discourse. This characteristic is viewed as a basic poetic principle of the troubadours' (and trouvères') compositions, and not as a sign of aesthetic weakness. Robert Guiette, Roger Dragonetti, Paul Zumthor, and Pierre Bec have shown, by means of extensive textual analyses, that the assemblage of conventionalized poetic formulae represents one of the most basic principles of poetic composition in vernacular in the Middle Ages.[3]

Little needs to be added to their conclusions in this respect except, perhaps, to point out that the evidence for these conclusions is, more often than not, drawn from the poetry of the trouvères rather than from that of the troubadours (with the notable exception of Pierre Bec's), which makes necessary systematic examination of the accuracy of these remarks within the framework of the troubadours' poetic tradition.

As for the specific case of the seasonal opening, Ernst Robert Curtius' analysis of the ideal landscape in medieval literature preserves all its pertinence nowadays too. No critic can still afford to speak about "sincerity" and "depth" in medieval descriptions of nature after this author's analysis of the by now famous "locus amoenus" topos, and his formulation of the problem, dating from 1948, is still exemplary today: "Medieval descriptions of nature are not meant to represent reality. This is generally recognized in respect to Romanesque art, but not in respect to the literature of the same period."[4] I may also point out with respect to Jeanroy's first remark that it is not spring that constitutes the main component in the topos, but season in general; though well represented in terms of frequency in the corpus, spring is by no means the only season mentioned, as we shall see below.

If contemporary critics concur in their judgement that objections based on concepts such as "sincerity" and "depth" are not pertinent for the discussion of medieval poetry, Jeanroy's second statement has not been questioned, to my knowledge, in any significant way up to now. Neither Roger Dragonetti, nor Paul Zumthor or Pierre Bec disagree with his contention—i.e., that the seasonal opening is a characteristic feature of the *exordium* in the *canzo* as genre—a contention which is, in my view, in serious need of re-evaluation.

It is not my intention to deny that the seasonal topos often occurs in the first stanza of troubadour texts. It certainly does, and, at times, even more often than Jeanroy thought, as I shall show below. What I shall deny, however, is that the presence of this highly formalized textual element characterizes the *canzo* as GENRE. It is my opinion that, in spite of its frequent occurrence in *canzo exordia*, the seasonal topos is typical not necessarily for the love song in particular, but rather for genres of the noble register in general (it occurs often enough, for instance, in texts of *sirventes*).

The nature opening thus represents only an incidental expansion—endowed with a higher degree of stylistic elaboration than others, admittedly—of a general invariant underlying the vast majority of *canzo* openings. This invariant may be formulated as follows: the speaker's admission of his verbal/musical activity in which he is being engaged *hic et nunc*, and whose final result is the love poem. In other words, the text's declaration of self-referentiality, of its becoming a text about love in the listener's/reader's presence.

The seasonal topos exhibits a considerable degree of formalization at the textual level; it deserves, therefore, a description per se, prior to remarks bearing on the way in which the insertion of the topos within the text is articulated, and on the invariant in general.

Model of the Seasonal Topos

In the texts of our corpus, the seasonal topos appears to be a transphrastic unit of remarkable compositional stability, both at the level of the signified (i.e., the semantic elements to be mentioned), and at the level of the signifier (i.e., the typical lexemes and syntagms to be used in order to mention them). It is a unit of considerable chronological stability as well, since the same features are to be found in occurrences of the topos in the first troubadour, William IX of Aquitaine, and then throughout the twelfth century.

The basic kernel of the topos consists of two semantic elements, according to my results: "temporality" and "humanity." The former occurs most frequently in the form of either names of seasons, or indications of temporal change, or both. The latter is expressed through various references to a human reaction prompted by the "temporality" feature, whether it is in accordance or in discordance with the positive or negative connotations of this temporal allusion.

Once the name of a season has been mentioned, its descriptive system[5] starts to unfold on the syntagmatic axis of the text, introducing the following features in various combinations (I list them in order of the frequency with which they occur in the corpus):

1. vegetation (including very rare mentions of landscape)
2. birds' song (which often prompts the occurrence of the human song, especially the poet's)
3. water (with actualizations such as *riu*, *pliu*, *neve*)
4. temperature (with actualizations such as *gel*)
5. air (also in variants of *aura*)
6. light (including *sol*, *ciel*, *jorn*)

I list in the table below the number of occurrences of these features in nature *exordia* of Occitan *canzos*. Before presenting the table, an explanation on some methodological procedures is here in order.

The "temporality" element may be considered present if a temporal conjuction (e.g., *quant*, *lanquan*) or a temporal adverb (e.g., *ara*, *oimais*) occur, or if a verb that connotes process or change (e.g., *renovelar*, *mudar*, *comensar*) appears in the text.

An element whose recurrence in the texts is so persistent that it makes necessary its inclusion in the general model is the presence of a qualifier. It can be meliorative or pejorative, and it determines the positive or negative conversion of the topos in actual texts. It may occur in the form of an outright statement: *Bel m'es*, *Ben m'es*, *M'es douz*; through qualifying adjectives (e.g., *Quant l'aura doussa s'amarzis*, *Per lo dous termini soau*, *E vei lo tems clar e sere*); through a qualifying noun (e.g., *Ab la dolchor del temps novel*); through a diminutive indicating the positive attitude of the speaker toward the detail in question (e.g., *li auzellet*, *l·rossinholetz*); through a verb with positive semantic connotations (e.g., *lo rossinhols s'esbaudeya*), et cetera.

Here are some examples of negative variants; verbs (e.g., *Quan l'aura doussa s'amarzis*, *Puois nostre temps comens a brunezir*), adjectives (e.g., *Can la freid' aura venta*, *Ar vei bru*, *escur*, *trebal cel*), or a negative modalization of the type, "n·l gens termini *s'esconda*."

To sum up, the model of the seasonal topos appears to look as follows:

Qualifier	Temporality	Descriptive system of the seasonal element*	Humanity

*Here are its constitutive elements:
vegetation; birds (singing); water; temperature; air; light.

Statistical data

The table on the facing page substantiates, through statistical data, the general model of the seasonal topos. The numbers in the first two columns represent total extant texts and total *canzo* texts of the respective poets.[6]

TABLE

Author	No. of Poems		No. of Instances	Qualifier			Time			Veg	Wat	Li	Ai	Tem	Song			Human		
	Total	Can	of Topos	Pos.	Neg.	Tot-al	Pos.	Neg.	Tot-al						Natur-al	Hu-man	Com-bin.	Pos.	Neg.	Tot-al
Guil IX	11	3	3	1	-	1	3	-	3	2	2	1	2	1	1	1	-	2	1	3
Cerc	8	5/6	6	2	2/3	4/5	3	3	6	4	-	1	2	2	2	4	1	4	3	7
Rud	7	7	6	6	-	6	6	-	6	6	3	1	-	-	6	4	4	4	2	6
B. de Vent	44	41	22	15	2	17	16	4	20	17	4	3	3	5	12	12	6	14	12	26
R. d'Or	42	31/35	13	4	6	10	6	6	12	10	4	2	3	6	10	10	8	8	5	13
A. Dan	18	17	10	3	3	6	5	5	10	9	-	-	2	2	9	6	5	8	3	11
G. de Cab	9	9	2	1	-	1	2	-	2	2	-	1	1	1	2	-	-	2	1	3
P. d'A	19	12	6	3	1	4	5	1	6	5	1	3	2	1	5	3	2	5	1	6
P. Vid	49	35/45	9	6	2	8	7	3	10	5	3	3	1	2	4	2	1	7	3	10
Marc	40	5/7	18 all 3 can	11 2	3 1	14 3	13 3	5 1	18 4	13 3	9 1	5 1	5 -	4 1	12 2	6 1	4 1	7 2	7 1	14 3
B. de B	43	10	6 all 2 can	6 2	- -	6 2	6 2	- -	6 2	3 2	- -	1 1	- -	- -	3 2	2 2	2 2	3 1	1 1	4 2
G. de Bor	77	40?	17	10	2	12	14	3	17	16	1	1	3	1	9	7	3	12	6	18
TOTALS:	367	240	118 all 99 can		90 75 can				115 101	92 81	27 19	23 19	24 19	25 22	75 64	57 52	37 32			120 107

The total number of texts counted in the preceding table is of 367, of which 240 are *canzos*. The seasonal topos occurs in 118 instances in the corpus, 99 times in *canzos*. This gives us a ratio of once in 2.42 *canzos*, and of once in 6.6 in other genres. This result corrects Jeanroy's estimate of a frequency of "once in three or four"—at least for our corpus; it also shows that, though considerably more frequent in the *canzo* than in other genres, the presence of the seasonal topos is by no means confined to *canzo exordia*. It seems to characterize the noble register in general, rather than solely the love song.

The omnipresence of the "temporality" and "humanity" features is easy to note in the preceding table. These semantic elements definitely constitute the basic kernel of our topos.

Syntagmatic aspects of the topos

After having analyzed the semantic components of the seasonal topos, it is necessary to examine now how they function in actual contexts, and how they combine on the syntagmatic axis of the poetic discourse. I shall select for discussion three aspects which seem particularly enlightening in this respect.

Metaphoric developments based on vegetal imagery

The metaphors based on vegetal imagery constitute a frequent device through which the individual text appropriates the topos and adapts it to its own contextual needs. These metaphors are at times used strictly locally, so to speak, i.e., without any lasting reverberations beyond the minimal context in which they appear. Here is such an example from Raimbaut d'Aurenga, VIII, "Braiz, chans, quils, critz":

  Braiz, chanz, quils, critz
Aug dels auzels pels plaissaditz
Oc! mas no los enten ni deinh;
  C'un 'ira·m cenh
Lo cor, on dols m'a pres razitz,
  Perqe·n sofer.

Razitz (v. 5) echoes the vegetal element in line 1, and applies it to psychological realities. This analogy unifies the stanza on the verbal level and facilitates the transition from the nature *exordium* to the I/lover's discourse on his joys and sorrows.[7]

The idea of rejuvenation expressed in the vegetal code may, at times, provide a handy way to connect the I/lover's utterance with both the "temporality" feature (in its variant of "change," for instance), and the vegetation element belonging to the descriptive system of seasons. Here is such an example from Arnaut Daniel, V, "Lanquan vei fueill'e flor e frug":

> Lanquan vei fueill'e flor e frug
> parer dels albres el ramel
> e aug lo chan que faun e·l brug
> ranas el riu, el bosc auzel,
> doncs mi fueill'e·m floris e·m fruch' Amors
> el cor tan gen que la nueit me retsida
> quant autra gen dorm e pauz'e sojorna.

In the passage above, an analogy is systematically established through a repetition in the same order, in line 5, of the vegetal elements first introduced in line 1: *fueill*, *flor*, *frug*; the alliterations add to the effect of textual tightness, while the transition from nominal syntagms to verbal syntagms creates the phonetic/morphologic variation so familiar to medieval authors and public alike.[8]

Another passage from the same troubadour offers an even more complex treatment. Arnaut's poem XIII opens as follows:

> Er vei vermeills, vertz, blaus, blancs, gruocs
> vergiers, plans, plais, tertres e vaus,
> e'il votz dels auzels son' e tint
> ab doutz acort maitin e tart.
> So'm met en cor q'ieu colore mon chan
> d'un' aital flors don lo fruitz si' amors,
> e iois lo grans, e l'olors d'enoi gandres.

After having introduced two series of enumerations, in which the former refers to colors and functions as modifier of the latter, the text introduces the I/poet by means of an allusion to birds' song. But the text uses color terms again later on: "ieu *colore* mon chan" (v. 5), in a way which sums up line 1 reactivating it retrospectively, on the one hand, while also referring figuratively to the poetic endeavor as an attempt at ornamentation (at "coloring"), on the other. One cannot help thinking at this point of the *colores rhetoricae* of the medieval *artes rhetoricae*, expression which Arnaut Daniel might very well have had in mind himself.[9] But the metaphorical development goes on. By means of "flor" and "fruitz" (v. 6) figuratively used, the I/lover starts building a description of love in floral code. The nature metaphor engendered by the vegetal lexeme, feature of the seasonal *exordium*, engenders in its turn the I/lover's discourse, i.e., the love song itself.

An outstanding development of the seasonal topos into a sustained nature metaphor that engulfs the whole *canzo* occurs in Raimbaut d'Aurenga's well-known poem "Ar resplan la flors enversa." This rightly famous text is likely to represent the utmost syntagmatic expansion of the seasonal topos in the corpus and, probably, in the whole troubadour poetry as well.[10]

The "natural song"/"human song" semantic combination

The contextual co-presence of these semantic features is of double pertinence for the problem under discussion. On the one hand, it represents a highly frequent way of connecting the special variant of *exordium* embodied by the seasonal topos with the general invariant of *canzo* beginnings, i.e., the text's statement of self-referentiality in a *hic et nunc* situation. On the other hand, it offers an efficient way of turning from outside nature (macrocosm) to inner nature (microcosm) by means of the "sonority" seme, which then recurs either in a context of existential sound-making—song of joy—or of poetic sound-making—the poet's song.

If we turn now to the table, we shall notice that the combined occurrence of these two semantic features is well represented in our statistical data: in thirty-two *canzos* of the ninety-nine that use the seasonal *exordium*, i.e., in almost a third. Moreover, sixty-four *canzos* of ninety-nine include the birds' song in one way or another (almost two thirds); the high frequency of this element points to its equally high degree of semantic importance.

In fact, due to its privileged role in the syntagmatic functioning of the topos within the poem, the birds' song produces an effect which goes beyond the strictly quantitative aspect of its occurrence in actual texts. This fact may account for the surprising—but otherwise justifiable—opinion on the matter of another authority on troubadour poetry, René Nelli, who in his *L'érotique des troubadours* makes, at a certain point, the following remark:

> Il suffit de relire attentivement les troubadours pour constater qu'ils font intervenir beaucoup plus souvent, au début de leurs poèmes, le chant des oiseaux que le décor floral et végétal ou le murmure des eaux vives. Il arrive, en effet, souvent que leurs descriptions du printemps ne soient qu'ébauchées ou même, quand le thème général de leurs *cansos* se fait plus aigre ou plus mélancolique, qu'elles y soient remplacées par celles de l'hiver ou de l'automne—mais le chant des oiseaux n'en est presque jamais absent, ce qui n'a rien d'étonnant, puisqu'il est chargé d'une signification érotique presque objective et qu'il constitue une sorte d'hymne naturel à l'amour.[11]

In view of my statistical data, Nelli's statement is both right and wrong. It is wrong in its numerical assessment of the frequency of the birds' song: in spite of what Nelli thinks, the frequency of the vegetation element appears definitely higher than the birds' song. The former occurs eighty-one times in ninety-nine *canzos*, while the latter only sixty-four times in these *canzos* (the assessment concerning the water element stands). Nelli is nevertheless right in indicating the crucial position of this element in the configuration of the topos; his reaction represents the average listener's/reader's impression —which I shared myself before counting my statistical results—and it is valuable as such to the researcher. It underlines, among other things, the necessity of caution in interpreting statistical results, since quantity does not always make a qualitative difference in poetry. For an illustration of the privileged syntagmatic role of the birds' song in the seasonal *exordium* and in the unfolding of the love song, I shall quote one representative passage from Jaufré Rudel, II, "Quan lo rius de la fontana":

Quan lo rius de la fontana
S'esclarzis, si cum far sol,
E par la flors aiglentina,
E·l rossinholetz el ram
Volf e refranh ez aplana
Son dous chantar et afina,
Dreitz es qu'ieu lo mieu refranha.[12]
Amors de terra lonhdana,
Per vos totz lo cors mi dol.

Semantic relations within the kernel of the topos

The way in which the basic semantic features of the topos combine on the syntagmatic axis often gives the clue to the entire composition of an individual text. Though the variations of details are potentially infinite, four basic combinatory types seem to synthesize the inner configuration of the topos in this respect.

Positive seasonal element plus positive human element. Here is an example of this type from Jaufré Rudel, I, "Quan lo rossinhols el folhos":

Quan lo rossinhols el folhos
Dona d'amor e·n quier e·n pren
E mou son chan jauzent joyos
E remira sa par soven
E·l riu son clar e·l prat son gen,
  Pel novel deport que renha
Mi ven al cor grans joys jazer.

The instances of this type are highly frequent;[13] this high frequency explains why it is often perceived by listeners/readers as representing the starting point with respect to the other variants.

Positive seasonal element plus negative human element. Here is such an example from Peire Vidal, XXVII, "Molt m'es bon e bell":

Molt m'es bon e bell,

Quan vei la novell
La fuelh' el ramell
E la fresca flor,
E chanton l'auzell
Sobre la verdor,
E·l fin amador
Son gai per amor
Amaire e drutz sui ieu,
Mas tan son li maltrag grieu,
  Qu'ieu n'ai suffert longamen
  Qu'a pauc n'ai camjat mon sen.

It is interesting to note that the "humanity" feature, in its positive variant, is also actualized in this context (lines 7-8) with reference to the normality of things. The consonance between nature's renewal and the lover's joy is being presented here as the rule only in order to emphasize, by contrast, the speaker's precarious psychological state.[14]

Negative seasonal element plus positive human element. The speaker's joy, stated in spite of the season's rudeness, is also a well represented combinatory type in the corpus. A famous passage from Bernart de Ventadorn actualizes it in exemplary fashion (from IV, "Tant ai mo cor ple de joya"):

Tant ai mo cor ple de joya,
tot me desnatura.
Flor blancha, vermelh' e groya
me par la frejura,
c' ab lo ven et ab la ploya
me creis l'aventura,
per que mos chans mont' e poya
e mos pretz melhura.
Tant ai al cor d'amor
de joi e de doussor,
per que·l gels me sembla flor
e la neus verdura.

This passage is remarkable in several respects, since it accomplishes a double function: it emphasizes the contradiction between nature's sadness and the speaker's joy, and it also transcodes, term by term, the negative actualization of the topos into a positive one, by means of a sustained metaphor whose echo is to be felt also in the following stanza.[15]

Negative seasonal element plus negative human element. This type represents the reverse of type 1, and actualizes a consistent negative conversion in the seasonal *exordium*. Here is a typical example from Raimbaut d'Aurenga, XV, "Entre gel e vent e fanc":

Entre gel e vent e fanc
E giscl' e gebr' e tempesta
E·l braus pensars que·m turmenta
De ma bella dompna genta
M'an si mon cor vout en pantais
C'ar vauc dretz e sempre biais;
Cen ves sui lo jorn trist e gais.[16]

Conclusions

The speaker who utters the text posits his discourse, in the *canzo*, within a *hic et nunc* framework. His generic statement may be formulated as follows: "I am speaking now, about love, in song." He sometimes elaborates on the specific moment in time when his speech act is unfolding by linking it to cosmic time. The seasonal topos embodies such an expansion of the adverb *ara* 'now' belonging to this generic statement.

There are two other basic ways of opening a *canzo* beside the seasonal topos. They are, in order of frequency: 1) by means of the I/poet's explicit mention of his song, and 2) by means of various actualizations of the "humanity" element by the I/lover. I shall not elaborate on these types of *exordia* in the present article. However, I shall adduce a further argument to support my formulation of the invariant.

The frequency of the seasonal topos decreases drastically in the trouvères' imitations of the *canzo*; and whenever the topos does appear, it is simplified in a significant way. While the "temporality" and the "humanity" elements are always there, and the vegetation appears often enough, the birds' song is much less used while the mention of the human song is used much more. Besides, the rarity of other elements such as water, light, air and temperature is conspicuous throughout the trouvère corpus. Thus, the seasonal topos appears to have been restructured, in the trouvères' texts, in order to foreground the components which bring it closer to the invariant, while eliminating the picturesque, but secondary, details.[17]

In view of the data provided by the troubadour corpus analyzed in this study, the traditional perception of the seasonal topos as a typical way of opening in the *canzo* genre seems in need of some qualifications. The topos is neither a universal way of beginning a *canzo*, nor is it exclusively characteristic of the *canzo* as GENRE.

This conclusion ought not to belittle the quality and the coherence of the stylistic elaboration perceptible in the structuring of the topos. It is obvious that the seasonal topos is a highly audible element in the troubadour *canzo*. Its recurrence gives pleasure to the listener who may admire the minute variations performed within a strict framework, and the ingeniosity of its contextual reverberations.

These descriptions of nature may not show "une impression sincère ou profonde." They undoubtedly show remarkable poetic craftsmanship, and infinite variety of detail.

Notes

[1]Alfred Jeanroy, *La poésie lyrique des troubadours*, 2 vols. (Toulouse, 1934).

[2]Here are, in alphabetical order, the troubadours and the editions of their works used in my research: Arnaut Daniel, *Canzoni*, ed. Gianluigi Toja (Florence, 1960); Bernard de Ventadour, *Chansons d'amour*, ed. Moshé Lazar (Paris, 1966); Bertrand de Born, *Die Lieder*, ed. Carl Appel (Halle, 1932); Cercamon, *Les poésies*, ed. Alfred Jeanroy (Paris, 1922); Giraut de Bornelh, *Sämtliche Lieder*, ed. Adolf Kolsen, 2 vols. (Halle, 1910); Guilhem de Cabestanh, *Les chansons*, ed. Arthur Långfors (Paris, 1924); Guillaume IX d'Aquitaine, *Les chansons*, ed. Alfred Jeanroy, 2d rev. ed. (Paris, 1964); Jaufré Rudel, *Les chansons*, ed. Alfred Jeanroy, 2d rev. ed., (Paris, 1965); Marcabru, *Poésies complètes*, ed. Jean-Marie Dejeanne (Toulouse, 1909); Peire d'Alvernha, *Liriche*, ed., Alberto del Monte (Turin, 1955); Peire Vidal, *Poesie*, ed. D'Arco Silvio Avalle (Milan, 1960); Raimbaut d'Orange, *The Life and Works*, ed. Walter T. Pattison (Minneapolis, 1952).

[3]Especially in the following works: Robert Guiette, "D'une poésie formelle en France au moyen âge," *Revue de Sciences Humaines* 54 (1949), 61-68; Roger Dragonetti, *La technique poétique des trouvères dans la chanson courtoise* (Brugge, 1960); Paul Zumthor, *Essai de poétique médiévale* (Paris, 1972); Pierre Bec, *Nouvelle anthologie de la lyrique occitane du moyen âge*, 2d ed. (Avignon, 1972), Introduction.

[4]*European Literature and the Latin Middle Ages*, trans. from German by Willard R. Trask, (1953; Princeton, 1973), p. 183.

[5]For the concept of "descriptive system" in poetic analysis, see Michael Riffaterre, *Semiotics of Poetry* (Bloomington and London, 1978), p. 39 and passim.

[6]A number of explanations are called for by some specific cases counted in the table. The double numbers refer to texts whose *canzo* character is somewhat doubtful; they are generally early texts. At times, there is transition from the positive variant of an element to the negative and vice-versa; the human element may appear in both the "hope" and the "frustration" variants in the same context. Three texts by Bernard de Ventadorn do not have an explicit notation of time (X, XXIII, and XXXIV in Lazar's edition). However, the presence of the word "rossinhol" in each makes me consider the seasonal *exordium* as actualized, since "rossinhol" functions as a metonym for "spring" in many contexts in the corpus. The same phenomenon occurs in one text by Arnaut Daniel (XII, in Toja's edition), and in one text by Raimbaut (VIII, in Pattison's edition).

[7]For a similar mechanism see also Bernard de Ventadorn, XLII, "Can lo boschatges es floritz," stanza I.

[8]For a similar example of vegetal metaphor see also Raimbaut d'Aurenga's poem XIII, "Er quant s'embla·l foill del fraisse," 1-8.

[9]See, for an explicit allusion to "les artz d'escola," this poet's text XVI, "Ans

qe·l cim reston de branchas" (stanza I).

[10]For an extensive analysis of this poem, see my "Topic and Tropeic: Two Types of Syntagmatic Development in the Old Provençal *Canzo*," *L'Esprit Créateur* 4 (1979), in particular 63-68. There are other examples of metaphors of this type in Peire d'Alvernha, VI, VII, and XV; Giraut de Bornelh, XXVI and XXIX (in stanza II); Bernart de Ventadorn, VII; Arnaut Daniel, III (especially stanza II), etc.

[11](Paris, 1974), I, 62-63.

[12]For additional examples, see also Peire Vidal, XXIII; Bertran de Born, XXIII; Bernart de Ventadorn, VI and XXIV; Raimbaut d'Aurenga, IX and XXVII, etc.

[13]See, for other examples, Jaufré Rudel, III; Bernart de Ventadorn, VI, XX, and XXIV; Raimbaut d'Aurenga, IX and XXXV; Arnaut Daniel, V and VIII; Guilhem de Cabestanh, III and VII; Marcabru, XIII, etc.

[14]Additional examples of this type can be found in Bernart de Ventadorn, XVII; Peire Vidal, VII; Giraut de Bornelh, XVIII; Jaufré Rudel, V, etc.

[15]Other instances of this type are to be found in Cercamon, III; Jaufré Rudel, IV; Bernart de Ventadorn, XIII and XIX; Raimbaut d'Aurenga, XIII, XIV, and XXXIX, etc.

[16]For additional instances, see Cercamon, I; Arnaut Daniel, IX: Bernart de Ventadorn, XXXVIII; Raimbaut d'Aurenga, X, etc.

[17]For some statistical data concerning types of *exordia* in four trouvères (Le Chastelain de Coucy, Conon de Béthune, Blondel de Nesle and Thibaut de Champagne) see Eliza Miruna Ghil, "The Canzo: Structural Study of a Poetic Genre" (diss. Columbia Univ., 1978), pp. 223-27.

“Ben feira chanso” (PC 194,3)

Marc-René Jung

La chanson “Ben feira chanso” de Gui d’Ussel a été célèbre. Elle nous a été conservée, en entier ou en partie, par seize manuscrits; quelques vers sont en outre cités dans la rédaction du ms. N[2] de la *vida* de Bernart de Ventadour ainsi que dans le *Maldit bendit* de Cerveri de Girona. De nos jours, elle a été mise en vedette dans les différentes éditions de l’*Anthologie* bien connue de Pierre Bec, qui la cite comme exemple de la chanson courtoise[1].

La pièce, écrite probablement vers la fin du XIIe siècle, ne semble avoir rien d’extraordinaire. Production “moyenne” (non pas “médiocre”!), elle paraît répondre à ce que le public du XIIIe siècle attend d’une chanson troubadouresque. La lecture commentée que nous proposons ici, demanderait au fond un exposé oral, qui seul permet les fréquentes citations et re-citations, dans l’horizontale et dans la verticale, qu’exige une démonstration en règle. Nous prions donc le lecteur bénévole de cet exposé écrit de bien vouloir suppléer par sa propre imagination à la sécheresse de notre texte.

I

Ben feira chanzos plus soven,
Mas enoja·m tot jorn a dire
Q’eu plang per amor e sospire,
Qar o sabon tuit dir comunalmen;
Per q’eu volgra motz nous ab son plasen,
Mas re no trob q’autra vez dit no sia.
De cal gisa·us pregarai doncs, amia?
Aqo meteis dirai d’autre semblan,
Q’aisi farai senblar novel mon chan.

II

Amada vos ai lonjamen,
Et enqer non ai cor qe·m vire,
Donc, si per so·m volez aucire,
No n'aurez ges de bon razonamen;
Anz sapchaz ben c'a major failimen
Vos er tengut q'ad autra no seria,
C'usatges es, et a durat mant dia,
Q'om blasma plus, qan fail, cel qe val tan,
Qe dels malvatz no s'o ten hom a dan.

III

Dompna, ben sai certanamen
Q'el mon non posc mais dompn'eslire
Don qalsqe bes no si'a dire,
O q'om pensan no formes plus valen;
Mas vos passatz sobre tot pensamen
Et atresi dic vos q'om non poiria
Pensar amor qi fos pars a la mia.
Sitot non posc aver valor tan gran,
Endreit d'amor, sivals no·i a engan!

IV

Esters, sol q'a vos estes gen,
No·i trob razo, qan m'o consire,
Qe, si·m faz mal, qe ja·m n'azire,
Tant gent lo·m faitz, ses far adiramen,
Ab bel senblan et ab acoillimen
Que·m remembra mos fols cors tuta via,
On plus mos sens m'en blasm'e m'en chastia,
Mas non sai cum s'eschai de fin aman
Qe·l sens no·i a poder contra·l talan.

V

Dompn'ab un baisar solamen
Agr'eu tot cant voil e desire,
E prometetz lo·m e no·us tire,
Sivals per mal de l'enojosa gen,
Q'aurian dol, si·m vezian jauzen,
E per amor dels adreitz, cui plairia,
Qar engalmen s'atang a cortesia
Q'om fass' enoi als enojos qe·l fan
Et als adrecs fassa tot qant voldran.

VI

Ves Albuzo, chanzos, ten tost ta via
A la meillor fors una q'el mon sia;
Q'en leis pot hom apenre cosi·s fan
Jois e solatz ab gai cors benestan.

Une première lecture fait déjà ressortir que le chanoine Gui d'Ussel ne s'est pas abandonné à quelque effusion lyrique, mais qu'il procède par argumentation logique: *mas* 2, *qar* 4, *mas* 6, *donc* 12, *razonamen* 13, *que* [= car] et *usatges* 16, *mas* 23, *atressi* 24, *sitot* 26, *sivals* 27, *esters* 28, *mas* 35, *sivals* 40, *qar* 43, *que* [= car] 48. De quoi veut-il nous convaincre?

La première strophe énonce une idée fort simple: tout est dit[2]. Le conditionnel de l'incipit, "ben feira", montre qu'une condition, qui est un obstacle, préexiste à la *canso*. Ce qui préexiste, ce sont d'autres *cansos*, d'autres textes; chaque *canso* est conditionnée par les *cansos* antérieures; chaque texte s'insère dans un contexte. Si toute *re* a été dite, il s'agit de trouver une nouvelle *gisa*. La *canso* sera ainsi une *variatio* sur un thème donné, à savoir la plainte et la requête amoureuses. Or la strophe, ouverte sur un conditionnel, se termine sur trois futurs: *pregarai*, *dirai*, *farai* - requête, dire, faire. Le faire sera le dire, et le dire sera la requête. L'un ne va pas sans l'autre. La réponse à l'attente créée par ces trois futurs sera la chanson elle-même. Rien en dehors.

Ce dire/faire/*pregar* s'insère dans le triangle formé par le moi du poète, les autres troubadours (*tuit*) et un *vos*: exposition parfaite de la situation, dans laquelle s'insère la *canso* troubadouresque. Les strophes suivantes en formeront le commentaire: les *tuit* sont les concurrents, tandis que le *vos amia* est la *dompna* (strophes III et V), centre autour duquel gravitent le *eu* et les *tuit*.

Or, avant que le *vos* soit déterminé, dans la troisième strophe, par le terme *dompna*, le rapport social se précise dans la deuxième strophe, où la gravité du problème est soulignée par le verbe *aucire*. Aucune excuse (*razonamen* 13) ne pourra justifier la "mort" du poète. Il est évident que la *fin'amors* procède d'une optique masculine. Ainsi le long et fidèle service amoureux (*amada vos ai longamen* 10) n'est pas gratuit: il oblige la dame, qui est jugée par le monde courtois, évoqué, d'une façon allusive et pourtant claire, dans la tournure impersonnelle du vers 15, *vos er tengut*, et par le terme *usatge* 16, qui fait allusion à un système de valeurs, une éthique, un code. Des trois "personnes" citées tout à l'heure, le *tuit* paraît ambigu, car si, dans la première strophe, il désigne les concurrents, tous ceux qui "trouvent", il englobe, dans la deuxième strophe, tous ceux qui sont habilités à porter un jugement dans le monde de la cour, le *dominus* inclus. Quoi qu'il en soit, le moi du poète ne se trouve pas seul avec sa dame, mais vit à l'intérieur d'un système de valeurs sanctionné par le groupe courtois. La deuxième strophe nous parle donc de la dimension sociale de la *fin'amors*. L'opposition entre les bons et les mauvais, entre *cel que val tan* 17 et les *malvatz* 18, est soulignée par le caractère de sentence qu'ont les trois derniers vers de la strophe: "Car c'est l'usage...". Le problème est seulement que les *malvatz* fréquentent les mêmes cours que le "in-group".

La troisième strophe établit les rapports entre le poète et la *dompna*. Ici apparaît un des termes-clés de la *fin'amors*, le verbe *eslire* 20. L'amour n'est pas une passion déclenchée par un coup de foudre, mais procède d'un choix, d'une élection déterminée par la *valor* de la dame. Or, ici, Gui d'Ussel est vraiment très fort. La dame pleine de valeur peut être soit un bien objectif (*don qalsqe bes no si'a dire* 21), soit un produit de l'imagination (*O q'om pensan no formes plus valen* 22): chacun est libre de parer sa belle de toutes les vertus imaginables; à défaut de *qalsqe bes*, la fantaisie de l'homme ne manquera pas de trouver des charmes secrets. Mais exactement au milieu de la chanson, Gui d'Ussel met ce vers:

Mas vos passatz sobre tot pensamen.
(v. 23)[3]

C'est le pivot de la chanson et c'est le centre de la *fin' amors*, le point où tout ce qui peut sembler procéder d'une fantaisie subjective se transforme en valeur objective, absolue. C'est le point qui se dérobe à l'argumentation logique. Or, mystérieusement, l'amour du poète participe de cette objectivité. On peut même dire que l'objectivité de la *valor* de la dame est identique à l'amour du poète. Il n'y a pas de différence entre *pensar valor* et *pensar amor*. Toutefois, le poète avoue qu'il y a un manque de *valor* du côté de l'homme. Alors? Alors l'amour du poète lui permettra de s'élever au niveau de la *valor* de la dame. "Das Ewig-Weibliche zieht uns hinan". Or, si la *domina* est une valeur objective soustraite aux contingences, le "Ewig-Weibliche" décharne la femme pour en faire une idole. On l'adore ou on la brûle.

Nous touchons ici à un point délicat de l'interprétation de la poésie des troubadours. Est-il licite de parler de l'éternel féminin, donc d'une valeur a-historique? Ne faudrait-il pas tenir compte aussi bien de l'époque et de la personnalité du poète? Dans la fameuse chanson "Si be·m partetz, mala dompna, de vos" (PC 194,19), que la *razo* appelle *mala canso*, Gui d'Ussel brûlera l'idole et n'hésitera pas à s'écrier:

Mala dompna, faich m'avetz enojos.
(v. 25)

Ce qui, pris dans une chanson isolée, peut sembler une valeur absolue et éternelle, devient une valeur relative dès que l'on prend en considération l'ensemble d'un *corpus* en tant que système, où chaque pièce est en relation avec les autres pièces. Si nous tenons compte du fait que Gui d'Ussel peut partir en guerre contre la *mala dompna* dans PC 194,19, nous devons modifier notre interprétation de la chanson "Ben feira". Certes, le mouvement ascensionnel qui culmine dans le vers central 23 est indéniable, mais la deuxième strophe, avec son insistance sur l'*usatges*, nous montre que la dame qui dépasse toute imagination est liée par la *convenientia*[4]. La vertu, qui semble au premier abord absolue, n'est que relative et doit s'accommoder de certaines conditions. Le conditionnel de l'incipit ne concerne non seulement la relation de la chanson de Gui d'Ussel avec les chansons des autres troubadours, mais aussi celle du poète avec sa dame.

Reprenons le fil de l'exposé. La quatrième strophe tire les conclusions de ce qui a été dit dans les strophes précédentes. Au début, Gui d'Ussel a affirmé sa détermination de ne pas faire ce qu'un chacun fait habituellement, à savoir exhaler des soupirs, aussi la chanson ne contient-elle point de plainte amoureuse - au contraire, le poète accepte dans la quatrième strophe le mal d'amour de bon gré ("si·m faz mal, qe ja·m n'azire" 30). Le *enojar* du début semblerait ainsi "liquidé" [rapport str. I et IV], s'il ne restait la nouvelle *gisa* de la requête amoureuse. Celle-ci n'apparaîtra que dans la cinquième strophe. Si, dans la deuxième strophe [II et IV], l'opposition entre les bons et les mauvais concernait le contexte social, qui conditionne aussi le *razonamen* de la dame, les oppositions de la quatrième strophe se situent sur le plan individuel. Ici, c'est le poète qui ne trouve pas de *razo* 29 pour ne pas accepter le doux *mal* d'amour; ici, l'opposition, rattachée au *fin aman* 35, est celle entre *cors* 33/*talan* 36 et *sens* 36[5]. Or, puisque la dame vient d'être élevée sur un piédestal [rapport str. III et IV], le *cors* ne peut être qu'un *fols cors*. Aimer est une folie.

La cinquième strophe propose une solution à cette situation, apparemment désespérée. Le poète demande à la dame de lui promettre un baiser, un seul[6],

> sivals per mal de l'enojosa gen.
> (v. 40)

Le *mal* d'amour 30 devient supportable grâce au *mal* 40 qu'on fera aux autres. Ces autres, c'est l'*enojosa gen*, l'obstacle majeur. Le *dol* 41 des concurrents sera la source du *joi* (*jauzen* 41) du poète. Au commencement de la chanson, le poète a parlé de son "ennui" (*enoja·m* 2). Or, la fin nous montre que la chanson est faite *per mal de l'enojosa gen*. Le but, c'est la promesse officielle, devant tout le monde, pour faire enrager les fâcheux. La "liquidation" du manque initial serait possible grâce au transfert de l'*enueg*, du poète aux concurrents. Qu'il s'agisse là non pas d'un voeu personnel de l'auteur, mais bien d'une norme objective, est souligné par la sentence qui termine la strophe:

> Qar engalmen s'atang a cortesia
> Q'om fass'enoi als enojos qe·l fan
> Et als adrecs fassa tot qant voldran[7].
> (vv. 43-45)

On notera que dans cette sentence apparaît le mot-clé *cortesia*, norme objective qui règle le style de vie d'une collectivité, celle de la cour. S'il est impossible de chasser les *lauzengiers* de cette cour, que l'on accepte du moins les règles de la courtoisie, établies en faveur des *adrecs* et au détriment de ceux qui, par définition, demeurent les *enojos*[8].

Dans la tornada, *chansos* 46 se trouve en apostrophe. En effet, ce qui, dans la première strophe, a été présenté sur le mode du futur (*pregarai, dirai, farai*), s'est réalisé dans la chanson même. La chanson est la seule chose qui existe vraiment[9]. La tornada évoque, comme la plupart des tornadas de la génération de Gui d'Ussel, deux destinataires, deux femmes. La première est la *una* 47, la dame qui est l'objet du *pregar*, tandis que la deuxième est la dame d'Aubusson, à qui la chanson rendra hommage. Les deux plans "amour" et "hommage" sont ici séparés. Dans son voyage vers Aubusson, de château en château, la chanson, tout en gardant le secret du nom de la *una*, dira à tous et à toutes ce qui *s'atang a cortesia*.

La chanson "Ben feira" apparaît ainsi comme un exposé limpide des conditions de la création d'une chanson courtoise. Je propose le résumé schématique suivant:

I	-Les conditions du *dire* dans le monde courtois, qui comprend le *eu*, le *tuit* et le *vos*.
II	-Le rapport amoureux de *eu* avec le *vos*, qui doit se plier à l'*usatge*.
III	-Plan individuel: le rapport entre *amor* et *valor*, tous deux au-dessus de toute imagination (valeur absolue).
IV	-Plan individuel: acceptation du *mal*; reconnaissance de la folie amoureuse.
V	-Plan social: les conditions qui permettraient de faire du *mal* aux tiers.
Tornada:	Hommage amoureux pour la *una*; hommage social pour une dame identifiable.

Il faudrait maintenant replacer la chanson de Gui d'Ussel dans le contexte littéraire de son époque. Projet ambitieux, que nous n'avons pas encore pu réaliser d'une manière satisfaisante. Ce qui nous a frappé, c'est qu'un grand nombre de pièces est placé sous le signe du conditionnel soit dans l'incipit même, soit dans les premiers vers de la première strophe. Or, ces incipit (au sens large) sont pratiquement absents avant les années 1175/1185, mais ils se multiplient entre 1180 et 1220. Ils se présentent sous trois formes:

1°	Avec *si*: s'ieu fos, si pogues, s'ieu agues, s'ieu conogues, si us plagues.
2°	Avec *ben*: ben volgra, ben fora, ben feira, be·m plairia.
3°	Avec *aver ops*: ops m'agra, era m'agr'ops.

Dans la plupart des cas, ce conditionnel est suivi soit d'un *car*, qui a une fonction explicative, soit d'un *mas*, qui introduit une opposition, en général avec la "réalité".

C'est comme si, à l'époque, le chant n'allait plus de soi, comme si la tradition commençait à peser, ou que la "réalité" n'offrait plus les mêmes conditions pour la création. La tendance à la réflexion s'accentue; on s'interroge sur ce qui a été écrit et sur les possibilités de son propre *trobar*. Les moments du chant, célébration de l'instant, semblent se faire de plus en plus rares. On se met à raisonner. Ce n'est pas encore le récit pur, mais le chant s'est transformé. Gui d'Ussel en est un exemple, et le public du XIIIe siècle s'est reconnu en lui.

Notes

[1]Nous citerons d'après l'édition Jean Audiau, *Les poésies des quatre troubadours d'Ussel* (Paris, 1922). Les anthologies de Pierre Bec sont les suivantes: *Petite anthologie de la lyrique occitane du moyen âge*, 4e éd. (Avignon, 1966); *Nouvelle anthologie de la lyrique occitane du moyen âge* (Avignon, 1972); *Anthologie des troubadours* (Paris, 1979).

[2]"Tout est dit, et l'on vient trop tard depuis plus de sept mille ans qu'il y a des hommes et qui pensent", écrira La Bruyère, au début de ses *Caractères*. Guilhem de Montanhagol, PC 225,7, prendra le contre-pied de l'affirmation de Gui d'Ussel:

Non an tan dig li primier trobador
ni fag d'amor,
lai el temps qu'era guays,
qu'enquera nos no fassam apres lor
chans de valor,
nous, plazens e verais.
Quar dir pot hom so qu'estat dig no sia
qu'estiers non es trobaires bos ni fis
tro fai sos chans guays, nous e gent assis,
ab noels digx de nova maestria.

Éd. Peter T. Ricketts (Toronto, 1964), p. 84. Le *dig no sia* du vers 7 reprend évidemment la fin du vers 6 de Gui d'Ussel.

[3]En faisant abstraction de la *tornada*, ce vers se trouve au milieu de la chanson, qui compte 45 vers.

[4]Pour la *mala canso* et la *mala domna*, voir Dietmar Rieger, "Bona domna und mala domna. Zum 'roman d'amour' des Trobadors Uc de Saint-Circ", *Vox Romanica* 31 (1972), 76-91; du même, *Gattungen und Gattungsbezeichnungen der Trobadorlyrik* (Tübingen, 1976), pp. 305-18. Pour la *convenientia*, voir la mise au point d'E. Magnou-Nortier, "La foi et les convenientiae. Enquête lexicographique et interprétation sociale", dans *"Littérature et société au moyen âge" : Actes du colloque des 5 et 6 mai 1978*, éd. Danielle Buschinger (Amiens, 1978), pp. 249-62.

[5]Audiau et Bec traduisent *talan* par "sentiment". Mais il s'agit du désir, qui est

en relation avec la volonté; cf. le verbe vouloir du vers 45, à la rime et dans la même position que *talan* 36: "Et als adrecs fassa tot qant voldran". Ce sont les vers 35-36 qui sont cités dans la *vida* de Bernart de Ventadour.

[6]Le verbe "promettre" du vers 39 reflète une coutume féodale du Midi. "Entre le Nord et le Midi il existe, dans les pratiques féodales, des différences profondes que les troubadours traduisent presque inconsciemment. Plus que sur le fief, la société méridionale est fondée sur la promesse", selon Paul Ourliac, "Troubadours et juristes", *Cahiers de Civilisation Médiévale* 8 (1965), 164.

[7]Ces vers sont cités dans le *maldit bendit* de Cerveri de Girona, éd. Martín de Riquer (Barcelona, 1947), p. 329, vv. 522-24.

[8]La preuve que l'*enojos* est intégré dans le monde courtois, c'est que Gui d'Ussel peut lui-même entrer dans cette catégorie. Cf. PC 194,19 cité ci-dessus.

[9]Il s'agit de s'entendre. La chanson est le lieu où *s'articulent* les tensions créatrices inhérentes au monde courtois. Ne possédant que les textes, nous ignorerons probablement toujours à quel niveau "existait" la *cortesia* dans le monde vécu.

La conception de la *fin'amor* chez quelques troubadours

Jean Larmat

La *fin'amor*, on le sait depuis longtemps, est une conception de l'amour où s'unissent dans des proportions variables l'éthique et l'esthétique, l'art d'aimer l'emportant souvent sur les préoccupations morales qui servent parfois d'alibi et le souci de composer une *canso* sans défaut comptant plus que tout le reste. En tout cas, l'amour courtois devient un des principaux sujets de la littérature en langue vulgaire dès le début du XIIe siècle dans le Midi. Il conquiert le Nord peu après le milieu du siècle et suscite d'innombrables exégèses. Les commandements d'Amour, ses lois et ses règles sont étudiés et discutés dans les cours, si l'on en croit le *De arte amandi*[1]. Il existe déjà des dogmes de la nouvelle religion, mais leur interprétation n'est pas universellement admise, si bien que naissent une casuistique et, sans doute, des opinions hérétiques. La prudence s'impose donc quand il s'agit de définir la *fin'amor*. C'est ainsi que la seigneurie de la dame se voit mise en question, niée l'incompatibilité de la *fin'amor* et du mariage, effacée la distinction entre amour courtois et amour chevaleresque, trois points qu'il est possible d'examiner chez les troubadours d'Ussel[2] et dans *Flamenca*[3].

Fin'amor et amour courtois

Commençons par une remarque lexicologique. Le terme "amour courtois" daterait de la fin du XIXe siècle (il aurait été créé par Gaston Paris)[4], tandis que, dans les pays d'oc, l'expression *fin'amor* désignait, dès l'aube du XIIe siècle, le sentiment raffiné que décrivent et analysent les *cansos*, plus tard les romans. C'est du moins ce qu'ont cru longtemps historiens et critiques. Cependant, en 1953, Alexander Joseph Denomy signalait comme un hapax *cortes'amours* chez Peire d'Alvernha[5], et D. W. Robertson[6] relevait dix ans plus tard *amor cortes* dans *Flamenca* (v. 1197). L'héroine du roman est parfaitement courtoise et ne saurait s'intéresser à une conduite qui ne présenterait pas tous les caractères de la *cortezia*, mais son mari craint qu'elle ne soit sensible à la comédie jouée par un garçon sans scrupules, qui ignorerait même ce qu'est l'amour ("E non sabra d'amor ques es", v. 1198), nom qui prend une force nouvelle de n'être accompagné d'aucune épithète. Comme la *cortezia* existe indépendamment de l'amour, ceux qui fréquentent les cours peuvent acquérir les règles et usages de ce savoir-vivre aristocratique et faire de l'amour un jeu trompeur. Pour Archambault, *amor cortes* désignerait donc un état moins intérieur, un sentiment moins profond que *fin'amor*. Les deux termes ne seraient pas vraiment synonymes[7]. Une dernière remarque: Paul Zumthor regarde *fin'amor* comme un terme quasi technique[8]; en revanche, Ursula Liebertz-Grün fait observer que *fin'* n'est qu'une épithète parmi d'autres[9]. Il est vrai qu'elle a chez les troubadours plus de faveur que les autres qualificatifs d'*amor*.

La seigneurie de la dame

Si l'on est en droit de se fonder sur les témoignages littéraires, "le deuxième âge féodal" ne fut pas seulement caractérisé par des transformations économiques. A la fin du XIe siècle ou au début du XIIe, une nouvelle morale, la courtoisie, s'imposa dans l'aristocratie comme la seule façon de se conduire noblement. Jusqu'alors, une civilisation plus rude mettait la femme sous la dépendance de l'homme, la religion la présentait comme inférieure: "L'homme est le chef de la femme"[10], avait dit saint Paul, parce qu'il a été créé le premier et parce que la femme, être faible, est responsable de la Chute. Désormais, le chevalier devait se considérer comme favorisé si la dame qu'il aimait n'était pas tout à fait insensible. Pendant longtemps, il n'osait avouer sa passion, restant un humble *fenhedor*; puis, s'enhardissant jusqu'à se déclarer, il devenait suppliant, *precador*. Partagé entre le désir et l'angoisse, il souhaitait être agréé comme *entendedor* et, bonheur merveilleux, recevoir le baiser rituel de l'hommage, devenir le *drut*, l'ami de sa Dame[11]. La *fin'amor* donnait aux rapports amoureux entre la *dompna* et son chevalier la nature et les obligations des liens qui existent entre le seigneur et son vassal. Dans une analyse lumineuse, Rita Lejeune a démontré[12] que Guillaume IX d'Aquitaine fut le premier à transposer dans le domaine de l'amour le vocabulaire et les images de l'organisation féodale. Les troubadours de "la troisième génération"[13] reprirent et prodiguèrent les formules du vasselage amoureux, qui devint un lieu commun. Mais l'hommage féodal liait pour la vie; il n'était rompu que pour des manquements graves aux devoirs chevaleresques. Le vasselage amoureux lie-t-il, lui aussi, définitivement? La *tenso* entre Gui d'Ussel et Marie de Ventadour, "Gui d'Ussel, be·m pesa de vos"[14], révèle qu'au début du XIIIe siècle, le principe de base qui fait de la dame à jamais le seigneur du chevalier n'est pas encore universellement reconnu.

La question est de savoir si la subordination de l'homme à la femme est irrévocable ou doit cesser à partir du moment où la dame a fait de l'amoureux son *drut*. C'est la *trobairitz* qui la pose. Pour Gui d'Ussel, les obligations de la *dompna* et du *drut* sont les mêmes, parce qu'entre deux amis, il ne doit pas y avoir de supérieur, l'amitié supprimant l'inégalité initiale. Non, répond Marie, il arrive certes que la dame ne commande pas toujours, que l'ami ordonne à son tour; mais, si la dame doit honorer son *drut*, c'est comme ami et non comme seigneur, tandis que lui doit considérer que son amie reste sa dame. Le dialogue se poursuit, sans espoir de solution, entre deux conceptions fondamentalement opposées. Pour Gui, les conventions s'abolissent quand le sentiment est partagé. Marie proteste: puisque le *precador* a prodigué les protestations d'obéissance et, mains jointes et à genoux, a promis de servir sa dame en vassal, on peut le regarder comme un traître s'il prétend ensuite devenir son égal. Gui d'Ussel ne se laisse pas convaincre. Et la *tenso* s'achève sur un constat de désaccord, des arguments de juriste et des raisons de psychologue se trouvant incompatibles. Marie de Ventadour se conforme au code courtois quand elle refuse d'envisager un amour partagé où l'amant ne continue pas d'être serviteur de la dame, mais la conception de Gui d'Ussel se trouve illustrée dans le roman de *Flamenca*.

Le jeune chevalier Guillaume de Nevers s'est épris de Flamenca, fille du comte de Namur et femme du seigneur de Bourbon-l'Archambaut, despotique et jaloux. Son charme agit très vite; elle se met à l'aimer, bien qu'elle ignore tout de lui. L'amour qu'éprouve Guillaume est la *fin'amor*, terme qui revient comme un leitmotiv. Son attitude est d'abord d'adoration; il emploie couramment *midons*[15] pour désigner sa dame; il supplie Flamenca de l'agréer pour serviteur (vv. 2806-12): la seule grâce qu'il demande est de la voir et de lui parler (vv. 2827-28); agenouillé, il lui dit son admiration et fait son éloge (vv. 2806-12); il lui déclare qu'il est son "homme lige" et son serf (vv. 2845). Flamenca hésite au moment de s'engager avec un inconnu, mais Amour et Merci l'emportent. Elle décide alors de ne pas exiger une trop longue patience de son *precador*: elle se rendrait méprisable à trop faire attendre ce parfait amoureux courtois. Elle pense que son devoir est de tout accorder sans réserve, car elle ne se reconnaît aucune autorité sur Guillaume. Comme le veut Gui d'Ussel, une fois que le chevalier et la dame ont fait "un cor de dos", la hiérarchie disparaît.

La *tenso* présente un conflit essentiel qui dévoile la fragilité du vasselage amoureux. L'attitude du troubadour s'explique sans doute, en fin de compte, par l'orgueil masculin qui souffre d'avoir dû s'humilier pour conquérir la femme et qui, aspirant, inconsciemment peut-être, à prendre sa revanche, réclame au moins l'égalité. Les siècles suivants le firent voir. Dans le *Roman de la Rose*, Jean de Meun[16] n'admet ni seigneur ni maître dans le couple. La courtoisie survivra au moyen âge, mais, en dehors des conventions de la politesse mondaine, la seigneurie de la femme durera rarement au-delà de la quête amoureuse. Pas de meilleur document que l'*Heptaméron* à cet égard[17]. Les "devisantes" constatent que les hommes les traitent en idoles jusqu'à ce qu'elles cèdent; après quoi, ils se comportent en maîtres. L'un d'eux, Saffredent, le reconnaît volontiers, non sans satisfaction. Au XVIIe siècle, les vers célèbres de Pauline dans *Polyeucte*[18] formulent la plainte de générations de femmes: elles avaient pu croire sincère l'homme qui se disait leur chevalier servant et découvraient que ses serments étaient un piège, qu'il restait persuadé de sa supériorité. D'ailleurs, à en croire les *Vidas*, le premier et le plus illustre des troubadours ne fut-il pas le plus grand "trichador de dompnas" de son temps?

Fin'amor et mariage

"Le véritable amour peut-il exister entre époux?" fut la question posée à la comtesse de Champagne et à la reine de France, nous dit André le Chapelain, qui donne la réponse de la reine: "Nous n'osons pas nous opposer à l'arrêt de la comtesse de Champagne qui a décidé, dans son jugement, que l'amour n'a aucun pouvoir entre époux"[19]. Le plus curieux dans ce jugement est que l'époux dont il est question a été l'amant. La reine de France se prononce donc au prix d'une casuistique condamnable (à moins qu'elle ne respecte trop scrupuleusement un principe de la *fin'amor*), car la règle qu'elle invoque ne peut s'appliquer au cas considéré. Dans le *De arte amandi*, Ermengarde de Narbonne refuse de prendre parti sur ce point[20], tandis que Marie de Champagne s'était clairement expliquée: "Les amants en effet s'accordent mutuellement toutes choses gratuitement, sans qu'aucune obligation les pousse. Les époux, au contraire, sont tenus par devoir d'obéir réciproquement à leurs volontés et ne peuvent en aucune façon se refuser l'un à l'autre"[21]. L'argumentation paraît irréfutable, les époux ayant abdiqué leur liberté pour se soumettre aux prescriptions du droit canon, lui-même fondé sur la parole évangélique. La comtesse de Champagne oublie-t-elle que le contrat vassalique lie pour la vie et implique des obligations réciproques? Il est plus probable qu'elle pensait à la différence radicale qui existe entre l'amour courtois et l'amour conjugal: au départ, les époux, le plus souvent dans la noblesse, ne s'étaient pas choisis; leur mariage avait été décidé par leurs parents. Ils devaient cependant se chérir, et la femme devait respect et obéissance à son mari[22]. En revanche, l'amoureux courtois s'éprenait d'une dame pour sa valeur, pour sa beauté, pour ses vertus, et elle était libre d'agréer ou de repousser son amour. Si elle le mettait à l'épreuve et l'acceptait, son ami lui devait respect et obéissance. A y regarder de près, ce n'est pas tellement la nature - religieuse ou sentimentale - du lien qui compte, mais son origine. Dans ces conditions, la *tenso* entre Elias et Gui d'Ussel, "Ara·m digatz vostre semblan"[23], prend beaucoup d'intérêt, puisqu'elle conteste le bien-fondé d'un des axiomes de la *fin' amor*, que défend Gui. La question concerne un "fin amant", le parfait ami du XVIe siècle, sincèrement épris d'une dame libre, veuve par conséquent, qui lui offre d'être sa femme ou sa maîtresse. Que doit-il désirer le plus, s'il veut se conformer aux lois d'Amour? Car c'est le noeud du problème: le choix doit être conforme aux règles de l'amour courtois. Les mots-clefs du lexique du nouveau savoir-aimer se trouvent rassemblés dans la première strophe: *fin amador*, *dreita razon d'amor*, *sidonz*, *drutz*. La réponse d'Elias repose sur la notion de fidélité et de sécurité. Il se regarde comme un "fin aman", aussi préfère-t-il garder toujours près de lui sa dame en l'épousant. En outre, il laisse entendre que les amours de druerie ne durent guère, autre indice que l'hommage amoureux n'avait pas le caractère presque sacré de l'engagement conclu entre le seigneur et son vassal. Gui réplique par un argument traditionnel: le meilleur choix est celui qui permet de s'améliorer. Or, "per dompna vai bos pretz enan, E per moiller pert hom valor", véritable maxime de la *fin' amor*, dont on retrouve l'application dans *Erec et Enide*, où le héros s'engourdit dans le confort du mariage, et dans le *Chevalier au lion*, où Gauvain décide Yvain à quitter pour un an Laudine qu'il vient d'épouser, en lui rappelant qu'il perdra son "prix" s'il renonce à l'aventure[24]. Mais, à l'aventure, Elias préfère la situation du mari qui reste l'amant de sa femme. Gui, quant à lui, refuse d'épouser sa dame par respect: "Que, s'ieu la pren e pois la blan, Non puosc far faillimen major", parce qu'un mari ne doit pas être l'amant de sa femme, souvenir possible de la morale chrétienne. Maint théologien en effet considérait alors comme un péché l'union charnelle des époux quand elle n'intervenait pas en vue de la procréation ou comme remède à la concupiscence[25]. Doublement coupable à ce prix, l'amour courtois, amour adultère[26]; mais le monde de la *fin' amor* était un monde à part, qui avait ses lois, comme le monde féodal avait les siennes, où la morale chrétienne n'avait pas sa place.

Débat fort intéressant, car la situation qu'il présente y est bien plus complexe que dans les mariages d'amour qui inaugurent certains romans ou y apportent une fin heureuse. Erec devient amoureux d'Enide parce qu'elle est jeune, belle et n'a rien de commun avec les dames ou les amies parées de la cour d'Arthur; elle s'éprend de lui parce qu'à ses yeux, il représente celui que les contes de fées nommeront le Prince charmant, un chevalier jeune, beau et valeureux. Laudine, jeune veuve éplorée, trouble Yvain et ne peut, de son côté, rester insensible à l'audace, à la prestance et à la valeur du vainqueur de son mari. Attrait surtout physique, où l'inhabituel joue un grand rôle; le temps n'a pas mis les sentiments à l'épreuve. Dans la *tenso*, l'amoureux et sa dame sont censés se connaître depuis longtemps. Le chevalier a certainement franchi les étapes qu'exige l'amour courtois, car il est un "fin amador"; il est devenu le *drut*. Et c'est alors que le choix lui est offert. Pour Elias, le mariage, loin de détruire l'amour, le fortifie en lui assurant la durée. Sa femme restera sa dame, *sidonz*, qu'il continuera d'adorer comme auparavant, son épouse et sa drue. Le mariage présente un autre avantage aux yeux d'Elias: il lui permet de conserver celle qu'il aime, "ses gardador, E ses parier e ses seignor", noms qui désignent le mari. Or, si l'on se reporte au code courtois, dont Marie de Ventadour défend la thèse dans sa *tenso* avec Gui d'Ussel, la druerie ne supprime pas l'inégalité initiale. Pour Elias, *seignor* ne désignerait-il pas aussi la *dompna* que reste la drue? Le mariage fournirait alors la solution idéale aux possibles querelles de préséances dans le couple: quand on épouse sa dame, tout en continuant de l'honorer et de la chérir, on devient son égal.

Hypothèse certes discutable. La *tenso* prouve en tout cas que des troubadours au XIIIe siècle ont estimé compatibles l'amour et le mariage. *Jaufré*, dont le héros et l'héroine sont courtois et qui met en scène les motifs de la *fin' amor*, s'achève par un mariage[27] qui offre de sérieuses garanties de bonheur, parce que l'absence a mis les sentiments à l'épreuve.

Fin' amor et amour chevaleresque

Flamenca montre à quel point peuvent se confondre amour courtois et amour chevaleresque, que distinguent nettement René Nelli et René Lavaud[28]. L'amour courtois s'établirait entre une femme mariée de la noblesse et un jeune homme d'un rang inférieur au sien, qui peut même être un vilain. Il serait sensuel, mais à peu près platonique: le *fenhedor* désire contempler la dame nue, la tenir dans ses bras; et les plus grandes faveurs qu'il reçoit se limiteraient à un baiser. On le voit souvent torturé par les rigueurs de sa dame, la suppliant de le prendre en pitié, près de mourir. Bien différent l'amour chevaleresque: l'homme et la femme y sont tous deux de haute naissance; il n'exclut pas le mariage. Pour mériter l'amour de sa dame, le chevalier doit se faire remarquer par ses prouesses[29]. Nelli et Lavaud admettent qu'un mélange était presque inévitable entre les deux doctrines. Chez les troubadours d'Ussel et dans *Flamenca*, presque toujours, elles se confondent.

Une des règles majeures de la *fin' amor* est bien le respect de la dame et l'obéissance à ses volontés. La gaillardise - voire la paillardise - de Guillaume IX d'Aquitaine, les violentes attaques de Marcabru contre les femmes ne sont pas les seules exceptions. Dans la *canso* "Si be·m partetz, mala domna, de vos"[30], toute trace de dévotion à la dame a disparu. Gui d'Ussel déclare que l'infidélité de la dame qu'il a servie ne le fera pas renoncer à sa gaieté; il traite de folle et de trompeuse la perfide et lui annonce qu'elle perdra bientôt sa beauté. Dans "Ja non cugei que·m desplaques amors"[31], il applique aux femmes l'opposition entre un passé honnête et un présent corrompu. Jadis, les femmes étaient fidèles; maintenant, elles sont volages, aiment à l'essai, sans se préoccuper de la noblesse de l'amoureux, changent souvent d'amant; le sentiment n'intervient même pas dans leur choix. Le troubadour regrette de voir dépréciées des qualités autrefois indispensables à l'amour "pretz, sens, largues' e honors, / Enseignamens, sabers e cortesia" (vv. 29-30). Cependant, dans plusieurs *cansos*, Gui exalte la dame aimée, dont le seul défaut est le manque de pitié, mais, qui, sans conteste, est "plus bell' e meillor"[32]. Dans aucun des poèmes de ce seigneur, il n'est fait allusion à des exploits guerriers accomplis pour mériter l'amour de la dame; Gui d'Ussel passe d'une courtoisie raffinée à un violent antiféminisme. Pas trace de courtoisie en revanche dans le conseil d'Elias d'Ussel à Aimeric[33] - dont l'hésitation est elle aussi révélatrice - sur une question qui ne devrait même pas se poser, les ordres de la dame ne pouvant se discuter. Aimeric confie que sa dame lui permet de passer une nuit avec elle, à condition qu'il se contente de la prendre dans ses bras et de lui donner des baisers. Doit-il s'abstenir d'aller au-delà pour ne pas trahir son serment ou se parjurer? Elias n'hésite pas. L'homme doit profiter d'une circonstance aussi favorable pour réaliser pleinement son désir; après quoi, il n'aura qu'à pleurer pour obtenir son pardon et à faire un pèlerinage pour expier le péché de parjure. Faut-il être surpris de cette étonnante stratégie amoureuse et religieuse? Elle n'est pas unique chez les troubadours[34]. Humaine, trop humaine, elle naît de l'égoïsme et de l'amour du plaisir; elle montre la fragilité du code courtois.

On s'est même demandé si les protestations de soumission à la dame sont sincères chez la plupart des troubadours. Devant le retour, dans des dizaines de *cansos*, des mêmes thèmes et des mêmes motifs, dont l'auteur devient anonyme, Robert Guiette a conclu que cette "poésie formelle"[35] était un travail d'artiste et non un cri du coeur. Ne mettons pas en doute la passion de Jaufré Rudel ou de Bernard de Ventadour. Nous savons tous que certains des plus beaux poèmes de Lamartine, de Hugo, de Musset, de Baudelaire s'inspirent d'une crise douloureuse de leur vie. Pourquoi n'en serait-il pas de même au XIIe et au XIIIe siècle? Mais la *fin'amor* devenait une mode. "On pouvait être troubadour au XIIe siècle aussi aisément qu'on peut être écrivain au XXe: riche ou non, on avait la possibilité de 'trouver' pour son plaisir, pour la gloire ou, plus prosaïquement, pour vivre"[36].

Dans *Flamenca* se rencontrent le souci de se conformer aux prescriptions de l'art d'aimer et une grande liberté à leur égard. Guillaume est le modèle du chevalier courtois. Aux qualités aristocratiques il ajoute la science du clerc; il a donc tout pour plaire, puisque la culture littéraire augmente la valeur d'un homme (vv. 4807-10). De son côté, Flamenca a toutes les vertus de la dame courtoise. La naissance de l'amour chez

Guillaume est éminemment courtoise puisque, autre Jaufré Rudel, il s'est épris de la jeune femme sur sa réputation. Il se dit vaincu par Amour, se fait le serviteur de Flamenca, qu'il considère comme sa dame. Il s'adresse à *Fin'amor* pour lui faire des reproches et lui demander ses faveurs. En rêve, il étreint sa dame; il soupire et s'oublie au point de perdre la conscience de soi devant la tour où son mari l'enferme; il considère comme un bonheur d'apercevoir sa petite bouche, puis d'entendre un mot d'elle en réponse à la parole qu'il a prononcée huit jours auparavant. Courtoisie!

En revanche, les héros sont de rang sensiblement égal; si l'un d'eux est de plus grande noblesse, c'est Guillaume, frère du comte de Nevers, cousin du roi d'Angleterre. Mais le jeune chevalier ne cherche pas à se couvrir de gloire afin de plaire à sa dame. Pour la voir, lui parler ou la rencontrer, il recourt uniquement à la ruse. Il se fait le clergeon du curé, revêt un habit presque monacal et fait creuser un souterrain entre sa chambre et les bains où doit se rendre sa bien-aimée. Ce n'est qu'après l'heureux dénouement de son aventure qu'il va chercher la gloire dans la guerre de Flandre et au tournoi de Bourbon-l'Archambaut.

Dans ce roman, à des traits de caractère courtois et chevaleresques s'unissent chez les héros des façons d'agir qui n'ont rien de courtois ni de chevaleresque, mais que l'auteur approuve manifestement sans réserve.

Cette brève enquête permet-elle de nuancer l'image classique de la *fin'amor?* L'amour courtois se différencie mal de l'amour chevaleresque; il admet parfois le mariage; il n'exclut pas l'égalité entre les amants ni la désobéissance aux volontés de la dame ni la satire des femmes. Ces conclusions, fondées sur les oeuvres de Gui d'Ussel et sur *Flamenca*, de nombreuses *cansos* et *tensos* les confirmeraient s'il en était besoin. Tous les troubadours ne conçoivent pas l'amour de la même façon. La liberté d'allure et l'insolence de Guillaume IX d'Aquitaine, de Marcabru, de Ramon de Miraval sont trop connues; mais le courtois Bernard de Ventadour renouvelle les griefs de l'antique misogynie; Raimbaut d'Orange, Peire Cardenal, Jaubert de Puycibot les reprennent et les développent, tandis que la comtesse de Die se plaint d'être trompée et trahie. La *fin'amor* purifie, dit-on, le désir et exalte la continence par amour, mais il arrive souvent qu'elle se contente de donner une expression élégante à un désir qui reste très concret, très charnel, que l'amoureux se résigne par force à la continence en attendant d'y renoncer, que, loin de la glorifier, il la déplore.

L'accord peut se faire sans peine sur l'ensemble de la doctrine courtoise, d'une religion qui, pendant deux siècles, ne compta ni ses zélateurs ni ses dévots; mais n'a-t-on pas le droit de signaler, parmi les troubadours, l'existence d'esprits indépendants à côté d'une majorité de fidèles?

Notes

[1]André le Chapelain, *Traité de l'amour courtois*. Introduction, traduction et notes de Claude Buridant (Paris, 1974).

[2]Jean Audiau, *Les poésies des quatre troubadours d'Ussel* (Paris, 1922).

[3]*Flamenca*, dans *Les Troubadours, Jaufré, Flamenca, Barlaam et Josaphat*, éd. René Nelli et René Lavaud (Bruges, 1960), texte et trad., pp. 621-1063, et *Le Roman de Flamenca, nouvelle occitane du XIII*[e] *siècle*, éd. Ulrich Gschwind, 2 vol. (Berne, 1976).

[4]Voir Paul Zumthor, *Le masque et la lumière: La poétique des grands rhétoriqueurs* (Paris, 1978), p. 9.

[5]Alexander Joseph Denomy, "Courtly Love and Courtliness", *Speculum* 28 (1953), 44-63; *Peire's von Auvergne Lieder*, éd. Rudolf Zenker (Erlangen, 1900), p. 124.

[6]D[urant] W. Robertson, *A Preface to Chaucer, Studies in Medieval Perspectives*, 2e éd. (Princeton, 1953), p. 453.

[7]Voir Jean Frappier, "Vues sur les conceptions courtoises dans les littératures d'oc et d'oïl au XIIe siècle", *Cahiers de Civilisation Médiévale* 2 (1959), 135-56, et Moshé Lazar, *Amour courtois et fin'amors dans les littératures du XII*[e] *siècle* (Paris, 1964).

[8]Paul Zumthor, *Essai de poétique médiévale* (Paris, 1972), p. 471.

[9]Ursula Leibertz-Grün, *Zur Soziologie des "amour courtois": Umrisse der Forschung* (Heidelberg, 1977), p. 139 n. 61. Il ne semble pas qu'on puisse rattacher à la courtoisie ou à l'amour courtois (voir D. W. Robertson, *Preface*, p. 453) le geste désinvolte et cavalier du roi de France qui met la main au sein de Flamenca ("Cais per vesadura privada", v. 939), "par habitude familière", non pas certes à la jeune femme, mais bien à lui, car il se permettait sans doute cette privauté avec mainte dame de la cour. Ce n'est pas manifestation de la "joie d'amour", mais d'une sensualité érotique très libre, qui fait d'ailleurs naître la jalousie de la reine et d'Archambault. On pourrait la rapprocher de la galanterie libertine de Conrad, parfaitement étudiée et caractérisée par Maurice Accarie, voir "Courtoisie et Fine amors dans le *Guillaume de Dole*", *Razo* 3 (1982), 5-16.

[10]Eph. 5:23-24 et 1 Tim. 2:13.

[11]Voir René Nelli, *L'érotique des troubadours* (Toulouse, 1963), pp. 159-83, et surtout, pp. 179-83.

[12]"Formules féodales et style amoureux chez Guillaume IX d'Aquitaine", dans VIII *Congresso Internationale di Studi Romanzi (Firenze, 3-9 Aprile 1956), Atti 2: Comunicazioni* (Florence, 1959), pp. 227-28, et "Littérature et société occitane au moyen âge", *Marche Romane*, hors série (Liège, 1979), pp. 103-20.

[13]Voir Silvio Pellegrini, "Intorno al vassalleggio d'amore nei primi trovatori", *Cultura Neolatina* 4-5 (1944-1945), 21-26, cité par Rita Lejeune, "Littérature", pp. 104 et 119 n. 52.

[14]Voir *Biographies des troubadours*, 2e éd., éd. Jean Boutière et Irénée-Marcel Cluzel (Paris, 1973), pp. 202-09.

[15]*Fin'amor*: vv. 2147, 2564, 2744, 5537, 5866, 6518, 6805, etc.; *sidons*:

vv.2519, 2803; *midons*: vv. 3356, 4051.

[16]Guillaume de Lorris et Jean de Meun, *Le Roman de la Rose*, éd. Félix Lecoy (Paris, 1965-1970), 2, vv. 8421-22:

onques amor et seigneurie
ne s'entrefirent compaignie

et 9395-97:

. . . sa fame
qui ne redoit pas estre dame,
mes sa pareille et sa compaigne.

[17]Marguerite de Navarre, "Dixiesme Nouvelle", dans *L'Heptaméron*, éd. Michel François (Paris, 1967), pp. 83-84, en particulier: "Mais, quant nous sommes à part, où amour seul est juge de noz contenances, nous sçavons très bien qu'elles sont femmes et nous hommes; et à l'heure, le nom de *maistresse* est converti en *amye*, et le nom de *serviteur* en *amy*".

[18]Corneille, *Polyeucte*, I, III:

Tant qu'ils ne sont qu'amants, nous sommes souveraines,
Et jusqu'à la conquête, ils nous traitent de reines,
Mais après l'hyménée, ils sont rois à leur tour.

[19]*Traité de l'amour courtois*, livre II, "Jugement XVII", p. 173.

[20]Ibid., p. 169, "Jugement IX".

[21]Ibid., p. 111-12; voir 1 Cor. 7:3-4.

[22]Voir Eph. 5:22-24.

[23]*Les poésies des quatre troubadours d'Ussel* (Paris, 1922), p. 69.

[24]Chrétien de Troyes, *Erec et Enide*, éd. Mario Roques (Paris, 1966), vv. 2430-571, et *Le Chevalier au lion*, éd. Mario Roques (Paris, 1960), vv. 2486-540. Voir aussi Maurice Accarie, "Faux mariage et vrai mariage dans les romans de Chrétien de Troyes", dans *Hommage à Jean Onimus* (Nice et Paris, 1979), pp. 25-35.

[25]*Dictionnaire de théologie catholique*, éd. Alfred Vacant et Eugène Mangenot, 9 (Paris, 1926), col. 2130, 2141, 2147, 2177-78, 2091-92.

[26]Chatelain et Denifle, *Chartularium Universitatis Parisiensis*, 1 (Paris, 1889), 543-58.

[27]*Les troubadours: Jaufré, Flamenca, Barlaam et Josaphat*, pp. 17-619.

[28]*Les troubadours: Le trésor poétique de l'Occitanie*, pp. 9-21 et 337-46. Voir aussi Jean Frappier, "Vues sur les conceptions courtoises dans les littératures d'oc et d'oïl au XIIe siècle", *Cahiers de Civilisation Médiévale* 3 (1959), 135-56; idem, "Le concept de l'amour dans les romans arthuriens", *Bulletin bibliographique de la Société Internationale Arthurienne* 22 (1970), 119-36; Moshé Lazar, *Amour courtois et fin'amors dans la littérature du XIIe siècle* (Paris, 1964); Reto R. Bezzola, *Les origines et la formation de la littérature courtoise en Occident (500-1200)*, 4 vol. (Paris, 1944-1965).

[29]*Les Troubadours*, pp. 16 et 345.

[30]Audiau, *Poésies*, pp. 30-32.

[31]Ibid., pp. 50-52.

[32]Ibid., pp. 47-49.

[33]Ibid., pp. 94-95.

[34]Dans un jeu-parti, Mir Bernat reproche à Sifre, qui préfère la partie supérieure du corps de sa dame, de ne pas attacher l'importance qu'elle mérite à la partie inférieure. Par ailleurs, la trobairitz Dame H. approuve le *drut* audacieux qui, dans l'*asag*, après avoir juré d'observer la *mezura*, va jusqu'au *fag*. Voir René Nelli et René Lavaud, *Les troubadours*, pp. 345-46, et René Nelli, *L'érotique des troubadours* (Toulouse, 1963).

[35]Robert Guiette, "D'une poésie formelle en France au moyen âge", *Romanica Gandensia* 8 (1960), 9-23, et dans *Forme et senefiance* (Genève, 1978), pp. 1-24, et "Aventure de la poésie formelle", ibid., pp. 24-32. Voir, par exemple, p. 16: "Les chansons courtoises sont faites pour être des réussites et non des expressions . . . Le style est tout et l'argument idéologique n'est qu'un matériau".

[36]Charles Camproux, *Histoire littéraire de l'Occitanie* (1952; rééd. Paris, 1971), p. 26.

A propos de deux mélodies de Raimon Jordan

†Jean Maillard

Depuis un siècle environ, le problème de la transcription des mélodies de troubadours, trouvères et Minnesänger ("trouveurs" en général), pose plusieurs cas de conscience aux musicologues. C'est précisément depuis que la musicologie s'est affirmée en tant que science que cette question a pris une importance profonde. Auparavant, ces transcriptions se faisaient un peu au gré de la fantaisie des musiciens qui s'intéressaient à ce répertoire, selon l'esthétique et la mode du temps et certaines avec des textes littéraires complètement modifiés bien souvent[1].

L'appréhension musicologique depuis Riemann, Aubry, Ludwig, Beck a entraîné *ipso facto* la question fondamentale du rythme de ces cantilènes: elle n'est pas encore résolue en dépit des théories - diverses surtout dans leur application - et pour lesquelles les spécialistes se sont affrontés parfois véhémentement[2]. De récents colloques[3] ou de récentes publications[4] relancent l'affaire, laquelle va se compliquant par le fait même de l'engouement du public pour ce répertoire, présenté de façon empirique et fantaisiste par des interprètes de formation extrêment hétérogène et dont le but n'est malheureusement pas toujours de servir la Musique, la Littérature et l'Histoire, mais bien de s'en servir! Ainsi s'ajoute à la question du rythme celle de l'interprétation: interprétation vocale en premier lieu[5] et support instrumental. Si l'on a toujours pensé, selon le témoignage des textes littéraires contemporains, ou de l'iconographie, que les instruments doublaient les voix ou se substituaient à elles, aucun texte musical ne nous permet d'inférer ce qu'était cette doublure, cette substitution; même lorsque la "virtuosité" de l'interprète est mise en cause. Seule la ligne mélodique est fournie par les chansonniers: quand bien même prétendrait-on qu'il ne s'agit là que d'un aide-mémoire autour duquel le chanteur disposait d'une certaine latitude d'interprétation (supposition plausible, sans plus). Mais textes littéraires et documents iconographiques nous présentent souvent l'interprète de la *canso* suivi d'un ou deux instrumentistes. Il semble que l'on soit ici dans la réalité quant à l'effectif. Mais toute adjonction à la mélodie du manuscrit relève d'une interprétation arbitraire, laissée à la discrétion et au goût de l'interprète. Plus d'un, se réclamant de certaines attestations de rassemblements importants de jongleurs (Banquet du *Roman de Flamenca*, Couronnement d'Edouard II à Londres, Fêtes de Gaston Fébus évoquées par Froissart, etc.) font appel à un *instrumentarium* important et souvent hétéroclite. Des instruments de toutes provenances, même extra-européens, sont utilisés dans le cadre d'une mélodie repensée, avec de considérables extensions, des développements plus ou moins improvisés des incises mélodiques ou *puncta*[6]: certaines réalisations, auxquelles s'ajoute une interprétation "arabisante" ou de type *folk*, sont donc de véritables re-créations, des oeuvres contemporaines et non plus "médiévales", qui présentent une composition d'une durée de dix minutes ou un quart d'heure, au départ d'un témoin manuscrit qui requiert une ou deux minutes pour son exécution. Ce sont bien là des compositions de musique contemporaine fondées sur un élément médiéval, et dont le caractère d'authenticité est subjectivement fonction de l'information ou de la bonne foi de l'auditeur. Aussi bien serait-elle possible, cette restitution fidèle de la création trobadoresque, que son audience ne serait plus la même qu'à l'époque de la création, ce pour de multiples raisons faciles à imaginer.

Toutes ces considérations n'étaient pas inutiles à rappeler au seuil de cet hommage au Professeur Paul Remy: elles rappellent les difficultés auxquelles se heurte le musicologue et, s'il est musicien (ce qui est souhaitable!), les esthétiques auxquelles il peut souscrire sans tomber dans l'aberration.

Raimon Jordan, vicomte de Saint-Antonin (localité de l'actuel département du Tarn-et-Garonne), apparaît dès 1178 dans les documents d'Archives concernant le Quercy[7]. Sa *vida* rappelle qu'il célébra et aima la femme du Vicomte de Penne et qu'il fut aimé d'elle au point qu'à l'annonce de la mort de son bien-aimé dans un lointain combat, elle entra dans l'Ordre cathare des *patarics*. Mais sa terrible blessure n'était pas mortelle et, à son retour, il conçut une telle douleur de la décision de sa dame, "que pueys no fe vers ni canso"[8]. Il demeura ainsi un an, en grand "marrimen", et fut tiré de sa prostration par Elis de Montfort, l'une des trois filles du Vicomte de Turenne. Elis l'incita à venir à sa Cour et à lui présenter son hommage, et c'est ainsi qu'il recouvra "trobar e cantar e solatz". Notre troubadour est cependant resté, dans la célèbre galerie caricaturale du Monge de Montaudon, l'inconsolé:

Sieill oill nuoit e jorn ploron s'en.[9]

Ce *sirventes* a été rédigé vers 1195: entre les deux dates extrêmes de 1178 et 1195, l'activité créatrice de Raimon Jordan semble pincée dans une période qui s'étend de 1182 à 1185, en deux brèves étapes séparées par sa grave blessure.

L'héritage du troubadour est restreint à treize poèmes et deux mélodies. Des premiers, Martín de Riquer dit qu'ils sont caractérisés par leur sensibilité et leur délicatesse, évoquant les instants heureux sur un ton mesuré et discret[10]. Quant aux mélodies, l'amateur en appréciera le charme nostalgique, l'ambiguïté modale, les dessins mélodiques nettement accusés et pas nécessairement polarisés autour des traditionnels pôles d'attraction modaux. Le musicien remarquera également l'imprécision dans l'emploi des signes d'altérations. Ces deux pièces notées nous ont été transmises musicalement par un seul manuscrit, le Chansonnier W, nommé "Manuscrit du Roi" par Jean Beck[11], cependant que le nombre de leçons poétiques de chacune de ces pièces est révélateur de leur célébrité et de leur diffusion dans les milieux courtois durant un siècle au moins; ce que confirme l'existence de *contrafacta*.

A. "Lo clar temps vei brunezir"
Canso, référence PC 404,4

Sources: A 130 (371), C 152, D 116-399, F 32 (114), I 82, K 66 sous la rubrique "Raimon Jordan". Elle est attribuée à Peirol dans a 181 et anonyme, avec sa notation, dans W 192.

Éditions: Rochegude, *Parn. occit.*, 200; Raynouard, *Choix* 5, 380; Mahn, *Werke*, 300; Fritz Stelzer, *Der Trobador Raimon Jordan* (Diss. Breslau, 1921). Édition de référence: Hilding Kjellman, *Le troubadour Raimon Jordan, Vicomte de Saint-Antonin*, éd. crit., suivie d'une *Étude sur le dialecte parlé dans la Vallée de l'Aveyron au XIIe siècle* (Uppsal et Paris, 1922), p. 110.

Éditions de la mélodie: Friedrich Ludwig, in *Zeitschrift für romanische Philologie* 43 (1923), 502; Friedrich Gennrich, *Der musikalische Nachlass der Troubadours*, 3 vol. (Darmstadt, 1958, 1960 et Langen bei Frankfurt, 1965), n° 135; Ismaël Fernandez de la Cuesta et Robert Lafont, *Las cançons dels trobadors* (Toulouse, 1979), p. 179.

Schéma strophique et mélodique (Frank RM 504:26): 6 coblas doblas de neuf vers et une tornada de deux vers.

α	β_1	α	β_2	γ	δ	ϵ	ζ	ρ
7a	7b	7b	7a	7a	7c	3c	5d	7d

Ce schéma a été repris pour le jeu-parti en langue d'oïl "Phelipe, je vous demant" (R. 333), non noté, mais qui doit exploiter la même mélodie, opposant Thibaut comte de Champagne et roi de Navarre au trouvère Philippe de Nanteuil.

L'édition la plus prudente, par points dans la portée avec rappel des signes manuscrits de notation, est celle de Fernandez de La Cuesta. Nous reprenons ici le même principe de points dans la portée avec le texte original francisé du Manuscrit W (ce que ne fait malheureusement pas de La Cuesta). Nous donnons en parallèle une interprétation rythmique tout aussi suspecte que celles de Ludwig ou Gennrich, dont elle diffère, surtout en apparence, pour celui qui s'attache au signe, à la mesure stricte. Mais pour le musicien, les divergences ne sont pas fondamentales. Le texte poétique qui figure sous la transcription fait appel aux éditions de Kjellman et Lafont.

La règle du grand chant courtois exige la parfaite adéquation de la mélodie à la *cobla* initiale et, par extension seulement, aux strophes suivantes. Mais l'importance déterminante des rimes de la strophe I est ici confortée par le principe de la *cobla dobla* (I = II, III = IV, V = VI). La transcription est opérée d'après l'examen de la dynamique musicale des incises, l'organisation des unités syntaxiques, la charge sémantique du discours, la tension relative des mots-registres. Un contrôle s'opère sur les strophes suivantes et sur les éventuels *contrafacta*: ces remarques sont évidemment valables pour toute transcription, considérant avant tout que l'interprète doit avoir une parfaite intelligence des textes (poétique et musical).

Le caractère insolite de la mélodie est dû entre autres au déplacement de la "mèse" ou pseudo-dominante: tantôt *do* (note de départ), puis *ré*. La tonique est *sol*. La tierce est instable - tantôt *si bémol*, tantôt *si naturel* - et la décision de Gennrich de placer constitutivement le bémol à l'armure est arbitraire, mais il n'en demeure pas moins que le bémol généralisé est plausible, au moins au cours des incises β^2 et ζ. Cette généralisation du *si bémol* implique l'emploi du mode de *ré* transposé. L'ambitus s'étend du *fa*^{2} au *fa*^{3}, soit une octave.

B. "Vas vos soplei, domna, premeiramem "
Canso (*Chansoneta* dit la *tornada*) en forme d'ode continue

Sources: A 129(369), B 80, C 150, D 116-401, I 82, K 66, L 8, M 102, P 33, S 202, U 123, a 248, O 35, W 194 (unicum pour la musique).

Éditions: Kjellman, 71. Mélodie: Gennrich, *Musik. Nachlass* n° 136; De La Cuesta-Lafont, 180.

Schéma strophique et mélodique (Frank RM 553:6): 6 coblas unissonans de huit vers et deux tornadas de quatre vers.

α^1	β	γ^1	α^2	δ	ϵ	γ^2	ζ
10a	10b	10b	10a	10c	10c	10a	10d'

Plusieurs *contrafacta* sont connus: autant que les nombreuses leçons, ils attestent la célébrité de cette oeuvre de Raimon Jordan. Un de ces *contrafacta* confirme la coutume d'emprunt de mélodies préexistantes pour les compositions n'appartenant pas spécifiquement au registre du grand chant courtois: il s'agit du *sirventes* PC 335,49 de Peire Cardenal ("Rics hom que greu ditz vertat e leu men"). Ce *sirventes*, dont nous possédons douze leçons, utilise la même mélodie, copiée avec quelques variantes dans le Chansonnier R. Les autres *contrafacta* sont de Bernart de la Barta (PC 58,3), Bertran Carbonel (82,15), Guigo de Cabanas (PC 197,1), Rofian (PC 425,1) et Guilhem de Cervera (PC 434a,28).

Le lecteur pourra se reporter aux remarques concernant la pièce précédente.

Le texte original francisé du manuscrit W figure sous la mélodie présentée en points. Le texte adopté par les Editeurs figure sous la proposition de transcription.

Cette fois, Friedrich Gennrich ne place pas l'altération descendante du *si* à l'armure, bien que son utilisation soit aussi équivoque que dans la *canso* précédente. La mélodie est dans le mode de *ré*, avec départ sur la dominante. Il y a ambiguïté de lecture pour le mélisme de la fin de l'incise β: *ré-do-mi*, ou plutôt: *mi-ré-mi*.

exemples musicaux A_1 et A_2

LO CLAR TEMPS VEI BRU- NE - SIR
E'LS AU - SE - LETS ES - PER - DUTZ
QUE'L FREGS TEN DES- TRECHS E MUTS
E SES CO- NORT DE JAU- SIR
ET IEU QUE DE COR CON- SIR
PER LA GEN- ÇOR REN QU'ANC FOS,
TAN JO- IOUS
SUI QU'A - DES M'ES VIS
QUE FOLH'E FLORS S'ES - PAN- DIS

exemples musicaux B_1 et B_2

VAS VOS SO - PLEI DOM-NA PRI - MIE - RA - MENT
PER CUI IEU CHANT E CO - MENÇ MA CHANÇON
E, S'A VOS PLATZ, EN - TEN - DETZ MA RA - SON
QU'ES-TIERS NO'US AUS DES - CO - BRIR MON TA - LENT,
QU'AISSI M'A - VEN QUAN VEI VOS - TRAS FAI - ÇONS;
LA LEN - GA'M FALH E'L COR N'AI TE - MO - ROS
CAR QUI NON TEM NON A - MA CO - RAL - MENT
PER QU'IEU TENH CAR LO VOS - TRE SEN - HORA - TGE.

Notes

[1]Théodore Gérold, "Le réveil en France, au XVIIIe siècle, pour la musique profane du moyen âge", dans *Mélanges de musicologie offerts à M. Lionel de La Laurencie* (Paris, 1933); Jacques Chailley, "La musique médiévale vue par le XIXe et le XXe siècle", dans *Mélanges d'histoire et d'esthétique musicales offerts à Paul-Marie Masson*, 2 (Paris, 1955); idem, *Le XVIIIe et le XIXe siècle à la recherche du moyen âge*, dans *40.000 ans de musique* (1961; rééd. Plan-de-la-Tour, Var, 1980); Jean Maillard, "The Many Faces of Medieval Musicology", *Studies in Music*, University of Western Australia (Perth, 1970).

[2]Il est impossible de reprendre ici ces diverses théories. Le lecteur pourra se reporter à notre "Approche musicologique du trobar" dans *Revue internationale de musique française*, n° 2 (juin 1980), 257-70.

[3]Par exemple Colloque de la Société française de Musicologie à Bassac (1976) ou celui d'Amiens, consacré en 1980 à *Musique, littérature et société au moyen âge*, et dont les *Actes* ont été publiés par Danielle Buschinger sous les auspices du Centre d'Études Médiévales de l'Université de Picardie à Amiens (Paris, 1980).

[4]Très particulièrement le monument que constitue l'ouvrage d'Ismaël Fernandez de la Cuestas et Robert Lafont, *Las cançons dels trobadors, opera omnia* (Toulouse, 1979).

[5]Cf. Jacques Chailley, préface à notre *Anthologie de troubadours* (Nice, 1967).

[6]Pour une information intelligente et discrète de ce procédé d'amplification, voir Julien Skowron, *L'Art du viellateur* (Paris, 1978).

[7]Hilding Kjellman, *Le troubadour Raimon Jordan* (Uppsal et Paris, 1922).

[8]Jean Boutière et Irénée-Marcel Cluzel, *Biographies des troubadours* (Paris, 1964), p. 158 (n° XVIII).

[9]Sirventes "Pois Peire d'Alvernh' a chantat" (PC 305,16 str. 3), éd. René Lavaud, *Les troubadours cantaliens*, 2, p. 241.

[10]Martín de Riquer, *Los trovadores. Historia literaria y textos* (Barcelone, 1975), p. 575 (n° XXVI).

[11]Jean et Louise Beck, "Le Manuscrit du Roi", in *Corpus Cantilenarum Medii Aevi*, Première série: *Les chansonniers des troubadours et des trouvères*, 2 vol. (Philadelphie, 1938), n° 2.

Les vers longs de Guillaume d'Aquitaine

Ulrich Mölk

Le vers long - terme par lequel nous désignons le vers de plus de dix syllabes métriques - se présente, chez Guillaume d'Aquitaine, sous trois formes: l'hendécasyllabe, le dodécasyllabe et le vers de quatorze syllabes. Quant au décasyllabe (4 + 6), on n'en trouve pas, comme on sait, dans les pièces attribuées au duc, qui, cependant, a dû le connaître étant donné que ce vers est attesté dès le début de la poésie provençale dans les genres les plus variés, et non seulement avec la césure épique (4' + 6: *Boeci*, *Sponsus*, Marcabru) mais aussi avec la césure lyrique (3' + 6: *Sponsus*, Cercamon, Alegret)[1]. Nous mentionnons ceci parce que Guillaume traite la césure de ses vers longs d'une manière, si on peut dire, plus conservatrice qu'on ne l'attendrait par rapport au décasyllabe provençal du début du XIIe siècle.

Voici d'abord quelques remarques sur l'hendécasyllabe et le vers de quatorze syllabes. Tous les deux sont coupés, chez Guillaume, après la septième syllabe (7 + 4, 7 + 7):

> Et aura·i mais de foudatz//no·i a de sen
> (I, v. 2)
>
> Et er totz mesclatz d'amor//e de joi e de joven
> (I, v. 3)[2]

Mais ce n'est que le dernier où cette syllabe peut être suivie d'une atone non comptée (césure épique: 7' + 7):

> Ez es tan fers e salvatges//que del bailar si defen
> (I, v. 15; cf. v. 24 et II ainsi que III, passim)

Dans l'hendécasyllabe, par contre, l'atone s'élide avant un mot à initiale vocalique (7['] + 4):

> Qu'eu anc non vi nulla domn'//ab tan gran fei
> (II, v. 13; cf. I, v. 14)

ou, dans le cas qu'elle se termine par une consonne ou qu'elle précède un mot à initiale consonantique, compte dans l'hémistiche suivant (7' + 3):

> Bon son ez ardit per armas//e valen
> (I, v. 8; cf.II, v. 2)
> Dos cavals ai a ma sselha//ben e gen
> (I, v. 7; cf. II, vv. 4, 5, 11, 17, III, vv. 4, 13, 17)

Après Guillaume d'Aquitaine, le vers de quatorze syllabes disparaît presque entièrement, Marcabru étant le seul poète qui l'utilise dans une pièce dont la structure strophique est d'ailleurs empruntée au grand prédécesseur[3]. Quant à l'hendécasyllabe, les troubadours des générations suivantes ne l'estiment guère davantage: on s'en sert encore parfois, il est vrai, mais seulement pour le *sirventes* (Guilhem de Berguedan, Raimon de Tors, Peire Cardenal), la *tenso* (Guilhem de Saint-Didier, Aimeric de Peguilhan, Guilhem Figueira, Peire Duran, etc.), la *cobla* ou la *danseta* (Uc de Saint-Circ), jamais pour la *canso*[4]. Notre mètre devenant de plus en plus rare au fur et à mesure qu'on s'approche de la fin du XIIIe siècle, on ne s'étonne pas de constater que plusieurs copistes essayent de "corriger" les hendécasyllabes de leurs sources manuscrites parce qu'ils n'en comprennent plus la structure[5], ce qui vaut, semble-t-il, également des *Leys d'amors*, qui ne connaissent qu'un "bordo de XI sillabas" où "la pauza es en la quinta sillaba"[6]. Pour ce qui est de la variante 7' et 3 de notre vers, encore assez fréquente chez Guillaume (ca. 25%), les occurrences s'espacent de plus en plus chez les poètes postérieurs, dont quelques-uns l'utilisent exceptionnellement (Marcabru, Guilhem de Saint-Didier, Aimeric de Peguilhan), tandis que d'autres n'y recourent plus (Guilhem de Berguedan, Peire Cardenal).

Contrairement aux troubadours provençaux dont on connaît le mépris pour les formes et registres traditionnels (populaires), leurs confrères du Nord n'ont jamais cessé de se servir de l'hendécasyllabe coupé en 7 + 4[7]. Il en est de même de la variante 7' + 3 qui se rencontre même là où des rimes intérieures régulières répartissent le vers long en deux unités plus petites:

> 29 Je boutai Robin arriere
> per maniere
> si que point ne lou blessai;
> 32 puis m'acis leiz lai bergiere
> en lai bruiere
> et de s'amour la priai.[8]

Comme on le voit, la variante 7' + 3 (vv. 29-30) est considérée comme métriquement analogue au type de base 7 + 4 (vv. 32-33; plus exactement: 7['] + 4)[9]. Dans la pièce citée plus haut, Marcabru avait d'ailleurs procédé de la même manière. Comme Guillaume, dont il a repris le schéma strophique, il n'accorde jamais une rime intérieure avec la rime finale du même vers; mais, autrement que lui, il enrichit chaque premier hémistiche de deux rimes intérieures dont l'une tombe sur la deuxième, troisième, quatrième ou cinquième syllabe, tandis que l'autre se place de façon régulière à la césure:

1 En abriu//, s'esclairo·il riu// contra·l Pascor
E per lo bruoill// naisso·il fuoill// sobre la flor;
Bellamen//, ab solatz gen//, e·m conort de fin'Amor.[10]

Malgré les rimes intérieures, Marcabru ne touche par conséquent pas à la structure de la strophe de Guillaume (11a 11a 14a), strophe archaïque qui ne sera plus utilisée par les générations suivantes. Il en reste tout de même des traces, car plusieurs poètes qui se servent de l'hendécasyllabe aiment à l'associer à des couplets septénaires, c'est dire aux hémistiches de l'ancien vers de quatorze syllabes (Guilhem de Saint-Didier, Peire Cardenal, Raimon de Tors, etc.).

L'origine du vers de quatorze syllabes ne pose guère de problème; celle, par contre, de l'hendécasyllabe est assez difficile à déterminer, à moins qu'on ne partage l'opinion d'Alfred Jeanroy qui prétendait que "le vers de onze syllabes sortait de celui de quinze par une abréviation toute naturelle"[11]. En effet, le vers de quatorze syllabes peut être considéré comme l'imitation, en langue vulgaire, du septénaire trochaïque ou, si l'on préfère, du redoublement de son second hémistiche (Apparebit repentina// dies magna Domini)[12], alors que l'hendécasyllabe rythmique, en faveur chez les poètes latins à partir de l'époque carolingienne, n'est pas coupé en 7 + 4, mais en 4 + 7 ou, plus exactement, en 4p + 7pp (tétrasyllabe paroxytonique + heptasyllabe proparoxytonique)[13], et ne peut par conséquent pas être regardé comme le modèle de l'hendécasyllabe roman. Le vers 7pp + 4pp, par contre, qui, d'après Giorgio De Alessi, doit son origine à la transposition des deux parties de l'hendécasyllabe latin courant[14], ne se rencontre qu'assez rarement avant la seconde moitié du XIIe siècle[15], et il n'est pas exclu qu'il représente, puisqu'on le retrouve en particulier dans la poésie érotique des goliards, une imitation de l'hendécasyllabe roman. Voici, à titre d'exemple, le *Carmen Buranum* nº 118, dont nous citons la première strophe:

1 Doleo, quod nimium
Patior exilium.

Pereat hoc studium, 7pp
si m'en iré, 4pp
Si non reddit gaudium, 7pp
cui tant abé.[16] 4pp

Les premiers témoignages de l'existence de l'hendécasyllabe 7pp + 4pp nous sont fournis par deux chansons de Noël de la fin du XIe siècle[17], dans lesquelles on aperçoit cependant que, tout comme dans *CB* 118, le vers long est scindé par une rime régulière en deux vers courts, dont le second, le tétrasyllabe, fait partie du refrain:

Saint-Martial, n° 42 (trois strophes)

Res nova, principium
Facti subit seriem,
Rerum factor omnium
Novam sumit speciem 7pp
in virgine. 4pp
Miranda potentia,
Quae sic naturalia 7pp
frangit iura![18] 4p

Saint-Martial, n° 41 (quatre strophes)

Promat chorus hodie, 7pp
o contio, 4pp
Canticum laetitiae, 7pp
o contio, 4pp
Psallite, contio 6pp
Psallat cum tripudio.[19] 7pp

C'est précisément la formule strophique de la dernière pièce d'où Hans Spanke a déduit la strophe 11a 11a 14a de Guillaume d'Aquitaine[20]. En effet, l'analogie est évidente, malgré l'hexasyllabe (v.5), que Spanke n'hésite d'ailleurs pas à "corriger" (Psallite <o> contio). Mais ni cette pièce ni l'autre ne résolvent, à proprement parler, le problème de l'origine de l'hendécasyllabe roman, car un heptasyllabe proparoxytonique à rime finale, suivi d'un refrain tétrasyllabe, lui aussi proparoxytonique, ne présuppose pas nécessairement l'existence d'un vers long dont les vers courts en question seraient les éléments[21].

Il nous reste d'analyser le troisième des vers longs de Guillaume d'Aquitaine. Au début de cet article où nous y avons fait allusion, nous l'avons dénommé "dodécasyllabe". Évidemment, il ne peut pas s'agir ici du vers coupé en 6 + 6, qui n'est pas attesté, dans la littérature occitane, avant le troisième tiers du XIIe siècle, mais d'un vers tout différent et, à en juger par les travaux consacrés au duc-troubadour, difficilement discernable. Ni les éditeurs modernes des poésies de Guillaume ne l'ont remarqué ni même Spanke qui a tant de fois étudié la "Formenkunst des ältesten Troubadours"[22]. Cependant, cet étrange dodécasyllabe, qui a une césure obligatoire après la huitième syllabe, existe. Guillaume l'a utilisé dans la chanson bien connue du *gat ros*, dont nous allons citer, dans leur disposition correcte, les vers de la première strophe:

Farai un vers, pos mi sonelh,
E·m vauc e m'estauc al solelh;
Donnas i a de mal conselh,
        Et sai dir cals:
Cellas c'amor de chevaler tornon a mals.

Comme on le voit, la formule strophique est celle-ci: 8a 8a 8a 4b 12(8 + 4)b, chaque strophe introduisant des rimes nouvelles (coblas singulars). Quand on regarde les rimes de la pièce de plus près, on s'aperçoit que celle du troisième octosyllabe des strophes VI et XIII n'est pas tout à fait régulière:

VI Sor, diz N'Agnes a N'Ermessen,
Trobat avem que anam queren!
33 Sor, per amor Deu l'alberguem,
        Que ben es mutz.
XIII Sor, diz N'Agnes a N'Ermessen,
Mutz es, que ben es conoissen.
Sor, del bainh nos apaireillem
        E del sojorn.

Bien que Niccolò Pasero ait fait la juste remarque qu'en ancien poitevin, les nasales *m* et *n* postvocaliques et terminant un mot sont interchangeables et que, par conséquent, les rimes *alberguem* (v. 33) et *apaireillem* (v. 75) peuvent être considérées comme correctes[23], il reste le fait que Guillaume se sert de cette particularité dialectale non aux deux premiers octosyllabes, mais bien au troisième qui, syntaxiquement, se rattache au tétrasyllabe suivant, ici et dans toutes les autres strophes. Cela nous amène à croire que la suite octosyllabe-tétrasyllabe des vers 33-34 et 75-76 représente en fin de compte notre dodécasyllabe, observation qui n'est pas sans analogie avec les deux vers finals de la strophe VI du "vers de dreit nien":

31 Anc non la vi et am la fort;
Anc no n'aic dreit ni no·m fes tort;
Quan no la vei, be m'en deport;
        No·m prez un jau:
Qu'ie·n sai gensor e belazor,
        E que mais vau.

Belazor (v. 35) ne rime pas avec *fort-tort-deport* (à cause de son *o* fermé, même pas en ancien poitevin): il est tout évident qu'ici aussi, le point de départ est bien le dodécasyllabe coupé en 8 + 4.

Les remarques précédentes nous permettent de supposer que, pour la composition des deux pièces en question, Guillaume est parti d'une formule strophique de base qui s'établit ainsi:

8a
8a
12(8 + 4)b
12(8 + 4)b[24]

Dans la chanson du "gat ros", Guillaume a scindé, à l'aide d'une rime ultérieure, le premier dodécasyllabe (*coblas singulars*), dans le "vers de dreit nien", en outre, le deuxième (ici, la rime *b* est celle de toutes les strophes). Une troisième pièce ("Pos vezem"), dont le schéma strophique est identique à celui du "vers de dreit nien", n'offre plus de particularité relative à la rime des deux derniers octosyllabes; une quatrième ("Ben vueill"), enfin, s'éloigne encore davantage de la formule strophique de base dont nous avons parlé (8a 8a 8a 8a 4b 8a 4b).

Quand on compare l'emploi, par Guillaume, de la strophe 11a 11a 14a avec la façon dont il a utilisé la formule 8a 8a 12b 12b, on peut tout de suite constater que là, il ne se sert que rarement d'assonances et de rimes intérieures, ne changeant par conséquent pas - tout comme Marcabru - la structure de la strophe[25], tandis qu'ici, il va jusqu'à résoudre l'avant-dernier dodécasyllabe et à modifier même le schéma strophique auquel il est parvenu en scindant les vers longs de la formule de base.

Pour ce qui est de notre dodécasyllabe, on se demande naturellement s'il y en a d'autres attestations dans la poésie lyrique des troubadours. Disons-le tout de suite: sa destinée n'est pas différente de celle du vers de quatorze syllabes, ce qui veut dire qu'avec une seule exception que nous allons citer tout à l'heure, notre vers long ne survit, pour ainsi dire, que par la juxtaposition de ses deux parties, l'octosyllabe et le tétrasyllabe, soit que ces deux vers courts forment une unité syntaxique, soit que la rime de l'octosyllabe est sans correspondance dans la même strophe, soit, enfin, que le poète recourt à tous les deux moyens. Voici, pour chaque cas, un exemple:

Giraut de Bornelh (PC 242,65)

4 Car m'aventura no·m retrai 8b
Ja cobre jai, 4b
C'ades me desfui e·m travai.[26] 8b

Marcabru (PC 293,35)

Pax in nomine Domini!	8a
Fetz Marcabrus lo vers e·l so;	8b
	("rim estramp)"
Aujatz que di.[27]	4a

Peire Raimon de Tolosa (PC 355,13)

Pus vey parer la flor el glay	8a
E dels auzels m'agrada·l chans,	8b
De far chanso m'es pres talans	8b
Ab motz plazens et ab so guay;	8a
E pus de ben amar melhur,	8c
	("rim estramp")
Segon razo,	4d
Trop en dey far mielhs motz e so,	8d
E si per ma dompn' es grazitz	8e
Mos chans, ben er mielhs enantitz.[28]	8e

L'exception dont nous avons parlé est un *sirventes* de Guilhem de Berguedan (PC 210,6a). Cette pièce est pour nous d'autant plus intéressante que l'auteur emprunte son schéma strophique à Guillaume d'Aquitaine, dont provient par conséquent aussi le dodécasyllabe. En voici la première strophe dont la disposition correcte est celle de l'éditeur Martín de Riquer:

Cavalier, un chantar cortes	8a
Aujatz en qest son q'ai apres;	8a
Et aujatz d'En Guillem pajes	8a
Per qal raizon	4b
Mi clam de lui ni el de mi	
depois naison.[29]	12b

Et tout comme son prédécesseur, Guilhem de Berguedan se permet de remplacer, dans le troisième octosyllabe d'une de ses strophes (v. 28), la rime par l'assonance:

26 A devant fo en Bergadam
Qan la nostra guerra mesclam,
E prezem tregas a un an;
Et a lairon
El mi volc penre a Bordan e Cerc amon.[30]

Vers la fin du XIIe siècle, ce n'est pas seulement en Catalogne qu'on se souvient de notre dodécasyllabe, mais aussi dans la région d'Uzès. Cette fois-ci, cependant, il ne s'agit pas d'un troubadour qui s'en sert, mais d'un médecin, Raimon d'Avignon, qui choisit le mètre archaïque pour sa traduction de la *Chirurgie* de Roger de Parme. Il n'est peut-être pas sans intérêt de citer le début de cet ouvrage si curieux du point de vue métrique:

Seynors, a vos, que est amic et compaynon,
Fas un presen cortes et ric et bel e bon,
E escoutatz zo qu'eu vos dic en ma lison,
E, can er dig, aures ausit per qual rayson
Home nafrat podon venir a garison.[31]

Quand on parcourt, à la recherche du dodécasyllabe coupé en 8 + 4, le Nord de la France[32], le résultat où l'on arrive est le même que pour l'endécasyllabe; ici encore, le goût que les poètes français avaient pour les mètres archaïques, se confirme de façon très nette. Voici d'abord quelques refrains qui attestent l'existence de notre vers long:

n° 13 A Dieu conmant je mes amors// qu'il les me gart.
n° 14 A Dieu conmant vieses amours//, nouvieles ai.
n° 95 Alés cointement et seri//, se vous n'amés.
n° 1335 Mignotement la voi venir//, cele que j'aim.[33]

Dans une ballade composée de cinq strophes, notre vers est parfois enrichi d'une rime intérieure et associé à des dodécasyllabes coupés différemment:
Raynaud/Spanke, n° 763

Trop mi demoinne li malz d'amer
Je me levai ier matin droit// au point dou jour, 8 + 4
Si trovai dame qui pansoit// a ces amors; 8 + 4
A son amin voloit pairleir.
(*Trop* . . .)
E! amie, je vos ai// lons tens anamee, 7 + 5
Onkes vers moi ne vos trovai// abandonee 8 + 4
Ne de baisier ne d'acoleir.
(*Trop* . . .)
Mai douce suer, j'ai amie// ki tout mi done 7 + 4
Et son avoir et son gent cors// tout m'abandone, 8 + 4
Ce je vos pooie antr'oblieir.[34]

Tout comme au Midi, le dodécasyllabe se rencontre également dans d'autres genres. Les exemples les plus intéressants nous sont fournis par le *Lai d'amour* de Philippe de Beaumanoir, qui, comme l'a démontré Adolf Mussafia[35], utilise, à côté du type de base (8 + 4, 8['] + 4), les variantes 8' + 3 et 8' + 4, et par un poème anonyme sur les états, dont le schéma strophique rappelle ceux des quatre chansons de Guillaume d'Aquitaine, discutées tout à l'heure (8a 8a 8a 8a 4b 12b)[36].

Heureusement, il nous est parvenu, de la poésie lyrique française, une chanson amoureuse dont la structure strophique est précisément celle qui découlait de nos observations sur la métrique des quatre chansons mentionnées de Guillaume. Qu'il nous soit permis de citer le texte entier de cette chanson intéressante:

Raynaud/Spanke, n° 2047

Bele et blonde, a qui je sui touz,
Hunblement vous pri, biau cuer douz,
Que ma chançon daigniez öir par bone amor:
Lors müeroie touz mes max en grant douçor.

Douçor si vient a vostre ami,
Se il vos prent pitié de lui,
Qu'o vous pöist estre a sejour par vo plesir,
Que ja mes puis ne li porroit nus maus venir.

Venir ne mi porroit tormenz
Mes pour les mauparlieres genz
Ne vos os je aler vëoir apertement;
Et si en sui, si m'äit dex, en grant torment.

Torment sent je pour vous amer;
Pour dieu, ne mi lessiez pener,
Mes otroiez moi vostre amour, simples cuers douz,
Et loiaument vous amerai je par amors.

Par amors, bele, or m'amez dont,
Car il n'a fame en tout cest mont,
Que je amasse devant vous: ma chançon faut.
Mes je pri dieu que il a touz jorz vous consaut.[37]

Avant de terminer notre brève étude, il faut dire un mot sur l'origine de notre dodécasyllabe. Avouons tout de suite qu'elle nous semble aussi peu claire que celle de l'hendécasyllabe, car le vers 8pp + 4pp, dépourvu d'une rime à la césure, est pratiquement inexistant avant le XIIe siècle[38]. Le seul texte important se retrouve, une fois encore, dans le répertoire de Saint-Martial, mais ici aussi, le vers fait partie d'un refrain et est muni, en outre, d'une rime intérieure qui accorde son premier tronçon aux vers courts précédents:

Saint-Martial, n° 16 (six strophes)

In laudes Innocentium
Qui passi sunt martirium,

Psallat chorus infantium. 8pp
Alleluia! 4p
Sit decus regi martirum 8pp
Et gloria![39] 4pp

Comme on le voit, et c'est de nouveau Spanke qui l'a signalé le premier[40], cette pièce, destinée à la fête des SS. Innocents, peut avoir servi de modèle, en dépit de la cadence paroxytonique du premier refrain (v. 4), pour la strophe 8a 8a 8a 4b 8a 4b. Et cela vaut même pour la strophe 8a 8a 8a 4b 12b, quand on se rend compte du fait que, de la deuxième à la cinquième strophe, l'octosyllabe du refrain (v. 5) ne rime pas avec les vers précédents. Quoi qu'il en soit, ni le dodécasyllabe 8pp + 4pp ni l'hendécasyllabe 7pp + 4pp ne se rencontre dans le corps d'une strophe antérieure à l'époque du duc-troubadour, et ce n'est qu'à partir du deuxième tiers du XIIe siècle que la réunion soit d'un octosyllabe rimant soit d'un heptasyllabe rimant à un tétrasyllabe proparoxytonique peut s'observer de plus en plus souvent.

Il y a d'ailleurs un argument d'ordre prosodique qui peut expliquer, sinon l'origine populaire, au moins l'épanouissement, dans la poésie lyrique romane, de nos deux vers longs: contrairement aux poètes latins, pour qui il était assez difficile de réaliser l'unité rythmique _ _́ _ _̀ (4pp), ni le français ni le provençal n'est rebelle au vers de quatre syllabes.

Notes

[1]*Sponsus*, éd. D'Arco Silvio Avalle (Milan, 1965), p. 47.

[2]Nous citons ici et plus loin les pièces de Guillaume d'après l'édition de Niccolò Pasero, *Guglielmo IX d'Aquitania, Poesie* (Modena, 1973).

[3]PC 293,24. Les numéros de référence des pièces lyriques provençales sont ceux de Alfred Pillet et Henry Carstens, *Bibliographie der Troubadours* (Halle, 1933); voir aussi István Frank, *Répertoire métrique de la poésie des troubadours*, 2 (Paris, 1957).

[4]PC 210,21; 410,5; 335,44; 234,12; 10,35.36; 234,8; 461,112.220; 457,41.

[5]Karl Bartsch, "Ein keltisches Versmass im Provenzalischen und Französischen", *Zeitschrift für romanische Philologie* 2 (1878), 199-200; Aimo Sakari, "Une tenson-plaidoirie provençale", *Mélanges de linguistique et de littérature romanes à la mémoire d'István Frank offerts par ses anciens maîtres, ses amis et ses collègues de France et de l'étranger* (Saarbrücken, 1957), pp. 596-98.

[6]*Las Leys d'Amors*, éd. Joseph Anglade, 2 vols. (Toulouse, 1919), 2:69-70.

[7]Voir Ulrich Mölk et Friedrich Wolfzettel, *Répertoire métrique de la poésie lyrique française des origines à 1350* (Munich, 1972), fiche 37.

[8]Gaston Raynaud et Hans Spanke, *Bibliographie des altfranzösischen Liedes* (Leiden, 1955), n° 79. Pour le texte de la pastourelle citée, voir *Romanzen und Pastourellen*, éd. Karl Bartsch (Leipzig, 1870), pp. 153-54, et *Pastourelles*, éd. Jean-Claude Rivière, 1 (Genève, 1974), 104.

[9]Voir Mölk et Wolfzettel, *Répertoire*, pp. 29 et 213 (280,1).

[10]*Poésies complètes du troubadour Marcabru*, éd. Jean-Marie Dejeanne (Toulouse, 1909), p. 115.

[11]Alfred Jeanroy, *Les origines de la poésie lyrique en France au moyen âge*, 3e éd. (Paris, 1925), pp. 349-50. Pour Jeanroy, le vers de quatorze syllabes est plutôt un vers de quinze syllabes.

[12]Wilhelm Meyer, *Gesammelte Abhandlungen zur mittellateinischen Rythmik*, 1 (Berlin, 1905), 304; Giorgio De Alessi, *Repertorio metrico del MS Paris, B.N., lat. 1139 (sezione antica)* (Turin, 1971), p. 22.

[13]Les signes que nous utilisons pour désigner la structure rythmique des vers latins médiévaux sont ceux de Dag Norberg, *Introduction à l'étude de la versification latine médiévale* (Stockholm, 1958). Récemment, Dieter Schaller a développé un système de signes, aussi praticable d'ailleurs que complexe, qui résume non seulement la structure du vers, mais encore celle des rimes et de la strophe, dans *Mittellateinisches Jahrbuch* 14 (1978), 9-21.

[14]De Alessi, *Repertorio*, p. 22.

[15]Meyer, *Abhandlungen*, pp. 286, 306-07; Bartsch, "Versmass", pp. 208ss.

[16]*Cermina Burana*, éd. Alfons Hilka et Otto Schumann (Heidelberg, 1941), 1/II, p. 194.

[17]Provenant de la section ancienne du célèbre manuscrit dit de Saint-Martial (écrit entre 1096-1099 au Sud-Ouest de la France, il est parvenu à l'abbaye de Saint-Martial au plus tard au début du XIIIe siècle), B.N. lat. 1139. Pour les numéros de référence, voir la liste de De Alessi, *Repertorio*, pp. 10-12.

[18]*Analecta hymnica medii aevi*, 45b (1904), p. 26.

[19]Ibid., p. 27.

[20]Hans Spanke, "Zur Formenkunst des ältesten Troubadours", *Studi medievali* 7 (1934), 75-76.

[21]D'autant moins que les deux vers courts ont chacun une mélodie individuelle, voir Hans Spanke, "St. Martial-Studien. Ein Beitrag zur frühromanischen Metrik", *Zeitschrift für französische Sprache und Literatur* 54 (1931), 297, et Jacques Chailley, *L'école musicale de Saint-Martial de Limoges jusqu'à la fin du XIe siècle* (Paris, 1960), p. 272.

[22]Jeanroy (1913), Pasero (1973), Spanke (*Zeitschrift für französische Sprache und Literatur* 56 [1932], 466-67). Quoique Bartsch ait été le premier à étudier la forme strophique de la pièce en question, il n'emploie pas le terme (*Jahrbuch für romanische und englische Literatur* 12 [1871], 1-6); il nous semble plutôt que ce fut Anatole Boucherie qui a découvert les dodécasyllabes de Guillaume d'Aquitaine (dans son compte rendu d'Antoine Thomas, "La Chirurgie de Roger de Parme en vers provençaux", *Revue des langues romanes* 21 [1882], 194); voir aussi Antoine Thomas, "La versification de la Chirurgie provençale de Ramon d'Avignon", *Romania* 11 (1882), 208 n. 1, et Frank, *Répertoire*, 1:13 (62,1).

[23]*Guglielmo IX*, éd. Pasero, p. 351.

[24]Voir Ulrich Mölk, "Troubadour Versification as Literary Craftmanship", *Esprit Créateur* 19 (1979), 7.

[25]*Guglielmo IX*, éd. Pasero, pp. 15, 44, 68.

[26]*Sämtliche Lieder des Trobadors Giraut de Bornelh*, éd. Adolf Kolsen (Halle, 1910), 1:480.

[27]*Marcabru*, éd. Dejeanne, p. 169.

[28]*Le poesie di Peire Raimon de Tolosa*, éd. Alfredo Cavaliere (Florence, 1935), p. 75.

[29]*Guillem de Berguedà*, éd. Martín de Riquer (Poblet, 1971), 2:146; voir aussi 1:205. Intéressant de signaler que le troubadour dit lui-même devoir le *son* à quelqu'un d'autre (v. 2).

[30]Riquer, t. 2, p. 148.

[31]Antoine Thomas, "La Chirurgie de Roger de Parme en vers provençaux", *Romania* 10 (1881), 71; pour plus de détails métriques, voir le même, "La versification", *Romania* 11 (1882), 203-12, qui, cependant, ne paraît pas avoir vu les rimes intérieures. Le texte de l'ouvrage de Raimon d'Avignon, qui nous est transmis par un manuscrit unique (voir Clovis Brunel, *Bibliographie des manuscrits littéraires en ancien provençal*, Paris [1935], p. 84 n° 288), n'a pas encore été édité intégralement jusqu'ici.

[32]Voir Bartsch, "Versmass"; Paul Meyer et Gaston Paris, note *ad* Antoine Thomas, "La Chirurgie", *Romania* 10 (1881), 70 n. 1; Mölk et Wolfzettel, *Répertoire*, fiches 38 et 39 (inventoriant les dodécasyllabes lyriques, sans, cependant, en distinguer les différents types).

[33]*Rondeaux et refrains du XIIe siècle au début du XIVe*, éd. Nico H.G. van den Boogaard (Paris, 1969), pp. 94-95, 210.

[34]*Rondeaux, Virelais und Balladen*, éd. Friedrich Gennrich, 2 vols. (Dresden, 1921), 1:186.

[35]Adolfo Mussafia, "Sul metro di due componimenti poetici di Filippo di Beaumanoir", *Romania* 15 (1886), 423-25.

[36]"Fragment d'un poème sur les états du monde", éd. Paul Meyer, *Romania* 4 (1875), 385-95.

[37]*Eine altfranzösische Liedersammlung*, éd. Hans Spanke (Halle, 1925), pp. 141-42.

[38]Cf. Meyer, *Abhandlungen*, p. 316.

[39]*Analecta hymnica medii aevi* 45b, p. 65; cf. De Alessi, *Repertorio*, p. 36. Signalons qu'ici aussi, la structure musicale de la pièce ne parle pas en faveur de l'existence d'un vers long, voir Spanke, "St. Martial-Studien", p. 293, et Chailley, *L'école musicale*, p. 271.

[40]Spanke, "Zur Formenkunst", p. 77.

Lyrisme et sincérité: Sur une chanson de Bernart de Ventadorn

Don A. Monson

La poésie des troubadours est *lyrique* aux deux sens du terme: 1) au sens étymologique (du grec λυρα 'lyre', instrument d'accompagnement), c'est une poésie destinée à être chantée, éventuellement avec un accompagnement instrumental; 2) au second sens du terme, qui reflète une association entre forme et contenu remontant jusqu'aux Grecs, c'est une poésie "personnelle", "subjective", destinée, du moins en principe, à exprimer les émotions et les sentiments d'un *sujet* plus ou moins identifiable avec le poète.

Longtemps négligée par les philologues et les littéraires, la dimension musicale de la lyrique médiévale commence aujourd'hui à être reconnue comme un élément formel capital. C'est elle qui explique le nom du genre principal cultivé par les troubadours, la *canso* ou "chanson", aussi bien que les fréquentes allusions au chant dans les poésies et dans les autres documents de l'époque (*vidas*, arts poétiques, etc.). Plus important, c'est elle qui explique la forme strophique de cette poésie, où chaque strophe correspond à une reprise de la mélodie, de même que la grande élaboration métrique et sonore des textes poétiques, reflet linguistique de la "musicalité" proprement dite. Sur plus de 2500 textes lyriques occitans qui nous sont parvenus, un peu plus du dixième sont accompagnés de leur mélodie, et on aurait tort de vouloir interpréter les autres sans référence à leur musique aujourd'hui perdue: chez les troubadours, les paroles et la mélodie font corps, forment un tout parfaitement intégré et indissociable.

Dans l'usage courant, le second sens du terme *lyrisme*, celui de "poésie personnelle", a complètement éclipsé le premier, au point d'en devenir le seul. Le divorce entre musique et paroles, consacré dès le quatorzième siècle, fut prolongé au dix-neuvième siècle par le romantisme, qui érigea l'expression du soi en valeur absolue et écarta les formes strophiques, ressenties comme une contrainte à l'effusion des sentiments. Mais, s'agissant des troubadours, il ne peut être question de prendre au pied de la lettre ce second sens du terme *lyrique*, comme le montrent toutes les recherches les plus récentes. La "subjectivité" de la lyrique médiévale est surtout une qualité formelle, se manifestant d'abord dans un discours à la première personne, ensuite dans une thématique "personnelle" fondée sur les joies et les souffrances de l'amour. Le rapport précis entre cette subjectivité formelle du poème et la subjectivité historique du poète reste un éternel point d'interrogation.

La notion de "sincérité" implique l'authenticité des sentiments exprimés, c'est-à-dire une correspondance ou équivalence entre les sentiments éprouvés et leur expression poétique. Elle est donc inhérente à la problématique du lyrisme au second sens du terme. Mais on ne peut la comprendre dans toute son ampleur, comme nous le verrons, sans tenir compte aussi du lyrisme en tant que dimension musicale.

La sincérité se présente généralement accompagnée de deux notions corollaires: l'originalité et la spontanéité. Cela tient au fait que la sincérité elle-même n'est pas directement vérifiable, car l'un des deux termes de la correspondance qu'elle implique, la subjectivité du poète dont le poème serait l'expression, reste à jamais insondable. Se repérant à des indices plus tangibles, quoiqu'ambigus, l'originalité et la spontanéité prennent donc la relève, constituant des signes extérieurs, des "preuves" de sincérité.

Nées au sein du romantisme, les recherches médiévales restèrent longtemps prisonnières des conceptions et des préjugés romantiques. Pour le dix-neuvième siècle, la sincérité et ses corollaires représentaient le critère suprême de l'excellence artistique. Mais appliqué à la poésie des troubadours, qui relève apparemment de la plus pure convention, ce critère donnait des résultats plutôt décevants, ce qui amenait souvent les critiques à une condamnation catégorique de cette poésie.

La persistance de cette attitude jusqu'au milieu du vingtième siècle est illustrée par le cas de Jeanroy. Manifestement, le meilleur connaisseur de sa génération ne goûta jamais cette poésie à laquelle il consacra pourtant sa vie:

> Autant la poésie lyrique des Provençaux est variée dans ses formes, autant elle est monotone en son contenu. Ce trait a été noté par tous les critiques, même les plus bienveillants: "On pourrait, écrit Diez, se la représenter comme l'oeuvre d'un seul homme"[1].

Ces propos résument toute la mentalité de l'époque: dédain évident pour une poésie dont le grand défaut est son manque d'originalité. Même la citation de Diez, critique allemand de l'époque romantique, est assez caractéristique.

Cependant, nos idées sur la lyrique médiévale furent complètement bouleversées, il y a une trentaine d'années, par un article retentissant de Robert Guiette: *D'une poésie formelle en France au moyen âge*[2]. Pour Guiette, la question a été mal posée par Jeanroy et ses prédécesseurs: on doit chercher dans la chanson courtoise non pas un aveu mais une création artistique. Insistant sur le rapport étroit entre les paroles et la mélodie, Guiette verrait dans l'agencement habile des mots et des concepts conventionnels un jeu formel et technique, comparable à une composition musicale, qui ferait tout le prix de cette poésie aux yeux de son public. Comme pour les notes de musique, la valeur des mots viendrait non pas d'eux-mêmes mais de leur arrangement:

> Le sujet de l'oeuvre ne saurait être confondu avec sa donnée. Le thème n'est qu'un prétexte. C'est l'oeuvre formelle, elle-même, qui est le sujet.
>
> Le langage doit être utilisé pour sa valeur incantatoire. Cette valeur résultera non du mot, qui est comme élu d'avance par la tradition, mais de sa place, de son volume et de l'usage qui en est fait[3].

Guiette ramène donc l'attention de la critique sur le lyrisme, au sens étymologique du terme, de la chanson médiévale, qu'il perçoit comme l'essence même de cette poésie. "Ce qu'il chante, dit Guiette du poète lyrique, c'est le besoin, le désir de chanter" (p. 31). Pourtant, Guiette ne renonce pas à trouver dans le chant des trouvères une sorte de sincérité supérieure, exempte de tout élément biographique, qui empêcherait que ces constructions formelles ne deviennent de simples exercices d'école:

> Nous n'ignorons pas ce que le jeu - et, de préférence, le plus gratuit - révèle sur les profondeurs secrètes et peut-être indicibles de l'être, sur son inconscient, sur son individu . . . Sans nous faire la moindre confidence sur ce qui s'est passé, ils nous font l'aveu le plus profond sur la vie et sur eux-mêmes. C'est par cette sincérité qu'ils peuvent nous toucher encore[4].

Dans cette formule, "sincérité" prend un sens plutôt métaphorique qui se résume à peu près dans la valeur humaine de l'oeuvre.

Largement répandues aujourd'hui[5], les vues de Guiette trouvèrent une première application dans une étude magistrale de la technique des trouvères lyriques menée par l'un des anciens élèves du savant belge, Roger Dragonetti. C'est une sorte de "défense et illustration" de la notion de poésie formelle: examen minutieux et exhaustif, à la lumière de la rhétorique classique et médiévale, de tous les procédés techniques - verbaux et musicaux - qui concourent à la fabrication d'une chanson. Mais, malgré toute son insistance sur la technique, Dragonetti retient, lui aussi, dans sa caractérisation définitive de la chanson courtoise, la notion de "sincérité", à laquelle il donne, pourtant, une autre dimension encore.

Les romantiques et, à leur suite, Jeanroy et sa génération auraient eu tort de chercher de l'originalité dans un genre qui serait, dans son principe même, une "poésie du lieu commun" (*La poésie lyrique*, p. 541). Faut-il donc se résigner à n'y voir qu'un exercice de rhétorique vide de sens? Dragonetti ne le croit pas et, à l'appui de ce jugement, il avance une interprétation originale de la doctrine médiévale de la convenance du style.

Dans la rhétorique du moyen âge, la convenance implique surtout une conformité de la diction au sujet traité, qui est souvent lié à la dignité des personnages présentés (argument de vraisemblance). Mais dans la chanson courtoise, affirme Dragonetti, elle exige en plus que le poète soit ému par le sujet qu'il traite, comme l'attesteraient maintes citations des trouvères lyriques:

> Dans la tradition courtoise du Nord, il y a un thème qui rappelle sans cesse la convenance idéale à observer dans le genre, et cette convenance veut que le trouvère éprouve les sentiments qu'il célèbre dans la chanson.
>
> Certains trouvères blâment ouvertement les simulateurs.
>
> Qu'est-ce à dire? Sinon que régnait dans la conscience du public initié et des trouvères courtois, une sensibilité poétique capable de distinguer la chanson courtoise digne de ce nom, de la chanson galante du ménestrel ou du séducteur[6].

Cette interprétation de la convenance serait exprimée avec une force particulière dans les débuts printaniers, où elle "prend forme d'aveu et rend les autres témoignages plus éloquents" (*La technique poétique*, p. 554). C'est elle qui expliquerait l'évolution de la chanson depuis l'école de Gace Brulé, "mystique de la poésie amoureuse" qui aurait lancé cette doctrine, jusqu'à Jehan Bretel et l'école d'Arras, qui ne la pratiqueraient plus, chez qui "la réussite réside dans la seule application adroite des règles" (ibid., pp. 574-76, 579-80). C'est elle qui fournirait l'ultime enseignement que nous devrions cueillir de l'expérience de cette poésie: "C'est une seule et même chose pour le poète authentique que d'éprouver la joie d'amour et le sentiment d'une maîtrise" (ibid., p. 580).

La théorie de Dragonetti sur la convenance médiévale pose plusieurs problèmes, et tout d'abord, celui de son contenu spécifique. Tantôt on apprend que "il faut que le trouvère règle ses paroles sur le degré et la nature de son inspiration" (ibid., p. 21), tantôt ce sont ces paroles qui, comme pour l'orateur de Cicéron, "le remuent lui-même plus fortement qu'aucun de ceux qui l'écoutent" (ibid., p. 561). Dans le premier cas, Dragonetti semble friser la théorie "classique" (c'est-à-dire romantique) qui verrait dans la poésie l'expression d'un sentiment éprouvé. La seconde formule soulève surtout la question de l'efficacité poétique du texte, de son aptitude à provoquer une émotion chez n'importe qui: poète, exécutant ou public. Là, Dragonetti ne fait que souligner une platitude, que la "vraie" poésie est celle qui émeut. Dès lors, pourquoi privilégier comme critère d'authenticité l'attendrissement du poète sur sa propre oeuvre?

De même, Dragonetti hésite, pour situer dans le temps l'émotion du poète, entre "le temps de la création" de la chanson et "la durée du son exécution" (ibid., p. 560) devant un public. Est-ce forcément le même moment? Ou la même émotion? Que prouverait, quant à l'authenticité de la chanson, le cas d'un trouvère qui, ému au moment de la créer, ne serait plus touché en la chantant? Ou le contraire, le poète qui aurait composé à froid son poème, pour ensuite s'émouvoir lors de l'exécution de ce poème, par lui-même ou par autrui? D'ailleurs, faut-il, pour qu'une chanson soit authentique, que ce soit le poète lui-même qui l'exécute? Que prouverait le cas d'un jongleur qui s'émouvrait aux paroles d'un autre? Ou le cas contraire, le jongleur que ces paroles laisseraient indifférent? En somme, de quelle sincérité, de quelle authenticité s'agit-il? De celle du poète? De celle de l'exécutant? De celle du texte?

La dame que chante le poète sincère "n'est donc pas autre chose qu'un object poétique ou plutôt un mythe qui incarne une inspiration" (ibid., p. 560). Et les séducteurs tant flétris par les poètes courtois, qui cherchaient-ils à séduire? Des dames mythiques aussi? Ou est-ce plutôt, au risque de verser dans le paradoxe, une autre marque des sentiments authentiques qu'ils ne visent personne en particulier? On voit jusqu'où peut mener la notion de sincérité chez qui s'efforce de la retenir, tout en écartant toute référence à la biographie du poète.

Mais le plus grand problème posé par la théorie de Dragonetti, c'est qu'elle confond deux choses bien distinctes qu'il vaudrait mieux garder séparées: la sincérité en tant que phénomène historique et la sincérité en tant que thème poétique. A part une citation de Cicéron sur l'émotion de l'orateur (ibid., pp. 560-61), où il n'est nullement question de "convenances", tous les textes cités par Dragonetti à l'appui de sa théorie viennent des trouvères eux-mêmes. Or, ces trouvères, il faut les supposer moins préoccupés par la théorie que par la pratique, moins soucieux de formuler une doctrine de rhétorique que de créer des poésies. C'est Dragonetti qui extrait de leur oeuvre une doctrine pour ensuite la rattacher à la notion médiévale de la convenance du style.

Les protestations de sincérité, si fréquentes chez les trouvères, relèvent d'un topique bien établi, comme le reconnaît du reste Dragonetti lui-même (ibid., pp. 552-53). C'est pourquoi il leur accorde peu de crédit, prises individuellement, et se contente de les "interpréter . . . en général" (ibid., p. 554). Mais si aucune d'entre elles, toute seule, n'est digne de foi, comment peut-on encore s'y fier en les prenant dans leur ensemble? Et l'emploi de ce topique dans les exordes, printaniers et autres, auquel Dragonetti semble accorder tant de poids, est encore moins apte à prouver que les poètes "quittent un instant la fiction" (ibid., p. 554) pour nous faire un aveu. Car c'est justement là que la fonction rhétorique de ce topique, qui est de gagner la bienveillance, est la plus accusée[7].

Dragonetti a très bien montré comment les trouvères construisaient des poésies très réussies à partir d'une esthétique qui n'est plus la nôtre. Mais il ne semble pas concevoir que cette esthétique puisse servir de *seul* critère pour l'appréciation de cette poésie, sans que l'on ait recours à une forme quelconque de sincérité pour la cautionner. Est-ce par déférence à son maître, Guiette, qui, pourtant, n'évoquait la notion de sincérité qu'en passant et plutôt par figure?

Quoi qu'il en soit, sa position n'est pas si loin, en définitive, de celle de Jeanroy, car les deux savants semblent accorder au critère de la sincérité à peu près le même poids. Il y a cette différence, que Jeanroy reprochait aux troubadours, sur la base d'une appréciation personnelle, leur manque de sincérité, tandis que Dragonetti loue les trouvères de leur sincérité, sur la base non moins contestable de leurs propres dires.

Mais justement, Jeanroy admettait une seule exception à sa règle:

> Il est un troubadour au contraire - le seul peut-être - qui a placé dans la sincérité et la profondeur du sentiment la source de toute poésie, Bernart de Ventadour, que ni ses contemporains ni la postérité n'ont mis à la place qu'il mérite[8].

Et Jeanroy cite, à l'appui de ce jugement, l'exorde de deux chansons de Bernart où sont développées des protestations de sincérité.

Sans doute le mot de Guiette, "le thème n'est qu'un prétexte", s'applique-t-il aussi au thème de la sincérité. Et pourtant, ce thème existe, il est même très répandu, comme le montrent les nombreuses citations de Dragonetti. Il est donc très légitime de l'analyser en tant que tel, dans son fonctionnement poétique, sans a priori quant à son rapport avec la subjectivité historique du poète. D'ailleurs, une telle étude ne pourrait manquer de jeter une lumière intéressante sur les théories de Guiette et de Dragonetti.

C'est ce que nous proposerons de faire dans les pages qui suivent, à propos de l'un des deux textes de Bernart de Ventadorn cités par Jeanroy: "Non es meravelha s'eu chan" (PC 70,31)[9]. Remarques trop brèves, bien entendu, qui ne cherchent pas tant à analyser le poème en profondeur qu'à commenter l'emploi qu'y fait Bernart du thème de la sincérité.

Une première constatation, d'ordre grammatical, éclaire singulièrement le texte: la strophe VII, qui commence par l'apostrophe "Bona domna", s'adresse à la dame à la deuxième personne, "vos", tandis que, dans tout le reste du poème, elle n'est évoquée qu'à la troisième personne (strophes III, vv.18, 20; V, vv. 39-40; VI, vv. 41, 48; VIII, vv. 57-58). Isolée par la grammaire, cette strophe occupe aussi une place stratégique dans le poème, car c'est la dernière[10]. Nous nous permettrons donc de l'analyser tout d'abord.

La fonction de la strophe VII est soulignée par le mot qui tombe à la rime au premier vers de cette strophe: "deman". Il s'agit, en effet, de 'demander', de placer une requête, en l'occurrence, une requête amoureuse:

Bona domna, re no·us deman
mas que·m prendatz per servidor.
(vv. 49-50)

Cette requête est formulée en termes d'une figure conventionnelle comparant le service d'amour au service du vassal; cette "métaphore féodale" sera filée tout au long de la strophe. Pour faire mieux passer sa demande, le poète l'atténue par une tournure négative à valeur restrictive, "re no . . . mas"; d'ailleurs, répartie sur les deux vers, cette tournure se présente au premier abord comme une simple négation, à laquelle le "mas" n'apportera qu'une petite exception.

Les deux vers qui suivent rendent explicite la métaphore féodale, au moyen de la conjonction de comparaison "com", tout en évoquant la récompense qui est due au service du vassal:

qu'e·us servirai com bo senhor,
cossi que del gazardo m'an.
(vv. 51-52)

Le poète se désintéresse de cette récompense, dit-il (de même qu'il ne demande [guère] rien), et ne cherche qu'à servir, mais par cette renonciation même, il rappelle subtilement la dame à son devoir de "bo senhor".

Sans attendre de savoir si son service sera accepté, le poète se déclare tout soumis à sa dame, l'interpellant de nouveau au moyen de quatre épithètes laudatives:

Ve·us m'al vostre comandamen,
francs cors umils, gais e cortes.
(vv. 53-54)

Cette louange est évidemment destinée tout d'abord à attirer la bienveillance. Mais, dans ce contexte, elle crée en plus chez la dame une obligation de se comporter à l'égard de son "serviteur" en fonction des qualités qu'il lui attribue. La même espèce de "chantage" se poursuit dans les deux derniers vers de la strophe, où le poète fait appel, par antiphrase, à l'humanité de sa dame, tout en jouant sur une figure hyperbolique stéréotypée, "mourir d'aimer":

> Ors ni leos non etz vos ges,
> que·m aucizatz, s'a vos me ren.
> (vv. 55-56)

En même temps, "me ren" et "aucizatz" renouent avec l'imagerie politico-militaire de la métaphore féodale. La requête amoureuse, procédé si délicat, est donc tournée avec une adresse telle qu'elle ne ressemble guère plus à une requête.

Si l'on se tourne maintenant vers le reste du poème, on constate qu'il est tout dominé par la première personne du singulier: la moitié des verbes (vingt-cinq sur quarante-neuf), les trois quarts des pronoms personnels (seize sur vingt et un) et des possessifs (trois sur quatre) revêtent cette forme. C'est ici, sans doute, que le poète déploie sa subjectivité, fait l'aveu de ses sentiments.

Mais quel est le rapport entre cette partie "subjective" du poème et la strophe que nous venons d'analyser? Nous verrons que les six premières strophes n'ont d'autre fonction que de préparer et de justifier la requête de la dernière strophe. C'est ici que le poète affirme, déclare, illustre et "prouve", de diverses manières, la sincérité de son amour, qui est l'essence même de son "service" et son meilleur titre à une récompense. Pour en parler dans les termes de la rhétorique épistolaire du moyen âge, ces strophes sont la *captatio benevolentiae* et la *narratio* qui appuient une *petitio*.

Ainsi, la strophe III. Elle commence par une protestation formelle de sincérité, à l'allure plutôt juridique. L'objet de ce "serment", c'est le verbe "am" qui se trouve au début du vers suivant. Il s'agit, en effet, d'affirmer la sincérité de l'amour du poète:

> Per bona fe e ses enjan
> am la plus bel' e la melhor.
> (vv. 17-18)

Le régime du verbe "am", qui remplit tout le reste du vers, n'est pas une description neutre, objective de la dame, mais plutôt une autre affirmation de la subjectivité du poète, réalisée au moyen d'un emploi hyperbolique du superlatif à des fins laudatives. L'excellence de la dame découle de l'amour du poète, de sa façon particulière de la voir; en même temps, c'est elle qui explique cet amour et qui le rend plausible. Elle forme avec "am" l'amour qu'elle incarne en même temps qu'elle l'inspire, une espèce de tautologie.

Les deux vers qui suivent avancent une "preuve" de l'amour du poète, sa souffrance, manifestée à l'extérieur par des symptômes physiques, les soupirs et les larmes:

Del cor sospir e dels olhs plor,
car tan l'am eu, per que i ai dan.
(vv. 19-20)

Le v. 20 rend explicite l'équation: amour ("am") = souffrance ("dan") = manifestations extérieures ("sospir", "plor"), la conjonction "car" servant de charnière entre le vers précédent et le "per que" qui suit.

Le reste de la strophe développe les souffrances du poète au moyen d'une figure allégorique typique, l'Amour et sa prison:

Eu que·n posc mais, s'Amors me pren,
e las charcers en que m'a mes
no pot claus obrir mas merces,
e de merces no·i trop nien?
(vv. 21-24)

D'une allure plus intellectuelle, puisqu'il sépare l'affect "Amors" de son sujet "eu", ici objectivé, ce passage ressemble à une sorte d'explication métaphysico-psychologique de l'état d'esprit du poète. Mais, en fait, c'est plutôt la réitération paraphrastique d'une déclaration déjà faite et refaite: "am". Les deux derniers vers de la strophe, tout en filant la figure allégorique, anticipent sur la requête amoureuse de la strophe VII en introduisant, pour la première fois, le terme (féodal) "merces". Dans cette strophe, le poète a donc affirmé et réaffirmé, juré, prouvé et expliqué la sincérité de son amour, tout en plaçant une première allusion à la récompense escomptée.

Il en est de même de la strophe V, qui développe la distinction à faire entre les amants sincères et les contrefacteurs:

Ai Deus! car se fosson trian
d'entrels faus li fin amador,
e·lh lauzenger e·lh trichador
portesson corns el fron denan!
(vv. 33-36)

Dragonetti (ibid., pp. 553-54) semble prêter un poids particulier aux dénonciations des simulateurs chez les trouvères du Nord. Mais ce motif est tout simplement l'autre face du topique qu'est la protestation de sincérité.

Si, dans notre passage, le poète souhaite si ardemment un moyen de séparer les vrais amants des faux, c'est qu'il se compte lui-même, cela va sans dire, parmi les premiers. Les *lauzengers* servent de repoussoir pour mieux faire éclater la sincérité du *fin amador*, qui se distingue d'eux en les dénonçant. D'ailleurs, la marque que le poète propose pour les reconnaître, les cornes au front, n'est pas peu ironique, car c'est celle qui distingue traditionnellement leurs victimes, les cocus. Par ce renversement des signes, placé par l'imparfait du subjonctif sur le plan de l'irréel, le poète suggère une réalité tout autre: que c'est lui-même, l'amant sincère, qui porte des cornes, "trompé" non pas par rapport à son droit légal, mais par rapport à une sorte de droit naturel qui découle de l'authenticité de ses sentiments.

La fin de la strophe renouvelle, d'une manière directe et classique, les protestations de sincérité:

Tot l'aur del mon e tot l'argen
i vogr' aver dat, s'eu l'agues,
sol que ma domna conogues
aissi com eu l'am finamen.
(vv. 37-40)

Ici le verbe "am" est renforcé par un adverbe de qualité, "finamen", qu'il faut traduire, très approximativement, par 'sincèrement'. De plus, il est appuyé par un gage hyperbolique, "tot l'or del mon" (placé encore, par la force des choses, sur le plan de l'hypothétique). Et la destinataire de ces déclarations est nommée: c'est "ma domna", celle à qui sera présentée une requête tout à l'heure, celle qui distribue les *gazardos*.

Par des procédés semblables, tous les élements du texte se rattachent à ce dessein. Les remarques générales de la strophe II sur l'importance de l'amour, qui donne à la vie toute sa valeur, ne sont pas une discussion froide et théorique de ce thème, mais la déclaration passionnée d'un homme qui aime, comme le souligne le poète lui-même, en ramenant l'attention sur son propre cas, par un voeu suicidaire qui sert de gage de sincérité, dans la seconde moitié de la strophe. De même, la strophe IV, fondée sur l'oxymoron typique de la "douce souffrance", prouve, par son paradoxe même, l'intensité des sentiments du poète. Mais les expressions de sincérité les plus frappantes se trouvent à deux points hautement stratégiques: la première strophe et la sixième, celle qui ouvre la chanson et celle qui précède directement la requête.

Le célèbre exorde - c'est le passage cité par Jeanroy - avance comme preuve de sincérité l'excellence de la chanson du poète:

Non es meravelha s'eu chan
melhs de nul autre chantador,
que plus me tra·l cors vas amor
e melhs sui faihz a so coman.
(vv. 1-4)

Encore une fois, c'est la première rime de la strophe, le verbe "chan", qui en résume le contenu. Quittant un instant la modestie habituelle aux poètes-amants, le troubadour prétend à une maîtrise de son art qui lui ferait surpasser tous ses collègues et rivaux. Et cette maîtrise est attribuée à la profondeur de ses sentiments, thème qui sera développé dans tout le reste de la strophe. Renouvellement habile d'un motif conventionnel, puisqu'en même temps que l'amour justifie la chanson - c'est la fonction de l'exorde -, la chanson "prouve", par son excellence, la sincérité des sentiments qui l'ont inspirée.

La strophe VI décrit la réaction du poète en présence de sa dame:

> Cant eu la vei, be m'es parven
> al olhs, al vis, a la color,
> car aissi tremble de paor
> com fa la folha contra·l ven.
> Non ai de sen per un efan
> aissi sui d'amor entrepres.
> (vv. 41-46)

Cette présence provoque chez le poète un désarroi profond, manifesté à l'extérieur par son "apparence" ("m'es parven" - de nouveau, la première rime), analysée ensuite en plusieurs signes spécifiques: le tremblement, le changement de couleur, etc. Ce désarroi est une autre preuve d'amour, comme le souligne le v. 46. Le poète est privé de sens, nous dit-il, rendu, sous le coup de l'émotion, à l'état d'un enfant. Mais, à en juger par les deux derniers vers de la strophe, cela ne l'empêche pas de soigner ses transitions:

> e d'ome qu'es aissi conques,
> pot domn' aver almorna gran.
> (vv. 47-48)

Tout en résumant le désarroi du poète, "conques" prépare la métaphore féodale de la strophe suivante, tandis qu'avec sa référence à "almorna", le poète tire argument de ce même désarroi pour commencer déjà la requête.

Si l'on rapproche les deux strophes que nous venons d'analyser, la première et la dernière des preuves de sincérité avancées par le poète, on ne peut manquer d'être frappé par le paradoxe qu'elles développent. L'amour du poète se reconnaît surtout à deux indices contradictoires: un pouvoir et une impuissance, la maîtrise de son art et le manque de maîtrise de sa personne. Comme si c'était l'amour qui se chante lui-même, à travers un poète qui sert de simple véhicule à l'expression d'un sentiment qui le domine tout entier.

De telles contradictions ne sont pas rares chez les troubadours. Le développement progressif et systématique, l'enchaînement logique des idées à travers le poème sont plutôt exceptionnels. Car, si chaque strophe présente une cohésion relativement grande, en revanche, les rapports entre les strophes sont souvent assez flous. C'est ce qui explique les nombreuses divergences, d'un manuscrit à l'autre, dans l'ordre des strophes d'une même chanson[11].

A cet égard, notre chanson est très typique. Le contenu thématique des diverses strophes peut se résumer ainsi: I, l'amour fait l'excellence de la chanson; II, l'amour donne à la vie sa valeur; III, le poète aime et souffre; IV, les souffrances d'amour lui sont douces; V, il se distingue des *lauzengers* par la sincérité de ses sentiments; VI, la présence de sa dame le jette dans un profond désarroi; VII, il demande "merci" à sa dame; (VIII, il lui envoie sa chanson). Les six premières strophes, nous l'avons vu, présentent des preuves de sincérité à l'appui de la requête qui constitue la dernière. Mais il n'y a guère de progression dans le développement de ces preuves, qui auraient pu se présenter dans n'importe quel ordre. Ce sont autant de variations, discrètes et autonomes, sur un même thème central.

Les thèmes et motifs de cette chanson ne sont pas traités en profondeur, une fois pour toutes; le poète les évoque plutôt, quitte à y revenir par la suite. Ainsi, la description laudative de la dame est ébauchée dans la strophe III (v. 18), puis reprise dans la strophe VII (v. 54). Les thèmes apparentés de la souffrance et du désarroi du poète sont développés dans les strophes III, IV et VI. L'antithèse vie/mort paraît dans les strophes II, IV (vv. 27-28) et VII (vv. 55-56). Les déclarations d'amour reviennent dans les strophes I, III et V. Il en résulte un certain "entrelacement" des thèmes, pour emprunter une image utilisée par certains médiévistes dans un autre contexte.

De plus, les traitements successifs que subissent ces thèmes sont parfois contradictoires. Ainsi, l'antithèse vie/mort[12]. Au début de la strophe II, le fait de ne pas aimer est décrit comme une "mort" métaphorique:

Ben es mortz qui d'amor no sen
al cor cal que dousa sabor.
(vv. 9-10)

Mais dans le reste de la strophe, le verbe "viure" est pris très littéralement et ne semble plus être incompatible avec le fait d'être "sans amour":

e que val viure ses amor
mas per enoi far a la gen?
(vv. 11-12)

D'ailleurs, le poète préfère ne plus vivre, toujours au sens littéral, plutôt que de ne pas aimer:

Ja Domnedeus no·m azir tan
qu'eu ja pois viva jorn ni mes
pois que d'enoi serai mespres
ni d'amor non aurai talan.
(vv. 13-16)

La mort littérale est donc une option préférable à la "mort" métaphorique du premier vers.

Dans la strophe IV, la "mort" est prise de nouveau métaphoriquement, comme le montre le fait qu'elle peut se reproduire "cent fois par jour". Mais, loin de signifier un manque d'amour, c'est (avec, paradoxalement, la "renaissance" qui la suit chaque fois) l'une des conséquences (et preuves) de l'amour du poète:

> Aquest' amors me fer tan gen
> al cor d'une dousa sabor:
> cen vetz mor lo jorn de dolor
> e reviu de joi autras cen.
> (vv. 25-28)

Dans un passage de la strophe VII que nous avons analysé (vv. 55-56), c'est l'amour non partagé, l'hostilité de la dame, qui pourrait "tuer" le poète, expression qui n'est peut-être plus métaphorique, à proprement parler, mais seulement hyperbolique. Il n'y a donc aucune imagerie cohérente à travers le poème, puisque l'antithèse vie/mort présente une autre signification pour chaque attestation.

Comment interpréter cet état de choses? Pour Jeanroy le manque de cohérence chez les troubadours constitue un grave défaut. De la composition il dit:

> Elle est, de toutes les parties de la chanson provençale, la plus faible. Les troubadours ignorent absolument ce qu'est un tout logiquement agencé; ils n'ont à aucun degré l'art de grouper autour d'une ideé centrale les idées accessoires propres à l'éclairer; ou plutôt ils semblent ne s'en préoccuper nullement...
>
> Que les sentiments exprimés soient contradictoires, cela même importe peu aux troubadours: ils les déroulent devant nous avec une indifférence qui déconcerte; on dirait un kaléidoscope où se succèdent sans transition des images disparates[13].

Apparemment, Jeanroy ne voit lui-même aucune contradiction à exiger des troubadours qu'ils écrivent de coeur et qu'ils soignent leur composition!

Sans doute Guiette tombe-t-il plus juste en écrivant:

> Dans ces conditions, la composition du texte n'a pas (c'est la primauté de l'ordre esthétique) à s'embarrasser de logique rationnelle ou même sentimentale ou psychologique: l'ordre esthétique prime tout[14].

Mais, tout comme les thèmes, l'ordre de leur présentation existe bien et peut donc être analysé. Même si la chanson est *surtout* musique, elle n'est pas *uniquement* musique, car le texte linguistique est porteur de sens, d'une successivité de sens divers qui ne peuvent pas ne pas produire sur le public, par l'ordre même de leur déroulement, certains effets psychologiques.

Pour aller plus loin dans l'analyse, il faut revenir sur le lyrisme de la chanson au premier sens du terme, sa musicalité, et surtout sur un aspect de cette musicalité, la versification. A ce propos, nous aimerions placer deux remarques.

La première concerne la versification de notre poème, "Non es meravelha s'eu chan"[15]. Les huitains octosyllabiques qui composent cette chanson sont formés par la juxtaposition de deux quatrains à rimes embrassées: *abbacddc*. La rime *a* de la première strophe devient la rime *c* de la deuxième et vice-versa, tandis que les rimes *b* et *d* restent invariables à travers le poème, qui est donc bâti tout entier sur quatre rimes.

Cette forme s'appelle, de son nom technique, *coblas capcaudadas* alternées, puisque les strophes alternent et que la dernière rime de chaque strophe est aussi la première rime de la strophe suivante. C'est une forme relativement élaborée pour les troubadours, très élaborée même pour le partisan du *trobar plan* qu'est Bernart. Sur les 2542 poésies des troubadours recensées par Frank, 61 présentent des strophes *capcaudadas* et alternées; 132 autres présentent l'un de ces deux traits seulement[16]. Sur les quarante-quatre poèmes de Bernart, six, à part "Non es meravelha", présentent un élément quelconque de recherche métrique; trois des six seulement (PC 70,9; 70,42; 70,44) peuvent se comparer à notre chanson par la complexité de leur forme[17].

L'élaboration de la forme métrique est certainement un critère d'excellence pour les troubadours, et Bernart a pu y penser en proclamant, dans la première strophe, la supériorité de sa chanson. D'autre part, ce contrôle manifeste et éclatant de la forme métrique fait un contraste frappant avec la confusion apparente du développement thématique. Ainsi, le paradoxe fondamental, maîtrise et non maîtrise, que nous avons constaté sur le plan thématique en rapprochant les strophes I et VI, se trouve incorporé dans la texture même de la chanson.

Cette configuration paradoxale, qui règne sur toute la pièce, est particulièrement sensible dans un passage situé vers le milieu du poème, la fin de la strophe IV:

> Ben es mos mals de bel semblan,
> que mais val mos mals qu'autre bes;
> e pois mos mals aitan bos m'es,
> bos er lo bes apres l'afan.
> (vv. 29-32)

Sur le plan thématique: paradoxe pur, modulation jusqu'au délire de l'oxymoron conventionnel de la “douce souffrance” (paradoxe d’autant plus frappant qu’il adopte la forme d’une pseudo-démonstration: “que”, “e pois”); sur le plan sonore: un discours fait tout de rimes, d’assonances et d’allitérations, au point d’en devenir pure musique[18].

La seconde remarque concerne le genre lyrique appelé *descort*, genre mineur qui semble connaître de nos jours un certain renouveau d’intérêt. On a récemment défini le *descort* comme une “anti-chanson”[19]. En effet, il partage avec la chanson les thèmes traités: amour passionné, espoir et désespoir, joies et souffrances de l’amour. Il y a tout juste une tendance à insister davantage sur le “désaccord”: le déchirement d’âme, le désarroi psychologique que produisent chez le poète des sentiments si intenses[20]. Cependant, le *descort* se distingue de la chanson sur le plan métrique et musical: à l’*acort*, la régularité strophique et mélodique de la chanson, le *descort* oppose une “discordance” qui consiste surtout à changer de forme métrique et de mélodie avec chaque strophe. Ce procédé technique constitue donc la stylisation, sur le plan formel, du déséquilibre du poète sur lequel insiste le texte. Pour renforcer l’impression de sincérité, le poète crée, par la manipulation de la forme, l’effet d’un désarroi, effet qui est, en fait, soigneusement contrôlé.

Ne pourrait-on étendre le même principe au développement thématique de la chanson? A ce monent-là, les incohérences et les contradictions qui ont tant troublé Jeanroy paraissent comme la stylisation consciente - et soigneusement contrôlée - d’un bouleversement psychologique, symptôme et gage de sincérité. Serait-ce trop hardi de suggérer que toute chanson tend plus ou moins vers le *descort*, non pas, certes, par sa forme strophique et musicale, mais par la liberté relative de sa structuration thématique? Ce qui ne retranche rien à “l’ordre esthétique”, à la musicalité de la chanson, mais, au contraire, les complète.

Sous cet angle, le désordre apparent du développement thématique de notre poème devient une autre preuve de la sincérité du poète, c’est-à-dire un autre élément de l’argument avancé pour gagner les faveurs de la dame. Par son contraste avec la grande maîtrise de la forme métrique, il illustre dans la texture même de la chanson le paradoxe de la passion. Spontanéité bien calculée, sincérité habilement feinte, il est surtout, pour nous, une autre preuve, si on en avait besoin, de la maîtrise totale qu’exerce le poète sur sa matière, de l’excellence de son art.

Si la chanson, prise dans son ensemble, en tant que phénomène, est surtout musique, sur le plan thématique - le plan de la fiction - elle est surtout *rhétorique*: non seulement un grand répertoire de procédés techniques, comme l’a si bien démontré Dragonetti, mais aussi et surtout rhétorique au sens dynamique du terme, comme art de la persuasion. C’est pourquoi le thème de la sincérité y tient une place si importante. Même si la chanson n’a jamais servi à séduire des dames, même si ce n’est pas du tout dans cette intention qu'elle a été créée, on a pourtant l'impression qu'elle aurait très bien pu être utilisée à cette fin, tant les arguments du poète-amant sont agencés, simultanément sur tous les plans, avec un art consommé. Ce qui explique sans doute en partie la séduction qu'elle exerce encore sur nous.

Notes

[1]Alfred Jeanroy, *La poésie lyrique des troubadours*, 2 vol. (Toulouse et Paris, 1934), 2:94. Cf. ibid., p. 175: "La savante oeuvre d'art qu'est la chanson nous laisse rarement percevoir l'écho d'un sentiment sincère".

[2]Robert Guiette, *D'une poésie formelle en France au moyen âge* (Paris, 1972). Paru d'abord dans *Revue des Sciences Humaines* 54 (1949), 61-69, cet article fut réimprimé une première fois dans *Romanica Gandensia* 8 (1960), 9-32.

[3]Guiette, *D'une poésie formelle*, pp. 33-34.

[4]Ibid., pp. 32-33.

[5]Voir notamment Pierre Bec, "Quelques réflexions sur la poésie lyrique médiévale: Problèmes et essai de caractérisation", *Mélanges offerts à Rita Lejeune* (Gembloux, 1969), 2:1309-29; id., *Nouvelle anthologie de la lyrique occitane du moyen âge* (Avignon, 1970); id., *La lyrique française au moyen âge (XIIe-XIIIe siècles)*, 2 vol. (Paris, 1977); Paul Zumthor, *Langue et techniques poétiques à l'époque romane (XIe-XIIIe siècles)* (Paris, 1963); id., *Essai de poétique médiévale* (Paris, 1972); id., *Langue, texte, énigme* (Paris, 1975).

[6]Roger Dragonetti, *La technique poétique des trouvères dans la chanson courtoise* (Bruges, 1960), p. 553.

[7]C'est dans un esprit semblable que Dragonetti met sur le même plan la réussite artistique produisant une *illusion* de sincérité et l'existence effective de ce même phénomène, comme si celle-là devait forcément témoigner de celle-ci: "La fiction devient vraisemblable et le poème authentique" (*La technique poétique*, p. 560). Ce qui n'est pas sans rappeler les romantiques qui cherchaient à remonter de la subjectivité formelle de la poésie lyrique jusqu'à une explication de sa génèse et de là à son essence.

[8]Jeanroy, *La poésie lyrique*, 2:138.

[9]*Bernard de Ventadour: Chansons d'amour*, éd. Moshé Lazar (Paris, 1966), pp. 60-63. On consultera aussi *Bernart von Ventadorn: Seine Lieder mit Einleitung und Glossar*, éd. Carl Appel (Halle, 1915), pp. 186-93.

[10]L'envoi (strophe VIII) n'est rapporté que par deux manuscrits sur vingt. Voir *Bernard de Ventadour*, éd. Lazar, p. 238 n. 8; *Bernart von Ventadorn*, éd. Appel, p. 191.

[11]Pour notre poème, cette tendance est freinée, mais non pas effacée, par les contraintes de la forme métrique, qui est celle des *coblas capcaudadas* alternées (cf. ci-dessous, p. 156): les vingt manuscrits qui conservent cette chanson présentent pour les strophes douze ordres différents, dont cinq, représentant treize manuscrits, respectent strictement l'alternance des strophes (cf. *Bernart von Ventadorn*, éd. Appel, p. 187). Les seules exceptions à la règle générale de la mobilité des strophes sont constituées par l'exorde et l'envoi, à cause de la fonction spéciale que remplit

chacun de ces deux éléments. Dans ce cas-ci, la strophe I est placée en tête par tous les dix-neuf manuscrits qui la conservent.

[12]Cf. Pierre Bec, "L'antithèse poétique chez Bernard de Ventadour", dans *Mélanges de philologie romane dédiés à la mémoire de Jean Boutière (1899-1967)* (Liège, 1971), pp. 107-37, surtout pp. 122-24.

[13]Jeanroy, *La poésie lyrique*, 2:113-14.

[14]Guiette, *D'une poésie formelle*, p. 33.

[15]Cf. István Frank, *Répertoire métrique de la poésie des troubadours*, 1 (Paris, 1953), p. 139 n° 624:51.

[16]Y compris les *coblas retrogradas*, les sixtines et diverses formes apparentées (Frank 1:xvi; 2:58-61, 67-68).

[17]Toujours d'après les tableaux de Frank 2:59, 61-62, 67-68. Cf. *Bernard de Ventadour*, éd. Lazar, pp. 30-33. La mélodie, qui est conservée par deux manuscrits, ajoute encore une autre dimension à la complexité formelle de cette chanson. Elle présente une coupe assymétrique 5/3, par contraste avec la parfaite symétrie des rimes, et répète deux fois la première phrase, aux vv. 5 et 8: abcda' efa". Cf. *Bernard de Ventadour*, éd. Lazar, pp. 43-45; *Bernart von Ventadorn*, éd. Appel, p. ciii; id., *Die Singweisen Bernarts von Ventadorn, nach den Handschriften mitgeteilt* (Halle, 1934); Ugo Sesini, "Le melodie trobadoriche nel canzoniere provenzale della Biblioteca Ambrosiana", *Studi Medievali* 12 (1939), 1-101; 13 (1940), 1-107.

[18]Sur trente-deux syllabes, vingt-deux représentent des mots monosyllabiques; dix-huit commencent par une labiale, surtout "m" (huit) ou "b" (six); vingt se terminent par une dentale, "s" (quinze) ou "n" (cinq), cinq par la liquide "l", soit seule (deux), soit en combinaison avec "s" (trois); toutes sont bâties autour de voyelles ouvertes ou mi-ouvertes: "e" (treize), "a" pur (neuf) ou en diphthongue (trois), "o" pur (six) ou en diphthongue (un); dix représentent des mots répétés tels quels: "mos" (trois), "mals" (trois), "bes" (deux), "bos" (deux). Concentration extraordinaire d'un petit nombre de phonèmes et de groupes phonémiques, soumis à de multiples variations!

[19]Richard Baum, "Le descort ou l'anti-chanson", dans *Mélanges Boutière*, pp. 75-98.

[20]Voir Erich Köhler, "Deliberations on a Theory of the Genre of the Old Provençal *Descort*", dans *Italian Literature, Roots and Branches: Essays in Honor of Thomas Goddard Bergin* (New Haven et Londres, 1976), pp. 1-13; ici pp. 148-49.

Critical Positions on Marcabru: From Christian Misogynist to Spokesman for *fin'amors*

Deborah Nelson

Because of its variance from the mainstream of traditional Occitan lyric poetry, Marcabru's corpus of forty-two songs has long been the subject of polemic. In the thirty-two songs which are clearly *sirventes*, Marcabru laments the behavior and morals of the noble class accusing it of adultery, sexual promiscuity, jealousy, stinginess, boasting, idleness, gluttony, drunkenness and lack of religious conscience. The poet perceives a progressive decline in his society and predicts impending disaster if the nobles continue their evil ways. Yet, the haranguing and bitter tone in these songs communicates more than an idle longing for the simpler and better days of the past.[1] Without question, the poet, or the prophet *persona* that he adopts, genuinely believes in the gravity of the social problems he identifies and in the validity of the causes and solutions he proposes. And, in fact, the ten songs that do not fall into the classification of *sirventes* reinforce this poet's isolation from the traditional concept of the Occitan lyric. Marcabru never speaks of the beauty and perfection of his lady nor of his desire and suffering; and his comments on love tend to be clinical rather than emotional. Marcabru's consistent detachment from amorous involvement, however, does not prevent him from creating lyric masterpieces.

This corpus of poetry came to the attention of scholars just over one hundred years ago. Although initially preoccupied with dating the songs, summarizing the contents for those who had no access to the manuscripts and reconciling this content with supposed personal behavior on the part of the poet, even the earliest scholars were troubled by the apparent inconsistencies in the stance Marcabru takes on the question of love as well as by his obscure style which leads to conflicting interpretations. These scholars, however, did agree that the principal theme of the entire corpus is love and its effects (both positive and negative) on the individual and on society. They agreed also that Marcabru distinguishes between two kinds of love, *fin' amors* and *amars*, but they held widely differing opinions on the definitions of those terms. The lack of any even simulated personal amorous involvement argues, in the opinion of some, for a definition of love outside the domain of man-woman relationships. Furthermore, the poet's scathing criticism and obscene epithets for members of the female sex render the songs most difficult to reconcile with a tradition associated with idealization of women. Also, the numerous direct references to scripture, along with verses that echo the spirit if not the language of the Bible, were difficult to fit into a tradition long accepted as totally secular in nature. Thus, it was often assumed that for Marcabru, *amars* denotes carnal love and *fin' amors* a pure, spiritual love, or *caritas*. Like the medieval biographers who composed sketches of the troubadours' lives based loosely on the contents of their songs, the early scholars depended totally on the lyrics for hints that might help to decode the puzzling and seemingly contradictory contents.

Among the first to study Marcabru's work, Hermann Suchier[2] and Friedrich Diez[3] (in the late nineteenth century) and Arthur Franz[4] (in the early twentieth century) characterize the poet as a misogynist and the opponent of "courtly love" or *amars*, which he believed was corrupting his society, and also as the foe of the troubadours who sang praises of adulterous relationships. Diez, especially, expresses frustration at his failure to reconcile the poet's seemingly unfounded attacks on women and love with his verbal respect for the requirements of *cortezia* and his simultaneous brazen disregard for this code in his accounts of his personal behavior:

> . . . ist zu bemerken, dass er, im Widerspruch mit dem Geiste der Hofpoesie, als Gegner der Liebe und der Frauen sich einen Namen zu machen suchte . . . . Die Ausfälle gegen die Liebe sind ohne Grund und Boden.[5]
>
> . . . Marcabrun bekannte sich übrigens für seine Person zu ganz andern Grundsätzen, als welche er empfahl. Er selbst legt sein moralisches Glaubensbekenntniss mit einer Keckheit ab, die etwas Merkwürdiges hat.[6]

With Diez, Karl Vossler (a contemporary of Franz) finds Marcabru's songs extremely difficult to understand and offers as an explanation that he lacked not only the formal training common to the other poets but also the social standing that would have put him at ease with the courtly attitude.[7]

Ten years later, in 1923, Carl Appel agrees with his predecessors on the conception of *amars* as "courtly love" and contrasts it with *fin'amors* which he defines as chaste love between man and woman and, by extension, as the love of God:

> Hier ist kein Zweifel mehr was Fin'Amor bedeutet. Jetzt handelt es sich nicht nur um keusche Liebe, im Gegensatz zu sündiger Brunst. Es handelt sich um keine irdische Liebe mehr, Fin'Amor ist zum Himmel aufgestiegen. Es ist die Liebe, die um Gott ist und mit ihm selber eins wird.[8]

Appel characterizes Marcabru as a man of strong morality with a morose and impatient temperament who was in constant conflict with his courtly environment and with the immorality instigated by the troubadours who wrote love poetry.[9]

Alfred Jeanroy provides the next step in the evolution of critical opinion by stating that Macrabru exalted *fin'amors*, or divine love, as opposed to *amars*, or profane love, which he attacked in the name of Christian ethics. "Marcabru . . . exalte le pur amour, c'est-à-dire l'amour divin, et s'élève contre l'amour profane qui s'exprime dans les vers du seigneur Eble."[10] This critic accounts for the non-traditional content of Marcabru's songs by identifying him as the leader of a group of "realist" poets who wanted to reform the social mores of their time which were being undermined by the so-called "idealist" poets, who sang praises of earthly love.[11]

Stressing the role of Marcabru as moralizer, Dimitri Schedludko, in the early 1940's, traces the doctrinal positions he identifies in the songs to their source in the writings of the Church Fathers, especially Saint Augustine. In Schedludko's opinion, Marcabru's songs must be viewed solely within a religious perspective: "Die Anlehnung an die heilige Schrift und die moralische Wertung des Problems zeigen zur Genüge, dass Marcabrun die Liebesfrage nicht ästhetisch, sondern ethisch-religiös beurteilt hat."[12] *Fin'amors* becomes *caritas* or love for God and the world a battleground between the forces of Good and Evil.[13] In 1945, Guido Errante provides support for Schedludko's position by interpreting passage after passage of the songs in light of a definition of *fin'amors* as *caritas* and by citing numerous verses that directly or indirectly quote the Bible. At the same time, he establishes an association between the cult of the Virgin Mary and the beginnings of "courtly love," both of which elevate woman above the earthly plane.[14]

Writing at the same time as Schedludko and Errante, Hans Spanke agrees with them that Marcabru did oppose adulterous love, troubadours, and courtly poetry on moral grounds, but he, too, notices apparent contradictions in the portrayal of love in the corpus as a whole and accounts for them with the hypothesis that the poet was forced to choose his position according to his audience if he wished to survive professionally. Thus, to please a predominately female audience, he ridiculed husbands as adulterous lovers while before a male audience he showed scorn for the passionate female sex.[15] Spanke insists that any of Marcabru's songs that resemble love songs in any way are necessarily parodies of the genre, and adds inscrutably that in this instance the extant parodies predate the genre being parodied: "Es ist eine der vielen Singularitäten der Troubadourliteratur, dass in ihrer Überlieferung die Parodie zum Teil fast älter ist als das Parodierte."[16]

In 1944, Helmut Hatzfeld also emphasized the role of parody in the songs but differs sharply with all the scholars (but especially Errante) who interpret Marcabru as a religious and biblical poet. Picking up on Errante's assertion that a distinct division between religious and secular life did not exist in the twelfth century, Hatzfeld breaks new critical ground when he declares that Marcabru uses religious language to oppose the love of personality in woman to mere carnal lust and that he, in fact, parodies the love of God with the love between the sexes. This technique is not heretical in the strictest sense but merely the reaction of a liberal, sophisticated society to the Cluniac asceticism of the day.[17]

Father Alexander J. Denomy supports Hatzfeld's revolutionary position by placing Marcabru's poetry in the context of the other early troubadours Guillaume IX, Cercamon, and Bernart Marti. He points out that these four poets differ from Jaufré Rudel and Bernart de Ventadorn, who are traditionally associated with love for women, in style and choice of language *but not in their basic conception of love.*[18] Father Denomy asserts that in Marcabru's opinion the greatest evil in the south of France from which all other social evils derived was the low estate to which love had fallen. His castigation of false love and lovers won him the reputation of misogynist and opponent of love when, in fact, he makes a clear distinction between kinds of women and kinds of love. Denomy appreciates that "Errante does prove that Marcabru spoke of *Amors* in language that is mystical and scriptural, but this language is as applicable to the human love of the sexes as it is to the love of God."[19]

In a study of Occitan love as a social phenomenon, René Nelli agrees with Hatzfeld and Denomy on their definitions of the terms *amors* and *amars* in Marcabru's poetry, and sees in his songs a poetic attempt to distinguish carnal love from sentimental love in a world where love was thought of only in terms of carnal need, parental affection, and friendship.[20]

While the widely variant positions of the early critics work against any clear-cut stance toward Marcabru's problematic *amars* and *fin'amors*, the battle lines today appear to be clearly drawn. On the one hand, D. W. Robertson, Jr., and his supporters define *fin'amors* in Marcabru's poetry as *caritas*, that is, Christian carity or love of God, and *amars* as *cupiditas*, or earthly love.[21] Adamantly denying the existence of any special portrayal of love peculiar to the troubadours, especially in the lyrics of Marcabru,[22] Robertson accepts the presence in medieval poetry only of idolatrous passion[23] and of a "courtly love," which he defines as that affection due to a lord and lady by their vassals and guests, a love with no sexual overtones.[24] Approaching the subject from an historical point of view, John Benton also believes that "courtly love" was merely a feudal attachment and deems it highly improbable that troubadours celebrated in songs genuine adulterous affairs with ladies, since punishment for infidelity in marriage was severe.[25]

Leslie T. Topsfield has emerged as the spokesman for the theories originally expressed by Hatzfeld and Denomy. In his book, *Troubadours and Love* (1975), Professor Topsfield makes clear the relationship between Christian ethics and love in Marcabru's songs. The poet evaluates the behavior of the nobles in terms of the Christian ethic and offers *fin' amors* as a remedy "which will bring social order and individual happiness."[26] For Marcabru, *fin' amors* is an "exalted profane love" that he brings close to the plane of religious love but never confuses with the love of God.[27] Looking for a new way to describe human love, Marcabru borrows imagery from the New Testament and thereby elicits an understanding response from his audience which readily associates the values expressed in the songs with those taught by the Church: ". . . but Christian influence extends beyond his imagery to his radical division of profane love into self-indulgent carnality and a higher love which is accepted by the mind, nourished by courtly virtue and fruitful in good results."[28] Professor Topsfield's persuasive analysis of this poet should leave no doubt as to the relationship between Christianity and profane love in these songs. However, the original misunderstandings are so deeply rooted that their influence will not soon disappear.

A member of Topsfield's camp, Theodore Silverstein, justifies the appearance of a new treatment of love in early twelfth-century Occitan lyric poetry when he points out that medieval poets and romance writers were troubled by the basic opposition between carnality and love.[29] Therefore, the lyric treatment of love responds to the "human need to attribute a higher purpose to sensual impulses."[30] According to the critics on this side of the question, Marcabru labeled unmitigated sensual impulses *amars* and called *fin' amors* the combination of physical attraction and a noble and unselfish sentiment with the latter dominating. *Fin' amors*, then, functions as a totally earthly—not religious—phenomenon.

It is, in fact, the striking frequency of religious vocabulary in the songs of virtually every troubadour, but most especially in Marcabru, that lies at the base of the problems in interpretation. The frequency is so extreme in Marcabru's songs that Raymond Gay Crosier excludes this poet from his discussion of religious elements in the secular lyrics of the troubadours because he is "too religiously oriented."[31] But the presence of religious vocabulary and imagery in the songs of Marcabru, as well as in those of the other troubadours, can be explained without making these poets agents of the Church. Given the educational structure of the early twelfth century and the constant exposure of the poets to the mass, the transference of vocabulary from the liturgy to secular poetry was a natural consequence. Furthermore, the similarities in the expression of religious and sensual love, while time-honored and present in every age, are particularly evident in the Middle Ages because of the commentaries of the Christian exegetes. *The Song of Songs*, well-known in the twelfth century, among others, through the sermons of Saint Bernard of Clairvaux, serves as an excellent example of the interchange of patterns on these two planes.[32]

Thus, in order to deal with the conflict they felt between the sensual and more noble aspects of earthly love, the Occitan poets, Marcabru included, merely used religious vocabulary and images that were familiar to them and that came easily to mind. They saw no problem whatever with their terminology and interchange, although the critics later did.

Notes

[1]Ernst Robert Curtius, *European Literature and the Latin Middle Ages*, trans. Willard R. Trask (New York, 1953), p. 82, includes "dream ages" in his discussion of major *topoi* found in medieval works.

[2]"Der Troubadour Marcabru," *Jahrbuch für romanische und englische Literatur* 14 (1874), 288.

[3]*Leben und Werke der Troubadours* (Leipzig, 1882), p. 42.

[4]*Über den Troubadour Marcabru* (Marburg, 1914), p. 24.

[5]Diez, *Leben und Werke*, p. 42.

[6]Ibid., p. 44.

[7]*Der Troubadour Marcabru und die Anfänge des gekünstelten Stiles* (Munich, 1913), pp. 12-13.

[8]Appel, "Zu Marcabru," *Zeitschrift für romanische Philologie* 43 (1923), 454.

[9]Appel reflects romantic sentiment when he points out that False Love flourishes in the courts whereas the uncorrupted shepherdesses in the two *pastourelles* illustrate that the immorality has not yet infiltrated the countryside. The view of a simple and pure life close to nature belongs more to the eighteenth and nineteenth centuries than to the twelfth century.

[10]*La poésie lyrique des troubadours* (Paris, 1934), 2:17.

[11]Ibid., p. 14.

[12]"Über die Theorien der Liebe der Trobadors," *Zeitschrift für romanische Philologie* 40 (1940), 200.

[13]Ibid., pp. 205-06.

[14]"Old Provençal Lyric Poetry, Latin and Arabic Influences," *Thought* 20 (1945), 326.

[15]"Marcabrustudien," *Abhandlungen der Gesellschaft der Wissenschaften zu Göttingen*, Phil.-hist. Klasse III, 24 (1940), 79.

[16]Ibid., p. 93.

[17]Review of Guido Errante's *Sulla lirica romanza delle origini* (New York, 1943), in *Romanic Review* 25 (1944), 167.

[18]"*Fin'amors*, the Pure Love of the Troubadours, its Amorality and Possible Source," *Mediaeval Studies* 7 (1945), 142-43.

[19]Ibid., p. 147.

[20]*L'Erotique des troubadours: Contribution ethno-sociologique à l'étude des origines sociales du sentiment et de l'idée d'amour*, Bibliothèque Méridionale, série 2, 38 (Toulouse, 1963), p. 20.

[21]"Five Poems by Marcabru," *Studies in Philology* 51 (1954), 547-50.

[22]*A Preface to Chaucer. Studies in Medieval Perspectives* (Princeton, N.J., 1962), p. 392.

[23]"The Concept of Courtly Love as an Impediment to the Understanding of Medieval Texts," in *The Meaning of Courtly Love*, ed. F.X. Newman (Albany, N.Y., 1972), p. 3.

[24]*A Preface to Chaucer*, p. 453.

[25]"Clio and Venus: An Historical View of Medieval Love," in *The Meaning of Courtly Love*, p. 27.

[26]L.T. Topsfield, *Troubadours and Love* (Cambridge, 1975), p. 72.

[27]Ibid., p. 85.

[28]Ibid., p. 101.

[29]"Guenevere, or the Uses of Courtly Love," in *The Meaning of Courtly Love*, p. 82.

[30]*In Pursuit of Perfection*, ed. Joan M. Ferrante and George D. Economou (Port Washington, N.Y., 1975), p. 6.

[31]*Religious Elements in the Secular Lyrics of the Troubadours*, Studies in the Romance Languages and Literatures, 111 (Chapel Hill, 1971), p. 11. My italics.

[32]Esther C. Quinn, "Beyond Courtly Love: Religious Elements in *Tristan* and *La Queste del Saint Graal*," in *In Pursuit of Perfection*, p. 200.

L'image des saisons dans la poésie d'Arnaut Daniel

Marie-Françoise Notz

En poésie comme en musique, une incontestable virtuosité ne peut, semble-t-il, se voir louée sans réticences. L'excellence de l'artisan ne lui ouvre pas nécessairement l'accès à l'ordre supérieur, où la sincérité du coeur et l'originalité de la pensée révèlent l'artiste. Si libérée que soit la critique d'un romantisme désuet, la somptuosité formelle d'Arnaut Daniel exerce toujours une fascination ambiguë.

Notre propos n'est pas d'alimenter un débat nourri de tant d'érudition et de ferveur[1], mais de suivre, en étudiant chez Arnaut l'image des saisons, une voie légèrement divergente. En 1958, Yves Lefèvre montrait combien les images choisies par le poète traduisaient une attention au réel, un sens du concret étonnamment affirmés[2]. C'est bien l'impression que laisse au lecteur l'évocation de la belle et de la mauvaise saison, sur quoi s'ouvrent dix chansons[3]. Mettre en lumière l'originalité du poète n'aurait pas le même intérêt si elle consistait seulement en variations opérées, par le choix du vocabulaire et des formes métriques, dans un ensemble cohérent sur quoi repose la définition du motif. Mais les chansons d'Arnaut nous semblent révéler aussi une vision très particulière de la nature, où l'élaboration et l'emploi de l'image engendrent un certain réalisme, dont la valeur poétique est, en son temps, assurément nouvelle.

Non qu'on ne puisse trouver chez lui ces représentations idéalisantes où la nature offre un recours figuré à la suggestion d'une perfection inexprimable. Au début de la chanson XIII, l'allégresse du poète soustrait le tableau de la nature printanière à l'inexorable écoulement du temps. L'espace n'est pas saisi par le cheminement d'un parcours mesuré à l'expérience commune et dont l'auteur nous inviterait à reprendre l'itinéraire; la juxtaposition des termes figuratifs, succédant au jaillissement des touches colorées, créent l'illusion d'une perception immédiate, que vient souligner l'emploi de l'allitération:

> Er vei vermeills, vertz, blaus, blans, gruocs
> vergiers, plans, plais, tertres e vaus...[4]

Pour apprécier l'intention du poète, il faut rappeler comment il illustrait le bouleversement qu'engendre l'amour:

> Qui Amor sec, per tal·s liure:
> . . . .
> s'ill o ditz ni ver li sembla,
> fassa·il plan del Puoi de Doma...[5]

L'illusion semble ici grossière, qui substitue à la hauteur l'étendue, et confond *ab cor humil*[6] les deux dimensions de l'espace.

Pourtant, ce constat quelque peu désabusé ne revêt pas l'amertume cynique de Villon[7]. Arnaut n'est certes pas le premier, ni le seul, à dire qu'aimer, c'est renoncer à ses propres valeurs pour s'ouvrir à une autre lumière. Les termes qu'il choisit traduisent la perte d'un certain sens du réel, celui qui assure l'efficacité de l'activité quotidienne: vision pragmatique, selon laquelle l'être aimé apparaît comme objet à posséder et qu'il faut savoir obscurcir pour lui conserver son excellence. La confusion des deux attitudes est l'oeuvre du faux amour; l'amant abusé, devenu idolâtre, accepte de confondre l'objet de sa passion avec les figures qui le désignent et trompe la vanité de son désir par le jeu stérile du langage. Alors que Villon joue sur la confusion de termes présentant un élément de ressemblance[8], Arnaut, lui, met en relief une opposition nette, même si coucou et colombe sont tous deux des oiseaux, plaine et puy des accidents géographiques:

> Qui Amor sec...
> cogul tenga per columba
> (IV, vv. 33-34)

Donc, abolissant par la juxtaposition des termes aux premiers vers de la chanson XIII les habitudes perceptives qui gouvernent la représentation de l'espace, Arnaut Daniel choisit délibérément un mode d'expression propre à traduire un sentiment particulier. Recourant au cliché de la nature idéale, il entend qu'il demeure un cliché; c'est dire que cette image printanière a une fonction médiate; qu'elle n'est pas le refuge offert à la sensibilité romantique, blessée par les imperfections d'un monde trop laid pour être la réalité dernière, ni le seul avatar qui permette une approche sensible de la perfection. En affirmant ailleurs, pour déjouer les pièges du faux amour:

> Ben conosc ses art d'escriure
> que es plan o que es comba...[9],

Arnaut pose nettement que la seule réalité poétique ressortit à l'acte créateur qui engendre la chanson et que l'inspiration du poète en est l'ultime référent. S'il nous propose l'image traditionnelle de la saison première dans son accomplissement intemporel, c'est pour ôter à la métaphore qui vient ensuite ce qu'elle pourrait avoir de convenu.

> So [l'allégresse du printemps]·m met en cor
> qu'ieu colore mon chan
> d'un' aital flor don lo fruitz si' amors,
> e iois lo grans, e l'olors d'enoi gandres.[10]

Le coeur du poète devient un de ces vergers merveilleux où le fruit voisine avec la fleur; le subtil enchaînement des images soustrait la croissance de l'amour à l'inévitable patience des terrestres jardins; fleur et fruit se voient nommés avant la graine; le parfum, ordinaire compagnon de l'absence et véhicule du souvenir, se fait ici promesse d'une joie inaltérable.

Quelle est cette fleur sinon le désir du poète, qui ne saurait devenir fruit ailleurs qu'au sein d'un idéal printemps? La délicate perfection de cette figure donne tout son sens à la vision impressioniste des premiers vers, où se mêlent illusion et réalité; illusoire paradis se résolvant aux mots qui le forment et que le poète doue du pouvoir bien réel de transmettre la joie.

Tout comme il utilise l'image traditionnelle d'un printemps radieux, Arnaut Daniel va recourir et non, semble-t-il, sans une secrète prédilection, à la nostalgie qu'entraîne l'inévitable retour de la mauvaise saison. Arbres dépouillés, troncs d'où se retire la sève, oiseaux devenus silencieux, Arnaut reste fidèle aux composantes traditionnelles d'un motif bien établi. Néanmoins, ses tableaux de la nature hivernale révèlent une originalité certaine, quoique discrète. Ainsi dans la chanson III:

> Quan chai la fuelha
> dels aussors entresims...[11],

la chute du feuillage est évoquée - nous le ressentons ainsi - dans sa lenteur mélancolique. On voit la feuille se détacher, on la suit lorsqu'elle tombe des hautes cimes dont la soudaine nudité dévoile l'entre-lac: la venue du froid est saisie progressivement, et le sentiment de la durée en accentue le caractère inexorable[12]. Le poète angoissé entend s'évanouir peu à peu la voix familière des oiseaux:

> ...dels dous refrims
> au sordezir la bruelha...[13],

et là encore, c'est la durée qui mesure un éloignement non dénué de valeur sentimentale; tout en suivant ici l'interprétation de Toja, on peut penser que *sordezir* conserve le pouvoir d'évoquer une déchéance; et l'introduction dans la description d'une valeur temporelle nous rend sensible, bien plus qu'un constat désolé, la nécessité de partager les épreuves de la nature. Cette sagesse donne tout son prix à l'affirmation qui gouverne cette chanson de fidélité:

> ...mas ieu soi prims
> d'amor, qui que s'en tuelha.[14]

Ainsi, l'originalité d'Arnaut ne consiste pas à proclamer la vigueur de son amour alors que la nature s'engourdit et s'endort, mais à montrer qu'il peut à la fois ressentir et accepter les souffrances de cette mort saisonnière et préserver la force d'un sentiment qu'il souhaite partagé.

Dépassant ailleurs, dans une image magnifique, l'opposition conventionnelle du coeur ardent à la froideur hivernale, il souhaite la fraîcheur d'un baiser:

> ...c'ab tot lo nei
> m'agr'ops us bais al chaut
> cor refrezir,
> que no·i val autra goma.[15]

La sensualité de ces vers n'est pas affadie, mais enrichie, par les résonances qu'éveillent les termes qui les composent. Les mots *refrezir*, *goma* évoquent la source scellée, la myrrhe et le baume du *hortus conclusus*, inégalable litote de tant d'élans mystiques et d'amours humaines. Vision idéale et prestigieuse, certes, qui s'accorde à la folle hardiesse du souhait; Arnaut ne dit-il pas, juste avant de l'énoncer:

> ...ma·l cors ferm fortz
> mi fai cobrir
> mains vers...[16],

cependant, nous savons que le poète ne se veut pas l'instance souveraine qui se résoudrait à la raison d'une esthétique; il ne répudie pas cette part mortelle et périssable qu'exorcise - pour un temps - l'expression poétique du désir. Dans cette même chanson, un trait délicat traduit comment le souvenir du printemps accentue la triste réalité de l'expérience hivernale:

L'aur' amara
fa·ls bruoills brancutz
clarzir
qe·l dous' espeis' ab fuoills,
e·ls letz
becs
dels auzels ramencs
ten balps e mutz...[17]

L'emploi du mot *ramencs* associe étroitement les oiseaux aux arbres dont ils semblaient la voix, lorsqu'ils pouvaient s'abriter dans le feuillage. Alors, on pouvait croire que leurs chants étaient la voix de la nature. L'hiver vient dissiper cette illusion et montrer cruellement qu'ils n'étaient pas les messagers d'une félicité perdurable. Sur la branche nue, le poète les voit, réduits à la loi de leur espèce,

...pars
et non pars...[18],

car la saison des amours est passée.

Le sentiment de la durée introduit dans l'évocation de la nature, printanière ou hivernale, un certain réalisme parce qu'il suscite un témoin, un observateur dont la vision soit limitée et particulière. La décomposition d'un mouvement, la conscience d'un progrès réclament, pour être saisies, la fixité d'un point de vue. Il fallait une grande originalité créatrice pour admettre ces données dans une esthétique de la représentation à l'époque où composait Arnaut Daniel, quand l'image poétique de la nature, *locus amoenus* du roman ou exorde saisonnier de la lyrique, se fondait en grande partie sur le refus de la temporalité.

Pour légers que soient ces traits, ils ne sont pas un vain ornement chez un poète à qui l'on fait parfois grief de ses élégances. La première strophe de la chanson IV est consacrée à *la sazon douss' e coigna*, dont le début est situé *a l'intran d'abril*. Les premiers vers marquent la victoire du printemps qui envahit la totalité de l'espace d'où l'hiver se voit chassé:

Lancan son passat li giure
e no·i reman puois ni comba...[19]

Cependant, la lenteur mélodieuse du premier vers, le choix même des termes *puois* et *comba*, montrent que ce triomphe n'est pas immédiat. Hauteurs et vallées jalonnent, bien sûr, l'espace qu'elles déterminent; mais ce sont aussi les endroits où la neige s'attarde, comme l'hiver paraît s'attarder à ceux qui attendent impatiemment les beaux jours. Comme la joie du printemps s'augmente de cette espérance hivernale, elle anticipe les promesses de l'été:

> . . . el verdier la flors trembla
> sus el entrecim on poma. . .[20]

Le temps nécessaire à la maturation n'est pas oublié, aboli, comme dans les visions idéales que nourrit l'impatience du désir. Au contraire, c'est lui, c'est le déroulement des saisons qui permet de glorifier, dans la fragilité de la fleur, la savoureuse promesse du fruit. Il n'est pas indifférent que cette strophe introduise la chanson où se voient dénoncés les pièges de faux amour et la dangereuse tentation de se payer de mots; ni que le poème s'achève sur l'image d'une étendue décrite par la course du soleil:

> Bertran, non cre de sai lo Nil
> mais tant de fin ioi m'apoigna
> de sai on lo soleils poigna
> tro lai on lo soleils plovil.[21]

Levant et couchant ne sont pas ici de simples repères dont la valeur concrète soit affaiblie par la commodité d'un usage traditionnel. Certes, l'espace mesuré par le mouvement (pour nous apparent) du soleil reste indéfini et par là, idéal. Mais la symétrie des termes *de sai*, *tro lai* lui suscite un centre où l'étrange expressivité des termes *poigna*, *plovil* réclame, non une abstraction, mais un témoin sensible au miracle renouvelé de la lumière. A ses yeux, grâce au génie du poète, la disparition du soleil ne sera pas déclin ni mélancolie, mais retour à la liquidité circulaire de l'océan et promesse d'un nouveau retour.

La place que fait Arnaut Daniel aux images de la nature est donc relativement grande et consciemment mesurée. Quoi qu'il y paraisse, il refuse d'y voir un référent idéal qui garantirait, par un jeu de métaphores, la perfection de son propos. Il peut jouir des charmes printaniers sans se dissimuler qu'ils sont muables et transitoires. Mais cette sagesse n'est pas modeste. Arnaut puise aux richesses de la création pour se forger des instruments dociles. Ne semble-t-il pas, cependant, en recevoir de leçons, et, comme tant d'autres, se donner pour maîtres les oiseaux:

> Doutz brais e critz,
> lais e cantars e voutas
> aug dels auzels q'en lur latin fant precs
> qecs ab sa par, atressi cum nos fam
> a las amigas en cui entendem;
> e doncas ieu q'en la genssor entendi

dei far chansson sobre totz de bell' obra
que no·i aia mot fals ni rim' estrampa.[22]

En leur permettant d'échapper à la malédiction qui fait l'infériorité des *bestes mues*[23], le Créateur lui-même semble offrir l'harmonieuse langue des oiseaux pour modèle au poète amoureux; et certes, les premiers vers de la strophe se font l'écho de leur virtuosité. Mais ils ne fournissent ici qu'un terme de comparaison, le prétexte avoué du chant, non l'élan de son inspiration. Les prétentions dont le poète veut faire hommage à sa dame ne ressortissent qu'à l'exigence de ses propres conceptions poétiques. Et pourtant, le motif des oiseaux joue un rôle non négligeable dans l'économie de la chanson. Le poète y évoque le premier baiser reçu de sa Dame, à l'abri d'un manteau bleu, puis la contemplation émerveillée de son beau corps dénudé dans l'intimité d'une chambre. Le récit de ce moment nous laisse entrevoir la nudité peu à peu dévoilée à l'incertaine lueur d'une lampe. Le poète nous confie ensuite l'image qu'elle fait naître en lui:

Ges rams floritz
de floretas envoutas
cui fan tremblar auzelhon ab lurs becs
non es plus frescs. . .[24]

Dans le récit, où le poète se dédouble et devient objet de son propre discours, on voit s'épanouir une vision de la dame idéalisée par la clarté qui la nimbe et forçant, par sa liberté souveraine, le respect de celui qui la comtemple. Mais le désir du poète, contenu et non aboli, lui inspire l'image du rameau fleuri que becquettent les oiseaux. Observant leurs jeux, il faisait dans la première strophe de la chanson un parallèle implicite entre la *par* que possède chacun et l'*amiga* à laquelle le troubadour dédie ses chants. Or, ces touchants couples d'oiseaux ne s'unissent qu'au printemps, suivant l'impulsion de la nature; l'amour du poète, fidèle à travers les saisons, est d'une autre sorte. Néanmoins, ne peut-on penser qu'en rapprochant ainsi (sous le couvert d'une généralité prudente) le couple idéal qu'il forme avec son amie des unions saisonnières que gouverne l'instinct, il voulait exprimer de façon voilée le désir harcelant d'une jouissance qu'il faut savoir attendre[25]?

La nature n'est donc pas l'initiatrice du chant; mais le poète, se réservant la possibilité de la constituer en objet par la production d'un effet de réel, ne se voit pas contraint d'exclure, pour asseoir les fondements de son esthétique, cette part mortelle et corruptible de lui-même qui demeure attachée à la possession. Par là se trouve assurée la cohérence parfaite de la chanson et fondée la fidélité dont Arnaut fait hommage à sa Dame. Parce qu'elle obéit à ses propres lois et crée son ordre, la chanson porte témoignage de ce volontaire abandon par quoi l'amant se détourne d'une réalité étrangère au vouloir de l'aimée. Ainsi l'Amour permet-il au poète de modifier le cours du temps:

> . . . farai, c'Amors m'o comanda,
> breu chansson de razon loigna
> que gen m'a duoich de las artz de s'escola;
> tan sai qe·l cors fatz restar de suberna. . .[26]

Mais cette fierté n'abolit pas chez Arnaut la conscience du réel qui l'entoure; et si la forme qu'il offre à l'immensité de son amour est brève, c'est que l'hiver approche; il faut chanter:

> Ans qe·l cim reston de branchas
> sec, ni despoillat de fuoilla. . .[27]

Pourquoi cette hâte, alors que nous l'avons vu ailleurs célébrer les joies intérieures de l'amour, protégées de la déchéance hivernale?

C'est que l'effort créateur doit ici s'affirmer comme victoire, afin que subsiste la tension qui donne leur prix aux images conventionnelles de la fidélité que propose la Dame. Celle qui prie le poète que

> . . . per s'amor sia laurs o genebres[28],

pourrait, par le jeu des clichés, se voir réduite à une instance purement formelle, ombre vaine errant parmi les myrtes de quelque art poétique. Mais l'angoisse que traduisent les premiers vers de la chanson et que chacun est à même de partager parce qu'elle joue sur une des figures les plus constantes de la nécessité, donne toute sa valeur au choix que fait l'amant d'être fidèle à sa Dame, bien qu'il demeure, comme tout mortel, incertain et changeant[29].

Cette image de la constance, motivation figurée de l'effort créateur, révèle que le culte de la beauté ne détourne pas Arnaut du réel. En bon ouvrier des mots, il refuse de substituer à ses contradictions une cohérence illusoire. Son réalisme ne consiste pas dans le choix de son objet, car il n'y a pas d'images plus vraies que d'autres; il réside dans son attitude face à la nature représentée, à l'ensemble des créatures au nombre desquelles il accepte de se compter.

Mais cette appartenance à la création, qui soumet l'homme aux lois communes, inspire aussi la fierté du créateur. Refusant, en effet, de réduire son idéal esthétique aux référents que la tradition propose pour en assurer la figuration, non plus qu'aux mots qui le suggèrent, Arnaut dédaigne d'ébaucher complaisamment un univers selon son coeur. Il se sent le pouvoir de faire du monde comme il est un objet esthétique, dont la possession ne soit pas décevante ni le désir vain. Il unit ainsi la probité de l'artisan amoureux de son matériau et la seule sincérité possible à l'artiste, trop épris du Beau pour ne pas ressentir ses propres limites, et conduit à les accepter par l'impossibilité de se déprendre.

Notes

[1]Il est excellemment résumé par Gianluigi Toja en tête de son édition, *Arnaut Daniel: Canzoni* (Florence, 1961), pp. 65-145.

[2]Yves Lefèvre "L'imagination concrète du troubadour Arnaut Daniel", in *Actes du XIe Congrès d'études régionales de la Féderation Historique du Sud-Ouest* (tenu à Bergerac les 10 et 11 Mai 1958), p. 141: "...Nous avons relu les chansons d'Arnaut Daniel avec le désir de découvrir, à travers le style, l'imagination de ce poète. Nous avons trouvé un homme bien vivant, sensible à tout ce qui l'entourait, donnant forme à ses idées en les incarnant dans les réalités souvent les plus familières, un écrivain sachant d'un mot faire jaillir une image, évoquer un monde animé ... Arnaut Daniel avait une imagination vive et colorée dont les jeux l'amusaient et excitaient chez lui une fine sensibilité".

[3]Toutes les références de notre article sont à l'édition de Gianluigi Toja. Les dix chansons dont nous parlons sont les numéros II, III, IV, V, VIII, IX, XI, XII, XIII, XVI de ce recueil.

[4]Arnaut Daniel, ch. XIII, vv. 1-2 (Toja, *Canzoni*, p. 315).

[5]Arnaut Daniel, ch. IV, vv. 33 et 35-36 (Toja, *Canzoni*, p. 215).

[6]Ibid., v. 40.

[7]*Villon: Le Testament*, éd. Auguste Longnon et Lucien Foulet, 5e éd. rev. (Paris, 1961), p. 34.

[8]Le propos de Villon nous semble en effet réclamer que l'accent soit mis, non sur les différences, trop grossièrement évidentes, des éléments confondus par l'amant malheureux, mais sur leurs ressemblances plus discrètes, parfois cachées, et que la malice de l'auteur nous invite à découvrir: le *mortier*, dépouillé de son prestige, n'est peut-être qu'un *chappeau de faultre*; *l'ordre cervoise* se vend parfois au prix du *vin nouveau*, et ce n'est pas sans une poésie étrange que les nues se voient assimilées à *une peau de veau*. La dérision des métaphores courtoises stigmatise, au-delà des illusions de l'amour, qui n'en sont que la plaisante illustration, la confiance excessive qui fait du langage le révélateur d'une vérité essentielle. Arnaut nous paraît, au contraire, soucieux de signaler les pièges que la docilité des mots tend à un désir trop hâtif.

[9]Arnaut Daniel, ch. IV, vv. 41-42 (Toja, *Canzoni*, p. 215).

[10]Arnaut Daniel, ch. XIII, vv. 5-7. Nous suivons pour l'interprétation du vers 7 la lecon proposée par Toja, p. 322: "*Gandres* (= gandirs) significa 'proteggersi, garantirsi, salvarsi'".

[11]Arnaut Daniel, ch. III, vv. 1-2 (Toja, *Canzoni*, p. 205).

[12]Chez Bernard de Ventadour, une notation analogue, beaucoup plus stylisée, ne restitue pas cette impression d'une durée, d'un processus temporel:

Lancan vei per mei la landa
dels arbres chazer la folha...

L'indication "*per mei la landa*" confère au paysage l'étendue vague dont l'indéfinition lui permet de fonctionner comme type, comme modèle soustrait au temps, voir Carl Appel, *Bernart von Ventadorn: Seine Lieder, mit Einleitung und Glossar* (Halle, 1915), ch. XXVI, vv. 1-2, p. 151.

[13]Arnaut Daniel, ch. III, vv. 5-6, (Toja, *Canzoni*, p. 205).

[14]Ibid., vv. 7-8.

[15]Arnaut Daniel, ch. IX, vv. 48-51 (Toja, *Canzoni*, p. 256).

[16]Ibid., vv. 45-47.

[17]Ibid., vv. 1-8.

[18]Ibid., vv. 9-10.

[19]Arnaut Daniel, ch. IV, vv. 1-2 (Toja, *Canzoni*, p. 213).

[20]Ibid., vv. 3-4.

[21]Ibid., vv. 49-52.

[22]Arnaut Daniel, ch. XII, vv. 1-8 (Toja, *Canzoni*, p. 297).

[23]*La Queste del Saint Graal* stigmatise par cette expression la déchéance des habitants du Château Carcelois, que Galaad et ses compagnons "vont . . . ociant come bestes mues" (éd. Pauphilet [Paris, 1967], p. 230, ligne 17.)

[24]Arnaut Daniel, ch. XIII, vv. 33-36 (Toja, *Canzoni*, p. 318).

[25]Bien sûr, on trouve déjà chez Jaufré Rudel la même assimilation implicite:

> Quan lo rossinhols el folhos
> dona d'amor e·n quier e·n pren
> e mou son chan jauzent joyos
> e remira sa par soven
> . . . .
> mi ven al cor grans joys jazer.
>
> D'un amistat suy enveyos
> quar no sai joya plus valen
> c'or e dezir, que bona·m fos,
> si·m fazia d'amor prezen,
> que·l cors a gras, delgat e gen. . .
> (éd. Jeanroy, 1, vv. 1-4,
> 7, 8-12)

Mais si le désir s'exprime ici franchement, introduit et non voilé par l'évocation du rossignol amoureux, les réticences même d'Arnaut nous semblent trahir une sensualité qui se laisse plus fortement ressentir dans l'ambivalence où naissent les images, dont le caractère concret se voit ainsi accentué.

[26]Arnaut Daniel, ch. XVI, vv. 3-6 (Toja, *Canzoni*, p. 347).

[27]Ibid., vv. 1-2.

[28]Ibid., v. 14.

[29]Le lien imaginaire que tisse le poème entre l'évocation des arbres bientôt dépouillés et la persistante verdeur d'essences privilégiées favorise l'éventuel jeu de mots qui cacherait sous le nom du laurier celui d'une idéale Laure. (cf. Martín de Riquer, *Los Trovadores: Historia literaria y textos* [Barcelona, 1975], 2:611). L'assise stéréotypée du motif introducteur assimile l'opposition de la belle de la mauvaise saison à celle d'une manifestation et d'une latence. D'autre part, la valeur symbolique de l'arbre toujours vert repose sur le fait qu'il manifeste en permanence ce qui resterait sans lui voilé ou inaperçu: la forme de l'espoir, la force d'une promesse. Arnaut Daniel joue de ces deux registres pour les combiner subtilement. L'image du laurier se propose à lui, vient le solliciter, et ne peut se confondre avec les visions consolantes qui peuplent l'absence d'un printemps enfui. Témoignant d'une constance que le regard serait ailleurs impuissant à saisir, elle lui révèle, en se donnant à voir, les limites bien réeles qu'il doit admettre pour siennes, à travers l'expression convenue de leur représentation. Les mots du poème inscrivent la présence devinée de Laure dans la réalité de l'absence dite.

"Et ai be faih co·l fols en pon:" Bernart de Ventadorn, Jacques de Vitry, and Q. Horatius Flaccus

William D. Paden, Jr.

The fifth stanza of Bernart de Ventadorn's song "Can vei la lauzeta mover" reads as follows:

> D'aisso·s fa be femna parer
> ma domna, per qu'e·lh o retrai,
> car no vol so c'om deu voler,
> e so c'om li deveda, fai.
> Chazutz sui en mala merce,
> et ai be faih co·l fols en pon;
> e no sai per que m'esdeve,
> mas car trop puyei contra mon.[1]

("My lady makes herself look like a woman—and I reproach her for it—because she doesn't want what one should want, and what is forbidden her she does. I have fallen into disfavor, and I acted just like the fool on the bridge; and I don't know why it has happened to me, except that I rose too high.")

In a recent article Thomas D. Hill has suggested that Bernart's enigmatic expression "co·l fols en pon" should be explained not by reference to a French proverb, as Appel proposed in 1915, but rather in view of one of the *Exempla* of Jacques de Vitry.[2] The expression from the exemplum does indeed present a striking resemblance to Bernart's. However, its meaning calls for further clarification, and the comparison with the proverb needs to be discussed more fully.

The fact that Jacques de Vitry quotes Horace in the exemplum escaped the attention of both Professor Hill and Thomas Frederick Crane, whose edition, published in 1890, Hill used.[3] In another edition which appeared in 1888, Jean Baptiste Pitra had set the quotation off, but failed to identify its source and reproduced it imperfectly.[4] Pitra's text is superior to Crane's for two other reasons as well: because he provides context identifying another citation by its biblical source, and because Crane allowed *securis*, 'axe,' to be printed erroneously as *securus*, 'free from care,' vitiating the meaning of the tale. Neither Crane nor Pitra was perfectly faithful to the Horatian meter. Since Crane's edition is more readily accessible, it seems most useful to give a corrected version of the text based on Pitra:

> Teste autem Daniele XII: "Pertransibunt multi, et multiplex erit scientia."
>
> Unde multa pertransire oportet, et non de omnibus inquirere, ne similes simus cuidam rustico de cujus manu securis cecidit in aquam. Qui caepit super pontem expectare, donec tota transiret aqua.
>
> Rusticus expectat, dum defluat amnis, at ille
> labitur [et labetur] in omne volubil[is] aevum.
> Ita scientia scientiae, opiniones opinionibus, lib[ri] libris saepe succedunt. . .[5].

("As Daniel, Book 12, witnesses, 'Many shall pass over, and knowledge shall be manifold.' Whence it is necessary for many things to pass over, and not to inquire into them all, lest we be like a certain rustic from whose hand an axe fell into the water, who set to waiting on the bridge until all the water should have passed.

> The bumpkin waits for the river to run out:
> Yet on it glides, and on it will glide,
> rolling its flood forever.[6]

Thus knowledge often succeeds upon knowledge, and opinions upon opinions, and books upon books. . . .")

If this *rusticus super pontem* is Bernart's *fols en pon*, the troubadour blames himself for waiting foolishly for the end of his lady's *mala merce*, which will continue unending like a river. The parallel is complex because in Bernart the speaker, who is like a fool, has fallen into *mala merce*; whereas in Jacques' exemplum, it was the peasant's axe which fell in, not the peasant himself. Such adaptation of a traditional image in order to sharpen its focus upon love and the lover is typical of Bernart's technique. A similar case occurs in the third stanza, where he says he has been powerless over himself ever since his lady let him look into her eyes, into a mirror that greatly pleased him, for he lost himself just as Narcissus was lost in the fountain. Bernart construes the Ovidian image of self-love—Narcissus, we must recall, fled from Echo[7]—into a courtly image of love for his *domna*.

Did Bernart de Ventadorn read Horace? I know of no other instance of likely imitation.[8] On the other hand, he seems to have read sentences collected from authors such as Seneca, Virgil (*Omnia vincit amor*), Publilius Syrus, and Propertius.[9] Scheludko argued that the troubadour drew more extensive features of certain songs, such as descriptions and developments in thought, from a first-hand reading of Ovid.[10] Since Horace remained a standard author in the school curriculum throughout the Middle Ages,[11] it seems a reasonable likelihood that Bernart might have known the Horatian distich.

However, Jacques de Vitry elaborated considerably upon the text of the Roman poet, who speaks of neither bridge, nor axe, nor fall. In Epistle I.ii. he urges his friend Lollius Maximus to turn without delay to a life of wisdom, particularly to the study of moral philosophy through the perusal of Homer.

> Dimidium facti qui coepit habet; sapere aude;
> incipe! qui recte vivendi prorogat horam,
> rusticus exspectat dum defluat amnis; at ille
> labitur et labetur in omne volubilis aevum.
> Quaeritur argentum. . . .

("Well begun is half done; dare to be wise; begin! He who puts off the hour of right living is like the bumpkin waiting for the river to run out: yet on it glides, and on it will glide, rolling its flood forever. We seek money. . . .")[12]

Horace's rustic waits for the river to run out in order to put off "the hour of right living," perhaps continuing his journey or setting to work on the other side;[13] the passage has the ring of allusion to an earlier fable, but no such fable has been discovered. Horace's rustic does not look down into the water from a bridge never suggested in the poet's language, nor does he seek an axe which is not even faintly implied. It can be agreed, I think, that the text of the Epistle offers little significant parallel to that of the troubadour.

Moreover, it is far from certain that Jacques de Vitry read the Epistle himself. In Horace's verse the subject of *exspectat* is the *qui*-clause in the preceding line, and *rusticus* is in apposition to that clause—hence the translation "*like* the bumpkin. . . ." The original syntax was altered by the excision of the distich from its context; *rusticus* became the subject of *exspectat* when these two lines were treated as a sentence, in a collection of sentences. They may be found today in six such collections, in manuscripts written from the twelfth century through the fourteenth.[14] (The preceding line in the Epistle is not found in such collections.) Jacques de Vitry confirms implicitly that he knew the couplet as a sentence: in the Prologue to the *Sermones vulgares* in which the exemplum occurs, he admonishes his fellow preachers to eschew the fruitless fables and curious *carmina* of the poets, but to sow their sermons with *sententias philosophorum*, in which there is usefulness.[15]

Jacques de Vitry wrote the *Sermones vulgares* c. 1228-1240; the active career of Bernart de Ventadorn extended from around 1147 to around 1170.[16] Before Jacques de Vitry, the Horatian distich had been employed in the sense that its author intended by Matthieu de Vendôme, who cited it in the Prologue to his *Ars versificatoria* (before 1175) by way of steeling himself to plunge into the body of the work.[17] In 1193-1197 Hélinant de Froidmont produced a vernacular version of Horace's thought in his *Vers de la mort*.[18] Hélinant urges his friend Bernart, otherwise unknown, to enter the monastery without delay:

Por quoi ne vient? por quoi demeure?
S'il veut que Dieus tost le sequeure,
Por quoi le veut deservir tart?
Fous atent tant que l'iaue esqueure:
Mais se il lest passer droite eure,
Dieus li dira: "Ne part ne hart!"

("Why does he not come? Why does he wait? If he wants God to help him soon, why does he want to serve God late? A fool waits until the water runs out; but if he lets the right moment pass, God will tell him, 'Absolutely not!'")

Note that Hélinant renders the first line of the distich and then the line which precedes it in the Epistle, showing acquaintance with the Roman poet himself rather than the sentence.

The resemblance between Jacques' *rusticus super pontem* and Bernart's *fols en pon* spans half a century or more. It cannot be explained as a double allusion to Horace, since its key elements are lacking in his poem; nor do we have grounds to regard it as a double allusion to some traditional gloss on Horace, in view of Matthieu de Vendôme and Hélinant de Froidmont. The possibility that Bernart influenced Jacques de Vitry can be ruled out because of the allusiveness of Bernart's expression. If the resemblance between the two texts is not fortuitous, perhaps both authors were influenced, separately but in similar ways, by the culture of their time.

The text adduced by Appel from *Li Proverbe au vilain* (thirteenth century) reads as follows:

Sour toute creature
Doit on amer mesure;

Li sages hon touz jours
Trestout le petit pas
Rist bien dou mauvais pas
Ou li fous chiet le cours.
Sages hon ne chiet ou pont,
ce dit li vilains.[19]

("Above anything else one must love measure; the wise man always nimbly avoids the dangerous step where the fool falls at once. 'A wise man does not fall on the bridge,' says the common man.")

The closely related *Proverbia rusticorum* include another version with a Latin paraphrase:

Sage home ne chara ia au pont, quar il decend.
Non de ponte cadet sapiens, quia non equitando,
loro ducit equum, pedetentim, non titubando.[20]

("'A wise man will never fall on the bridge, because he dismounts.' A wise man will not fall from a bridge, because, not riding, he leads his horse by the rein, on foot, not tottering.")

Four more Latin versions range in date from around the millennium to the late Middle Ages. The earliest is found in the *Fecunda ratis* of Egbert of Lüttich (fl. c. 1026):

Non cadit in pontem sapiens equitator hiantem.[21]

("A wise horseman does not fall onto a gaping bridge.")

The twelfth-century *Pictaleon* includes this one:

Si scandat stultus pontem, fit in amne tumultus.[22]

("If a fool climbs a bridge, there will be a tumult in the river.")

A manuscript from Saint-Omer departs slightly from the *Pictaleon*:

Ascendit stultus pontem, fit in amne tumultus.[23]

("A fool ascends a bridge; there will be a tumult in the river.")

Various manuscripts from the fourteenth and fifteenth centuries contain this version:

Non de ponte cadit, qui cum prudentia vadit.[24]

("He does not fall from a bridge, who walks with prudence.")

Finally, an English version published in 1678 reads as follows:

"Bridges were made for wise men to walk over, and fools to ride over."[25]

Exactly why would the fool on his horse fall from the bridge? Egbert of Lüttich suggests that the structure has collapsed (*in pontem hiantem*), which must have happened more often then than now, as the constant expense of bridge-repairs attests.[26] But even a sound structure must have been a treacherous path for horse and rider, if the bridge was narrow or crowded with people on foot. Such conditions are depicted in a series of paintings from a fourteenth-century manuscript (Paris, Bibliothèque Nationale, fr. 2090-91-92) which show the Grand Pont leading from the Right Bank of the capital to the Ile de la Cité, and the Petit Pont to the Left Bank.[27] Several of these paintings include mounted riders, and one has a groom walking a horse.[28] In one of them it may not be altogether fanciful to imagine a depiction of the proverb (*see illustration*).[29] A young nobleman crosses the Grand Pont toward the Ile, carrying a hawk on his gloved left hand, guiding his horse with his right, and attended by a servant on foot. On the Grand Pont we see two busy shops, and on the Petit Pont a third, with customers and tradesmen; on the Petit Pont a laborer staggers under a heavy sack. A watchman on the gate to the city bends toward the young aristocrat, and points forcefully toward the river. Is he crying out to him, "Sages hon ne chiet ou pont"?

Professor Hill observes that in *Li Proverbe au vilain* attention focusses upon the wise man and not the fool, whereas it is the latter of whom Bernart de Ventadorn sings. One must respond that the fool figures explicitly in the sextet of *Li Proverbe au vilain*, although not in the proverb itself; that his presence is implicit in the words of the *Proverbia rusticorum* (*equitando, titubando*); that the *stultus* turns up in the *Pictaleon* and its variant; and that the contrast between fool and sage informs every version of the adage. Seeking to weaken further Appel's explanation of the line, Professor Hill argues that

> . . . while one can see why Bernart might chastise himself for failing to be prudent at this point in the argument of the poem, such an explanation of the allusion does not add much to our understanding of the poem. By contrast, the other proverbial allusion in the stanza, Bernart's claim that he has climbed too high, is more meaningful in that it echoes the striking image—of the lark flying against the sunbeam and then falling back in a moment of blissful self-forgetfulness—which opens the poem.

Plate III.ii, fol. 99 ro. (detail)

I disagree. The image of the fool riding over the bridge instead of walking his horse adds another instance of riding high and heading for a fall, as Bernart says he did in the last line of the fifth stanza, and as the lark does in the first stanza. Unlike the lark, however, Bernart is not safe to fly and fall with impunity.[30] His fall has been a dousing like the fool's, or like the drowning of Narcissus in stanza three. The proverbial explanation of the line enriches our understanding of the poem.

Unlike the innovation which Jacques de Vitry clearly introduced into the Horatian tradition, these proverbs reflect linguistic and cultural continuity over a long period. Moreover, they may perhaps underlie and explain what Jacques de Vitry did with the Horatian distich. If they are perceived as a sentence without the context of the Epistle, Horace's two lines provide no reason why the fool waits for the river to run dry. Perhaps Jacques de Vitry associated the distich vaguely with the proverb and, thinking of the fall of the proverbial fool, turned it into the drop of an axe in order to enhance the parallel motions in the two texts, while motivating the fool's excessive patience. If something like this happened, Jacques de Vitry transformed the meaning of his Horatian sentence by inserting it into oral culture. Just such a blending may be expected of the exemplum as a genre, since the medieval preacher typically prepared his sermon in the form of a general outline and fleshed it out with exempla at the moment of delivery.[31] As for Bernart de Ventadorn, he seems in this instance to have drawn upon proverbial lore rather than upon ecclesiastical or Horatian teaching.

Notes

[1]Ed. Carl Appel (Halle, 1915), no. 43, vv. 33-40. Reproduced by Stephen G. Nichols, Jr., et al., ed. (Chapel Hill, N.C., 1962), no. 43, and by Moshé Lazar, ed. (Paris, 1966), no. 31.

[2]Thomas D. Hill, "The Fool on the Bridge: 'Can vei la lauzeta mover' Stanza 5," *Medium Aevum* 48 (1979), 198-200. "Cette interprétation éclaire le poème d'un jour nouveau," writes Françoise Vielliard in *Romania* 101 (1980), 423.

For commentary on a related expression in Bernart's song "Chantars no pot gaire valer," see Marianne Shapiro, "'Fols naturaus': The Born Fool as Literary Type," *Romance Notes* 19 (1978), 243-47. On later imitations of "Can vei la lauzeta," see Nathaniel B. Smith, "The Lark Image in Bondie Dietaiuti and Dante," *Forum Italicum* 12 (1978), 233-42.

[3]*The Exempla or Illustrative Stories from the Sermones Vulgares of Jacques de Vitry*, ed. Thomas Frederick Crane (London, 1890), no. XXXIV; Crane edits MS Paris, B.N. lat. 17509 (13th c.).

[4]Jean Baptiste Pitra, *Analecta novissima Spicilegii Solesmensis, altera continuatio*, 2 (Paris, 1888; repr. Farnborough, England, 1967), p. 372. Pitra edited MS

Rome, Vatican lat. 9352 (14th c.) according to Welter (n. 16 *infra*), p. 124 n. Pitra mentions Horace in a list of the sources of Jacques de Vitry, p. xxiii. The quotation in this passage was noted by Goswin Frenken, *Die Exempla des Jacob von Vitry* (Munich, 1914), p. 36.

[5]Variants: Unde] verum *C*. securus *C*, but see his note: "A Rustic's axe fell into the river one day, and the owner stood on the bridge and waited for all the water to flow by" (p. 148). et labetur *C*, *om*. *P*. volubile *PC*. sciencie sciencie *C*. liber libris *P*, et libri libris *C*. saepe] semper *C*.

[6]*Epistles*, I.ii.42-43, trans. H. Rushton Fairclough in *Horace: Satires, Epistles and Ars Poetica*, Loeb Library (Cambridge, Mass., 1951), p. 265. I have modified the translation slightly to render the sentence; cf. the fuller quotation from the Epistle below.

[7]*Metamorphoses* 3.339-510; but Ovid turns Narcissus into the flower without having him drown. On versions of the myth see Nathaniel B. Smith, "'Can vei la lauzeta mover': Poet vs. Lark," *South Atlantic Bulletin* 40 (1975), 15-22, esp. p. 16.

[8]Cf. Dimitri Scheludko, "Beiträge zur Entstehungs- geschichte der altprovenzalischen Lyrik: Klassisch-lateinische Theorie," *Archivum Romanicum* 11 (1927), 273-312; Scheludko, "Ovid und die Trobadors," *Zeitschrift für Romanische Philologie* 54 (1934), 129-74. For a study of paradisaical archetypes in the two poets see Edward D. Blodgett, "This Other Eden: The Poetics of Space in Horace and Bernart de Ventadorn," *Neohelicon* 3 (1975), 229-51.

[9]Scheludko, "Beiträge," pp. 277, 280, 289; "Ovid und die Trobadors," p. 157 n. 1.

[10]Scheludko, "Ovid und die Trobadors," p. 157. Parallels to vv. 3-4 of the stanza analyzed here are adduced from Ovid by Scheludko, "Beiträge," p. 283; from Chaucer, by Hill, "The Fool on the Bridge," p. 200, n. 1.

[11]Scheludko, "Beiträge," p. 308. Ernst Robert Curtius, *European Literature and the Latin Middle Ages*, trans. Willard R. Trask (New York, 1953), pp. 49-50, 260.

[12]*Epistles*, I.ii. 40-44, trans. Fairclough.

[13]"This seems to be a reference to a fable of a rustic waiting by the banks of a river until all the water had run by; but as no trace of such a fable has been discovered elsewhere, it may be only invented by Horace for this passage." *The Epistles of Horace*, ed. Augustus S. Wilkins (London, 1885), p. 103.

[14]Hans Walther, comp., *Proverbia Sententiaeque Latinitatis Medii Aevi* (Göttingen, 1963-67), no. 27030. On *sententiae* and *exempla*, see Curtius, *European Literature*, pp. 57-61. Rudolf Schenda, "Stand und Aufgaben der Exemplaforschung," *Fabula* 10 (1969), 69-85.

[15]"Infructuosas enim fabulas et curiosa poetarum carmina a sermonibus nostris debemus relegare. Sententias philosophorum in quibus est utilitas, possumus intersererere. . . ," ed. Crane, p. xlii.

[16]J.-Th. Welter, *L'exemplum dans la littérature religieuse et didactique du moyen âge* (Paris and Toulouse, 1927), p. 119. Summary life of Jacques de Vitry in the edition of his *Lettres* by Robert B. C. Huygens (Leiden, 1960), p. 1. Martín de Riquer, *Los trovadores: Historia literaria y textos* (Barcelona, 1975), 1:342-45. Few

have accepted the revisionist proposal that Bernart de Ventadorn might have begun his career as late as 1160-1165, set forth by Maurice Delbouille, "Les *senhals* littéraires désignant Raimbaut d'Orange et la chronologie de ces témoignages," *Cultura Neolatina* 17 (1957), 49-73, esp. 66-72.

Around 1242-1250, Guilhem de Montanhagol used another exemplum of Jacques de Vitry as the source of his image of a stag who was wrongly proud of his antlers, and ashamed of his legs; see Suzanne Thiolier-Méjean, *Les poésies satiriques et morales des troubadours du XII*[e] *siècle à la fin du XIII*[e] *siècle* (Paris, 1978), pp. 465, 543-44. The poem is "Non estarai per ome qe·m casti" (PC 225,8), dated by Peter T. Rickets, ed., *Les Poésies de Guilhem de Montanhagol* (Toronto, 1964), p. 96; on the source, see pp. 100-01.

[17]*Les arts poétiques du XII*[e] *et du XIII*[e] *siècle*, ed. Edmond Faral (Paris, 1962), p. 110.

[18]My edition in *Allegorica* 3, no. 2 (1978), 62-103, reproduces the text ed. by Friedrich Wulff and Emanuel Walberg (SATF, 1905). The quotation is from stanza VII.

[19]Ed. Adolf Tobler (Leipzig, 1895), no. 28. Joseph Morawski, *Proverbes français antérieurs au XV*[e] *siècle*, CFMA (Paris, 1925), no. 2228.

[20]Ed. Julius Zacher, "Altfranzösische Sprichwörter," *Zeitschrift für deutsches Alterthum* 11 (1859), 114-44, no. 266; Walther, *Proverbia*, no. 17453.

[21]Ed. Ernst Voigt (Halle, 1889), 1, 125; Walther, *Proverbia*, no. 17344.

[22]Walther, *Proverbia*, no. 29137.

[23]Ibid., no. 1530.

[24]Ibid., no. 17454.

[25]*Oxford Dictionary of English Proverbs*, 3d ed. (Oxford, 1970), p. 86.

[26]See Marjorie Nice Boyer, *Medieval French Bridges: A History* (Cambridge, Mass., 1976), pp. 145-57, and, chiefly on German sources, Erich Maschke, "Die Brücke im Mittelalter," *Historische Zeitschrift* 224 (1977), 265-92.

[27]Virginia Wylie Egbert, *On the Bridges of Mediaeval Paris* (Princeton, N.J., 1974). On the Grand Pont and the Petit Pont see also Boyer, pp. 75-77.

[28]Riders, Plates I and VI; the groom, Plate XIX.

[29]Plate III = MS fr. 2090-91-92, II, fol. 99 r.

[30]On the contrast between the lark and the poet see William D. Paden, Jr., "Pastoral and Pastourelle," *Kentucky Romance Quarterly* 21 (1974), 151-57, esp. 157; Smith, "Can vei ca lauzeta mover," pp. 15-22.

[31]This is the interpretation of Michel Zink, *La prédication en langue romane avant 1300* (Paris, 1976), pp. 204-10. Zink misinterprets the title of the *Sermones vulgares* as meaning that they were preached in the vernacular before being translated into Latin to be preserved (p. 208), whereas the title means "exhortations appropriées aux différentes classes de la société" (Welter, p. 119; Crane, pp. xl-xli), as the Prologue to Jacques' collected sermons suggests: "Sextam in sermonibus nostris addidimus partem [i.e., *Sermones vulgares]* secundum diversitatem personarum a se invicem diversis officiis et moribus differencium. . ." (Welter, p. 120, n.). Jacques contrasts his use of Latin before convents or learned congregations with the clarity which is necessary in addressing laymen, and which he attained, no

doubt, through use of the vernacular: "Quando vero in conventu et congregacione sapiencium latino ydiomate loquimur, tunc plura dicere possumus eo quod ad singularia non oportet descendere. Laicis autem oportet quasi ad oculum et sensibiliter omnia demonstrare ut sit verbum predicatoris apertum et lucidum velut gemmula carbunculi" (Ibid.). The Horatian sentence occurs in a sermon to judges and lawyers according to Crane (p. xliii), or to scholars according to Pitra (p. 365). Jacques regarded "judices et advocati" as ecclesiastical persons, not laymen, according to Maria Corti, "Structures idéologiques et structures sémiotiques au XIIIe siècle," *Travaux de Linguistique et de Litterature* 16/1 (1978), 99-101. It appears likely, then, that this sermon was originally given in Latin—but no less orally for that.

L'inspiration popularisante chez Bernard de Ventadour

†Jean Charles Payen

Bernard de Ventadour n'est pas un théoricien de la *fin' amors* et il cultive peu l'ironie et l'humour qui caractérisent le "jeu parti": Paul Remy n'eut donc guère l'occasion de se pencher sur ce poète qu'il aimait pourtant en amateur éclairé, sensible à la musique et à la délicatesse de ses chansons. Bernard de Ventadour est en effet le maître incontesté du "grand chant courtois". Il chante, avec une relative préciosité, la *fin' amors* la plus orthodoxe, et cet homme, qui n'est peut-être plébéien que selon sa légende[1], multiplie les références à une culture savante qu'il connaît manifestement très bien: c'est ainsi qu'il traite avec bonheur de mythes comme ceux de Pélée et surtout de Narcisse[2] qui n'ont évidemment rien à voir avec le folklore. Ajoutons qu'il ne sacrifie jamais aux genres "popularisants" comme l'aube ou la pastourelle[3] et que, lorsqu'il emploie les termes *vila*, *vilanatge* ou *vilania*, c'est en associant le vilain au *lauzenger* ou médisant et la vilenie à l'*enoi*, c'est-à-dire au fait d'être importun[4]. C'est dire qu'il se dégage du corpus l'impression que Bernard est un poète aristocratique et qu'il n'a rien à voir avec la poésie populaire, sous toutes ses formes.

Et pourtant, la strophe V de la chanson 4 m'est depuis longtemps apparue comme un passage très inspiré par un certain folklore. Je citerai plus loin ce passage qui fleure la complainte d'amour paysanne. Mais plus généralement, la technique poétique de Bernard de Ventadour n'est point si fermée qu'il le semble à certains relents folkloriques: lesquels? C'est ce que je vais m'efforcer de dégager en m'interrogeant sur la question de savoir pourquoi notre troubadour sacrifie à une inspiration si étrangère à ses tendances profondes. Il apparaîtra, j'espère, que l'art de Bernard de Ventadour, si courtois soit-il, s'incrit dans un souci permanent d'enracinement qui me semble marquer la culture chevaleresque sous toutes ses formes[5].

Voici la strophe V de la chanson 4:

Ai Deus! car no sui ironda
Que voles par l'aire
E vengues de noih prionda
Lai dins so repaire!
Bona domna jauzionda,
Mor se·l vostre amaire!
Paor ai que·l cors me fonda,
S'aissi·m dira gaire.
Domna, per votr'amor
Jonh las mas et ador!
Gens cors ab frescha color,
Gran mal me faitz traire!

("Ah, Dieu! que ne suis-je hirondelle pour voler par l'air et venir dans la nuit profonde là-bas dans sa demeure! Douce dame de joie, il se meurt, votre amant! J'ai peur que le coeur ne me fonde, si cela dure tant soit peu. Dame, pour l'amour de vous, je joins les mains, je vous vénère! Gente personne au teint éclatant, grand mal vous me faites souffrir!")

Le début de ce passage m'évoque une chanson populaire bergamasque:

Se fossei un'arondinella,
Vorrei volare
Vicin'alla fontana
Dov'aspetta la mia bella.

("Si j'étais une hirondelle, je voudrais voler jusqu'à la fontaine où attend ma belle amie.")

Entre la culture savante et la culture populaire, il se produit un constant va-et-vient, et la présence, dans les deux textes, de l'hirondelle n'est pas nécessairement l'indice absolu que Bernard de Ventadour s'inspire du folklore: la chanson bergamasque se souvient peut-être d'un motif troubadouresque qui s'est lentement popularisé par une sorte d'osmose; elle fait intervenir en effet un espace qui est celui du grand chant courtois, avec le *lai*, le là-bas, où réside l'être aimé, opposé au *sai*, à l'ici de l'absence et de la frustration[6]. Mais la forme du poème écrit par Bernard de Ventadour (alternance d'heptasyllabes et de pentasyllabes à rimes féminines, un instant interrompue par deux hexasyllabes: "Domna, per vostr'amor / Jonh las mas et ador", est un rythme dansant et fantasque de ritournelle passionnée que tempérait sans doute quelque peu la mélodie composée par le poète[7]: dans cette *cobla*, ce sont les mots qui chantent, et j'en viens à me demander si elle ne constitue pas la "matrice" de l'ensemble, l'élément premier autour duquel s'est constituée la *canso*, tant est juste l'accord de la parole et du sens. "Ai Deus! car no sui ironda / Que voles per l'aire": le premier vers est un essor et le second dit l'oiseau qui plane avec indolence, et c'est ce mouvement même que je constate dans la chanson italienne. Bernard de Ventadour "folklorise" en musicien consommé, ce qui ne l'empêche nullement de formuler sa requête de façon conforme au protocole le plus courtois (hommage de vénération accompli les mains jointes, sourdes protestations contre la cruauté de la dame qui maltraite son serviteur). L'expression de la *fin'amors* n'est pas incompatible avec le souci d'écrire une poésie popularisante. Inversement, et c'est un point qu'il est inutile de développer, la chanson populaire n'est pas fermée à l'influence courtoise. Point de fossés entre deux mondes, mais tout un réseau d'échanges et de contacts.

C'est dans la versification même de cette *canso* que se révèle sans doute son inspiration folklorique. C'est donc dans le choix de ses mètres que Bernard de Ventadour "popularise", tout autant que dans le choix de ses motifs. Une remarque s'impose à ce propos: notre poète pratique et aime le vers léger: pentasyllabes (ch. 38, où les pentasyllabes à rimes féminines alternent avec des hexasyllabes à rimes masculines), hexasyllabes (ch. 17, 18, 22, 26), heptasyllabes (ch. 12, 15, 16, 25, 27, 34, 37, 39, 43, 44). Sans parler des chansons où ces vers courts sont combinés: outre la chanson 4, il faut citer la chanson 8 "E manh genh se volv e·s vira", qui est un hymne joyeux et plein d'espoir (vv. 22-24, str. IV): "Per mo grat eu m'en jauzira; / E pel bo talan qu'eu n'ai, / M'es veyaire que be·m vai" ("A mon plaisir je jouirai d'elle, et par le fructueux désir que j'ai d'elle, il me semble que tout me réussit"). Certaines de ces chansons contiennent des motifs très étrangers au grand chant courtois: la chanson 17 évoque les amours enfantines du poète (str. IV), puis compare le corps de la dame, dans sa blancheur, à la neige de Noël (v. 37), et cette référence à la joie de Noël, qui n'est pas isolée chez Bernard de Ventadour[8], transforme l'amour en fête émerveillée. La chanson 34 s'ouvre sur le chant du rossignol familièrement désigné par un hypocoristique:

La dousa votz ai auzida
Del rosinholet sauvatge. . . ,

et la chanson 39 reprend ce motif du rossignol dont la joie contraste avec la souffrance du poète (cf. "A la claire fontaine", avec son couplet: "Chante, rossignol, chante, Toi qui a le coeur gai; tu as le coeur à l'aise, Moi je l'ai à pleurer" - et c'est à juste titre que Moshé Lazar intitule la pièce: "Chante, rossignol, chante"). Voici la première strophe de cette pièce:

Bel m'es can eu vei la brolha

Reverdir per mei lo brolh
E·lh ram son cubert de folha
E·l rossinhol sotz lo folh
Chanta d'amor, don me dolh;
E platz me qued eu m'en dolha,
Ab sol qued amar me volha
Cela qu'eu dezir e volh.

("Il n'est doux de voir reverdir la feuillée parmi le bois, quand les rameaux sont couverts de feuillage et que le rossignol sous l'ombrage chante d'amour, ce qui me peine; et il me plaît d'en être peiné, pourvu que me veuille aimer celle que je désire et convoite.")

Il est pour le moins arbitraire de confronter un poème troubadouresque et une chanson que lui est postérieure de plusieurs siècles et qui n'a certes aucune prétention littéraire, mais on n'en constate pas moins qu'en ce qui concerne le motif commun aux deux textes, le traitement proprement folklorique est considérablement réducteur. L'écriture de Bernard de Ventadour énonce une grande complexité psychologique: l'amant cultive sa douleur avec un masochisme relatif que soulignent les strophes III et IV[9]; sa patience lui confère la bonne conscience d'un pardon sans cesse renouvelé[10]; il contemple sa folie et sa mort avec la délectation morose d'un être à la dérive[11], mais il sait bien aussi qu'il n'est de poésie que du manque et de la tension: entre le chant populaire et l'oeuvre d'art, il y a l'abîme de l'artifice qui conjure le désespoir par la quête de la subtilité...

Il est, dans les chansons de Bernard de Ventadour (et surtout dans celles que je viens d'évoquer), d'autres motifs qui ont une saveur "popularisante", comme celui du vent qui vient de *lai*, du pays où réside la femme aimée (ch. 26: "Can la freid'aura venta"). Cette présence latente du folklore chez les troubadours a fait l'objet de travaux antérieurs sur lesquels je ne reviens pas[12]. Ce qui, à ma connaissance, est moins souvent mis en lumière est la part chez notre poète du proverbe et du dicton qui renvoient à une sagesse commune. Certaines de ces formulations ont été sans doute forgées par lui, mais elles ont une densité sententieuse qui rappelle le langage proverbial, surtout lorsqu'elles font allusion à des croyances populaires. Ainsi vv. 35-40, str. V de la ch. 34 (celle du rossignolet):

Servirs c'om no gazardona,
Et esperansa bretona
Fai de senhor escuder
Per costum e per usatge.

("Service qu'on ne récompense et espérance bretonne font de seigneur écuyer par coutume et par usage.")

Attendre la merci de la dame est aussi fou qu'espérer le retour du roi Arthur. Le style proverbial est chez Bernard de Ventadour l'occasion d'une tentative pour retrouver son sang-froid et pour conjurer son aliénation amoureuse. Ainsi dans la chanson 23, autre pièce heptasyllabique qui s'ouvre sur l'évocation du rossignol (v. 1: "Lo rossinhols s'esbaudeya") où la strophe V, qui prend acte du contraste entre la beauté de la dame et son *mal talan* ou volonté méchante, se clôt sur deux proverbes successifs, dont le premier fait référence à une réalité agreste:

Mas l'aiga que soau s'adui
En peyer que cela que brui.
Enjan fai qui de bon aire
Sembla e non o es gaire.
(vv. 37-40)

("Mais l'eau qui doucement s'écoule est pire que celle qui bruit. Il est trompeur, qui semble généreux et ne l'est guère.")

"Il n'est pire eau que l'eau qui dort". Le vilain ne se laisserait pas prendre au piège. La chanson 29, qui combine l'heptasyllabe et l'octosyllabe, insiste à son tour sur la fausseté de la dame, que le poète flétrit avec une violence inhabituelle chez lui:

Tan sap d'engenh e de ganda
C'ades cuit c'amar me volha.
Be doussamen me truanda,
C'ab bel semblan me confonda!
(vv. 15-18)

("Elle sait tant de ruse et de fraude que je crois toujours qu'elle veuille m'aimer. Elle me truande bien doucement, si bien qu'elle me perd avec son sourire.")

Le lexique se fait ici plus vert et plus familier: *ganda*, *truandar* ne sont pas des mots qui relèvent d'un registre aristocratique. Il peut donc arriver que Bernard encanaille sa muse lorsqu'il n'en peut plus! Mais la *canso* s'achève sur un autre ton: l'amant ne désespère pas d'assister au coucher de son amie (str. V) et il conclut en vantant la qualité de son poème (str. VI).

Plus tragique est la chanson 44, la dernière que je vais étudier. Elle accumule en effet les sentences de type proverbial. Entièrement écrite en heptasyllabes, elle fascine par son rythme déjà verlainien (temps forts sur les troisième, cinquième et septième pieds, ou inversement sur les seconds, quatrième et septième pieds):

Lo tems vai e ven e vire
Per jorns, per mes a per ans,

Et eu, las! no·n sai que dire,
C'ades es us mos talans...

("Le temps va et vient et vire par jours, par mois et par ans, et moi, hélas! je ne sais que dire, quand toujours le même et mon désir...")

Le texte est émaillé de préceptes divers dont voici le relevé:

C'aitals amors es perduda
Qu'es d'una part mantenguda...
(vv. 12-13)

("car un amour est perdu qui n'est maintenu que d'un côté...");

[que] fols no tem tro que pren.
(v. 21)

("[parce que] fou ne craint jusqu'à ce qu'il prenne [des coups]");

Qui vid anc mais penedensa
Faire denan lo pechat?
(vv. 31-32)

("Vit-on jamais faire pénitence avant le péché?");

Que so mostra l'escriptura:
Causa de bon'aventura
Val us sols jorns mais de cen.
(vv. 40-42)

("Car l'Ecriture le proclame: en matière de bonheur, un seul jour en vaut plus de cent.")

Ajoutons encore les vv. 45-46, dont l'interprétation est difficile:

Que pois l'arma n'es issida
Balaya lonc tems lo gras...

("Car après que l'âme - le grain - en est issu, se balance longtemps l'épi...")

Ces deux vers vont bien au-delà du proverbe à cause de leur connotation complexe: Carl Appel a montré que la métaphore de l'épi vide désignait le poète dont la dame a dérobé l'âme[13], et Moshé Lazar cite à ce propos la chanson 68, vv. 25-26, de Giraut de Bornelh: "Au temps jadis, joie d'amour et chant étaient unis comme la paille et le grain".[14] En fait, parmi les sentences que je viens d'énumérer, il n'en est qu'une qui soit authentiquement populaire, et Moshé Lazar en cite plusieurs occurrences[15]; c'est le dicton "fols no tem tro que pren". Mais la parole biblique empruntée au livre des Psaumes (84:11) et traduite de façon très approximative[16] résonne comme l'écho d'une expérience universelle confirmée par le bon sens le plus rassis. Le poète s'autorise de cette référence pour se confirmer dans l'absurdité de son projet amoureux, puisque la *canso* s'achève sur une proclamation de fidélité qui accepte le martyre d'amour[17]: et pourtant, Bernard de Ventadour avait un instant répudié l'éthique et l'esthétique aristocratiques de la *fin' amors* lorsqu'il avait affirmé (strophe IV) qu'il renonçait définitivement à l'*escola N'Eblon*, à son appartenance à la cohorte des troubadours disciples d'Eble le chanteur[18]. J'y lis non seulement la démythification de la croyance qu'*amar* entraîne un *melhurar*, un progrès à la fois matériel et moral[19], mais aussi la tentation d'une poésie moins précieuse et recherchée et plus authentique. Ce que traduirait donc indirectement le texte, ce serait l'échec non point tant de l'écriture courtoise (bien que cet échec soit lisible aux vv. 22-28)[20] que de toute écriture poétique même moins élaborée (puisqu'en définitive, l'amant retourne à sa foi et à ses démons familiers). Il faut prendre à la lettre les vers 3 et 4: Bernard ne sait que dire, à cause de son obsession. Son lyrisme tourne sur lui-même et se mord la queue; il est répétif comme le cycle des jours et des mois (vv. 1 et 2); *amar* est un prétexte, et le poème est à lui-même sa propre matière: telle est la leçon qui se dégage de cette élégie dont l'auteur, comme conscient de son impuissance, répugne désormais à faire l'éloge. Adieu avorté au paradis inaccessible, l'oeuvre dit à la fois la rupture et la continuité dans la création et dans le désespoir.

Les poètes du moyen âge roman ont instinctivement cherché un enracinement dans leur terroir, parce qu'ils étaient les pionniers d'une culture nouvelle, en réaction contre un héritage latin qui impliquait la transplantation de la culture antique et le maintien de la prépondérance cléricale dans le domaine intellectuel. Au contraire toutefois de Guillaume IX, Bernard de Ventadour, qui a peut-être reçu la formation d'un clerc[21], ne cherche pas à relancer le débat du clerc et du chevalier[22], et s'il compose ses chansons dans le cadre de ce que j'appelle la "profanité" courtoise; il n'y a chez lui aucune revendication explicite qui défende la poésie vernaculaire contre la tyrannie de la latinité. En fait, Bernard de Ventadour écrit à un moment (milieu du XIIe siècle) où la *canso* a d'ores et déjà conquis ses lettres de noblesse, au moins en milieu de cour. Mais il s'inscrit dans une tradition du *trobar* qui ne s'est pas fermée à une certaine inspiration popularisante. Comme je l'ai déjà dit ailleurs, le château (où se diffuse le grand chant courtois) reste un lieu de rencontre entre l'aristocratie et le petit monde des artisans et des paysans qui vivent autour du seigneur. Chevaliers et manants participent souvent à des veillées communes, si bien que les thèmes et motifs poétiques, de même que les schémas narratifs, circulent d'un groupe à l'autre, et dans les deux sens[23].

Bernard de Ventadour est trop fin poète et musicien pour ne pas être sensible au charme du folklore; mais ce que lui apporte la complainte populaire, il l'enserre dans un écrin de raffinement complexe où interviennent concurremment les *topoi* du grand chant courtois et plus d'un élément que l'on retrouve peu fréquemment chez les autres troubadours (comme le *desnaturar*, c'est-à-dire la conscience que l'amour brise la communion de l'homme avec la nature - et c'est précisément sur ce *desnaturar* que s'ouvre la chanson 4 dont la strophe V fait l'objet de mon commentaire initial). Ce qui procède chez Bernard de Ventadour d'une influence populaire est profondément altéré par une technique hautaine mise au service d'une érotique délicate et subtile; c'est ailleurs, dans le choix des mètres et dans la mélodie légère de la versification, que le poète parvient à retrouver le charme d'une musique immémoriale. Ou bien encore il tente de se convaincre de sa folie à coups de préceptes dont le solide bon sens évoque la sagesse paysanne, mais cette tentation du prosaïsme se révèle dérisoirement éphémère, tant le lyrisme du poète l'entraîne vers d'autres sphères infiniment plus exaltantes malgré leurs aspects décevants. Le vrai débat, chez lui, est celui du chevalier et du vilain, mais déroger dans la vilenie est s'astreindre au silence. La dame qui se conduit comme une vilaine ne mérite plus l'hommage du poème; *trobar*, c'est tendre vers un *melhuramen* individuel et réciproque au nom duquel est blâmable tout indice de roture: il n'est donc pas question pour le troubadour de se faire peuple, même s'il lui arrive d'écouter ce que chante la *gent menue* avec la curiosité d'un amateur éclairé soucieux de rafraîchir son langage à la limpide source d'une rusticité qui n'est pas sans prestige.

Notes

[1]La *Vida* de Bernard de Ventadour (voir pp. 54 *sqq*. de l'édition Moshé Lazar, Paris, 1966) fait de lui le fils d'un serf et d'une boulangère. Mais Rita Lejeune m'a fait valoir que les seigneurs de Ventadour appelaient Bernard leur troisième fils et lui conféraient une formation de clerc: comme Rita Lejeune, je me plais à penser que le poète était un bâtard d'Eble III.

[2]Cf. l'allusion de la chanson 3, strophe VI, à la lance de Pélée, comparée au baiser de la dame:

C'atretal m'es per semblansa
Com de Pelaüs la lansa,
Que del seu colp no poli'om garir,
Si autra vetz no s'en fezes ferir.
(vv. 45-48)

("Car ce baiser, me semble-t-il, me fait le même effet que la lance de Pélée: de son coup, on ne pouvait guérir, si l'on ne s'en faisait frapper une seconde fois.")

Quant à l'allusion à Narcisse, elle figure dans la strophe III de la chanson de l'alouette (ch. 31):

Miralh, pus me mirei en te,
M'an mort li sospir de preon,
C'aissi·m perdei com perdet se
Lo bels Narcissus en la fon.
(vv. 21-24)

("Miroir, depuis que je me suis miré en toi, m'ont tué les profonds soupirs: je me suis perdu de la même façon que se perdit le beau Narcisse en la fontaine.")

[3]Sur la notion de poésie "popularisante", voir Pierre Bec, *La poésie lyrique en France au moyen âge*, 1 (Paris, 1977), mais aussi son article "Quelques réflexions sur la poésie lyrique médiévale. Problèmes et essai de caractérisation" in *Mélanges offerts à Rita Lejeune* (Gembloux, 1969), pp. 1309-29. Sur certains motifs folkloriques (le message confié à l'oiseau, etc.) dans la poésie troubadouresque, voir Rita Lejeune, "Thèmes communs de troubadours et vie de société", in *Actes et Mémoires du IIe Congrès International de Langue et Littérature du Midi de la France* (Aix-en-Provence, 1961), pp. 75-88. Voir aussi Jean-Marie D'Heur, "Le motif du vent venu du pays de l'être aimé, l'invocation au vent, l'invocation aux vagues: Recherches sur une tradition de la lyrique romane des XIIe-XIIIe ss. (litt. d'oc, d'oïl, et gal.-port.)", *Zeitschrift für romanische Philologie* 88 (1972), 69-104.

[4]Cf. ch. 26, str. V, vv. 41-43:

Se no fos gens vilana
E lauzenger savai,
Eu agr'amorcertana...

("S'il n'y avait eu les vils gens et les médisants perfides, j'aurais eu mon amour assuré...")

Cf. aussi la chanson 36, vv. 23-24 (str. III):

Et es enois, vilani'e foudatz,
Qui no gara cui deu esser privatz.

("Et c'est tracas, vilenie et insanité si l'on ne fait attention aux gens avec qui l'on veut être intime.")

On aura noté le caractère sentencieux de cette chute de strophe: l'écriture proverbiale intervient ici comme un élément démythificateur par rapport à la *fin'amors*, et c'est un point sur lequel je vais revenir au terme de mon exposé.

[5]Je renvoie sur ce point à mon article "L'enracinement folklorique du roman arthurien", paru dans les *Mélanges d'études romanes du moyen âge et de la Renaissance offerts à Monsieur Jean Rychner* (Paris, 1978 [= *Travaux de linguistique et de littérature*, 16/1]), pp. 427-37: Les romanciers du XIIe siècle (et Chrétien de Troyes le premier, s'il faut en croire le début du *Cligès*) choisissent en quelque sorte la matière de Bretagne contre la matière antique et "folklorisent" avec le souci d'enraciner la culture nouvelle dans un terroir.

[6]Voir mon article "L'espace et le temps de la chanson courtoise occitane", in *Présence des troubadours* (= *Annales de l'Institut d'Etudes Occitanes de*

l'Université de Poitiers, 4e série, 2, 5, 1970), pp. 143-68 (la lyrique des troubadours cultive la nostalgie du *lai*).

[7]Nous n'avons pas gardé cette mélodie, qui devait être assez complexe (rupture du rythme impair aux vers 9 et 10 de chaque strophe, par intervention d'un couplet d'hexasyllabes).

[8]Cf. la chanson 2, strophe VII, vv. 46-48:

C'aicel jorns me sembla nadaus
C'ab sos bels olhs espiritaus
M'esgarda. . .

("Car ce jour me semble Noël, où de ses beaux yeux spirituels elle me regarde.")

[9]Strophe III, vv. 17-20:

S'amor colh, qui m'enpreizona,
Per lei que mala preizo
Me fai, c'ades m'ochaizona
D'aisso don ai ochaizo. . .

("Je cueille son amour, qui m'emprisonne, pour celle qui m'aménage mauvaise prison en me faisant sans cesse reproche sur des points que je pourrais lui reprocher à mon tour. . .")

Strophe IV, v. 25:

Bo son tuih li mal que m dona. . .

("Bons sont tous les maux qu'elle me donne. . .")

[10]Strophe III, vv. 21-24:

Tort n'a, mas eu lo·lh perdo,
E mos cors li reperdona,
Car tan la sai bel'e bona
Que tuih li mal m'en son bo

("Elle a tort d'agir ainsi, mais je le lui pardonne, et mon coeur aussi lui pardonne, car je la sais si belle et bonne que tous les maux qui viennent d'elle me sont bons.")

Le poète enchaîne alors sur le vers 25 cité note précédente, conformément à la technique utilisée dans ce poème où le premier vers de chaque *cobla* reprend le ou les derniers mots de la *cobla* précédente: usage donc de *coblas capfinidas* qui concourt, avec la pratique des rimes dérivées (str. I: *brohla*, *brolh*, *folha*, *folh*, *dolh*, *dolha*, *volha*, *volh*), à faire de cette pièce un modèle de *trobar ric* accumulant les prouesses d'écriture; mais la relance du poème sur un énoncé-charnière d'une strophe à l'autre renforce son aspect obsessif et rappelle à son tour la chanson populaire, qui aime à reprendre dans chaque nouveau couplet la fin du couplet précédent.

[11]Cf. l'ensemble formé par la strophe V et la *tornada* (vv. 33-44):

Ma razo chamja e vira;

Mas eu ges de lei no·m vir
Mo fi cor, que la dezira
Aitan que tuih mei dezir
Son de lei per cui sospir.
E car ela no sospira,
Sai qu'en lei ma mortz se mira,
Can sa gran beutat remir.
Ma mort remir, que jauzir
No·n posc ni no·n sui jauzire;
Mas eu sui tan bos sofrire
C'atendre cuit per sofrir.

("Elle bouleverse et dévie ma raison; mais moi je ne dévie pas d'elle mon coeur fidèle, puisque je la désire tant que tous mes désirs vont vers celle pour qui je soupire. Et puisqu'elle-même ne soupire pas, je sais qu'en elle se contemple ma mort quand de mon côté je contemple sa splendeur.

Je contemple ma mort, quand je ne puis obtenir d'elle mon plaisir et que j'en éprouve déplaisir; mais je suis si endurci à la souffrance que je pense réussir en supportant de souffrir.")

[12]Voir ci-dessus, note 3.

[13]*Bernart von Ventadorn: Seine Lieder mit Einleitung und Glossar* (Halle, 1915), p. 185.

[14]Éd. Adolf Kolsen (Halle, 1920).

[15]P. 288: "Tousjours au fol la masse"; "Fols no tem tro qu'es chastiatz" (mais quelles sont les sources de l'éditeur?); "Malo accepto stultus sapit" (Erasme, *Adages*, I, 31) et Peire Rogier, ch. 1, vv. 20-21 de l'édition Carl Appel (Berlin, 1882):

E'l volhs per mal'aventura
Vai queren lo mal que·l duelha.

Plus généralement, sur le proverbe comme indice d'une inspiration popularisante dans la littérature médiévale, je renvoie à Elisabeth Schulze-Busacker, "Eléments de culture populaire dans la littérature courtoise", in *La culture populaire au moyen âge. Études présentées au Quatrième Colloque de l'Institut d'Études Médiévales à l'Université de Montréal (2-3 avril 1977)*, éd. Pierre Boglioni ((Montréal, 1979), pp. 81-101. Cet ouvrage contient une série d'articles qui intéressent directement le présent sujet: Pierre Boglioni, "La culture populaire au moyen âge: Thèmes et problèmes" (pp. 11-37); Andrew Hughes, "La musique populaire médiévale, une question de tout ou rien" (pp. 103-20); Conrad LaForte, "Le moyen âge et la culture populaire de la nouvelle France: l'exemple de la chanson" (pp. 231-57). Mais la communication d'Elisabeth Schulze-Busacker traite du roman et non de la poésie lyrique.

[16]Le texte biblique dit en effet: "Mieux vaut un jour dans tes parvis que mille ailleurs". Il s'agit des parvis de Dieu, dans le Temple de Jérusalem. Sur le proverbe biblique chez les troubadours, ou consultera Suzanne Thiolier-Méjean, "Les proverbes et dictons dans la poésie morale des troubadours", in *Mélanges offerts à Charles Rostaing* (Liège, 1974), pp. 117-18.

[17]Fin de la strophe VIII et *tornada* (vv. 54-59):

Toz tems vos ai dezirada,
Que res autra no m'agrada.
Autr'amor no volh nien!
Dousa res ven ensenhada,
Cel que·us a tan gen formada,
Me·n do cel joi qu'eu n'aten!

("Toujours je vous ai si désirée, et nul autre objet ne m'agrée. Je ne veux absolument pas d'un autre amour! Doux objet bien enseigné, que Celui qui vous a façonnée si gente me donne cette joie que j'attends de vous!")

[18]Vv. 22-23:

Ja mais no serai chantaire
Ni de l'escola N'Eblo...

("Jamais plus je ne serai poète, pas même de l'école de sire Eble...")

[19]Vv. 24-28 (suite de la citation précédente):

Que mos chantars no·m val gaire
Ni mas voutas ni mei so;
Ni res qu'eu fassa ni dia,
No conosc que pros me sia,
Ni no·i vei melhuramen.

("Car mon poème ne m'apporte aucun profit, ni mes *voltas* (?) ni mes mélodies; et il n'est rien que je fasse ou dise dont je sache que cela me soit profitable, et je n'y vois aucune amélioration.")

[20]Ces vers sont cités dans les deux notes précédentes.

[21]Voir ci-dessus, note 1.

[22]Ce débat, c'est peut-être Guillaume IX qui l'instaure dans sa chanson V, celle qui condamne la dame qui se donne à moine ou clerc. Voir mon ouvrage *Le Prince d'Aquitaine: Essai sur Guillaume IX, son oeuvre, son érotique* (Paris, 1980), pp. 96 sqq.

[23]Voir mon article cité ci-dessus, note 5.

Guilhem Molinier as Literary Critic

Wendy Pfeffer

It has become the regular practice of modern scholars to use the vocabulary of Guilhem Molinier's *Leys d'Amors* when discussing the poetry of the troubadours. The terms found in the *Leys d'Amors* are used for several reasons, notably because they are Occitan terms used by a fourteenth-century Occitan author commenting on Occitan poetry of that and earlier periods. However, one may question Molinier's use of his terms and, more particularly, question the modern application of this vocabulary to medieval poetry. An examination of the *Leys d'Amors* as a work of literary criticism should make clear the problems associated with this work in this regard, and demonstrate to twentieth-century critics of the troubadours the limitations of the vocabulary of the *Leys* in their current-day researches.

The *Leys d'Amors* was first composed by Guilhem Molinier around the year 1331 for the use of the Consistory of "Gai-Savoir" of Toulouse, of which he was a member. This secular organization, founded in 1323 for the purpose of promoting Occitan poetry, sponsored an annual poetry contest, acted as judges for the competition, and awarded a prize to the winner. The need for a set of rules by which to judge entrants made itself quickly apparent, and some time before 1330, possibly in 1327, Molinier was asked to compose a "rule-book" to which contestants were expected to conform. Although his instructions called for a work on poetics, using the models of Priscian and Donatus as well as thirteenth-century grammarians, Molinier compiled far more than a treatise on poetry; in its final form, the *Leys d'Amors* includes an Occitan grammar, a brief history of the Consistory, as well as portions which may be described as theological in nature.[1]

The purpose of the *Leys d'Amors* is certain and explicit—it was to provide a guide for the judges of the Consistory in their determination of a winner of the annual contest. "Quar li dit .VII. senhor jutjavan ses ley e ses reglas que no havian, e tot jorn reprendian e pauc essenhavan, per so ordenero que hom fes certas reglas, a lasquals haguesson recors et avizamen en lor jutjamen."[2] The portion of the *Leys* which directly concerns poetry can be summarized quite simply. Molinier first defines his topic:

Trobars es far noel dictat
En romans fi, ben compassat[3]

and then describes for his reader the tools necessary *a trobar*, to write poetry. He begins with the smallest units: letter, syllable, and word. He then considers the *bordos*, the line of verse, primarily discussing the various lengths of lines and the placement of the caesura. Rhyme is discussed, followed by an explanation of the forms of the *cobbla*, the stanza, forms closely related to the various rhyme sequences. Lastly, Molinier speaks of the basic forms of poems. The *chanso*, *descort*, *dansa*, *sirventes*, *pastorela*, *tenso*, *partimen*, *planch*, *escondig*, and *retroncha* are described in some detail, though not illustrated with poetic examples as had been the case in earlier parts of this treatise; the last paragraph mentions in passing some seventeen other forms.

Let us note, in particular, some of the terms Molinier uses in these descriptions and his definitions of them. A line, the *bordos*, "es una partz de rima que al may conte .XII. sillabas et a tot lo mens quatre."[4] There are two types of *bordo*—*menor*, with less than eight syllables, and *major*, with eight or more. The caesura, or *pauza suspensiva*, is "aquela qu'om fay en lo mieg d'un bordo per far alcuna alenada . . . Li bordo di quatre, de .VI. e de .VIII. sillabas son indiferen, quar en aytal pot hom far pauza qui·s vol."[5] For longer lines, however, "la pauza que aytal bordo han en la quarta sillaba no deu hom trasmudar . . . quar no haurian bela cazensa."[6] Molinier then seems to change his mind: "En aytals bordos de .XI. sillabas pot hom mudar lo compas ques aras havem mostrat, quar vezer podetz que la pauza es en la quinta sillaba."[7] As for the stanza, "Cobbla deu haver perfiecha sentensa; e tenem la per complida e perfiecha per pauza plana o final."[8] Masculine and feminine rhymes are described by Molinier in terms of accent: "Accen deu hom gardar en la fi dels bordos, de quantas que sillabas sian, quar si la us bordos fenis en accen agut, l'altres qu·es sos parios deu yshamen fenis en agut [masculine], o se fenish en greu [feminine], aquo meteysh."[9] *Rim*, "rhyme," is not defined but rather illustrated, and is, in fact, confused with assonance.[10] It is unfortunate that the third redaction is missing six folios at this point,[11] folios which might have contained a clearer explanation.

Where did Molinier find the rules he advances with such authority? He claims to use the "bos anticz trobadors" and their "bonas opinios"[12] as his source and authority, yet samples from this older body of poetry do not make use of many of the techniques which Molinier recommends. An examination of several poems by these "bos anticz trobadors" may make this point more clear.

"Pos de chantar m'es pres talenz" by Guilhem de Peitieus,[13] an early example of Occitan lyric, consists of ten stanzas of four octosyllabic lines each, with a two-line envoy. Rhyming *aaab cccb*, all the rhymes are masculine. Molinier would use a different terminology to describe the features of this poem—the eight-beat line is *major*, the *pauza suspensiva* is used though it is not mandatory. The first three lines of each stanza are *rims caudatz*, "Cant duy verset o trei al may s'acordo en la fi."[14] However, each stanza is actually in *rims desguizatz*, a category not defined by Molinier. He groups together all rhyme schemes which he has not previously explained under this heading: "Cant per autra maniera es pauzatz et ordenatz si no per las manieras dichas."[15] (One of his examples under this rubric does rhyme *aaab cccb*.) At the end of Molinier's discussion of poetry, a twenty-six line poem explains the proper construction of the envoy or *tornada*—it must agree in rhyme, meter and "accent" with the preceding stanzas,[16] as do Guilhem's final words. "Pos de chantar m'es pres talenz," Guilhem's farewell to the world, does not fit into any of the genres designated by Molinier unless it be that of *vers*. And *vers* appears to be a catch-all genre:

> Vers es us dictatz en romans,
> De sen quar es verays tractans,
> E quar dir se pot de virar.[17]

However, this is not to say that a genre of "farewell to the world" did not exist, for Molinier omits at least one well-known Occitan genre, the *alba*.[18]

Bernart de Ventadorn's "Can vei la lauzeta mover,"[19] written between 1150 and 1180, is more complicated formally than "Pos de chantar m'es pres talenz." Seven stanzas of eight octosyllabic lines each are followed by a four-line envoy addressed to "Tristans." The rhyme is more difficult—*abab cdcd* throughout. There is frequent use of the run-on line (notably in stanzas one and two), a technique not mentioned in the *Leys d'Amors*. Molinier would describe the rhyme scheme here as *rims encadenatz*, "Can le primiers bordos am lo tiers e·l segons am lo quart s'acordo en la fi."[20] This scheme is related to the form called *capcoadas dobbas—abab cdcda*. The poem as a whole is formed of *cobblas unissonans*: "Unissonans es dicha en respieg de la autras cobblas d'u meteys dictat, per so totas son d'u semblan am aquela en compas de bordos e d'acordansas."[21] Molinier is more specific when describing the rhetorical devices used by Bernart de Ventadorn in individual *cobblas*. For instance, the opening stanza is an example of the *cobbla ornativa*, a stanza with elaborate description.[22] The lines

Ai, las! tan cuidava saber
d'amor, e tan petit en sai.
(vv. 9-10)

fit the example of the *cobbla diversa*, which contrasts two time periods, the present with the past or with the future.[23] The use of a proper name in the envoy forms part of Molinier's instruction for the *tornada*:

La una lo senhal mensona,
L'autra lo nom de la persona
A cuy le dictayres donar
Vol son dictat o prezentar.[24]

"Can vei la lauzeta mover" seems to fit Molinier's description of the *chanso*,

Chansos es dictatz que d'amors
Principalmen o de lauzors
Tracta.

comprising from five to seven *cobblas*.[25]

The great majority of verse examples in the *Leys d'Amors* appear to have come from the pen of Guilhem Molinier himself. However, he does use the envoy of "Eras quan vey verdeyar" by Raimbaut de Vaqueiras[26] as his example at one point. This poem exemplifies the virtuosity towards which Occitan lyrics developed and which is present in the *Leys d'Amors*. Written after 1180, the poem is composed in five languages: Occitan, Old Italian, Old French, Gascon, and Galician. The envoy repeats a couplet in each language. The rhyme alternates throughout *abab*, each stanza having its own rhymes. There is an alternation between seven and eight beats per line. This poem is basically a *chanso*, with rhymes *encadenatz*. But it is the presence of the different languages which makes this poem special in the eyes of Guilhem Molinier, who used the poem as the example of the *cobbla partida*, which "conte dos o motz diverses langatges."[27] The appearance of this poem among the selection in the *Leys d'Amors* is very important because, while Molinier states that he relies on the "ancients," this is one of the few instances where he refers explicitly to the old traditions of Occitan poetry.

Another poet to whom Molinier makes oblique reference is Arnaut Daniel, author of the sestina "Lo ferm voler qu'el cor m'intra."[28] Arnaut Daniel is credited with creating the sestina, and his poem serves as an example for the genre. Six rhyme words (in this case, *intra*, *ongla*, *arma*, *vergua*, *oncle*, and *cambra*) appear in set order in each of the six stanzas of six lines, as well as in the three-line envoy. Arnaut uses an octosyllabic line for the initial line of each stanza, while subsequent lines are hendecasyllabic. There is a clear caesura in each line. Molinier does not mention the sestina rhyme scheme nor its six-line *cobbla*. Using his vocabulary, one could describe the individual *cobblas* of "Lo ferm voler qu'el cor m'intra" as *estrampas*, "Quar las dictios finals non han lunha acordansa,"[29] *cobblas* linked, moreover, *capcaudada*.[30] Actually, Molinier has no term which describes with accuracy the sestina. One might say that the *cobblas* are *capfinidas*, but this description does some violence to Molinier's definition: "Cobblas capfinidas es per aquela meteysha dictio oz oratio final del primier bordo vol tostemps commensar l'autre seguen bordo."[31] Molinier could have concluded by calling the lyric a *chanso*.

One may ask why Molinier does not seem to know of the sestina. A suggested answer is that the form itself was too difficult for the judges in the Consistory; remember that the seven founding members of the Consistory of "Gai-Savoir" were bourgeois, save one who was a petty noble. There is also the possibility that Molinier did not recognize the sestina as an established form, but saw only the individual stanzas and not the whole. Lastly, perhaps he was more interested in individual "stanzaic" effects than in the poem as a whole. He devotes many pages of explanation to the twenty-seven different kinds of *cobbla*; only seven genres are described in any detail, and even this description is fairly brief.

If Molinier set out to catalogue the corpus of Occitan lyrics, he did a very incomplete job. His list of genres includes several varieties used infrequently by the twelfth-century troubadours, the *dansa* for example, while omitting others, such as the *alba*, or ignoring the fact that a single *cobbla* could be a complete work.[32] Molinier did establish a new terminology, which he probably did not create.[33] Yet this new vocabulary can be quite vague. Molinier fails to distinguish between rhyme and assonance, for instance,[34] and his terms do not quite succeed in describing the poems he claims to have used as his models. In fact, at times his examples do not even illustrate their definitions.[35]

These examples have shown some of the complexity to which Occitan lyrics could attain, and perhaps this factor of complication inhibited Guilhem Molinier. Clearly he preferred to describe verses of his own creation than to comment on the lyrics of his predecessors. Yet the complexity of the sestina form is comparatively simple in contrast to techniques described in the *Leys d'Amors*, complicated techniques illustrated with mediocre poems by Molinier. Ultimately, the *Leys d'Amors* describes successfully only that poetry which used the work as a guide, the works of Molinier himself.

Because Molinier described Occitan lyrics in Occitan, his terminology is used by the modern editors of Occitan poetry. Unfortunately, Molinier's terms can be misused. For example, Hamlin, Ricketts, and Hathaway, in their *Introduction à l'étude de l'ancien provençal*, provide a brief description of the forms used by the troubadours included in the anthology.[36] The definitions they present are correct; it is in their application that these editors go astray. For instance, the notes to Bernart de Ventadorn's "Tant ai mo cor ple de joya" describe the stanzas as *capcaudadas*, the first two stanzas being linked by a *capfinida* rhyme.[37] But Molinier states that *cobblas* linked *capfinida* are joined "head to tail"—the last word of one line is repeated as the first word of the following line or stanza.[38] "Tant ai mo cor ple de joya" is not an example of *capfinida*; it uses *cobblas capcaudadas* consistently—the last rhyme of a stanza is the first rhyme of the next.

Another example of this same confusion can be found in editions of Raimon de Miraval's "Be m'agrada." Margaret Switten states that Raimon uses *cobblas capfinidas*, "the taking-up again of an element of the last line of one stanza in the first line of the next."[39] But this is not the definition found in the *Leys d'Amors*, and, as Nathaniel B. Smith has noted, "No single Provençal poem respects the rigorous definition."[40]

The reliance of modern editors on the vocabulary of Guilhem Molinier is perhaps the greatest problem that concerns the *Leys d'Amors*. Molinier's work is quite distant in time and in spirit from the works of the troubadours of the twelfth century, and his reliance on their works is at best tenuous. It would be better, perhaps, to ignore Molinier entirely when describing Occitan poetry and to create a new *Leys d'Amors* with uniform vocabulary and definitions for the use of modern scholars.

Notes

[1]A first version was completed around 1334 (*Las Flors del Gay Saber estier dichas las Leys d'Amors*, ed. Adolphe-Félix Gatien-Arnoult, trans. d'Aguilar and d'Escouloubre [Toulouse, 1841]). Soon afterwards, Molinier prepared another version of the same work, shorter and entirely in verse (*Las flors del gay saber*, ed. Joseph Anglade, Mémoires, Institut d'Estudis Catalans [Barcelona, 1926]). And several years later, Molinier published another redaction (*Las Leys d'Amors: Manuscrit de l'Académie des Jeux floraux*, ed. Joseph Anglade, 2 vols. [Toulouse, 1919]; all references are to this edition of the *Leys d'Amors*), returning in this last version to the use of prose with examples in poetic form, as he had in the first version. See Alfred Jeanroy, "Les Leys d'Amors," in *Histoire littéraire de la France*, 38 (Paris, 1948), pp. 139-40, 144-48, 151-53.

[2]Anglade, *Las Leys d'Amors*, 1:14.

[3]Ibid., 2:29.

[4]Ibid., p. 62.

[5]Ibid., p. 95.

[6]Ibid., p. 68.

[7]Ibid., p. 70.

[8]Ibid., p. 96.

[9]Ibid.

[10]Jeanroy, "Les Leys d'Amors," p. 174.

[11]Anglade, *Las Leys d'Amors*, 2:99; folios 94-99 inclusive are missing.

[12]Gatien-Arnoult, *Las Flors del Gay Saber*, 2:2. These phrases are omitted in the third redaction. See also Jeanroy, "Les Leys d'Amors," p. 165.

[13]Guilhem de Peitieus, *Les chansons de Guillaume IX, duc d'Aquitaine*, ed. Alfred Jeanroy, Classiques Français du Moyen Age 9 (Paris, 1913), poem XI, pp. 26-29.

[14]Anglade, *Las Leys d'Amors*, 2:100.

[15]Ibid., p. 103.

[16]Ibid., p. 178.

[17]Ibid., p. 175.

[18]See Jeanroy, "Les Leys d'Amors," p. 184.

[19]Bernart de Ventadorn, *Chansons d'amour*, ed. Moshé Lazar (Paris, 1966), pp. 180-83.

[20]Anglade, *Las Leys d'Amors*, 2:101.

[21]Ibid., p. 137.

[22]Ibid., p. 155.

[23]Ibid., p. 151.

[24]Ibid., p. 176.

[25]Ibid., p. 177.

[26]Raimbaut de Vaqueiras, in *Los Trovadores*, ed. Martín de Riquer (Barcelona, 1975), 2:840-42.

[27]Anglade, *Las Leys d'Amors*, 2:172.

[28]Arnaut Daniel, in *Introduction à l'étude de l'ancien provençal*, ed. Frank R. Hamlin, Peter T. Ricketts, John Hathaway (Geneva, 1967), pp. 198-200.

[29]Anglade, *Las Leys d'Amors*, 2:124.

[30]Jeanroy, "Les Leys d'Amors," p. 174. *Rims capcaudatz* are described in the first redaction, but appear to be in the missing six folios of the third redaction (see supra, note 11).

[31]Anglade, *Las Leys d'Amors*, 2:142.

[32]Jeanroy, "Les Leys d'Amors," p. 177.

[33]Ibid., p. 171.

[34]Ibid., p. 174.

[35]Ibid., p. 180, in particular "9. *Cobla permutativa*," "10. *Cobla exclamativa*," and "15. *Cobla assemblativa*."

[36]*Introduction à l'étude de l'ancien provençal*, pp. 39-40. Described are *cobblas singulars*, *cobblas unissonans*, *cobblas doblas*, *cobblas alternas*, *cobblas capfinidas*, *cobblas retrogradadas*, and *cobblas capcaudadas*.

[37]Ibid., p. 111 n.

[38]Anglade, *Las Leys d'Amors*, 2:142.

[39]Margaret L. Switten, "Raimon de Miraval's 'Be m'agrada' and the Unrhymed

Refrain in Troubadour Poetry," *Romance Philology* 22 (1968-1969), 441.

[40]Nathaniel B. Smith, *Figures of Repetition in the Old Provençal Lyric: A Study in the Style of the Troubadours*, North Carolina Studies in the Romance Languages and Literatures, 176 (Chapel Hill, 1976), p. 106.

Texte à l'endroit, monde à l'envers
Sur une chanson de Raimbaut d'Aurenga: "Ar resplan la flors enversa"

Alice Planche

Rimbaut? Voué à la poésie, ce nom évoque d'abord Arthur Rimbaud, l'adolescent illuminé, puis en amont Raimbaut de Vaqueiras. Eclipsé par ces étoiles inégalement proches et brillantes, Raimbaut d'Orange sort à peine d'un long purgatoire. Ses manières de prédilection, le *trobar ric* et le *trobar clus*, ont été stigmatisées par les reproches en apparence peu compatibles de virtuosité, d'hermétisme et de puérilité. Même Pattison, qui lui a consacré vingt ans de travail[1] semble presque s'excuser de son choix. Il avoue que son poète n'a pas la stature de Peire d'Alvernhe ou de Guiraut de Bornelh, ni "la valeur universelle" de Bernart de Ventadorn. Il affirme sa préférence pour les pièces "les plus simples et les plus directes" et souligne "des excès de langage que le lecteur reconnaîtra sans hésitation". Saluant avec objectivité l'ultime et difficile chanson 39[2] comme "le plus haut sommet" du *trobar ric*, il a besoin de la caution d'Arnaut Daniel qui s'en serait inspiré pour sa sextine - ce qui reste à démontrer. Il voit surtout en son auteur un excellent jongleur-amateur et un humoriste.

Les anthologies s'ouvrent parcimonieusement à Raimbaut. Pourtant Pierre Bec, qui dans l'une d'elles cite justement la pièce 39, fait une mise au point nuancée:

> Sa virtuosité verbale, même si elle a pu paraître un peu enfantine dans ses procédés (Jeanroy), s'inscrit naturellement dans un cadre de recherches formelles et poétiques qu'on ne peut juger sans les replacer dans

> leur contexte spatio-temporel et qui, cette démarche faite, forcent encore l'admiration. Si la nature ou la passion sincère ne parlent pas . . . c'est qu'elles n'avaient pas à parler. D'ailleurs Raimbaut se détache lui-même de ses acrobaties langagières par un ton de persiflage qui n'appartient qu'à lui[3].

Ce que Pierre Bec sait fort bien, si son propos n'est pas de l'exposer, c'est que nos actuelles coordonnées spatio-temporelles ne sont pas sans affinités avec cette oeuvre par essence langagière. Et ce qu'il appelle persiflage ressemble à la distance entre l'écriture et sa thématique, entre la thématique et le référent vécu, notions fort à la mode naguère, et jusqu'à l'abus. Le temps de relire Raimbaut d'Orange est venu. Il ne faudrait pourtant pas "solliciter" les textes. Au XIIe siècle, "l'aventure de l'écriture" ne se targuait pas de remplacer "l'écriture de l'aventure"[4]. Le poète demeure convaincu, comme le sera à sa façon Arthur Rimbaud, son tardif homonyme, que la poésie n'est ni un pur divertissement ni un produit de laboratoire. La pièce n° 1 du recueil de Pattison, récemment étudiée par Marc Vuijlsteke[5], traduit la fonction des expériences verbales comme un va-et-vient entre les mots et le moi:

> Cars, bruns e tenhs, motz entrebesc,
> Pensius, pensans, enquers et serc
> - Con si liman pogues roire -
> L'estran roill ni l'fer tiure
> Don mon escur cor esclaire.
> (str. 3)

(Traduction libre: "Car j'entrelace les mots sombres et les mots colorés; pensif, pensant, je m'enquiers et je cherche, comme si à la lime je pouvais ronger la rouille impure et la gangue de fer, pour éclairer mon coeur obscur.")[6]

On ne lime pas le néant: ici, "le medium" n'est pas "le message". Autant il peut être légitime d'utiliser des méthodes récentes pour retrouver des richesses oubliées, autant il est outrecuidant de faire fi de la conviction réitérée des troubadours, voyant dans la poétique une exploration de l'être. A la fois spécifique et moderne, la profonde rhétorique médiévale touche à la poésie des profondeurs.

C'est dans cette perspective que je tenterai quelques approches de la pièce 39, fascinante à l'égal de celles que Mallarmé a placées sous le signe de "l'hiver lucide" - Mallarmé qui, sans doute, ne connaissait pas la fleur inverse, mais qui certainement aurait aimé cette "absente de tout bouquet". Voici le texte, dans la version de Pattison, qui, de surcroît, donne en note toutes les variantes des manuscrits[7]:

I.
Ar resplan la flors enversa
Pels trencans rancx e pels tertres,
Cals flors? Neus, gels e conglapis
Que cotz e destrenh e trenca;
Don vey morz quils, critz, brays, siscles
En fuelhs, en rams e en giscles.
Mas mi ten vert e jauzen Joys
Er quan vey secx los dolens croys.

II.
Quar enaissi m'o enverse
Que bel plan mi semblon tertre,
E tenc per flor lo conglapi,
E·l cautz m'es vis que·l freit trenque,
E·l tro mi son chant e siscle,
E paro·m fuilhat li giscle.
Aissi·m suy ferm lassatz en joy
Que re non vey que·m sia croy.

III.
Mas une gen fad'enversa
(Cum s'eron noirit en tertres)
Que·m fan pro pieigz que conglapis;
Q'us quecx ab sa lengua trenca
E·n parla bas e ab siscles;
E no y val bastos ni giscles
Ni menassas; - ans lur es joys
Quan fan so don hom los clam croys.

IV.
Qu'ar en baizan no·us enverse
No m'o tolon pla ni tertre,
Dona, ni gel ni conglapi.
Mas non-poder trop en trenque,
Dona, per cuy chant e siscle,
Vostre belh huelh mi son giscle
Que·m castion si·l cor ab joy
Qu'ieu no·us aus aver talan croy.

V.
Anat ai cum cauz'enversa
Sercan rancx e vals e tertres,
Marritz cum selh que conglapis
Cocha e mazelh'e trenca:
Que no·m conquis chans ni siscles
Plus que folhs clercx conquer giscles.
Mas ar - Dieu lau - m'alberga Joys
Malgrat dels fals lauzengiers croys.

VI.
Mos vers an - qu'aissi l'enverse,
Que no·l tenhon bosc ni tertre -
Lai on hom non sen conglapi,

Ni a freitz poder que y trenque.
A Midons lo chant e·l siscle,
Clar, qu'el cor l'en intro·l giscle,
Selh que sap gen chantar ab joy
Que non tanh a chantador croy.

VII. Doussa Dona, Amors e Joys
Nos ajosten malgrat dels croys.

VIII. Jocglar, granren ai meynhs de joy!
Quar no·us vey, en fas semblan croy.

Mon étude, qui ne se veut ni systématique ni exhaustive, se fera en quatre mouvements que, jouant sur la rime et la paronomase, j'intitule: 1° Autour d'une image; 2° Autour d'un tissage; 3° Autour d'un message; 4° Autour d'un passage. L'image est celle, initiale, de la fleur inverse; le tissage résulte des règles du jeu formel; le message est le sens obvie; le passage est une tentative de traduction, avec ses exigences contradictoires et son nécessaire échec.

Autour d'une image

Si, du poème 39, le seul incipit avait été sauvé, nous rêverions encore sur cet octosyllabe "émouvant comme un vers de tragédie perdue", tant le syntagme "fleur inverse", bien que fait de deux termes courants, forme un tout singulier, où la polysémie de l'adjectif propose un éventail d'interprétations. Ceux qui ont imité ou rencontré ce tour ont pu l'appliquer à d'autres signifiés. Tel fut le troubadour Elias Cairel qui dit aimer autant la neige froide et le gel que l'été:

Quan par la flors enversa[8].

Pierre Bec pense que le poète a retenu par coeur une formule qu'il prend à contresens. Epanouie vers le ciel, la fleur est pour lui le contraire de la neige tombée des nues. Mais ce peut être un lis pour d'autres raisons. Depuis Pline, les naturalistes emploient des synonymes de "fleur inverse" pour désigner soit le lis blanc de Constantinople, soit le lis Martagon qu'une flore actuelle décrit ainsi: "Fleurs tournées vers le sol . . . Pétales roulés en dehors"[9]. C'est cette particularité qui a inspiré ces vers magnifiques et mystérieux de Victor Hugo, résurgence du motif dans une souple paraphrase du Cantique des Cantiques:

On dirait qu'elle a fait un vase de son corps
Pour ces baumes d'en haut qu'aucun miasme n'altère;
Elle s'occupe aussi des choses de la terre,

Car la feuille du lys est courbée en dehors[10].

Un poème italien, d'attribution et de date incertaines, utilise la même association du substantif et de l'épithète, au cours d'une succession de figures en perpétuel engendrement, et comme en fuite à partir de celle qui donne son titre à l'ensemble, "Il Mare amoroso". Le poète, qui a énuméré les effets merveilleux des cheveux, des yeux, des cils, de la bouche, du sourire, du chant et de la parole de la Dame, en arrive au teint:

E'l color natural bianco e vermiglio
Comme la fior di grana flore inversa,
E simil del serpente qu'è fregiato,
Che par dipinto per gran maestria,
E muore incontenante chi lui sguarda,
Tanto son que' colori tosicosi.[11]
(vv. 120-25)

La fleur de "grana" (melograna, grenade) est vermeille comme le fruit, et ses pétales épais se recourbent. Mais par récurrence l'allusion au serpent dont les belles couleurs tuent celui qui les regarde insinue que la seule vue de la fleur est vénéneuse, et avec elle la beauté de l'aimée.

Cependant si, à la lecture de Raimbaut, une corolle retournée ou empoisonnée peut s'esquisser, c'est en connotation. Pour la *canso* 39, le contexte impose une autre acception, qui relève d'un champ lyrique très exploité, celui de la météorologie du coeur. On sait que l'accord entre la couleur du temps et l'humeur de l'homme inspire les nombreux couplets printaniers, tandis que l'hiver est souvent la morte-saison des amours. Or, ce parallèle est aussi contesté. Tantôt la conscience blessée est imperméable à la joie extérieure. C'est ce qu'illustre, entre autres, la pièce 8 de Raimbaut:

Braiz, chans, quils, critz,
Aug dels auzels pels plaissaditz,
Oc! mas no los enten ni dienh
C'un ira'm cenh
Lo cor, on dols m'a ratitz,
Per qe·n sofer.
(vv. 1-6)

Réciproquement, un milieu hostile ne peut éteindre l'allégresse d'amour:

Ara non siscla ni chanta
Rossigniols, ni crida l'auriols...
...E si·m nais Jois e Chans.
(*Canso* 14, vv. 1-2 et 5)

Raimbaut, avant Pascal, semble avoir eu "son soleil et ses brouillards au-dedans de lui"[12]. Le bouleversement du paysage est caractérisé, chez Bernart de Ventadorn, par le verbe *desnaturar*:

> Tan ai mo cor ple de joya
> Tot me desnatura.
> Flor blancha, vermelh'e groya
> Me par la frejura...
> ...gels me sembla flor
> E la neus verdura[13].

Les données sensibles sont abolies: la neige est verte! Dans la *canso* 39 de Raimbaut elle reste blanche mais elle cesse d'être neige. La donnée première, respectée, suscite une mutation presque hallucinatoire. La blancheur prend forme de fleur - on songe à l'aubépine dont le nom déjà unit des contraires. Un renouveau jailli du coeur brise les contraintes cycliques du temps. Dès l'entrée, l'auteur abat son jeu, lançant une image obscure et pourtant rayonnante. Puis, comme étonné de sa propre trouvaille, il s'interroge sur elle et fournit, au vers 3, la clé d'une formule qui est moins une métaphore qu'une métamorphose. Les vers 4 et 6 marquent le retour à la réalité communément perçue d'un hiver de violence et de destruction. La deuxième strophe explicite et banalise l'image. Fleur et feuille n'y sont plus qu'illusion. Après quoi le motif végétal s'estompe, absorbé par celui du renversement des valeurs. Pourtant l'éclat de la fleur insolite continue d'irradier le poème et le lecteur.

Autour d'un tissage

Pas plus que le premier vers, la première strophe n'est close. Sa fonction est de donner le moule structural et le mouvement du texte. Car il s'agit vraiment d'un texte, au sens étymologique: un tissage serré et savant. En elle-même, la *cobla* d'ouverture est un huitain discrètement hétérométrique - six heptasyllabes, deux octosyllabes -, ce qui crée un léger déhanchement. Les vers 1 à 4 ne riment pas entre eux, mais *enversa* et *tertre* contiennent le son *er* et les finales non accentuées de 1 et 4 sont en *a*. Au contraire, les vers 5 et 6 riment, ainsi que les vers 7 et 8. La tension vers l'homophonie se développe et se confirme. Les finales ne sont pas des mots de haute fréquence; *conglapi*, que les dictionnaires traduisent par 'verglas' et 'giboulée', désigne ici le givre, étincelant sur les branches mortes. Malgré deux reprises (*flors* en 1 et 3, *trencans* en 2 et *trenca* en 4), l'ensemble paraît varié, grâce à la syntaxe. Le vers 2 est rythmé en deux mesures par *pels*, les vers 4 et 6 sont à trois temps[14]. Après un début assez ample, la question "*Cals*?" casse la phrase, et frôle l'anacoluthe. Les énumérations en chaîne des vers 3 à 6 hachent, tranchent et tronquent le style. La musique des phonèmes est complexe.

A la dominante des voyelles ouvertes succèdent les *i* expressifs du vers 5. Les allitérations s'entrecroisent, avec une préférence pour l'association du *l* et du *r* avec d'autres consonnes (*tr*). Dans la version de Pattison, l'ouverture se fait sur l'hiatus consonantique *ar-res*. . . , ce *fres* que déconseilleront les *Leys d'Amours*. La rudesse s'allie à la richesse.

Or, les autres strophes sont en grande partie programmées par la première. Ce sont des *coblas unissonans*, avec des exigences accrues. Les impaires 1, 3, 5 se terminent sur des mots identiques pour les vers qui se correspondent. Les paires 2, 4, 6 comportent des variantes grammaticales, identiques pour les trois. L'adjectif *enversa* fait place à l'indicatif présent *enverse*, *giscles*, *joys* deviennent des cas sans *s*, l'indicatif *trenca* alterne avec le subjonctif *trenque*, le nom *croys* avec l'adjectif *croy*. Les deux tornades se moulent sur les vers 7-8 de chaque série. La parenté des sons, les champs lexicaux obsessionnels, provoquent dans l'esprit une superposition des *coblas* et une sorte de polyphonie mentale. Mais dans ce cadre roide, la variété des tours empêche la monotonie. Raimbaut est "un syntaxier"[15]; il pratique cette "poésie de la grammaire" que Roman Jakobson dit être "rarement reconnue par les critiques et presque totalement négligée par les linguistes . . . mais non par les écrivains créateurs"[16]. Parfois, comme dans la strophe II, les reprises anaphoriques sont des éléments de fluidité. Beaucoup de vers, surtout dans la première moitié du texte, commencent par des mots-outils, comme *e*, *mas*, *que*. Cet usage fort des mots au contenu sémantique faible, atténuant les pauses, donne à chaque vers un avant et un après, un prolongement indéfini. La poésie romantique usera largement de ce procédé: il suffit de consulter la table des *incipit* de Victor Hugo pour s'en assurer. Mais l'unité, l'harmonie sont rompues par des rejets, par des parenthèses mises en relief grâce au retour ou au choc de consonnes insistantes, comme dans les vers en *trenca* et *trenque* où les tours et les sons confirment le sens.

Ainsi les *coblas* se déroulent, analogues mais non pas semblables, comme les motifs brodés des précieux samits, ou comme les sculptures de stèles dont l'artisan multiplie les modulations délicates. Certains, avec Jeanroy, s'en inquiètent ou irritent. Tant d'art pour l'art, tant de soin pour un tissu qui, à leurs yeux, ne drape que le vide, tant d'acrobaties autour d'un cliché!

Autour d'un message

Même si ces critiques étaient fondées, il nous conviendrait mal de les reprendre, en un temps qui se plaît aux pures gymnastiques de l'esprit, jongleries de chiffres, lettres et mots, recherche, à la trace de de Saussure, d'anagrammes incertaines[17]. Seconde Rhétorique, Préciosité, Parnassiens retrouvent des exégètes.

Mais la *canso* 39 n'est pas un exercice de style. Selon notre jargon, elle "produit du sens". Mallarmé disait beaucoup mieux que, dans la poétique, les rimes, les allitérations, les figures "ne sont plus détails et ornements du discours, qui peuvent se supprimer, ce sont des propriétés substantielles de l'ouvrage". Certes, le poème de Raimbaut tourne autour d'un *topos*, celui du monde renversé. Est-ce assez pour le dédaigner? En soi, ce cliché n'est pas insignifiant - quel lieu commun l'est donc? Renverser le monde est un de nos rêves constants. Par la violence, par l'amour, par la folie ou par jeu, pour un jour ou pour toujours, quel individu, quel groupe n'a voulu mettre à l'endroit un verso qui, à ses yeux, ne pouvait être pire que le recto? La *canso* fait alterner deux regards sur ce branle-bas. Dans les strophes impaires elle le constate: fleur, sottes gens et homme troublé sont vus sens dessus dessous, ils ont subi le changement. Le sujet actif des débuts de strophes paires, je, renverse délibérément le monde par la joie, la femme d'un baiser, enfin le poème et la poésie. Cette opposition du passif et de l'actif ne correspond pas à une alternance du négatif et du positif. La plupart des retournements est bénéfique; la fleur nie le froid, la plaine abolit le tertre, la hardiesse amoureuse terrasse un temps. *Dangier*, le dynamisme créateur, annihile les forces ennemies, auxquelles une seule strophe, la troisième, est exclusivement consacrée. Cette *cobla* s'en prend à ceux qui ont le tort et le malheur d'avoir le coeur et la tête à l'envers, au sens de pervers, puisqu'ils trouvent leur plaisir dans le mal qui les fait mépriser. Les octosyllabes des strophes 1, 5, 6, proclament leur défaite, la strophe 2 les supprime, au moins dans l'horizon du poète.

La fin de la strophe 4 est plus ambiguë. Après l'audace triomphante du baiser, le regard de l'aimée paralyse l'élan sensuel. L'accomplissement normal du désir est senti comme un sacrilège, et la conscience de cet interdit provoque une sorte d'égarement glacé qui ramène par comparaison aux tortures de l'hiver et à l'errance. Pourtant l'échec n'est ni total ni durable, il apparaît comme une épreuve purificatrice. A la fin de la cinquième strophe la Joie est prête à accueillir le malheureux. Les yeux de la Dame sont-ils devenus moins sévères, la merci est-elle proche? Il semble plutôt que l'ardeur se soit canalisée, sublimée, sans s'épuiser. Sur cette carte codée du Tendre, le chant est le chemin le plus sûr et le plus exaltant, celui qui grandit l'amant autant que l'aimée. Y a-t-il, comme le dit M. Picone[18], quelque sourire, quelque *gab* dans ce paradoxe qui renverse l'échec - lui aussi - et en fait une ascension? Quoi qu'il en soit, l'amour courtois obtient la prouesse qu'il exige de son vrai chevalier, le troubadour: un *trobar* qui ne peut être que *clus*, aussi loin du *trobar leu* que la *fin'amors* l'est du pur instinct. La dernière strophe de cette chanson - la dernière de Raimbaut, confirme la préférence d'un poète, qui a essayé tous les genres, pour un chant "clair" à force d'être limé et travaillé, clair pour l'oreille attentive et informée, ce qui est l'inverse de la parole simple et spontanée[19]. Au sommet d'une montée qui va de la fleur au monde, du monde à l'amour et de l'amour au vers, on a pu croire que la nature et le coeur n'étaient que des occasions, voire des prétextes, pour aboutir au poème. Mais les *tornadas* nous rappellent la Dame et son *senhal*, jongleur[20].

Et la structure de la pièce ne s'accommode pas d'une logique linéaire. Les éléments qu'elle assemble, nature, amour, poésie, ne forment pas une progression, ils sont des équivalents, aspects et symboles d'une même réalité et d'une seule éthique. La chaleur authentique naît du froid, la joie se conforte des résistances de la belle et de la société, le chant sort plus fort des contraintes draconiennes. Même les sots et les *lauzengiers* sont nécessaires, puisque tout ce qui est facilement gagné est frappé de faiblesse. L'obéissance au réel, l'abandon aux pulsions et la grâce immédiate n'ont jamais permis d'alchimie. La parole courante est le plomb, son envers est d'or. L'or du langage n'est pas fait pour tous, il révèle au petit nombre des élus la face cachée de la vie. Tel semble être, pour la *canso* 39, le message aristocratique, lié à la singularité de l'image et à la déroutante combinatoire du tissage[21].

Autour d'un passage

A ce déchiffrage abstrait, donc discutable, il n'est pas impossible de joindre une traduction approximativement littérale dans une langue contemporaine, comme Pattison l'a tenté pour l'anglais[22]. Mais c'est négliger la dialectique du jeu formel et du sens, dont résulte le "chant nouveau". Il ne reste que des affirmations orgueilleuses et peu cohérentes. Le drame de la traduction des vers atteint ici son point le plus aigu. Il faudrait considérer la poésie "comme un dialecte translinguistique", selon le mot de Gérard Genette[23] et faire subir à notre parler "des tranformations différentes dans leurs procédés, mais analogues dans leurs fonctions" à celles que Raimbaut a imposées au sien. Ce genre de programme est à peu près irréalisable. Il demanderait, dans la langue cible, la nôtre, un poète de l'envergure de Raimbaut. Et, eu égard à nos productions récentes, fondées sur "le stupéfiant image", les associations insolites ou l'extrême dépouillement du verbe, quel pourrait être l'équivalent d'une poétique aux strictes exigences? Un adaptateur, tout en sacrifiant une partie des effets de style, est obligé de donner au texte une allure archaïsante.

Pour mesurer les obstacles, tentons d'abord une plate mise en prose de la première strophe:

> Voici que s'épanouit la fleur inverse, sur les rochers tranchants et sur les hauteurs. Quelle est cette fleur? La neige, le gel et le givre qui cuisent, torturent et tranchent. C'est pourquoi les murmures, les cris, les appels, les sifflements ont cessé sous les feuilles, les rameaux et les

branches. Mais lorsque je vois les méchants se dessécher d'envie, la joie me rend vif et allègre.

De bout en bout tout est faussé, et le gauchissement porte sur tous les aspects du langage, phonétique d'abord, syntaxe et sémantique. "Voici que s'épanouit" a en gros le sens de "ar resplan", mais la fleur inverse sort d'une bouillie verbale avec deux finales in *i*, alors qu'elle jaillissait éclatante du sonore début ancien. Les articles et les pronoms étirent les phrases. Les tours énergiques *vey morz*, *vey secx*, *ten vert* sont rendus par de banales périphrases, parce que notre langue ne fait qu'un usage timide et spécialisé des métaphores adjectives. Les bruits peuvent mourir, on ne les voit pas morts; vert, s'il s'agit d'un homme, présuppose un vieillard; sec fait penser au coeur et au corps plus qu'à l'ensemble de la personne. Certains termes ont disparu sans avoir de remplaçants exacts. Pour *quil*, *brai*, *ciscle*, les lexiques fournissent des définitions floues et qui se recouvrent. *Quil* semble près du babil murmuré, *brai* de la clameur aiguë, *siscle* du bourdon ou du sifflement. Nous entendons les mêmes oiseaux et les mêmes insectes que nos aïeux, bien que l'équilibre général se soit un peu modifié, mais nous les percevons autrement, à cause de nos habitudes mentales et musicales, et nous les écoutons avec moins d'attention. *Croy* et *lauzengier* appartiennent à un champ très vaste, où se mêlent malveillance, médisance, trahison, lâcheté, jalousie, notions pour nous distinctes. D'autres termes ont glissé sans disparaître, ce sont de "faux amis". *Tertre* ne désigne plus qu'une petite élévation, ou un tombeau. L'âne est seul à braire aujourd'hui. A cause de gicler, *giscle* évoque le jet; ce pouvait être la pousse, la verge, le bâton, la liane, la vrille. L'allégorisation de *Joy* et même son sens ne nous sont pas familiers.

Les mêmes problèmes se posent pour la suite de la chanson, et il en est de plus ardus. Ainsi, au vers 18, il est question de gens à la tête à l'envers "Cum s'eron noirit en tertres". Un lecteur ignorant qu'alors les plaines fertiles étaient jugées belles, les montagnes stériles jugées maléfiques, comprendra-t-il que les génies redoutables aient siégé sur les hauteurs où ils emportaient et élevaient leurs victimes, les enfants faés? On songe à Guillaume d'Aquitaine qui, dans la célèbre chanson: "Farai un vers de dreyt nien" excuse ainsi sa feinte ignorance:

Ni no'm puesc au,
Qu'enaissi fuy de nueitz fadatz
Sobr'un pueg au[24].

Nous lisons au vers 28, après le baiser:

Mas non-poder trop en trenque.

Pierre Bec analyse bien cette "dépossession par l'amour" entraînant une folie passagère. Mais cette extase est aussi une impuissance, puisqu'elle interdit le "talan croy", le désir sexuel brutal. Parfois on achoppe à la syntaxe. Dans les vers 30-31:

> Vostre belhs huels mi son giscle
> Que'm castion si'l cor ab joy...

est-ce l'oeil de la belle qui est heureux de frapper le coeur, n'est-ce pas plutôt le coeur pour qui la souffrance d'amour est joie?

Pour les vers 37-38, Pierre Bec, après Carl Appel, comprend: "chans ni ciscles" ne m'ont conquis, pas plus qu'un clerc fou ne conquiert les "giscles", tandis que pour Pattison, qui d'ailleurs hésite, c'est "giscles" qui ne conquiert pas les clercs fous. A la silhouette d'un don Quichotte - avant la lettre - s'escrimant à envahir les ronces comme l'autre attaquera les moulins, se substitue un groupe de distraits avançant dans un fourré à l'aveuglette. Autant que sur la syntaxe, l'équivoque repose sur le sens de conquérir.

L'interprétation littérale demande un appareil de notes relatives à la langue et aux mentalités. Quant à la réécriture poétique, c'est une gageure qui impose des limites à la fidélité. Pierre Bec, choisissant de conserver les mètres, le principe des strophes unissonnantes et la tonalité, s'en explique ainsi:

> Nous avons pensé que le seul moyen de faire passer cette pièce en français, sans trop trahir une recherche formelle très spécifique, consistait en un véritable transfert linguistique, transfert portant sur les rythmes, l'épaisseur sémantique et la place des mots-clés, les diverses allitérations enfin avec leurs rugosités voulues.

Voici, pour la strophe I, le remarquable résultat de cette greffe:

> Quand paraît la fleur inverse
> Sur rocs rugueux et sur tertres,
> - Est-ce fleur? Non, gel et givre
> Qui brûle, torture et tronque! -
> Morts sont cris, bruits, sons qui sifflent
> En feuilles, en rains, en ronces.
> Mais me tient vert et joyeux Joie
> Quand je vois secs les âcres traîtres[25].

Tout y est, ou presque. Les rimes abandonnées par des vers 5-6 et 7-8 sont habilement remplacées par des échos, *tertres- traîtres*, *givre-sifflent*, *tronque-ronce*. La grande économie de termes, le recours à l'article zéro, respectent la syntaxe originelle. Comme il est bon de tenter de tenir les paris désespérés, fût-ce pour en prouver la vanité, terminons par une translation métrique moins archaïsante et par là moins fidèle:

I. Vois s'ouvrir la fleur inverse
Sur les rocs tranchants, les tertres.
Fleur? Non: neige et gel, et givre
Qui cuit, qui torture et tranche,
Tue ce qui bruit, rit, crie, siffle
Sous la feuille et dans les vrilles[26].
Mais vert et vif me tient la Joie
Quand je vois secs les gens sans foi.

II. L'univers, je le renverse.
Je change en plaine le tertre,
En fleur le gel et le givre,
En chaleur le froid qui tranche.
Le tonnerre chante et siffle,
Je vois reverdir la vrille,
Car si fort m'enlace la joie
Que plus rien pour moi n'est sans foi.

III. Mais des sots, la tête inverse,
Comme nourris sur des tertres,
Me font plus mal que le givre.
Chacun de sa langue tranche,
Qu'il parle bas ou qu'il siffle,
Rien n'y font bâtons ni vrilles
Ni menace. Ils tiennent pour joie
Ce qui les fait juger sans foi.

IV. D'un baiser je vous renverse.
Qu'importent plateaux et tertres,
Dame, et le gel et le givre!
Mais l'émoi trop me retranche.
Vous, pour qui je chante et siffle,
Vos beaux yeux sont une vrille
Perçant si fort mon coeur en joie
Que je perds tout désir sans foi.

V. Je m'en vais comme à l'inverse,
Cherchant rocs et vaux et tertres,
Comme un pauvre que le givre
Pourchasse et assomme et tranche.
Insensible aux chants qui sifflent
Comme un clerc fou l'est aux vrilles.
Mais - grâce à Dieu - m'attend la Joie,
Malgré les vils flatteurs sans foi.

VI. Va[27], mon vers! Je le renverse!
Ne l'arrêtent bois ni tertres,
Qu'il aille au-delà du givre
Et du froid cruel qui tranche!
Dame, je chante et je siffle
Clair, qu'il entre au coeur en vrille,
Celui qui sait chanter la joie
Interdite au chanteur sans foi.

VII. Douce Dame, qu'Amour et Joie
Nous lient malgré les faux sans foi.

VIII. Jongleur, comme j'ai peu de joie
Loin de vous: j'en semble sans foi.

Notes

[1]Walter T. Pattison, *The Life and Works of the Troubadour Raimbaut d'Orange* (Minneapolis, 1952). Les citations de Pattison ont été traduites en français.

[2]Le classement des 39 pièces de Raimbaut, de facture très diverse, est celui de Pattison.

[3]Pierre Bec, *Nouvelle anthologie de la lyrique occitane au moyen âge* (Avignon, 1970).

[4]Selon la formule souvent citée de Jean Ricardou à propos du Nouveau Roman.

[5]Marc Vuijlsteke, "Vers une lecture de *Cars, douz a fenhz*, de Raimbaud d'Orange (P.-C. 389,22). Notes et commentaires sur l'édition de J.H. Marshall", dans *Études de philologie romane et d'histoire littéraire offertes à Jules Horrent* (Liège, 1980), pp. 509-16.

[6]Une image voisine est reprise par Arnaut Daniel:

> En cest sonet coind'e leri
> fauc motz e capuig e doli,
> que serant verai e cert
> qan n'aurai passat la lima.

Arnaut Daniel, Canzoni, ed. Gianluigi Toja (Florence, 1961), pp. 271-72.

[7]Les variantes n'altèrent profondément ni l'ordre des strophes, ni les rimes, ni le sens.

[8]Hilde Jaeschke, *Der Trobador Elias Cairel*, Romanische Studien, 20 (Berlin, 1921).

[9]Paul Fournier, *Les Quatre Flores de France* (Paris, 1946).

[10]Victor Hugo, *La Fin de Satan*, "Le Cantique de Bethphagé".

[11]*Il Mare amoroso*, éd. Emilio Vuolo (Rome, 1962). Graphie légèrement modernisée. Pour une étude comparative voir Paolo Cherchi, "*Il Mare amoroso* (v. 121) e la flors enversa di Raimbaut d'Aurenga", *Romania* 93 (1972), 77-84.

[12]Pascal, *Pensées*. Pléiade/Gallimard n° 34, p. 867.

[13]Bernard de Ventadour, *Chansons d'amour*, éd. Moshé Lazar (Paris, 1966).

[14]István Frank, *Répertoire métrique de la poésie des troubadours*, 2 vol. (Paris, 1953-1957). L'auteur ne relève aucune forme identique à celle de la *canso* 39.

[15]Selon l'expression que Mallarmé s'appliquait à lui-même.

[16]Roman Jakobson, *Huit questions de poétique: Poésie de la grammaire et grammaire de la poésie* (version russe, 1961; Paris, 1977)

[17]On songe en particulier aux recherches d'anagrammes dans l'oeuvre de Villon, depuis Tristan Tzara.

[18]Michelangelo Picone, "Osservazioni sulla poesia di Raimbaut d'Orange", *Vox Romanica* 36 (1977), 28-37.

[19]Ce goût est l'objet d'une polémique avec Peire Rogier et l'objet de plusieurs prises de position, comme dans la pièce 18:

> . . . un sonet nou
> On ferm e latz Chanson leu
> Pos vers grieu
> Fan sorz dels fatz. . .

[20]"Jongleur" est le *senhal* le plus fréquent, mais pour la chanson 39 il n'apparaît que dans deux manuscrits et semble un ajout.

[21]Il ne faut pas généraliser: toute poésie simple n'est pas d'essence et de destination populaires, et les recherches formelles ne sont pas toutes réservées à une chapelle. Ici, le caractère aristocratique naît de l'accord du jeu et du thème.

[22]Sa traduction, purement sémantique, appelle quelques questions même pour le sens.

[23]Gérard Genette, *Figures 1: Espace et Langage* (Paris, 1962).

[24]*Les Chansons de Guillaume IX*, éd. Alfred Jeanroy (Paris, 1913), pièce IV.

[25]Bec, *Nouvelle anthologie*, pp. 206-08.

[26]*Siffle* et *vrilles* ont été choisis pour leur assonance. Mais *siffle* ne peut être qu'un verbe, alors que *ciscle* peut être un nom; et *vrille* est moins exact qu'épines ou ronces, au moins dans le contexte.

[27]Dans l'original, il s'agit d'un subjonctif. Mais l'usage obligerait à remplacer *aille* par *vienne*, ce qui fausse le mouvement.

Le troubadour Palais: Édition critique, traduction et commentaire

Peter T. Ricketts

Du troubadour Palais nous savons peu de chose. Il ne nous reste de son bagage poétique qu'une chanson, un *sirventes*, deux *coblas* et un *estribot*, conservés dans trois manuscrits, D^a, J et Q, et dans ce dernier PC 315,4 et 315,5 sont anonymes. Dans A, le poème, "Un sirventes farai"[1] est attribué à Palais, peut-être parce que le titre est proche de celui de l'*estribot* ("Un estribot farai"), mais on considère généralement qu'il s'agit d'une composition de Guilhem de la Tor, à qui D la consigne. A part le fait que ce poème a la même forme que la *Treva* de Guilhem[2], D contient tous les poèmes de Palais, tandis qu'A n'en a aucun. L'attribution erronée est d'autant plus compréhensible puisque Guilhem de la Tor a fréquenté les cours de la Haute Italie dans la première moitié du XIIIe siècle.

Palais, en effet, a consacré un de ses poèmes (PC 315,2) à un seigneur Otto del Carretto, qui était *podestà* de Gênes en 1194 et dont le nom paraît dans des documents datés de 1190 jusqu'en 1235[3]. Il est évident que Palais n'était pas le seul troubadour à fréquenter la cour d'Otto, comme le prouvent les mentions de ce seigneur chez Bernart de Bondelhs et Folquet de Romans[4]. On est d'accord pour identifier le "Marquis" (v. 4) avec Otto, ce qui prouve que l'activité poétique de Palais est antérieure à 1235. Ce qui est moins certain, c'est l'identification d'*Aenris* (v. 6) avec le frère d'Otto, Enrico, car, comme le dit De Bartholomaeis[5], les remarques diffamatoires de Palais contre Aenris ne cadrent pas bien avec les opinions de ce troubadour, qui fait l'éloge d'Otto. Dans le même poème, Palais consacre la troisième strophe à "aqels qe dizon de non". Suivant l'heureuse suggestion de Restori[6], il s'agirait d'une famille noble d'Annone, près d'Asti (Piémont). Le château d'Annone appartenait aux Lancia, dont Manfredi II était gouverneur de Fossano avec un *Bertholdus de Nono* en 1236. Un autre château, tout près d'Annone, appartenait aux seigneurs de Piossasco. Les dames de cette famille se trouvent mentionnées dans l'oeuvre de Guilhem de la Tor, contemporain de Palais[7].

Une des deux *coblas* (PC 315,4) est une satire dirigée contre Peire de la Mula, qui, lui aussi, avait fait un séjour à la cour d'Otto, comme le dit sa *vida*[8].

L'identité de Palais reste cachée. Il faut rejeter, comme l'a fait Restori[9], l'identification avec Andrians del Palais, mentionnée dans la *Doctrina d'acort* de Terramagnino da Pisa[10], et avec le Palais à qui s'adresse Folquet de Marselha (PC 155,11, v. 46).

Restori avait publié en 1892 les cinq pièces de Palais, en excluant, avec raison, "Un sirventes farai". Il a utilisé les mss. D^{a} et Q, mais pas J, qui conserve PC 315,3 ("Molt m'enoja"). Il suggère, pourtant, qu'une strophe anonyme (PC 461,105)[11], dans Q, correspond exactement à PC 315,1 par le mètre, la rime et le contenu et qu'elle pourrait bien faire partie de la chanson de Palais. Mais, comme le dit Crescini[12], le contenu de cette strophe ne cadre pas bien avec celui de la chanson, et Jeanroy[13] ajoute qu'il s'agit d'une *cobla* d'un poète anonyme qui combat la pensée de la composition de Palais tout en en empruntant la forme.

L'année précédente, Witthoeft[14] avait donné l'édition des deux *coblas* (PC 315,3 et 4). Ensuite, De Bartholomaeis (1931) a réédité la *cobla* PC 315,4 et le *sirventes*[15], profitant d'une part du texte de Bertoni[16], et, d'autre part, des corrections apportées par le même savant[17].

Pour l'édition des poèmes de Palais, nous avons suivi, autant que possible, D^{a}, mais en tenant compte des leçons des autres manuscrits pour les pièces conservées dans J ou Q. Restori se révèle très conservateur dans son édition, qui est en grande partie diplomatique, réservant les corrections aux notes.

"Adreit fora, se a midonz plagues" (PC 315,1)

Manuscrit: D^{a} f. 197 r° b.
Éditions antérieures: Restori, p. 14; Raynouard 5:274, (vv. 9-16).

Métrique: chanso, 3 strophes *unissonans*[18]

10	10	10	10'	10	10	10	10
a	b	b	c	d	d	e	e

I Adreit fora, se a midonz plagues,
qar me troba fin e sens tot enjan,
que no·m fezes sofrir turmen tan gran,

ni no·m dones tant longa penedenza,
car trop val mais us paucz dos leu donaz
non fai uns granz, quant es sobretarjaz;
car qi dona meillura altrui e se;
honor e grat e profet ne rete.

II Be·m deu valer ab vos, dona, merces,
c'ab leial fe la·us qer e la·us deman,
e s'eu en re conogues vostre dan,
mais amera sofrir ma deschajenza,
que ja per mi·us fos quis ni demandaz
nulz dos dont fos vostre fis prez baissaz,
car qui un jorn pert de joi ni de be
ja recobrar no·l poira en jase.

III Ha! gentils cors gais, compliz de toz bes,
adreiz en faiz, en diz et en pensan,
bel a mos oilz e gencer e parlan
vos trob qec jorn, et ab mais de valenza,
per qe, se·us am no·m n'echai negus graz,
quar forza m'en vostra fina beutaz
tant que, per mal qe·m sofra, no·m recre,
ni o pois far, car ges non es en me.

Variantes
2, *sens]* sen es; 5, *paucz]* pauc; 9, *merces]* merce; 19, *bel]* bels.

Notes
2. *sens*. Pour corriger ce vers hypermétrique, Restori[19] suggère *qem troba*. Crescini[20] propose la leçon *sens* pour remplacer *senes* du manuscrit.
5. *paucz*. Il s'agit ici du cas-sujet.
6. *sobretarjaz*. Restori[21] remarque: "per *sobretardaz* o *sobretarzatz*". Crescini[22], cependant, note que "*sobretariaz* non è errore . . . È invece un esempio di *tarjar* provenz., in corrispondenza a *tarjer*, *targier* dell'antico francese. Anche oggi, nel marsigliese, *tarja*, accanto a *tarda*, *tarza* degli altri dialetti. Vedi il *Tresor* del Mistral, s. *tarda*". Dans le poème de Peire Cardenal "Jhesus Cristz, nostre salvaire"[23], on lit:

Merces es causa tan larga
Que de ben faire no-s targa.
(vv. 57-58)

Lavaud fait remarquer[24] que cette forme n'est pas relevée dans les lexiques, ni *tarjar* non plus (variante de IKK^{2}d). Il note le parallélisme

avec *trigar* et la forme limousine que donne Mistral, *trija*.
9. *merces*. Restori[25] avait proposé de lire *merces*, demandé par la rime.
15. *pert*. Le manuscrit donne l'abréviation *ꝑt*. Jeanroy[26]: "Il faut lire *part* & non *pert*". L'abréviation elle-même ne suggère pas qu'on est obligé de lire *part*. Elle sert pour lire *per* aux vv. 13, 21, 23. D'ailleurs, si l'on interprète ce vers comme: "Car si l'on se sépare de joie et de bien un seul jour", il est difficile de justifier *·l* du vers suivant.
19. *bel* - leçon du manuscrit, *bels*, qui a été retenu par Restori[27], mais il faut le corriger, puisque, comme le dit Crescini[28], *bel* dépend de *trob* du vers suivant.
23. *tant* se rapporte à *forza* du vers précédent.

Traduction

I Il serait juste, si cela plaisait à ma dame, qu'elle ne me fasse pas souffrir un si grand tourment, ni qu'elle m'impose une pénitence si longue, puisqu'elle me trouve vrai et sans tromperie, car un petit don facilement donné vaut beaucoup plus qu'un grand quand celui-ci est excessivement retardé, car si l'on donne, on améliore autrui et soi-même, et on en retire honneur et reconnaissance et avantage.

II La pitié devrait bien me servir auprès de vous, ma dame, car je vous la demande et réclame avec une foi sincère, et si je faisais connaître n'importe comment votre honte, j'aimerais mieux souffrir ma chute, car jamais je ne réclamerais ni demanderais une récompense par laquelle votre fine valeur se trouvait baissée, car si l'on perd un seul jour de joie et de bonheur, on ne pourra plus jamais le retrouver.

III Ah! noble personne joyeuse, douée de tous les biens, bien versée dans les faits, les paroles et les pensées, chaque jour je vous trouve belle à mes yeux et plus gracieuse lorsque vous parlez, et ayant encore plus de mérite; si je vous aime, donc, il ne m'en advient nulle reconnaissance, car votre fine beauté m'y force à tel point que, en dépit du mal que je souffre, je ne m'en abstiens pas, et d'ailleurs, je ne peux le faire, car ce n'est point en moi.

"Be·m plai lo chantars e·l ris" (PC 315,2)

Manuscrit: Dª f. 197 rº a-b.
Éditions antérieures: Raynouard 5:274 (les 5 premiers vers); Restori, p.15; De Bartholomaeis, p. 132.

Métrique: sirventes, coblas doblas[29]

	7	7	7	7	7'	7	7	7'
I-II	a	b	b	a	c	a	b	c
III-IV	a	b	a	b	c	a	a	c

I

Be·m plai lo chantars e·l ris
quant son ab mos compaignos
e mentaven los baros,
e parlem del pro Marquis
qeç a bon prez s'acompaigna
pero c'a jes N'Aenris,
q'anc Rainarz, qui fo gignos,
no sap tant d'avol barbaigna.

II

Pero totz mos enemis
non prez lo valen d'un tros;
s'il sun brau ni orgoillos,
ja non lor serai aclis;
totz non los dopt un'aulaigna,
mas mezer Ot m'a conqis
del Carret, q'es francs e pros,
e vol bon prez e gazaigna.

III

A mudar m'er ma razon
et avenra·m a chantar
d'aqels qe dizon de non,
et eu non puosc alre far;
mas esser cug en Espaigna
quant entre dinz lor maison:
chascun vest son chapiron,
e·m mostr' om cara grifaigna.

IV

Pero prec Jhesu del tron
qe los faza abaissar,
car trop los vei alt estar
ses don e ses mession;
e voill tot jois me sofraigna
s'ieu non dic la mespreisson
qe fan li ric croi felon
enanz qe lo juocs remaigna.

Variantes

2, *ab]* a; 5, *ab]* a; 6, *c'a jes]* caies; 22, *entre]* entrei.

Notes

4. *[lo] pro Marquis*. Il s'agit évidemment d'Otto del Carretto (voir l'Introduction) nommé au vv. 14-15.

5. *ab*. Le manuscrit donne *a*, comme au v. 2, où tous les éditeurs corrigent en *ab*. Il vaut mieux rétablir *ab* ici également, comme l'avait fait Raynouard[30]. Ces vers ont donné lieu à certaines difficultés. Restori[31] donne: "Però ca ies n'a Enris", avec la remarque (p. 17): "ies = ges". Il traduit ce vers (v. 6): "Però che assai ne ha Enrico". Crescini[32] fait

remarquer: "Non so come *ies* possa esser spiegato per *assai* (v. 6). Il verso suona: 'però che punto n'ha Enrico (di buon pregio)'. *Ca*, per *que*, è forma dell'alta Italia". Paul Meyer[33] indique: "lire *cai es n'Aenris* et non *ca ies n'a Enris*". De Bartholomaeis[34] suit l'interprétation de Crescini en ajoutant: "*Enris* è interpretazione del Restori". Il est clair, comme l'affirment Crescini et De Bartholomaeis, que le poète établit un contraste entre les deux personnages, Oton et Aenris. Comme le dit fort bien Crescini[35]: "quegli un prode, questi una volpe". Restori aurait été mené à cette interprétation parce qu'il voyait dans ce deuxième nom, Enris, le frère d'Otto del Carretto, Enrico di Savona. En d'autres termes, si Palais fait l'éloge d'Otto, il faut qu'il traite Enrico de la même façon. Mais il semble fort probable qu'il s'agit ici de quelqu'un qui aurait été en rapport étroit avec Otto, et l'identification deviendrait possible si l'on acceptait la suggestion offerte par Crescini, selon laquelle le troubadour parle ici de ses ennemis, et dans le cas d'Otto, il s'agirait d'un ennemi digne d'éloges. Quant à la forme du v. 6, il faut rejeter le *ca*, forme de la Haute Italie, et en même temps accepter l'heureuse suggestion de Meyer[36], *Aenris*, forme qui se rencontre assez fréquemment à côté d'*Enris*. Il faut interpréter *ca* comme *c'a*, où *c'* se rapporte à *prez* du v. 5. *N'* constitue la particule honorifique. Alors, bien que l'hypothèse de Crescini soit très séduisante, il faut s'en tenir à l'opposition entre, d'une part, Otto del Carretto et, d'autre part, ses ennemis, dans les deux premières strophes. Dans la seconde, il dit qu'il ne craint pas ses ennemis, mais qu'Otto l'a conquis, en tant que protecteur, lui qui ne se range pas contre lui. Ce serait l'utilisation d'un terme qui reçoit sa force à partir de son contexte, formant ainsi une sorte de *concetto*.

7. *Rainarz*. Le protagoniste du *Roman de Renart*. La première allusion à Renart (ou au *Roman de Renart*) dans la littérature occitane, parmi les textes qu'on peut dater, est contenu dans le *partimen* entre Aimeric de Peguilhan et Guilhem de Berguedà, "De Berguedan, d'estas doas razos" (PC 10,19 = 210,10), qui, selon Martín de Riquer[37], aurait été composé peu après 1185.

10. *lo valen d'un tros*. Cf. *Girart de Roussillon*: "Eu non preiz vostre orguel ne vos un tros"[38].

13. *un'aulaigna*. Cf. *Girart de Roussillon*, v. 1591: "Que ne pres manacar mige une auslane", et la note de Pfister[39]. Le rôle de 'noisette' est comparable à l'emploi de *mie* ou *point* en français moderne.

14. Restori[40] donne: "Mas mezer Ot marquis", et à la note: "*Mas* non insostenibile, ma crederci migliore *vas*, cioè: *a paragone di* ecc. Al verso manca una sillaba: forse *Oto* o *Oton*, oppure: *Ot el marquis*". Mais comme l'a montré Bertoni[41], le manuscrit a non *marqis* mais *ma9 qis*, c'est-à-dire, *m'a conqis*.

19. Restori[42], appuyé par Crescini[43] et De Bartholomaeis[44], suggère une allusion à une famille de "Nono", c'est-à-dire Annone. Cf. la mention de cette ville dans la *Lettre Épique* de Raimbaut de Vaqueiras[45]. Par un subtil jeu de mots, ce vers expose en même temps ceux qui refusent de faire des dons et des dépenses (voir v. 28).
21. Cette référence renforce l'idée qu'il s'agit d'un toponyme au v. 19. Il faut penser que la mention de l'Espagne se rapporte à une xénophobie à l'égard des Maures, ou, selon l'interprétation du v. 23, aux batailles du début du XIIIe siècle, comme celle de Las Navas de Tolosa (1212).
22. *entre*. Comme le dit De Bartholomaeis[46], il faut corriger *entrei* du manuscrit pour ne pas bouleverser la concordance des temps.
23. *chapiron*. Restori[47] avait lu *chapiton*. Bertoni[48] corrige avec le manuscrit en *chapiron*. Il s'agit ici de 'capuchon'. La forme n'est pas enregistrée dans le *SW* de Levy, mais on y trouve *capairon* (1:201) et *capion* (1:206); un exemple intéressant de ce mot se trouve chez Sordel[49]:

> En luoc d'ausberc fai camis' aredar,
> e per caval vol amblan palafre,
> et en luoc d'elm fai capiron fresar,
> e per escut pren mantel e·l rete.

Cette leçon est tirée de A; dans IK, on trouve *capairon*. Les trois formes ont donc le même sens. Cependant, on rencontre deux exemples où il est plus difficile de justifier 'capuchon'. Le premier se trouve de nouveau chez Sordel[50]:

> tal paor ai no·m feira
> ab l'espada ab qe·l feri n'Auziers,
> car no lhi valc capiros ni viseira
> de la galta no·ll'en fezes cartiers.

("Tale paura ho che non mi ferisca con la spada con la quale lo ferì messer Augiers, poiché non gli valse né cuffia né visiera che non gli riducesse la gotta in quarti (*ossia* né cuffia né visiera impedirono che ne avesse la gotta fatta a pezzi).")

Le deuxième exemple est tiré de la *Canso d'Antiocha*[51]:

> Pois trais .i. bran d'asier quel pen latz lo giron,
> E feri en un autre desus pel caperon.

Les deux derniers mots sont traduits par Paul Meyer[52] par 'sur la tête'. Il se peut que ce dernier exemple se rapporte au 'capuchon', mais dans le deuxième exemple tiré de Sordel, il semble que, en dépit de la traduction de Boni ('cuffia'), on ait affaire à un heaume.

Traduction

I Le chant et le rire me plaisent bien quand je suis avec mes compagnons et qu'ils font mention des barons; et alors nous parlons du valeureux Marquis qui a comme compagnon le bon prix, mais [nous disons] que monseigneur Henri n'en a point, car jamais Renard, qui fut ingénieux, ne sut tant [que lui] des affaires malhonnêtes.

II Mais je n'estime pas mes ennemis la valeur d'un tronçon; s'ils sont farouches et orgueilleux, jamais je ne serai porté vers eux; tous, je ne les crains pas une noisette. Mais monseigneur Oton de Carret, qui est franc et noble et qui aime et gagne le bon prix, m'a conquis.

III J'aurai à changer de propos et il me faudra chanter de ceux qui disent non, et je ne peux pas faire autrement; mais je pense être en Espagne quand j'entre dans leur maison: chacun revêt son capuchon, et on me montre une mine renfrognée.

IV Mais je prie Jésus du Ciel qu'il les fasse abaisser, car je les vois monter trop haut sans faire dons ni dépenses. Et je veux que toute joie me fasse défaut si je ne dis pas, avant que le jeu ne cesse, les torts que commettent les mauvais riches rancuniers.

"Molt m'enoja d'una gent pautoneira" (PC 315,3)

Manuscrits: D^a f. 206 v° b, J f. 71 v° d.
Éditions antérieures: Witthoeft, pp. 72-73; Restori, p. 16; Schultz, p. 195.

Métrique: cobla[53],
10' 10' 10' 10' 10 10 10'
a b a b c c b

I

Molt m'enoja d'una gent pautoneira
car an tornat pros Lombarz en eranza,
c'uns non conois cui don ni cel q'enqeira,
mas atressi cum orbs qui peiras lanza
donnon raubas e roncins a garços,
a tals q'anc mais no sabron que se fos
mas fams e freitz, trebailz e malananza.

Variantes
1, *pautoneira]* D^a pautonera; 2, *pros Lombarz]* J pretz lun bratz; 3, *q'enqeira] J* quel queira; 5, *garços]* D^a garcons, J garsos; 7, *malananza]* D^a malananz.

Notes
1. Ouverture typique de l'*enueg*.
3. *don*. Le subjonctif s'explique ici par la présence d'un négatif dans le SV matrice. Voir aussi *fos* (v. 6).

5. *donnon* - forme du manuscrit. Comme le dit Crescini[54], il n'est pas nécessaire de corriger en *donon*, comme le suggère Restori[55].
6. *fos*. Voir la note au v. 3.

Traduction

Je m'ennuie beaucoup d'un groupe de vauriens, car ils ont tourné dans l'erreur les vaillants Lombards, car pas un seul d'entre eux ne connaît celui à qui il fait des dons ni celui qui en demande, mais comme un aveugle qui lance des pierres, ils donnent vêtements et rosses à des vilains, à de telles gens qui jamais ne sauront qu'il pourrait y avoir autre chose que la faim et le froid, la peine et la maladie.

"Molt se fera de chantar bon recreire" (PC 315,4)

Manuscrits: D^a f. 206 v° b, Q f. 112 r° a.
Éditions antérieures: Witthoeft, p. 72; Restori, p.16; Schultz, pp. 194-95; Bertoni, p. 57; De Bartholomaeis, pp. 122-23 (qui suit Bertoni).

Métrique: cobla[56],

10'	10	10'	10	10'	10	10	10'	10
a	b	a	b	a	b	b	a	b

N.B. Witthoeft fait remarquer que Q ajoute un vers après le v. 2 avec une rime supplémentaire en *-ai*. C'est à tort qu'il donne au v. 6 la valeur *a* dans le schéma métrique.

Molt se fera de chantar bon recreire,
al meu semblan, qui sofrir s'en pogues,
q'el mon non es ebriacs ni beveire
qu'entre Lombarz no fasa sirventes,
neus En Peire qi fa la mula peire
s'en entramet quant vins l'a sobrepres,
qe·l n'ai ja vist si cochat e conqes
qe set enaps de fust e tres de veire
bec en un jorn, granz e comols e ples.

Variantes
1, *fera]* Q feira; *chantar]* Q chantare; 2, *qui sofrir s'en pogues]* Q pauc man ab cor verai; après ce vers, Q ajoute: qe tal cuidar descleis elautre enança; 3, *es ebriacs ni beveire]* Q qebriacs ni breveire; 4, *fassa]* D^a faza, Q faça; 5, D^a neus un peire (le reste du vers manque); 6, *s'en]* D^a sen en; *vins]* Q vi; 7, *e conqes]* Q enques; 8, *set]* Q ser; 9, *bec]* D^a bet.

Notes

1.2. La construction de ces deux vers est la suivante: *se fera mout bon recreire de chantar*. Cf. Guilhem de Peitieus, "Companho, farai un vers", v.6: "greu partir se fai d'amor". Il s'agit d'une construction impersonnelle, voir Appel[57].

4. *fasa*. Le subjonctif est demandé après le verbe négatif du vers précédent.

5. Seuls les trois premiers mots de ce vers se trouvent dans D^a: *neus un peire*, que Restori donne dans son édition[58], tout en attirant l'attention du lecteur à la leçon de Q[59], qui complète le vers et qui a été adoptée dans cette édition. Tous les éditeurs ont suivi la leçon de D^a, *un peire*, contre celle de Q, *en peire*. Il y a lieu de se demander s'il ne faut pas adopter cette dernière qui accompagne le vers entier, plutôt que la première qui semble avoir été transformée lorsque le scribe a supprimé l'injure grossière en changeant *en* en *un*, ce qui est plus approprié lorsque le jongleur que vise Palais est réduit à l'anonymat.

7. Comme le dit Bertoni[60], ce vers avait été oublié par Restori.

Traduction

Il serait mieux de se passer de chanter, à mon avis, si on pouvait s'en abstenir, car il n'est au monde ni ivrogne ni buveur qui ne fasse un *sirventes* parmi les Lombards; de même, Seigneur Peire, qui fait péter la mule, s'y adonne, quand le vin l'a complètement envahi, car je l'en ai déjà vu si empressé et soumis qu'il a bu en un jour sept coupes de bois et trois de verre, grands et pleins jusqu'au bord.

"Un estribot farai don sui aperceubuz" (PC 315,5)

Manuscrits: D^a f. 206 v° b, Q f. 112 r° a-b.
Édition antérieure: Restori, p. 16.

Métrique: estribot[61]

12	12	12	12	12	12	12	12	12
a	a	a	a	a	a	a	a	a

Un estribot farai don sui aperceubuz,
e pesa·m de jovent q'es per dompnas perduz,
c'ara venra uns monges, col ras, testa tonduz.
- Dompna, per vostr'amor, me teing per ereubuz;
anz remanra l'autars senes draps e senz luz
non aiaz lo gazaing qe faran las vertuz. -
Ab tant, baissa las braias et apres los trebuz,
e met li·l veit el con e·ls coilz al cul penduz.
Ec vos la dompna morta e·l morgues es perduz.

Variantes
1, *aperceubuz]* D^{a} apercebut; 2, *pesa·m]* Q pensam; 3, *c'ara]* Q c. . .a (en partie illisible); *venra]* Q ve . . . a (en partie illisible); *tonduz]* Q fo duç 8, *met]* Q ment; *e·ls coilz]* D^{a} els costz, Q el coilç 9, *morgues]* Q mogues.

Notes
1. *estribot.* A part celui-ci, le seul exemple de ce genre est le poème de Peire Cardenal, "Un estribot farai que er mot maïstratz"[62]. Malgré les lumières de Joan Corominas sur cette question, nous n'en savons pas plus long sur la nature de ce genre[63]. Nous comptons revenir à cette question dans un prochain article.
3. *c'ara.* Q présente ici des difficultés de lecture. Bartsch[64] avait lu *can*, mais il y a place pour quatre lettres.
5-6. Il se peut que le moine parle d'un rite précis, celui qui accompagnera la mort de la dame (on note qu'il dit *faran*), et qui est inévitable. Il faudrait qu'elle attende la mort pour recevoir les récompenses célestes. Entretemps. . .
7. *apres.* Selon Crescini[65], "forse vale *appresso*". Restori avait fait remarquer[66]: "*forse: a pes las trebuz*; com' è nei due mss. non mi pare abbia senso". Il n'y a pas difficulté à considérer que le sens en est 'après'. Il faut permettre au poète une légère licence en faisant baisser au moine ses chausses avant ses bottes.
8. *veit.* Du latin *vectis* 'levier'[67], utilisé vulgairement dans les deux langues pour le membre viril.
9. *es perduz.* Restori[68]: "*forse: esperduz*", mais Crescini[69]: "è da mantenere *es perduz*. Qui si vuol dire: ecco la donna morta (per la violenza de' formidati cozzi? o s'intende spiritualmente?) e il monaco è perduto, per il commesso peccato. Ciò che risponde a *iovent . . . per dompnas perduz*, del v. 2". Très exactement; il vaut mieux, cependant, considérer que la dame est réellement morte, ce qui redouble le péché du moine.

Traduction

Je ferai un *estribot* dans lequel je suis bien versé, et cela me pèse, car la jeunesse se perd à cause des dames; car maintenant voici que viendra un moine, le col rasé, la tête tondue. - Ma dame, je me considère comme très fortuné à cause de l'amour que je vous porte. Mais l'autel restera sans draps ni lumière avant que vous n'ayez la récompense qu'apporteront les vertus. - Sur ce, il descend les braies et après les bottes, et il lui met le vit au con, ainsi que les couilles qui pendent au cul. Voilà la dame morte, et le moine est perdu.

Notes

[1]Ferruccio Blasi, *Le poesie di Guilhem de la Tor*, Biblioteca dell'Archivum Romanicum, 21 (Genève et Florence, 1934), p. 40.

[2]Ibid., p. 56.

[3]Voir Antonio Restori, *Palais*, per Nozze Battistelli- Cielo (Crémone, 1892), pp. 5-11.

[4]Voir Giulio Bertoni, *I trovatori d'Italia* (Modène, 1915), pp. 21-22, et Frank M. Chambers, *Proper Names in the Lyrics of the Troubadours*, University of North Carolina Studies in the Romance Languages and Literatures, 113 (Chapel Hill, 1971), pp. 93 et 201-02.

[5]Vincenzo De Bartholomaeis, *Poesie provenzali storiche relative all'Italia*, Fonti per la storia della Italia pubblicati dall'Istituto Storico Italiano, 71 et 72 (Rome, 1931), p. 132.

[6]*Palais*, p. 11.

[7]Ibid., pp. 11-12 et p. 11, n. 3 et 4.

[8]Voir *Biographies des Troubadours*, éd. Jean Boutière, Alexandre H. Schutz et Irénée-Marcel Cluzel, Les Classiques d'Oc, 1, édition refondue (1964; réimpr. Paris, 1973), p. 56; voir aussi Oscar Schultz-[Gora], "Die Lebensverhältnisse der italienischen Trobadors", *Zeitschrift für romanische Philologie* 7 (1883), 194-97, et Bertoni, *I trovatori*, pp. 56-60.

[9]*Palais*, pp. 3-4.

[10]"The *Doctrina d'Acort* of Terramagnino da Pisa", dans *The "Razos de Trobar" of Raimon Vidal and Associated Texts*, éd. John H. Marshall (Londres, 1972), pp. 27-53.

[11]Voir aussi Karl Bartsch, "Die provenzalische Liederhandschrift Q", *Zeitschrift für romanische Philologie* 4 (1880), 519.

[12]Vincenzo Crescini, compte rendu de Restori, *Palais*, dans *Giornale storico della letteratura italiana* 19 (1892), 165 [cité ici comme "Palais"].

[13]Alfred Jeanroy, "Les études de l'ancienne littérature provençale à l'étranger en 1891-1892", *Revue des Pyrénées* (1893), 13.

[14]Friedrich Witthoeft, *"Sirventes Joglaresc". Ein Blick auf das altfranzösische Spielmannsleben*, Ausgaben und Abhandlungen aus dem Gebiete der romanischen Philologie, 88 (Marburg, 1891), pp. 72-73.

[15]*Poesie provenzali storiche*, pp. 122-23 et 132-34.

[16]*I trovatori d'Italia*, p. 57.

[17]Giulio Bertoni, compte rendu de Restori, *Palais*, dans *Giornale storico della letteratura italiana* 53 (1909), 178-79 [cité ici comme "Bertoni, 'Palais'"]; voir aussi Bertoni, *I trovatori d'Italia*, pp. 21 et 57.

[18]István Frank, *Répertoire métrique de la poésie des troubadours*, 2 vol. (Paris, 1953-1957), 1, n° 749,2.

[19]*Palais*, p. 17 n.

[20]"Palais", p. 164.

[21]*Palais*, p. 17 n.

[22]"Palais", p. 164.

[23]*Poésies complètes du troubadour Peire Cardenal*, éd. René Lavaud, Bibliothèque méridionale, 2e série, 34 (Toulouse, 1957), p. 334.

[24]*Peire Cardenal*, p. 341.

[25]*Palais*, p. 17 n.

[26]"Les études", p. 13.

[27]*Palais*, p. 14.

[28]"Palais", p. 164.

[29]Frank, *Répertoire*, 1, n° 348,1 et 541,4.

[30]François-Just-Marie Raynouard, *Choix des poésies originales des troubadours*, 6 vol. (Paris, 1816-1821), 5:274, vv. 5-6.

[31]*Palais*, p. 15.

[32]"Palais", p. 165.

[33]Note à propos de l'édition de Restori, *Palais*, dans la "Chronique" de la *Romania* 21 (1892), 632.

[34]*Poesie provenzali storiche*, p. 132.

[35]"Palais", p. 165.

[36]"Chronique", p. 632.

[37]*Guillem de Berguedà*, éd. Martín de Riquer, 2 vol. (Abadia de Poblet, 1971), 2:245-51, XXIX, vv. 22-28, et 1:123 pour la date.

[38]Éd. W. Mary Hackett, 3 vol. (Paris, 1953-1955), v. 4365.

[39]Max Pfister, *Lexikalische Untersuchungen zu "Girart de Roussillon"*, Beihefte der Zeitschrift für romanische Philologie, 122 (Tübingen, 1970), p. 273 et n. 209.

[40]*Palais*, p. 15 et p. 17 n.

[41]Bertoni, "Palais", p. 179, et *I trovatori d'Italia*, p. 21 n. 2.

[42]*Palais*, p. 8.

[43]"Palais", p. 165.

[44]*Poesie provenzali storiche*, p. 133, note à ce vers.

[45]*The Poems of the Troubadour Raimbaut de Vaqueiras*, éd. Joseph Linskill (La Haye, 1964), II, v. 4.

[46]*Poesie provenzali storiche*, p. 133.

[47]*Palais*, p. 15.

[48]Bertoni, "Palais", p. 179.

[49]*Sordello: Le poesie*, éd. Marco Boni, Biblioteca degli Studi medio latini e volgari, 1 (Bologne, 1954), p. 148 (XXIV, vv. 33-36).

[50]Ibid., XXVII, vv. 3-6.

[51]"Fragment d'une *Chanson d'Antioche* en provençal", éd. Paul Meyer, *Archives de l'Orient Latin* 2/2 (1884), 491.

[52]Ibid., p. 507.

[53]Frank, *Répertoire*, 1, n° 361,3.

[54]"Palais", p. 165.

[55]*Palais*, p. 17.

[56]Frank, *Répertoire*, 1, nº 264,1.

[57]Carl Appel, *Provenzalische Chrestomathie*, 6e éd. (Leipzig, 1930), p. 249 s.v. *esser*.

[58]*Palais*, p. 16.

[59]Ibid., p. 17.

[60]Bertoni, "Palais", p. 179.

[61]Frank, *Répertoire*, 1:200.

[62]*Peire Cardenal*, éd. Lavaud, XXXIV, pp. 206-15.

[63]Voir en dernier lieu Joan Corominas et José A. Pascual, *Diccionario crítico etimológico castellano e hispánico*, 2 (Madrid, 1980), s.v. *estrambote*.

[64]"Die provenzalische Liederhandschrift Q", 519.

[65]Bertoni, "Palais", p. 165.

[66]*Palais*, p. 17.

[67]Voir Wilhelm Meyer-Lübke, *Romanisches etymologisches Wörterbuch*, 3e éd. (Heidelberg, 1935), nº 9173.

[68]*Palais*, p. 17.

[69]Bertoni, "Palais", p. 165.

En prélude à une nouvelle édition de Pons de Capdoill: La chanson "Us gais conortz me fai gajamen far" (PC 375,27)

Jean-Claude Rivière

Introduction

Le troubadour vellave Pons de Capdoill n'a pas eu d'édition depuis celle de Max von Napolski qui date de 1879. Elle avait été fort critiquée en son temps, en particulier par Paul Meyer (*Romania* 10 [1881], 268-70). Aussi nous a-t-il paru intéressant, en prélude à une nouvelle qui tentera de corriger les défauts propres à Napolski et ceux inhérents aux conceptions de son époque, de présenter, en hommage à la mémoire de Paul Remy, une étude philologique de la pièce *Us gais conortz me fai gajamen far* (PC 375,27), qui s'appuiera en outre sur des travaux lexicologiques récents comme ceux de Glynnis M. Cropp et de Mme Suzanne Thiolier-Méjean. Nous remercions en outre vivement ici cette dernière pour les conseils qu'elle a bien voulu nous donner à l'occasion de ce travail.

Texte

Pons de Capduel

I

Us guays conortz me fai guayamen far
guaya chanso, guai fait e guay semblan,

guay dezirier joyos, guay alegrar
per guaya don' ab guay cors benestan,
ab cui trob hom guay solatz e guay rire,
guai aculhir, guay joy e guay joven,
guaya beutat, guay chantar, guay albire,
guay donneyar, guay dig ab fag plazen,
e ieu sui guays quar suy sieus finamen.

II

Fis li·m autrey quar fis vuelh sieus estar,
quar li sui fis e quar l'ai fin talan
que fait m'a fi e tan fi afinar;
per que·lh quier fis fin joy quar fis la blan,
fis la sopley, fis l'am, fis la dezire;
aissi cum l'aurs afina el fuec arden,
suy afinatz quan saup son fin cossire;
per so·lh suy fis e hom fizels li·m ren,
fis de genolhs, mas jontas humilmen.

III

S'umilitatz la·m fai humiliar
que·m si' humils, humilmen li·m coman
ab humil cor, humils ses gualiar;
qu'aissi conquier humils humilian
humil plazer quant es humils servire.
Humils suy ieu ves mi dons veramen,
e qui humil vol sia humils grazire.
Ab humil digz e ab humil parven
humil trobei ab bon razonamen.

IV

Las, que farai si vol razon gardar,
que per razo sui falhitz ves lieys tan
que no·m pot dregz ni razos razonar
ni ai razo que lai port razonan.
Razos li ditz que ab razo m'azire,
e pus razos no·m fai razonamen,
no·m guart razo, que razos cuj' aucire,
razos destrui, razos bat, razos pen;
per que val pauc razos ses chauzimen.

V

Chauzimens es quan pot merce trobar
selh qu'ab merce quier merce merceyan;

pus merce quier, merces mi deu onrar,
per qu' ab merce franh merce merceyan.
Pro val merces que merces sap eslire,
merces adutz mayns fals a salvamen,
sel qu'ab merce es de merce grazire,
e ses merce non a hom pretz valen;
per que si·m val merces mi dons er gen.

TORNADA

Guaya domna, fins, humils, escondire
no·m pot razos si merces no y dissen;
mas ieu fora guays, fis, humils, s'a dire
en fos razos; pero merce aten
e per merce esper ric joy jauzen.

Apparat critique

I) v. 1: X *u. g. c. mi f. gaiemen f.*; v. 2: X *gaie chacon*; v. 3: X *e g. desir j. g. aligrar*; v. 4: R *p. g. d. ap g. c. b.*, X *pir gaie donne gaie c. b.*; v. 5: X, *en c. trobon g. s. e g. r.*; v. 6: R *g. a. g. deport g. j.*, X *g. a. g. depor g. j.*; v. 7: R *g. beutatz*, X *gaie b.*; v. 8: R *g. ditz plazen gai joi gai pretz gai sen*, X *gais diz plaizans gai jugar per gai sen;* v. 9: C comporte un v. supp. *guay joy guay pretz guay saber e guay sen*; R *e yeu soi gais car soi s. f.*, X *e eu seu g. que sien sui liiament.*

II) v. 10: X *f. mi a. e f. vol sons e.*; v. 11: R *e fis li m don car fis l ai f. t.*, X *e f. mi doig car fins ai f. t.*; v. 12: R *car f. m a fi tant es fina fin ars*, X *e car mes fins mi fait f. a.*; v. 13: X *per q eu q. fin fin joi fins li me rent*; v. 14: X *f. la cobeit f. l am f. la d.*; v. 15: R *c a. c. l a. el f. a.*, X *ausi c. l or s afine al f. a.*; v. 16: R *fuy a. pus s. s. f.* c., X *s. a. en son leial servire*; v. 17: R *p. qu el soi f. e fizels fis li m r.*, X *fins de genois mains jointes li me rent*; v. 18: X *fin mi trobat fins mi vois affinant.*

III) v. 19: R *s umilitat la m f. h.*, X *s umelitaz la f. h.* (A s. u. *la. n f. h.*); v. 20: X *k eu s. h. h. mi* c., *q. m s. h. h. li n c.* (ACFGHIKLN *que*, FKL *ssi humils*, C *simuls*); v. 21: R *ab h. c. humil s. g.*, X *ob h. cors humil sen g.*, (G *cors*, N *humilian*); v. 22: X *k ensi c. h. h.* (N *aisi* manque); v. 23: R *humils plazers tant es h. servires*, X *kant es humils h. leials servires*; (F *humial*, A *humanal* les 2 fois, H *serveire*, N *humilian*); v. 24: R *h. soi i. vas m. d. v.*, X *humil sont tal vers min don veralment*, (F *humial* A *humanal*, H *m amia*); v. 25: R *doncx qui humil vol humil sobrasire*, X *humils m a dit k eu sui humils grazires* (K *nol*, L *nols*, F *ia*, CKL *grazieyre*, H *graseire*); v. 26: X *ob humiz diz e ob humil pervent* (manque dans N); v. 27: X *humil trobar ob humil avenant*, *h. trob om ab humil honramen* (IL *trobam*, CK *troban*, N *trobem*).

A partir de la str. IV, seulement R.

IV) v. 30: *q. no m p. dreg ni razon* r.; v. 31: *ni ai r. que m aport r.*; v. 32: *razon li ditz que per r. m a.*; v. 34: *no i g. razos car r. jutg a.*; v. 35: *r. destrus r. b. r. p.*. V) v. 38: *hom cant m. q. m. m.*; v. 39: *p. m. q. merce lo d. o.*; v. 40: *sel c ab m. francamen deman*; v. 43: *pus c ab m. es de m. es g.*; v. 44: *car s. m. n. ha honz p. v.*; v. 45: *si m v. m. ab mi dons mot l er gen.*

Tornada) v. 47: *no m val r. si m. no i d.*; v. 48: *mai i.f. g. f. h. servire*; v. 49: *si ey fos razos mercey aten*; v. 50: *car p. m. e. r. j. j.*

Traduction

I) Un gai encouragement me fait gaiment faire gaie chanson, gaies actions et avoir gaie apparence, gai et joyeux désir, gaie allégresse pour une dame gaie au corps gai et parfait, avec qui on trouve gaie conversation et gai rire, gai accueil, gai "joi" et gaie jeunesse, gaie beauté, gai chant, gai jugement, gai service d'amour, gais propos avec des gestes agréables, et moi je suis gai car je suis parfaitement à elle.

II) Je me soumets fidèlement à elle car je veux être sien parfaitement, car je lui suis fidèle et ai pour elle un parfait désir qui m'a rendu parfait et m'a parfait si parfaitement; voilà pourquoi, fidèle, je requiers d'elle un "joi" parfait, car à la perfection je la complimente, à la perfection je lui rends hommage, à la perfection je l'aime, à la perfection je la désire; de même que l'or se purifie à un feu ardent, je suis purifié quand je connais ses pures méditations; pour cela, je lui suis fidèle et en homme fidèle je me rends à elle, fidèle à genoux, mains jointes humblement.

III) Si humilité me fait là-bas humilier pour qu'elle soit indulgente à mon égard, humblement je me recommande à elle avec un coeur humble, humble sans trompeuse séduction; car ainsi je domine en m'inclinant humblement un humble plaisir puisque le serviteur est humble. A l'égard de ma souveraine je suis sincèrement humble, et que celui qui désire avec humilité soit humble louangeur. Avec d'humbles paroles et une humble apparence, j'ai "trouvé" humblement sur un bon motif.

IV) Las, que ferai-je si elle veut raison garder, car par mes propos j'ai commis tant de manquements à son égard que ni droit ni raison ne peuvent me disculper et que je n'ai pas de motif que je puisse apporter là-bas pour m'expliquer. Raison lui dit qu'il est raisonnable de me haïr, et puisque raison ne m'offre pas d'excuse, qu'elle ne garde pas raison à mon sujet, car raison tue, raison détruit, raison donne des coups, raison châtie: voilà pourquoi raison sans indulgence a peu de valeur.

V) L'indulgence c'est quand peut trouver grâce celui qui piteusement cherche pitié en demandant grâce; puisque je cherche pitié, pitié doit m'honorer, car piteusement je fléchis pitié en demandant grâce. Grâce vaut beaucoup, car grâce sait choisir, grâce conduit maints fourbes au salut, (elle conduit) celui qui piteusement est louangeur de pitié, et sans pitié, on n'a pas de véritable valeur; c'est pourquoi ma souveraine sera gracieuse si pitié m'est de quelque valeur.

Tornada) Dame gaie, parfaite, indulgente, raison ne peut me justifier si pitié ne lui dit pas; mais je serais gai, fidèle, humble, s'il y avait motif pour le dire; pourtant j'attends pitié, et grâce à pitié j'espère un riche "joi" qui me remplira de joie.

Etablissement du texte

Trois chansonniers ont conservé cette pièce: C, f. 121 et 121 v°; R, f. 55 v° et 56, et X, f. 90 v° et 91 (anonyme). La strophe III figure dans le *Breviari d'Amor* (dans PC) aux vv. 32298 - 306 de l'éd. Azaïs, et p. 375 n° 205 de celle de Reinhilt Richter (*Die Troubadourzitate im Breviari d'Amor*, Modena, 1976).

La version de X est à éliminer d'emblée: il s'agit en fait d'un chansonnier français (dit "de St-Germain", U dans Raynaud - Spanke) qui présente des textes francisés (cf. Jeanroy, *Chansonniers provençaux*, p. 17-18): finales féminines en *-e*, possessif *sien* (v. 9) *l'or s'afine* (v. 15), *mains jointes* (v. 17), *vois* (v. 18). On a une forme barbare comme *ob* (vv. 21, 26 et 27) issue du croisement du français *o* avec le méridional *ab*. Certains passages sont à peu près incompréhensibles: vv. 18, 23, 24, 27. Enfin, le texte s'arrête après la strophe III.

R offre un texte peu satisfaisant: fautes assez nombreuses contre la déclinaison (*gaia beutatz* au v. 7, *gai ditz* au v. 8, *umilitat* au v. 19, *humil digz* au v. 26, *dreg* et *razon* au v. 30, *merce* au v. 39, *honz* au v. 44), des formes aberrantes comme *ap* au v. 4 pour *ab*, *ey* (?) au v. 49, et surtout des passages obscurs: . . . *e fizels fis li·m ren* (v. 17); *doncx qui humil vol humil sobrasire* (v. 25) où *sobrasire* n'est pas identifiable; *no i gart razos* (v. 34); *es de merce es grazire* (v. 43); *ab mi dons mot l. er gent* (v. 45).

C'est pourquoi le texte de C - comme c'est souvent le cas avec ce chansonnier - est de loin le plus satisfaisant: une seule faute contre la déclinaison (*humil digz*, v. 26), une *lectio difficilior* aux vv. 42-43 *mayns fals* (mais R a la même) où l'on aurait plutôt attendu quelque chose comme *mayns vetz*; et un vers supplémentaire entre 8 et 9 dû à l'inadvertance du scribe qui a voulu rassembler ainsi l'ensemble du vocabulaire courtois. Cette suppression est la seule correction à laquelle nous ayons été contraint de procéder.

C et R appartiennent à une même famille, comme semble bien l'indiquer la *lectio mayns fals* du v. 48. Mais entre l'original O et R a dû s'intercaler un intermédiaire X comme l'indiquent les variantes des vv. 6, 8, 11, 12, 17, 25, 40 et 48. La version de X est trop altérée pour que nous puissions en tirer des conclusions.

A la strophe III, nous indiquons pour ∝ entre parenthèses les autres versions du *Breviari d'Amor* données par Richter dans son apparat critique.

Commentaire

Strophe I: Elle est bâtie sur l'adjectif *gai*, *-a* qui signifie 'gai, joyeux, riant'. Il est souvent associé à d'autres adjectifs désignant la joie, le plaisir, le bonheur, comme *joyos* au v. 3. En général, c'est la dame aimée qui rend gai, mais aussi l'amour ou le plaisir amoureux[1].

- v. 1: *conort* 'encouragement, réconfort, consolation' est souvent coordonné à *solatz* et *joi* que l'on a aux vv. 5 et 6[2].

- v. 3: *dezirier* est une forme refaite sur le plus ancien *dezir*[3], mais sémantiquement les deux mots ne se distinguent pas: ils indiquent la nostalgie de l'amour et de sa réalisation, sont souvent une source de mélancolie et de tourment et sont employés avec ou sans déterminant, celui-ci ayant toujours trait à la dame[4]. L'association avec *guay* et *joyos* est donc ici inhabituelle et produit un effet particulier.

Alegrar implique une notion de gaieté et de vivacité[5].

- v. 4: *benestan*, issu du verbe *benestar* 'être bien, aller bien', signifie 'bienséant, convenable; bon, parfait'; c'est ce dernier sens qui convient ici pour désigner un corps conforme à l'idéal courtois. Dans les *sirventes*, il s'oppose aux composés de *mal-* pour désigner la perfection[6].

- v. 5: *solatz* a eu comme sens premier 'consolation' (cf. l'étymon *solacium*); de là il est passé à celui plus courant de 'joie, plaisir' proche de celui de *joi*. Mais il désigne aussi la 'conversation' et l'esprit général qui doit imprégner les relations sociales dans l'idéal courtois: c'est la valeur que nous lui avons donnée ici[7].

- v. 6: *aculhir* "...est un acte plus ou moins chaleureux de politesse qui s'imposait dans la société courtoise, à la dame et, dans la société féodale en général, au seigneur"[8]. Il implique parfois des relations plus intimes. L'infinitif substantivé est souvent accompagné de *gent* et désigne ainsi un attribut de la dame: c'est le geste qui indique comment la dame répondra à l'amour du poète[9].

Joy: nous ne traduisons pas ce mot typique de la civilisation courtoise; 'joie' par lequel on le rend habituellement est fort insuffisant. Nous renvoyons à l'abondante littérature qui lui a été consacrée[10].

Joven, souvent associé avec *joi*[11] et avec *beutat*[12] est "une notion complexe qui a constitué l'un des éléments principaux de l'idéal courtois"[13]. Mais chez les troubadours de la deuxième moitié du XIIe siècle, c'est une qualité qui appartient de préférence à la dame[14].

- v. 7: *albire* 'avis, opinion, prudence, goût', d'après Raynouard; 'réflexion, jugement' d'après Levy. Ce terme qui n'a pas été étudié par Cropp paraît bien désigner la sûreté dans le jugement et le goût.
- v. 8: *donneyar* 'faire la cour aux dames, servir les dames', avec une importante connotation sensuelle; il désigne nettement le service d'amour courtois[15].

Strophe II: Cette strophe joue sur tous les sens possibles de l'adjectif *fin*, au nombre de cinq, concernant le caractère de la dame et de l'amoureux: 'fin, pur; vrai; accompli, parfait; certain; fidèle, sûr'. Le *FEW* lui donne deux étymologies: *finis (honorum)* 'le plus parfait des honneurs' qui lui conserve une idée de superlatif et de perfection, et *fidus* qui vient y greffer une notion de loyauté, d'authenticité et de raffinement. Il est bien certain qu'il y a eu contamination de sens entre les deux, et les troubadours, comme Pons ici, peuvent jouer sur les deux registres. C'est l'adjectif le plus fréquent du vocabulaire courtois[16], où il s'oppose naturellement à *fals*; dans les *sirventes* son contraire est *vaire*, qui désigne ce qui est changeant et inconstant[17].

- v. 11: *talan*: c'est le mot le plus employé par les troubadours pour désigner le désir, le plus souvent sans déterminant (contrairement à *dezir*, *dezirier*), mais fréquemment avec les mêmes épithètes que *amor*, comme *fin* et *bon*[18].
- v. 12: *afinar*: comme pour *fin*, le poète joue sur ses sens possibles: 'purifier physiquement', comme l'or au v. 15, et 'purifier moralement' ou encore 'amener au plus haut degré de perfection', des vv. 12 et 16.
- v. 13: *fin joy* est un topique de la lyrique courtoise d'Oc.

La répétition du son *f* aux vv. 12 et 13 produit un effet particulièrement expressif.

Blan, de *blandir* (lat. *blandire*) signifie 'flatter, louer'. Le sens latin de 'caresser' ne se retrouve que dans le bas-limousin moderne selon le *TDF*, mais pas chez les troubadours. Un sens plus précis est d'adresser des compliments respectueux' à la dame pour la séduire par des paroles douces et flatteuses[19].

- v. 14: *sopley*, de *sopleyar* est un des verbes de la requête amoureuse qui a gardé tous les sens du latin *supplicare* 'se plier, s'incliner, se soumettre; supplier'. Dans la langue féodale, il s'agit de rendre hommage au seigneur et dans la langue courtoise, à la dame[20].

Fis l'am est la transposition de *fin' Amor*.

La dezire: le verbe *dezirar* s'emploie habituellement avec un complément objet direct, et on le trouve fréquemment associé avec *amar*[21].

- v. 16: *cossire*, déverbal de *cossirar*, désigne une méditation qui a lieu dans le for intérieur de l'intéressé (plus souvent le poète amoureux que la dame) et a souvent une connotation de tristesse et de mélancolie[22].

- v. 17 : *fizels* est beaucoup plus rare que *fin* (*-s*); le latin *fidelis* désignait le chrétien baptisé, le sujet du roi et le vassal d'un seigneur[23]. Il a gardé des traces de sa valeur féodale qui sont nettes ici, avec l'emploi de *li·m ren*, métaphore empruntée à la *traditio personae* de l'hommage vassalique[24], et le v. 18 en entier qui en reprend un des rites essentiels, *l'immixtio manum*, largement utilisé par les troubadours[25].

Strophe III: Elle est construite autour d'*humil* et de ses dérivés, *humilitat*, *humilmen* et *humiliar* qui ont été des termes d'origine chrétienne avant de passer dans le vocabulaire courtois. Ils garderont toujours leur première valeur, en particulier dans la poésie morale[26], et, dans un cas comme dans l'autre, désignent l'attitude du supérieur et de l'inférieur. Le premier, Dieu, le seigneur ou la dame regarde le deuxième le chrétien, le vassal ou l'amoureux avec bienveillance et indulgence, tandis que celui-ci conserve une attitude humble et respectueuse à l'égard de celui-là[27]. Dans la strophe, c'est la deuxième valeur qui domine, sauf au v. 20 *que·m si' humils* qui qualifie l'attitude souhaitée de la part de la dame.

- v. 20: *li·m coman*: expression du vocabulaire féodal de la *traditio personae*, mais assez rare chez les troubadours[28].

- v. 21: *galiar* 'séduire en trompant, séduire et tromper', à la fois dans la *canso* et le *sirventes*; il est synonyme d'*enganar*[29].

- v. 22: *conquier*, avec *venser*, signifie 'vaincre', et a pour sujet en général, soit l'amour, soit la dame[30]. Ici, on a un rapprochement insolite avec *humils* et *humilian*, et le poète joue sur une ambiguïté de sens 'conquérir/dominer'.

- v. 23: *humil plazer* est également une juxtaposition peu courante.

Servire, cas sujet de *servidor*, garde des traces de ses origines féodales[31].

- v. 24: *veramen*, adverbe formé sur l'adj. *verai*, exprime à la fois des notions de vérité et de sincérité[32].

- v. 25: *vol*: le verbe *voler* 'désirer, aimer', souvent associé avec *amar*[33].

Grazire: cas sujet de *grazidor* (cf. aussi v. 43). Levy et Raynouard ne connaissent que *grazidor* au sens de 'reconnaissant'. Mais le verbe *grazir* signifie dans le PLevy, entre autres, 'louer, flatter'; d'où ici le sens de 'louangeur, flatteur'.

- v. 27: *trobei*: le verbe *trobar* dans complément objet direct a son sens premier de 'trouver, inventer (les paroles d'une chanson)'.

Strophe IV: Ici, Pons joue sur les différents sens possibles de *razon* et de ses dérivés *razonamen* et *razonar*.

Razonamen a le sens de 'motif, thème littéraire' au v. 27, mais celui d''excuse' au v. 33. *Razonar* a la valeur d''excuser, disculper' au v. 30 et celui de 's'expliquer' au v. 31, bien que la précédente ne puisse être totalement exclue[34]. *Razon* a son sens général d'activité intellectuelle' aux vv. 28, 30, 32, 33, 34, 36, mais bien celui de 'propos' au v. 29 et de 'motif' au v. 31[35].

- v. 29: *falhitz*: ce verbe appartient surtout à la poésie morale, avec la signification de 'commettre une faute'[36].
- v. 35: *pen*: ce ne peut être le verbe *pendre*. On pourrait penser à *pendir*, *penedre* à qui le PLevy, à côté de 'se repentir' (de *poenitet*) donne le sens douteux d'expier'. C'est évidemment celui du verbe *penar* 'tourmenter, maltraiter' qui semble s'imposer ici. On peut donc penser que *pen* est la 3e personne de l'indicatif présent d'un verbe **penir*, non attesté par ailleurs, mais doublet de *penar*, comme l'on a *finir/finar*.

Strophe V: Cette strophe est une variation sur le thème de la *merce*, mot-clé du vocabulaire courtois. Du sens latin de 'salaire, récompense', *merces* a abouti par les étapes 'don, faveur', puis 'grâce accordée à celui qui ne le mérite pas' et 'remerciements' chez les auteurs chrétiens à bien des valeurs en ancienne langue d'Oc: 'grâce, pitié, miséricorde; merci; mérite; sorte de redevance'[37]. Le verbe *merceyar* et la locution *querre merce* ont des valeurs parallèles: 'crier merci, demander grâce, implorer, supplier'[38].

Dans la strophe, la répartition des sens est nette: il y a l'attitude du poète qui cherche à inspirer la pitié et celle qui est sollicitée de la dame pour être accordée par celle-ci: la première est marquée par l'expression *ab merce* (vv. 38, 40 et 43), la deuxième dans les autres cas; aux vv. 38, 40 et 43, le poète joue habilement de l'opposition entre les deux.

- vv. 36-37: *chauzimen* signifie 'indulgence, clémence' et est souvent employé, comme ici, en association avec *merce*, qui désigne une qualité plus générale dont *chauzimen* n'est qu'une simple manifestation[39].
- vv. 41-44-45: *val* et *valen*: le verbe *valer* se trouve souvent en association avec *merce* pour exprimer l'aide que la dame doit apporter à son amoureux, comme le seigneur à son vassal dans le système féodal[40]. *Valen* renforce *pretz*, terme fondamental de la lyrique courtoise[41], avec une valeur qu'on peut avoir dans l'expression française 'un sou vaillant'.

Tornada: *Guaya domna, fins, humils* reprend l'opposition déjà exprimée dans la pièce avec *guays, fis, humils* (vv. 46 / 48), entre l'attitude de la dame et celle du poète amoureux.

- v. 50: *ric joy jauzen*: l'expression *ric joi* est très fréquente pour exprimer la plénitude du sentiment et constitue presque une formule stéréotypée[42]. *Jauzen* est aussi fréquemment associé avec *joi*[43], avec une valeur analogue. *Ric joy jauzen* semble plus rare: il exprime donc ici la sentiment porté à son plus haut point d'intensité.

Métrique

Coblas en décasyllabes isométriques unissonans. Le *frons* est normalement à rimes alternées, et cette structure est reprise dans la *cauda* avec une rime conclusive excédente (*cadena encadenada*)[44]:

a	b	a	b	c	d	c	d	d
ar	am	ar	am	ire	en	ire	en	ire

Cinq autres pièces présentent une structure identique (sur des rimes différentes): une *cobla* de Bertran Carbonel (PC 82, 21), deux chansons de Gaucelm Faidit (PC 167,30 et 40), une *cobla* de la comtesse de Provence (PC 187,1) et une chanson de Raimon Bistortz (PC 416,1).

Mais seul la chanson de Pons de Capdoill est *capfinida*[45].

Conclusion

Il ne saurait être certes question de vouloir déceler un quelconque accent personnel ou une éventuelle touche de sincérité dans une pièce de ce genre, où l'auteur a voulu rassembler, pour en jouer, les principaux mots-clés du vocabulaire courtois. Mais elle n'est pas pour autant dépourvue d'intérêt et, par-delà l'habileté technique, le poète a su tirer des effets particuliers utilisant au maximum les potentialités sémantiques de ce vocabulaire.

Notes

[1]Glynnis M. Cropp, *Le Vocabulaire courtois des troubadours à l'époque classique* (Paris et Genève, 1975), pp. 138-40.

[2]Ibid., p. 331 n. 48.

[3]Ibid., p. 267 n. 44.

[4]Ibid., pp. 267-70.

[5]Ibid., pp. 322-24.

[6]Suzanne Thiolier-Méjean, *Les poésies satiriques et morales des troubadours du 12*ᵉ *à la fin du 13*ᵉ *siècle* (Paris, 1978), p. 83.

[7]Cropp, *Vocabulaire courtois*, pp. 327-34.

[8]Ibid., p. 164.

[9]Ibid., pp. 163-68.

[10]Voir à ce sujet Cropp, *Vocabulaire courtois*, pp. 334-53.

[11]Cropp, *Vocabulaire courtois*, p. 349.

[12]Ibid., p. 420.

[13]Ibid., p. 421.

[14]Voir aussi Thiolier, *Poésies satiriques*, pp. 83-84, et surtout p. 83 n. 5.

[15]Cropp, *Vocabulaire courtois*, pp. 214-17.

[16]Ibid., pp. 104-08.

[17]Thiolier, *Poésies satiriques*, p. 81.

[18]Cropp, *Vocabulaire courtois*, pp. 265-67.

[19]Ibid., pp. 188-92.

[20]Ibid., pp. 212-13.

[21]Ibid., p. 405.

[22]Ibid., pp. 301-04 et 307.

[23]Ibid., pp. 123-24, et Thiolier, *Poésies satiriques*, p. 81.

[24]Cropp, *Vocabulaire courtois*, pp. 473-74.

[25]Ibid., p. 477.

[26]Thiolier, *Poésies satiriques*, pp. 70-72.

[27]Cropp, *Vocabulaire courtois*, pp. 120-22 et 172-74.

[28]Ibid., p. 474.

[29]Thiolier, *Poésies satiriques*, p. 130.

[30]Cropp, *Vocabulaire courtois* p. 394 n. 43.

[31]Ibid., p. 77.

[32]Ibid., pp. 128-29.

[33]Ibid., p. 405.

[34]Thiolier, *Poésies satiriques*, p. 180.

[35]Ibid., p. 181.

[36]Ibid., pp. 111-12.

[37]Cropp, *Vocabulaire courtois*, p. 174.

[38]Ibid., pp. 210-11.

[39]Ibid., pp. 178-80.

[40]Ibid., pp. 180-81.

[41]Ibid., pp. 426-32.

[42]Ibid., p. 348.

[43]Ibid., p. 141.

[44]*Leys d'Amors*, éd. Melchior-Louis d'Aguilar et Louis-Gaston-François d'Escouloubre (Toulouse, 1844), 1:238.

[45]István Frank, *Répertoire métrique de la poésie des troubadours*, 2e éd. (Paris, 1966), 1:17 et 61; 2:80-81 (n° 409).

Le *somni* de Guillem de Saint-Didier

Aimo Sakari

Ludwig Selbach, qui semble être le premier à avoir prêté attention à la tenson sous la forme d'un songe de Guillem de Saint-Didier[1], est un juge sévère: "Sie ist eine geschmacklose allegorische Darstellung von Liebe, Dame und Verleumder durch Garten, Blume und zerstörenden Wind".

Or, dans le laps de temps de presque un siècle qui s'est écoulé depuis la parution du *Streitgedicht* de Selbach, on a largement changé d'avis. Herbert Kolb[2] attribue une très grande importance historique à cette première allégorie amoureuse en langue vulgaire. Marc-René Jung[3] la fait également valoir parmi les cinq poésies de la littérature amoureuse en langue d'oc où l'allégorie est continue. Les quatre autres sont du XIIIe siècle, et trois sont probablement postérieures à la première partie du *Roman de la Rose*, celle de Guillaume de Lorris. Jean Batany cite lui aussi la présente pièce, "qui n'est peut-être pas la 'source' du *Roman de la Rose*, mais qui nous prouve que l'idée de réunir le thème du songe, celui du verger et celui de la symbolique amoureuse était 'dans l'air' . . . avant Guillaume de Lorris"[4].

Dressant le tableau des prétendus exemples littéraires de ce roman, Kolb constate qu'on a commencé par penser à certaines petites allégories françaises. Puis l'attention des chercheurs s'est dirigée sur les troubadours. On s'est arrêté d'abord à Guiraut de Calanson, qui *floruit* au début du XIIIe siècle et qui fut l'auteur, entre autres, de deux pièces allégoriques: l'*ensenhamen* "Fadet joglar" et la chanson "Celeis cui am de cor e de saber", description de l'Amour et de sa demeure[5]. Mais, du symbolisme déjà bien poussé de ces poésies on a conclu à l'existence d'antécédents occitans. Ainsi l'attention de Kolb a été attirée par la tenson-rêve de Guillem de Saint-

Didier, troubadour velaunien de la seconde moitié du XIIe siècle. Avant le savant allemand, ce poème, qui porte de part en part un caractère allégorique, avait été peu envisagé par rapport aux allégories amoureuses plus tardives.

Comme le souligne Kolb, Guillem a su éviter la monotonie et le caractère didactique fâcheux qui déparent souvent ce genre. Au lieu d'être narrateur pédantesque, il procède par un dialogue strophique. Ainsi, il dote son poème d'une certaine vivacité, voire d'un suspens intellectuel. Kolb insiste sur les ressemblances qu'il y a entre la tenson de Guillem, quelque courte qu'elle soit, et la première partie du *Roman de la Rose*, ressemblances que les petites allégories amoureuses composées en français ne présentent pas. La plus frappante et la plus notable en est l'assimilation de l'aimée à une fleur que l'amant - ici et là identique avec le narrateur - trouve dans le jardin d'amour et à laquelle il aspire. Dans les deux cas, il est empêché d'en venir à ses fins par des personnes ou personnifications répugnantes qui non seulement correspondent exactement aux *lauzenjadors* et *gelos*, mais en portent en partie même le nom. Les délateurs et le jaloux sont vus en songe sous la forme animale de chiens et de lion, qui éloignent le soupirant de l'aimée, la fleur. Tout à l'heure, il sera question des autres animaux - oiseaux - qui figurent dans la pièce qui nous occupe.

D'après Kolb, la disposition du poème occitan, de même que des détails de son inventaire allégorique, introuvables ailleurs, implique un lien littéraire étroit entre la poésie allégorique troubadouresque et celle de Guillaume de Lorris. Ils confirment sous un nouvel angle un fait reconnu de longue date.

Mais ce n'est pas tout. Kolb signale encore que l'image du noble amant présenté comme un faucon fait penser au motif du faucon dans le minnesang allemand débutant et dans le *Nibelungenlied*. C'est dans le rêve de Kriemhild et dans l'interprétation qu'en donne sa mère Ute que le symbolisme est très proche de l'exemple occitan: "Der valke den du ziuhest, daz ist ein edel man". Et ce ne serait pas là l'unique ressemblance, d'après Kolb. Notons que "faucon" désigne un personnage haut placé aussi chez Uc de Saint-Circ, troubadour quercinois du XIIIe siècle[6].

On voit l'importance que Kolb accorde à la tenson de Guillem de Saint-Didier, qu'il considère pourtant comme un débiteur plutôt qu'un créditeur, quant à son inspiration. Aussi hésite-t-il à donner au troubadour velaunien la paternité d'un nouveau genre, dans le sens qu'à partir de certaines tendances préexistantes il aurait créé la première chanson d'amour qui soit allégorique d'un bout à l'autre de la composition. Jung rejoint cette idée: "On aura cependant quelque peine à voir en lui l'inventeur d'un nouveau genre de poésie"[7]. Pour lui, la tenson de Guillem de Saint-Didier demeure un exemple isolé qui est "remarquable par cette création d'un ensemble allégorique, qui tient à la fois du général et du particulier"[8]. Il constate encore que Guillem semble bien avoir inventé lui-même sa galerie d'animaux et que, "dans l'état actuel de nos connaissances, c'est bien lui qui ouvre la série des poésies purement allégoriques"[9].

Tous les critiques s'accordent pour dire que Guillem est un versificateur extrêmement habile. Plusieurs d'entre eux soulignent en outre la clarté de sa pensée et de son style, sa brusquerie qui n'est pas sans grâce, sa désinvolture qui sent son gentilhomme, ses tournures facétieuses et spirituelles, la mobilité de son esprit, sa souple élégance, ses bonheurs de plume et ses morceaux d'inspiration très poétique ou tel détail qui pique ingénieusement la curiosité[10]. Réunissant les traits frappants de l'oeuvre du troubadour velaunien, y compris ceux évoqués par d'autres avant et après la parution de notre édition, nous avons tâché d'établir l'originalité de Guillem de Saint-Didier[11], originalité suffisante pour expliquer la création de ce genre de rêve allégorique, qui "est une *rara avis* dans la littérature en langue d'oc"[12].

Le poème de Guillem est en même temps une "clef des songes". Il y en avait naturellement d'autres au moyen âge, malgré la condamnation inexorable de l'oniromancie par l'Église; au XIIe siècle, le *Décret* de Gratien réservait l'interprétation des rêves aux seuls théologiens[13]. Serait-ce là la raison pour laquelle la tenson de Guillem ne s'est conservée que dans deux manuscrits, dont l'un ne contient que les deux premières strophes?

Dans le "songe du verger"[14] de Guillem, jardin, plantes et vent ont chacun une *signifianza* qui appelle une *interpretatio allegorica*, de même que le "bestiaire" qui se compose d'oiseaux et de quadrupèdes. Comme l'explique Jung, arbres et fleurs représentent trois types de dames: dame d'*estragna guiza* mais frivole, diminuée par la trop grande complaisance qu'elle montre à une foule de soupirants; dame noble mais prude, qui souffre de la cohue autour d'elle; dame qui "vas totas partz segnoreja" et qui reste impassible et inaccessible[15].

Mais, dans le rêve du poète, il y a aussi des animaux. En ce qui concerne les quadrupèdes, ils ne présentent pas de difficultés du point de vue de l'interprétation. Il en est autrement quant aux oiseaux, en partie à cause de la défectuosité de la tradition manuscrite. Dans un article très richement documenté et méritoire, Dafydd Evans amplifie et en partie rectifie les renseignements ornithologiques que nous avions fournis à propos des vers 21-24 et 29-32 du *somni* qui nous occupe[16]. Lui aussi, il insiste sur le fait que la substance même des images renfermées par ces passages, c'est-à-dire l'accouplement de deux oiseaux d'espèces différentes, révèle une originalité d'esprit qu'il vaut la peine de souligner.

D'après Evans, Guillem suit une tradition littéraire en se servant de l'opposition entre les rapaces nobles et les oiseaux vilains, mais, justement, sa conception de couples mal assortis semble être due à son invention propre. L'emploi de la corneille dans ces images est rarissime, et Guillem est le seul poète occitan à se servir de la crécerelle dans de tels contrastes. D'assez haute naissance, il appartenait sans doute aux chevaliers qui, après le destrier et le chien, considéraient l'oiseau de chasse comme leur bien le plus précieux, parce que la fauconnerie était une de leurs occupations favorites. D'un autre côté, la compréhension de ces images suppose une familiarité du public avec l'affaitage.

Mettant les choses au point, Dafydd Evans accepte une bonne part de nos solutions et corrections. Comme l'indique déjà le titre de son article, c'est l'autour qui s'introduit dans l'aire de la crécerelle. Ainsi, il accepte tel quel notre texte amendé aux vers 21-22: "E vi mai: *d'*un surigier / En l'air' un astor gru*i*er"[17]. Au vers 24, il supprime comme nous *zo*, qui représente probablement *so(n)*; c'est la seule syllabe que l'on puisse rayer dans ce contexte. Le même manuscrit a^1 que nous suivons écrit ailleurs *zo* pour le pronom neutre *so* pour ço, *aizo* pour *aiso* et *zai* pour *sai*[18]. Au sens familier et dépréciatif de 'nicher', on dirait toujours: "faire nid chez quelqu'un". Dans le Tobler-Lommatzsch, s.v. *ni*, *nit*, on trouve sans le possessif "Mult i aveit d'oisels . . . , En plusurs lieus turnöent, niz e aires faiseient". Littré cite un *Psautier* du XIIIe siècle: "La turtre trueve ni ou ele repoigne ses poucins". De même que nous, M. Evans préfère la forme normale du cas régime du pronom relatif au *qi* du manuscrit: "Drutz q*e* fan amar dinier" (v. 30).

Ailleurs, le savant anglais nous corrige dûment. Nous avons commis notamment une erreur quant au sens du mot *gruier* (v. 22), ainsi qu'à propos du quatrain interprétatif (vv. 31-32). En principe, "est vrais amans li drois oisiaus de proie"[19]. Mais même les rapaces de très grande valeur, c'est-à-dire les hommes estimables par eux-mêmes, s'avilissent en choisissant une compagne indigne d'eux, car, d'après Pistoleta, il convient aussi peu à un homme courtois de fréquenter les vilains qu'à un faucon mué de frayer avec les souris[20].

Il faut donc adhérer à la traduction des vers 29-32 proposée par Evans et acceptée par Jung après lui: "et le voisin de la crécerelle est un amant attiré par l'argent, et il en est de même du faucon; c'est un noble amant qui se divertit vilainement". "Attiré par l'argent" n'est pas équivoque, comme l'était notre traduction "dont l'argent favorise l'amour". Dans le tableau récapitulatif de notre édition (p. 132), il y avait malheureusement une faute d'impression: il fallait non pas *lo surigier*, mais *lo vezins del surigier* 'drutz qe fan amar dinier'. Dafydd Evans a peut-être raison en suggérant de voir dans *lai* non pas l'adverbe de lieu, mais plutôt une des graphies possibles du mot *lag*, *lait*. Enfin, nous devons avouer que nous n'avons pas du tout rendu bien le vers 31, où nous avions négligé le mot *atressi*. A supposer que le vers 32 soit corrompu, on pourrait proposer *que·s bais' aisi* pour *que lai s'aizi*; pourtant, une correction ne s'impose pas.

Si nous avons été induit en erreur en ce qui concerne le sens de *gruier*, c'est que nous ignorions qu'il y avait des grues en France et qu'on en mangeait au moyen âge[21]. On désignait les rapaces d'après leur gibier habituel. En plus de "gruyers", il y avait des faucons *haironiers* et même *galiniers*; Bertran de Born avait peur que son *austor anedier* 'autour destiné à la chasse au canard' ne devienne *galinier*[22]. En ancien français, on disait aussi faucon *grual*, et en moyen français *gruage* signifiait 'chasse à la grue avec le faucon', d'après le *FEW* 4:296b. Le *falco gruier*, très apprécié, est aussi appelé "gentil, per que val mais", ajoute Daude de Pradas dans *Auzels cassadors*. Le poète reproche à l'autour et au faucon, deux oiseaux nobles, d'accepter de frayer avec des compagnons vils, la crécerelle et la corneille. Cette dernière était souvent la proie des rapaces: "Les uns se paissent d'oyseaux marins . . . Il y en a qui se paissent d'oyseaux champestres, comme de Corneilles, Estourneaux, Merles. . ."[23]. Les corvidés passaient pour être de mauvais augure, et leurs noms servaient à désigner des personnes méprisables. Aussi la riposte de Faure à Falconet est-elle extrêment offensante:

> Si non issetz, Falconet, de Proensa,
> Be m'es semblan, segon ma conoissensa,
> Que plumaran gralhas vostre falco.[24]

Quant à notre traduction 'ainsi que', au vers 23, il s'agit tout simplement de l'une des acceptions du français *comme*, occitan *com*, *con*.

Kolb se trompe lourdement en prétendant que le rapport allégorique entre chose et signification serait exprimé par *vezins es de*, au même titre que par *es* ou *signifianza es de*. Aussi aboutit-il au contresens "la crécerelle est l'emblème de l'amoureux qui acquiert les faveurs de son aimée grâce à sa fortune" (vv. 29-30)[25]. En réalité, il s'agit du voisin du *surigier*, autrement dit de l'autour gruyer qui cohabite avec la crécerelle.

Mais en plus des ailés, Guillem présente aux vers 37-40 et 45-48 quelques "rampants", c'est-à-dire, un *leon* et force *veltres* et *lebrers*. Le lion, c'est le "jaloux". Conformément aux psaumes, où il est l'image de l'ennemi, le chien suggérait une présence hostile dans les songes. Ailleurs dans l'Écriture, il est regardé comme un être impur, vil et sanguinaire. Pour les poètes, son nom était une appellation méprisante appliquée aux hommes abjects. Apparaissant en grand nombre autour de quelques animaux plus forts, les chiens semblaient désigner des personnages secondaires. Ainsi, lorsque des lions, des ours et des dragons envahissaient les terres du Chevalier au cygne, "aprés eus venoient et viautre et levrier"[26].

Les problèmes que pose la pièce de Guillem ne sont pourtant pas épuisés avec les passages qui ont trait au règne animal. Ci-dessous encore quelques remarques en plus de celles incluses dans notre édition. Procédons par ordre.

Au v. 2, il faudra lire *som* et non *soin*. Dans le *SW* de Levy, le mot correspondant à 'songe, rêve' se présente sous les formes *som*, *son*, *saum*, *saun*, d'une part, et *somi*, *somni*, *sonhe*, etc., de l'autre. *Sonh* a uniquement le sens de 'soin, souci'. Dans *soin*, il s'agira d'un jambage mal interprété. Il faut pourtant noter que le ms. a^1 écrit *soing* au v. 9; il est vrai que ce vers y est défectueux: il y manque justement une syllabe. Dans D^a, il y a les deux fois *sompni*.

Le *SW* donne dubitativement à *isnel* 'rapide' le sens de 'wankelmütig' ('volage, inconstant') dans un passage de Folquet de Lunel. Quoique la signification de cet adjectif soit normale au v. 7, cette nuance collerait bien avec l'idée de changement exprimée au v. 16.

Frascar signifie 'déchirer, briser'. Le déverbatif *frasca* 'cassure', qui se trouve ici au v. 15, semble être rarissime. Pourtant, le *FEW* 3:770a l'atteste en cantalien moderne. *Que baissa los pretz isnels* de D^a est une sorte de réminiscence des vers 7 et 28.

Avançant que la rupture doit figurer l'inconstance en amour, Kolb semble accepter notre interprétation des vers 15-16: "Le bris des rameaux nous transporte en de joies nouvelles". Dans son compte rendu de notre édition dans *Romania* 78 (1957), 414, Félix Lecoy fait pourtant remarquer que le sens proposé est en contradiction avec la suite des idées; on s'attendrait à "et le bris des rameaux est le symbole de la ruine des amours". Soutenu par Marc-René Jung, il ajoute que le vers 16 est peut-être mal transmis. Avec une petite correction, on aboutit à un sens plus proche de cette conception: "Nos camj' en enois novels". Dans sa *Grammaire de l'ancien provençal*, Anglade précise que, dans les continuateurs de CAMBIARE, l'*i* peut en effet soit se maintenir (*cambiar*), soit se durcir en *j* (*camjar*). Le scribe aura commis une haplographie en omettant l'un des éléments *en*. Ensuite, il aura "corrigé" *enois* en *en iois* et suppléé au manque d'une syllabe par l'utilisation de la forme *cambi*' (= *cambia*).

Citant un passage de Gaucelm Faidit dans son *SW*, s.v. *color*, Levy pense que l'expression *d'una color* devra être rendue par 'constant'. Son antithèse est la dame symbolisée par l'arbre qui est déguisé d'une quantité de couleurs (v. 18).

Au v. 20, nous avions présumé une haplographie de la part du scribe, qui aura écrit *folla* au lieu de *folla la*: le vers était trop court. A notre avis, le vent malmène tellement la jolie fleur "qu'elle doit se réfugier en le feuillage". La dame en question est prude, comme le souligne Kolb. Il y a en moyen français *s'enfeuiller* 'se cacher dans les feuilles, s'abriter parmi les feuilles', qu'attestent le *FEW* 3:681b et le *TLF* 7:1092; les deux citent Ronsard. Pour Kolb également, l'arbre était tellement exposé aux rafales que le vent brisa et ploya sous la frondaison la plus jolie fleur qu'il portait. Les sons du verbe *estrenher* 'étreindre' soutiennent cette interprétation. Pour faire passer la belle suggestion de Félix Lecoy, qui comprendrait plutôt "une belle fleur que le vent réduit en feuilles (c'est-à-dire que le vent effeuille)", nous croyons qu'il faudrait modifier le texte. Dans ce cas, nous proposerions "esfolha e fait estregnier" 'effeuille et fait rétrécir', au lieu de "em folla la fait estregnier". La est de toute façon un mot introduit par nous.

Le v. 35 est un vers défectueux, où il faut ajouter quatre syllabes. Notre correction "Aqi lo venz non fer ges, mas se restancha" est fondée, d'une part, sur un parallélisme partiel voulu avec les vv. 7 et 19 et, de l'autre, sur la considération que la "flor . . . Qe vas totas partz . . . segnoreja" est vraiment intouchable et ne peut donc pas être l'objet d'aucun blâme; cf. le vers parallèle explicatif 43, où cette idée va à merveille. Sévissant ailleurs, le vent resta absolument impuissant devant la fleur sublime. Ferir, verbe neutre, signifie 'aboutir, toucher, atteindre'. Le poète dit à propos de la fleur dont le brillant éclipse tout à l'alentour que le vent ne parvient pas à la toucher, ne peut pas l'entamer, mais doit au contraire désarmer sa colère. La même addition au vers explicatif 43 indique que la méchanceté ne peut en rien endommager la domna francha. Nous sommes tout à fait d'accord avec Kolb qui dit qu'en règle générale chaque dame, quelque haute que soit sa condition, est exposée aux désagréments de la part des lauzenjadors. Mais, pour citer Anatole France, "les gens qui n'eurent point de faiblesses sont terribles: on n'a point de prise sur eux". En se réclamant de la leçon du manuscrit, bien qu'elle soit à compléter, pour des raisons de métrique, Kolb donne une information sans valeur dans ce contexte: "Devant elle, le vent ne s'arrêta pas non plus". De même Jung, qui renchérit sur Kolb: "Le vent, redoublant de force, n'arrive pas à lui faire perdre sa valor ni à faire plier la branche". Dans une note, Jung ajoute: "Le vent ne s'arrête pas, mais fleur et branche résistent, mettant le mérite de leur côté". C'est très joli, mais les quatre syllabes manquantes ne suffisent probablement pas pour rendre tout cela. D'un autre côté, le verbe occitan restancar signifiant 'arrêter', il faut la forme pronominale à la place. Ceci dit, nous répétons que nous ne prétendons pas avoir trouvé la pierre philosophale. Une correction qui donnerait raison à nos deux critiques serait, par exemple, "Aqi lo venz ges sa forsa non restancha", mais cela irait très mal avec ce qui est ici, ainsi qu'au v. 43.

Au v. 43, la traduction prétendument fondée sur la leçon du manuscrit, "une dame noble . . . , devant laquelle la méchanceté ne s'arrête pas", est également tout à fait insipide.

Pour terminer, nous donnerons le texte et la traduction corrigés, "définitifs" jusqu'à plus ample informé. Pour les détails qui n'ont pas été discutés dans la présente étude, nous prions le lecteur de se reporter à notre édition de Guillem de Saint-Didier.

Graphie de a[1]:

I. En Guillem de Saint Deslier, vostra semblanza
Mi digatz d'un som leugier qe·m fo salvatge:
Somjava, can l'autr' ier em bon' esperanza
4 M'adurmi ab lo salut d'un ver messatge,
En un vergier plen de flors

Frescas, de bellas colors,
On feri uns venz isnels
Qe frai*s* las flors e·ls *brondels*.

II.
Don, *d*'est *sompni* vos dirai, segon m'esmanza,
Q'eu en conoisc ni m'es vis en mon coratge:
Lo vergiers, segon q'en penz, signifianza
Es d'Amor, las flors, *de* domna*s* d'aut paratge,
E·l venz, *dels* lauzenjador*s*,
E·l *bruiz*, *dels* fals fegnedor*s*,
E la frascha dels ramels
Nos camj' en *en*ois novels.

III.
En Guillem, un arbre vi d'estragna guiza
Deguizat mais de colors c'om non sap pegnier;
Aqel fer tan fort lo venz e fraing e briza
La ge*n*zor for q'em folla *la* fait estregnier,
E vi mai: *d*'un sur*i*gier
En l'air' un astor gru*i*er,
Con un falco montargi
C'ab una grailla fai ni.

IV.
Don, l'arbres qe vos lai vist, es do*m*n' en guiza
Qi laissa grant part de gent de s'amor fegnier,
E la flors qe vos lai vist el ram asiza
Es domna qe granz c*r*imz baiss' e fai estregner,
E·l vezins del sur*i*gier
Drutz q*e* fan amar dinier,
E del falcon atressi:
Drutz valenz que lai s'aizi.

V.
En Guillem, una flor lai vi bell' e blancha
Qe vas totas partz respland e segnoreja;
Aqi lo venz non *fer ges*, *mas se* restancha,
Ni·l flors no·i p*e*rt sa valor ni rams no·s pleja;
Cujei montar lai on fon
E vi lonc leis un leon
Et environ no sei qanz
Veltres e lebrers renanz.

VI.
Don, la flor qe vos lai vist es domna francha
On beutatz e pretz e joia segnoreja,
On malvestatz non *fer ges*, *mas se* restancha,
Cui cobeitatz d'Amor eus *non* fai enveja,
E li veltre d'eviron,
Malvatz lauzengier fellon,
E·l lions, gelos bruianz
P*er* qe nos moc l'espavanz.48

Graphie de D^a:

I. *En* Guillems de Saint Disder, vostra semblanza
Me digaz d'un so*m*pni ver qe·m fo salvage:
Somjava, *can* l'autr' er p*er* bona esp*er*anza
M'adormi ab los saluz d'un ver message,
En un verger plen de flors
Frescas, de bellas colors,
On feri' uns venz isnels
Que frais las flors e·ls brondels.

II. Don, del so*m*pni vos dirai, segon m'esmanza,
Co q'eu m'en pes ni^2.m n'albir en mon corage:
Lo vergers, *segon q'en penz,* significanza
Es d'Amor, e la*s* flors do*m*na*s* d'aut parage,
E·l venz dels lausenjadors
E bruiz dels fals feignedors
ue baissa los pretz isnels
Qe frai*n*g las flors e·ls brondels.

Leçons rejetées de a^1. I, 2 dun soin l; 3 Lautrier em bon esperanza (-4; *vers mutilé dans les deux mss.*); 8 fraing 1. f. e. ramels.

II, 9 Domnest soing v. d. s. m. (*remplaçant* -m- *par* in, *en interligne, un correcteur en a fait* mesinanza); 12 damors e las f. son domna (+ 1); 13 El v. li lauzeniador; 14 E li drut fals fegnedor; 16 Nos cambi en iois n.

III, 17 Guillem un a. lai ui; 20 folla fait (-1); 21 mai un surgier (-1); 22 lair dun a. gruer; 24 fai zo ni (+ 1).

IV, 28 c. (*p.-ê.* climz?) baissa e; 29 surgier (-1); 30 D. qi.

V, 33 Guillem u. f. lai (-i *en interligne*; -1); 34 segnoreia (i *en interligne*); 35 A qi lo v. non r. (r- *en interligne*, *sur* t- *exponctué*; -4); 36 f. noil p. sa ualors ni r. nom p. (*au début de ce vers*, cui cobeitatz damor, *rayé*).

VI, 42 e iois segnoreia (*corrigé de* -ria; -1); 43 On m. non r. (-4); 44 eus fai (-1); 45 Eil v. (-1); 47 E li 1. (+ 1).

Leçons rejetées de D^a. I, 1 En *manque* (-1); 3 Lautrer p*er* bona esp*er*anza (-4); 7 feria uns.

II, 9 ma esmanza; 11 Lo v. significanza (-4); 12 e la f. do*m*na.

Traduction

I. Messire Guillem de Saint-Didier, veuillez me dire votre opinion sur un rêve fugitif dont je n'ai pu pénétrer le sens: l'autre jour, quand, m'étant endormi plein d'espoir, après que m'eut salué un messager fidèle, je rêvai d'un verger rempli de fleurs fraîches aux belles couleurs, où se précipita un vent rapide, brisant fleurs et rameaux.

II. Seigneur, je vous dirai - opinion toute personnelle - ce que j'en pense et ce qu'il m'en semble: selon moi, le verger est l'allégorie d'Amour, et les fleurs, de dames de naissance noble, le vent représente les médisants, le bruit, les faux hypocrites, et le bris des rameaux nous transporte en d'ennuis nouveaux.

III. Messire Guillem, je vis un arbre extraordinaire, plus bariolé de couleurs qu'on ne saurait le peindre; le vent le frappe si fort et tant en rompt et brise la plus jolie fleur qu'elle doit s'abriter parmi les feuilles. J'y vis aussi, dans l'aire d'une crécerelle, un autour gruyer ainsi qu'un faucon des montagnes faisant nid avec une corneille.

IV. Seigneur, l'arbre que vous avez vu là est une dame bien formée qui laisse une multitude soupirer pour elle, et la fleur que vous avez vue là sur le rameau, une dame que grande rumeur trouble et fait déchoir; le compagnon de la crécerelle est un amant attiré par l'argent, et il en va de même du faucon: c'est un noble amant qui se divertit vilainement.

V. Messire Guillem, j'ai vu là une belle fleur blanche qui dominait par son éclat tout ce qui l'entourait et devant laquelle le vent, impuissant, dut désarmer sa colère de sorte que la fleur ne perdit rien de son prix ni le rameau ne se plia; j'entrepris de monter là où elle était, et je vis un lion à côté d'elle, et à l'entour force vautres et lévriers grondants.

VI. Seigneur, la fleur que vous avez vue là est une dame noble en laquelle règnent souverainement beauté, mérite et joie, que la méchanceté n'atteint pas, [si vertueuse que] même la convoitise d'Amour ne lui fait pas envie. Les chiens qui l'entourent sont les médisants irrités et pleins de rancune, et le lion est ce jaloux bruyant qui nous a causé de l'effroi.

Notes

[1]PC 234,12; dans notre édition de ce troubadour dans les Mémoires de la Société Néophilologique de Helsinki, 19 (1956), pp. 128-35. Voir Ludwig Selbach, *Das Streitgedicht in der altprovenzalischen Lyrik und sein Verhältnis zu ähnlichen Dichtungen anderer Litteraturen*, Ausgaben und Abhandlungen aus dem Gebiete der romanischen Philologie, 57 (Marburg, 1886), p. 69.

[2]"Lo Vergiers d'Amor; über eine provenzalische Minneallegorie aus dem 12. Jahrhundert", *Germanisch-romanische Monatsschrift* 43 (1962), 360-66.

[3]*Études sur le poème allégorique en France au moyen âge*, Romanica Helvetica, 82 (Berne, 1971). Jung y traite de Guillem aux pp. 127-33.

[4]*Approches du "Roman de la Rose"* (Paris, 1973), p. 25.

[5]PC 243,2 et 7a.

[6]PC 457,42.

[7]Jung, *Études*, p. 131.

[8]Ibid., p. 132.

[9]Ibid.

[10]Voir Alfred Jeanroy, *La poésie lyrique des troubadours*, 2 (Toulouse et Paris, 1934), pp. 145-46; Kurt Lewent, "Abseits vom hohen Minnesang", *Studi medievali* 9 (1936), 129; Guy Muraille, compte rendu de notre édition de Guillem, dans *Les Lettres Romanes* 13 (1959), 194-95; cf. aussi notre édition, pp. 22-23 et 30.

[11]Dans *Miscel·lània Aramon i Serra: Estudis de llengua i literatura catalanes oferts a R. Aramon i Serra en el seu setantè aniversari* (Barcelone, 1979), pp. 517-24.

[12]Jung, *Études*, p. 133.

[13]Voir Herman Braet, *Le songe dans la chanson de geste au XIIe siècle*, Romanica Gandensia, 15 (Gand, 1975), pp. 29-30, et Batany, *Approches*, p. 49.

[14]L'ouvrage qui porte ce titre et qui date de la seconde moitié du XIVe siècle est d'une nature tout à fait différente: il est philosophique, politique, doctrinal; à consulter l'édition due à Marion Lièvre, Paris, École des Chartes, 1947, et l'étude due à Jeannine Quillet, Paris, 1977.

[15]Jung, *Études*, p. 131. Dans une note, Jung se réfère à Kolb, "Lo Vergiers d'Amor", p. 363: à côté des fleurs (les dames) et des quadrupèdes (inaptes à l'amour), il y aurait les ailés, capables d'élan d'amour. Cela en dépit de la présence de la corneille parmi les oiseaux! Il s'agit d'un bestiaire d'amour avant la lettre, d'une sorte d'esquisse du schéma général qui n'apparaîtra comme un type littéraire établi que vers le milieu du siècle suivant.

[16]"L'oiseau noble dans le nid d'un oiseau vilain: sur un passage de Guillem de Saint-Didier", *Zeitschrift für romanische Philologie* 78 (1962), 419-36.

[17]Le manuscrit lit "E vi mai un surgier / En lair dun a. gruer". Nous avions tort d'écrire à la française *gruyer*. Le scribe aura négligé l'un des jambages du mot *gruier*.

[18]Voir, par exemple, les vv. 20, 30 et 33 de PC 234,17, poème licencieux prétendument composé par Guillem; notre édition, pp. 167-68.

[19]C'est là le titre d'un article d'Alice Planche dans *Études de philologie romane et d'histoire offertes à Jules Horrent*, éd. Jean-Marie D'Heur et Nicoletta Cherubini (Liège, 1980), pp. 351-60.

[20]PC 372,5, strophe II.

[21]Voir Werner Hensel, "Die Vögel in der provenzalischen und nordfranzösischen Lyrik des Mittelalters", *Romanische Forschungen* 26 (1909), 658.

[22]Nous citons Evans, "L'oiseau noble", p. 425, qui démontre aussi (p. 424) que *gruyer* est un calque de l'anc. germ. *cranohari* (dérivé du mot désignant la grue, all. mod. *Kranich*). Moins usité, ce terme de fauconnerie n'a pas été emprunté comme l'était *sparwâri*, composé de *sparw* 'petit oiseau' et du suffixe *-âri* et dont la latinisation est *sparuuarius*, fr. *épervier*. La *Loi des Bavarois*, rédigée vers 728, connaît encore *canshapuh* 'qui anseres capit' et *anothapuh*, dont le premier élément désignait respectivement 'oie' et 'canard' et le second, un autre nom de rapace, *hapuh*, all. mod. *Habicht* 'autour'.

[23]Guillaume Bouchet, *Recueil de tous les oyseaux de proye* (Poitiers, 1567), p. 122 r°. De même dans les traités de Daude de Pradas et de Gace de la Buigne, entre autres.

[24]PC 148,1 = 149,1. C'est une tenson entre les deux troubadours nommés. Le

manuscrit semble écrire *gralhor*.

[25]"Lo Vergiers d'Amor", p. 362. Dans notre édition, la note au v. 29 n'est pas suffisamment claire; au lieu de "vice versa", il faut: "Des seigneurs complaisent à de mauvaises compagnes".

[26]C'est le vers 3254 de ce roman; voir Herman Braet, *Le songe*, pp. 176-77. *Vautre* est un chien employé surtout pour la chasse de l'ours et du sanglier.

La conception poétique de quelques troubadours tardifs

Elisabeth Schulze-Busacker

La philologie occitane se concentre depuis peu et à nouveau sur la définition des genres et par là nécessairement, quoiqu'un peu hésitante, sur leur évolution et leurs influences mutuelles. La poésie des plus de quatre cents troubadours des XIIe et XIIIe siècles se prête mieux que la littérature narrative - trop peu conservée - à de telles études. Elle permet même, nous semble-t-il, de dépasser ce stade de l'analyse des ensembles génériques et de déceler certaines lignes d'influence qui lient les auteurs entre eux, ceux d'une même génération et surtout ceux de différentes époques. Cinq études entreprises précédemment nous ont permis de nous rendre compte de l'existence et des modalités d'un tel lien pour la strophe printanière, les influences lyriques dans *Ronsasvals* et par rapport à certains traits caractéristiques du *planh*[1].

Nous aimerions revenir aujourd'hui sur cette analyse du *planh* sous un autre aspect. Il s'agira de déceler, à l'intérieur d'un réseau de contacts inévitables entre successeur et prédécesseur, les signes d'une influence plus intense qui pourrait exister entre certains troubadours de la première grande période de la poésie occitane et quelques auteurs tardifs de la deuxième moitié du XIIIe siècle, qui semblent avoir prêtés une attention toute particulière à l'oeuvre de leurs ancêtres littéraires.

Le choix d'un genre bien représenté, bien daté et thématiquement aussi fixe comme celui du *planh* se prête mieux que d'autres, nous semble-t-il, à une telle analyse, parce que son cadre relativement stable fait ressortir davantage les particularités des auteurs et les liens entre eux.

Notre analyse, qui tend à mieux juger de la conception poétique de certains troubadours tardifs, comprendra trois étapes:

- tout d'abord, l'examen détaillé de certains éléments thématiques, stylistiques et lexicaux chez les auteurs du *planh*,
- en deuxième lieu, la comparaison de ces résultats aux données d'autres investigations du même type à propos de la strophe printanière et de la pastourelle,
- pour souligner, en conclusion, certains traits caractéristiques de la création poétique occitane dans la deuxième moitié du XIIIe siècle.

Dans la production littéraire du Midi, la complainte funèbre occupe une place relativement mince: quarante-six textes de trente-deux poètes connus et quatre pièces anonymes s'échelonnent entre 1137 et 1343[2]. La définition du genre, qui tient compte de la dépendance du *planctus* médio-latin et de l'empreinte particulière venant d'un rapprochement au *sirventes*, se fait à partir de deux composantes: le destinataire du *planh* (grand personnage, protecteur, ami, parent ou dame) et les thèmes essentiels de sa composition: le deuil (individuel ou général), l'éloge du défunt et la prière pour son âme.

Ce cadre thématique préétabli par la tradition reste invariable à travers les deux siècles de la poésie troubadouresque; le poids des différents éléments constitutifs de la complainte change cependant considérablement selon l'époque, le destinataire du *planh* et l'auteur; il permet ainsi de constater une première affinité entre certains auteurs des deux époques qui intéressent notre propos.

Les éléments propres à la complainte sont les suivants:

- les expressions (concrète ou métaphorique) de la mort et
- les expressions du deuil collectif ou individuel dans les notions de chagrin, plainte et désolation, sont les plus stables du *planh*.

Dans les poésies de Cercamon à Aimeric de Peguilhan, ils occupent régulièrement la première, très souvent même la deuxième strophe. A partir de la fin du XIIe siècle, on remarque toutefois une expansion de ces éléments qui couvrent, surtout dans les pièces destinées à un ami ou à la dame, également d'autres strophes, la troisième, la cinquième ou la fin du poème. Ceci est le cas tout d'abord dans trois pièces qui datent probablement d'une même année - 1199 - de Guiraut de Bornelh (PC 242,56), Gaucelm Faidit (PC 167,22) et Gavaudan (PC 174,3). Dans la première moitié du XIIIe siècle, Aimeric de Peguilhan est le seul à reprendre le même procédé (PC 10,30; 10,48; 10,10; 10,22); mais à partir d'une pièce anonyme de 1269 (PC 461,107), l'élément du deuil occupe de nouveau une place prépondérante dans la complainte, dans les *planhs* des troubadours de Béziers, Raimon Gaucelm (PC 401,7) et Joan Esteve (PC 266,1; 266,10), mais aussi chez Paulet de Marseille (PC 319,7), Guilhem de Hautpoul (PC 206,2) et Matieu de Quercy (PC 299,1). Deux auteurs bien connus par leur originalité font exception: Guiraut Riquier (PC 248,63) et Cerveri de Girona (PC 434,7e et

434a,62), qui maintiennent ici le style des premières complaintes de Cercamon (PC 112,2a) et de Bertran de Born (PC 80,26; 80,41).

L'*éloge du défunt*, généralement le second élément dans l'agencement des trois thèmes essentiels du *planh*, s'étend dès le début de la tradition occitane de la plainte funèbre sur deux strophes. Dans une pièce de Bertran de Born, qui date de 1186 (PC 80,6a), elle devient cependant l'élément dominant qui couvre cinq strophes; de nouveau, il n'y a que Guiraut de Bornelh (PC 242,56), Gaucelm Faidit (PC 167,22) et Gavaudan (PC 174,3) qui le suivent en appliquant dans leurs *planhs* le même procédé. Aimeric de Peguilhan va encore plus loin, il en fait un élément caractéristique de ses plaintes funèbres, mais en renversant l'ordre des éléments. L'éloge du défunt occupe ainsi les premières strophes, le deuil devient secondaire. Cette audacieuse modification n'a été imitée que par Lanfranc Cigala (PC 282,7) et un poète anonyme (PC 461,237). Les auteurs de la deuxième moitié du XIIIe siècle se tiennent plutôt à l'ordre établi: ils développent l'éloge du défunt à la manière de Bertran de Born dans trois ou même quatre strophes successives ou détachées.

Le troisième élément constitutif de la complainte, la *prière* pour l'âme du défunt, reste jusqu'au début du XIIIe siècle très effacé; aucun des auteurs qui se sont distingués jusqu'à présent par leur esprit novateur, lui consacre plus d'une strophe ou d'une tornade; la situation change cependant avec le renouveau religieux du siècle et le culte de la Vierge, qui se manifeste tout d'abord dans les *planhs* de Daude de Prades (PC 124,4) et Pons de Capduelh (PC 375,7) au début du XIIIe siècle, pour devenir à partir de la complainte d'Aimeric de Belenoi (PC 9,1) de 1242 une des parties développées du *planh*, surtout chez Joan Esteve (PC 266,1; 266,10), Matieu de Quercy (PC 299,1) et Cerveri de Girona (PC 434,7e et 434a,62). Contrairement aux thèmes du *deuil* et de l'*éloge du défunt*, dont le développement chez les poètes de la deuxième moitié du XIIIe siècle semble s'inspirer surtout de la conception de certains poètes comme Bertran de Born, Guiraut de Bornelh, Gaucelm Faidit et Aimeric de Peguilhan, il n'est donc pas possible d'indiquer un lien direct entre les auteurs du XIIe siècle et le développement du thème de la prière pour l'âme du défunt au XIIIe siècle. Ce troisième élément de la complainte porte plutôt les traits d'un renouveau spirituel que ceux d'une influence littéraire entre plusieurs générations d'auteurs.

Les éléments constitutifs de la complainte ne peuvent que donner une première impression des lignes d'influence qui lient les troubadours tardifs, surtout ceux de Béziers, ainsi que Guilhem de Hautpoul, Matieu de Quercy et Cerveri de Girona, à leurs prédécesseurs au XIIe siècle.

Des observations de détails qui concernent certaines particularités thématiques, stylistiques et lexicales nous semblent mener plus loin. Elles se rapportent aux deux éléments pour lesquels des influences parmi les auteurs sont manifestes: l'expression du deuil et l'éloge du défunt.

Choisissons comme particularité *thématique* la personnification de la mort. Le rôle actif qui est attribué dans les *planhs* d'orientation religieuse à Dieu dans le style de "Dieus le volc" passe dans les pièces courtoises à la mort personnifiée qui cause le plus grand mal:

> Estenta Mortz, plena de marrimen,
> vanar ti potz que·l melhor chavalier
> as tout al mon...,
> (PC 80,41, 3e str., vv. 1-3)

ainsi dit Bertran de Born et reprend directement la tradition latine; d'autres formules comparables apparaissent chez Gaucelm Faidit (PC 167,22) et Gavaudan (PC 174,3), qui met en parallèle le rôle dévastateur de la mort avec le rôle créateur de *Natura* qui avait formé la grande beauté de la *dompna* défunte. Avec le début du XIIIe siècle, de telles formules disparaissent complètement; mais la mode reprend vers 1260 chez Bertran Carbonel (PC 82,15, vv. 4-5: "Car Mortz m'a tout mo fizel companho ... Ay, Mortz falsa"), Matieu de Quercy, Raimon Gaucelm de Béziers et surtout chez Cerveri de Girona et Joan Esteve, qui en font un élément particulier de leurs *planhs*. Cerveri personnifie *Vida* et *Mortz* dans un combat métaphorique autour de l'âme de son protecteur défunt (PC 434a,62), et Joan Esteve trouve entre autre l'heureuse formule de

> Mala mortz, tu as frag lo pon
> don venian tug aquest be.
> (PC 266,10, str. 4, vv. 1-2)

Pour démontrer la nature des liens *stylistiques*, nous avons choisi l'exemple de l'indication de la mort par la formule la plus simple: "est mortz" - il est mort - , qui occupe dans les premiers textes de Cercamon, Guiraut de Bornelh et Bertran de Born un endroit non spécifique de la première strophe, mais qui devient avec le fameux *planh* de Gaucelm Faidit au sujet de la mort de Richard Coeur de Lion en 1199 (PC 167,22) une formule figée indiquée à une place nettement marquée: la fin de la première période qui coïncide avec le début ou la fin du septième ou huitième vers de la première strophe. De nouveau, Aimeric de Peguilhan fait de la particularité d'un texte un élément caractéristique de ses quatre *planhs* conservés. Les poètes de la deuxième moitié du XIIIe siècle semblent déjà l'avoir considéré comme une constante du genre. Ils appliquent ce trait stylistique comme une règle immuable. La formule apparaît ainsi toujours à un endroit marqué de la première ou de la deuxième strophe et à l'intérieur d'une phrase subordonnée, essentiellement de deux types: la relative, qui est le plus proche de Gaucelm Faidit et d'Aimeric de Peguilhan[3], et la causale, qui devient le type le plus fréquent[4].

En ce qui concerne les *liens lexicaux* - nombreux et bien évidents - , nous devons de nouveau nous limiter à un seul exemple: la combinaison des éléments lexicaux des deux notions fondamentales de la complainte, le chagrin et sa manifestation dans le chant, dans la complainte.

L'idée est déjà présente dans la première plainte funèbre de Guiraut de Bornelh datée de 1173 (PC 242,65). Cependant, la combinaison des éléments lexicaux caractéristiques n'apparaît pour la première fois que chez Bertran de Born au début de son premier *planh* à l'occasion de la mort du "Jeune Roi" en 1183, "Mon chan fenisc ab dol et ab maltraire" (PC 80,26). Chez Guilhem de Berguedan (PC 210,9), la combinaison de *chan* et *dol* forme déjà le point de départ d'une construction développée qui reprend à chaque strophe la notion de chagrin et de chant avec le nom du défunt comme mot-refrain. On relève entre autre: "Consiros chant - plor - plor - dol" (str.1), "loncs consiriers - greu dolor - ses conort" (str. 2), "ira - trist - dolens - paor" (str. 4).

Cinq *planhs* de troubadours bien connus de la fin du XIIe et du début du XIIIe siècle lient les mêmes idées dans un agencement encore plus élaboré[5]; chez les poètes de la deuxième moitié du XIIIe siècle, ce procédé est nettement identifié par les auteurs comme une *caractéristique du genre*. Lanfranc Cigala est le premier à lui conférer un nom, "chan-plor":

> Eu non chant ges per talan de chantar;
> Mes si chant eu, non chant, mas chantan plor.
> Per c'*aital chan deu hom clamar chan-plor*.
> (PC 282,7, str. 1, vv. 1-3)

Bertran Carbonel, Raimon Gaucelm de Béziers et Matieu de Quercy l'utilisent encore en raccourci, mais Paulet de Marseille le rejette en disant

> Razos non es, que hom deja chantar
> De so don a dolor e marrimen.
> (PC 319,7, str. 1, vv. 1-2)

Il passe à l'éloge du défunt sans appuyer sur le motif du *deuil*. Les poètes les plus indépendants vont encore plus loin: ils remplacent cette combinaison restrictive entre *chan* et *dolor* par un autre jeu formel, celui de l'opposition entre *joie* et *souffrance*, thème central et familier du chant courtois, qu'ils transposent dans le cadre de la complainte avec tous les éléments annexes qui caractérisent la *canso*. Ils utilisent ainsi par exemple les termes-clefs de la *cortesia* et même quelques éléments de la strophe printanière. Les deux poètes qui ont exprimé le plus clairement cette nouvelle orientation du *planh* vers les éléments lexicaux de la *canso* sont à chercher dans la période qui nous intéresse ici. Cerveri de Girona et Matieu de Quercy utilisent dans la même année - 1276 - ce procédé, qui est déjà présent mais moins évident chez Guiraut de Bornelh (PC 242,65) et Raimbaut de Vaqueiras (PC 392,4a). Matieu de Quercy imite même le mètre et les rimes du dernier, mais Cerveri de Girona est celui qui souligne le plus clairement qu'il considère son *planh* comme une *canso* sous le signe négatif par une énumération de ses éléments lexicaux caractéristiques:

> *Joys e solaz*, *pascors*, abrils ne mays,
> xans ne jardis, ortz ne vergers ne pratz,
> Cortz ne domneys ne hom pros ne presetz,
> ans, tems ne mes ne jorns no·m playra mays,
> que·ls ans e·l tems e·ls jorns e·ls mes azir
> per est mal mes, que no pogues venir
> juyn, c'a desjuins de joy totz los valenz,
> e juns ab dol adolitz e dolenz.
>
> Vers e xanços, *plasenz motz*, sos ne lays,
> cortz ne juglar, re ne say que·us façatz
> car mort es cel per que·l plus variatz.
> (PC 434,7e, str. 1 et 2, vv. 1-3)

Il nous semble que cet examen de certains éléments thématiques, stylistiques et lexicaux, qui peuvent fournir des indices pour un lien particulier entre les poètes de la première grande période de la poésie occitane et les troubadours tardifs, indique - malgré le choix restreint des points de comparaison - une affinité certaine, surtout entre Bertran de Born, Gaucelm Faidit, Gavaudan et Aimeric de Peguilhan d'un côté, et les poètes de la deuxième moitié du XIIIe siècle comme les troubadours de Béziers, Raimon Gaucelm et Joan Esteve, ainsi que Paulet de Marseille, Guilhem de Hautpoul, Matieu de Quercy et Cerveri de Girona, de l'autre. Trois auteurs semblent avoir été les plus attentifs à l'oeuvre de leurs prédécesseurs: Joan Esteve, Matieu de Quercy et Cerveri de Girona.

Essayons de voir maintenant s'il est possible de renforcer cette constatation, qui ne repose que sur les résultats d'une enquête restreinte, par une comparaison avec les résultats obtenus par d'autres investigations du même type.

Tout d'abord, la construction de la *strophe printanière* qui est un procédé suffisamment bien représenté avec presque 400 exemples chez 78 auteurs et dans 14 pièces anonymes pour pouvoir servir de point de repère[6]. La strophe printanière peut se composer de six éléments pour évoquer le "renouveau" dans la nature. Les exemples les plus ingénieux datent bien entendu plutôt du XIIe et de la première moitié du XIIIe siècle, mais il existe un lien évident entre les strophes à quatre éléments telles que les ont préférées Marcabru, Guiraut de Bornelh et Peire d'Alvernha et un des troubadours tardifs qui nous intéresse ici: Paulet de Marseille, qui construit une strophe printanière à la manière de Guiraut de Bornelh (PC 319,3). Il lui a déjà été proche, nous l'avons vu, dans le choix du type de la complainte moralisante.

La strophe printanière à deux éléments qui ne se réfère qu'à la végétation et aux animaux est également suffisamment rare pour suggérer un lien entre certaines formules de Guiraut de Bornelh (PC 242,6; 246,46) et une strophe de Cerveri de Girona (PC 434a,16). D'autres agencements contiennent toutefois trop peu d'éléments spécifiques pour pouvoir servir à notre propos.

Une comparaison avec un autre genre littéraire, la *pastourelle*, mène plus loin et servira à appuyer notre hypothèse. On y retrouve à peu près les mêmes auteurs que pour le *planh*: Marcabru au début, Guiraut de Bornelh et Gavaudan pour la deuxième moitié et la fin du XIIe siècle, Paulet de Marseille, Joan Esteve, Guilhem de Hautpoul, Cerveri de Girona et Guiraut Riquier pour l'époque qui nous intéresse ici[7]. Erich Köhler indique une ligne d'influence qui va de Guiraut de Bornelh et Gavaudan à Cerveri de Girona et Guiraut Riquier, tandis qu'il considère les pastourelles de Paulet de Marseille, Guilhem de Hautpoul et Joan Esteve comme des productions typiques de l'époque tardive, caractérisées surtout par le mélange des genres - pastourelle et *partimen* -, et l'influence grandissante d'une nouvelle religiosité[8].

Dans les détails formels de la composition de la pastourelle, on trouve cependant d'autres affinités qui accordent une place plus intéressante à Joan Esteve, Paulet de Marseille, Guilhem de Hautpoul et même à Cerveri de Girona par rapport à la première génération des troubadours que l'analyse thématique de Köhler ne le laisse supposer.

De nouveau, les auteurs tardifs se servent de certains éléments stylistiques, thématiques et lexicaux qui existent déjà au début de la tradition occitane de la pastourelle, mais ils les amplifient, accentuent et formalisent d'une manière spécifique.

La constante stylistique de l'exorde de la pastourelle, par exemple, apparaît sous quatre formes qui combinent différemment les trois éléments constitutifs: l'introductif du type l'*autrier*, l'*argumentum a tempore* et l'*argumentum a loco*. Les troubadours tardifs ne se tiennent qu'à deux modèles: la *forme réduite* à une seule indication (de temps ou de lieu) et la *forme développée*, qui intègre largement les éléments thématiques et lexicaux de la strophe printanière des *cansos*.

La *forme réduite*, qui remonte probablement à Guiraut de Bornelh, a été en vogue surtout dans la première moitié du XIIIe siècle. Elle réapparaît maintenant uniquement chez Paulet de Marseille (PC 319,6), Cerveri de Girona (PC 434,7b; 434,7c) et dans la précision géographique de l'*argumentum a loco* des exordes de Guiraut Riquier. L'affinité entre Guiraut de Bornelh et Paulet de Marseille est de nouveau à signaler en particulier.

La *forme développée*, par contre, chez Joan Esteve (PC 266,8), Cerveri de Girona (PC 434,6b; 434,9b), Joios de Tolosa (PC 270,1), Guilhem de Hautpoul (PC 206,3) et dans deux pièces anonymes (PC 461,145 et 200) s'attache visiblement au modèle de Marcabru (PC 293,29).

Joan Esteve, par exemple, reprend dans une de ses trois pastourelles le schéma de construction de cette pièce de Marcabru, y compris le chant des oiseaux, mais il simplifie le vocabulaire. Au lieu de parler de "l'issida d'abriu", du "comens d'un chantiu / Que fant l'auzeill per alegrar" - et du *locus amoenus* - "en uns pasturaus lonc un riu", "sotz un fau ombriu", Joan Esteve loue "el gay temps de Pascor / Quant auzi les auzelhetz chantar / Per gaug que·m venc de la verdor . . . en pradet. . .".

Guilhem de Hautpoul, par contre, garde les éléments thématiques essentiels du même modèle, mais il amplifie le schéma stylistique et lexical: trois indications de la saison et du lieu au style du "renouveau" et un lexique choisi, aussi rare que celui du modèle: "per un pradelh", "en un deves", "prop d'un cortil", "jost un arborelh". Aux *argumenta a loco* traditionnels du pré, de l'ombre et de la rivière s'ajoute l'allusion au *jardin*, qui n'apparaît que dans les pastourelles de Guilhem de Hautpoul, Joan Esteve et dans une pièce de Cerveri de Girona (PC 434,7c), qui ici comme ailleurs se montre ouvert aux diverses influences. D'après la pièce de Cerveri surtout, cette allusion au jardin est à la fois une amplification de l'*argumentum a loco*, du *locus amoenus* et une référence au *hortus conclusus* de la requête amoureuse. Du point de vue formel, elle est la reprise accentuée d'un élément de la pastourelle de Marcabru (PC 293,29): "uns pasturaus".

Ce maintien des éléments caractéristiques de l'exorde dans les pastourelles tardives nous semble un signe évident que les troubadours tardifs ont bien compris la nature de l'exorde de la pastourelle. Il n'est ni *Natureingang* ni *locus amoenus* ni évocation du paradis terrestre mais représente un type d'exorde propre à ce genre littéraire. Les auteurs ne reprennent que les éléments lexicaux connus par la strophe printanière et le *locus amoenus*.

Comment peut-on caractériser maintenant - à la lumière des résultats obtenus par l'analyse du *planh* et les investigations à propos de la strophe printanière et de la pastourelle - les influences qui peuvent lier les troubadours de la dernière génération aux poètes de la grande période de la poésie occitane du XIIe siècle?

L'analyse de certains éléments thématiques, stylistiques et lexicaux du *planh* nous a permis de constater que les troubadours tardifs ont tendance à développer les composantes qui leur semblent caractéristiques du genre. Sur le plan *thématique*, par exemple, on amplifie l'expression du deuil et l'éloge du défunt et on concrétise l'image de la mort personnifiée. Sur le plan *stylistique*, on considère comme constante du genre ce qui n'est qu'un élément de répétition épigonale. Sur le plan *lexical*, l'attachement au modèle est moins grand, on passe vite de la variation à l'allusion lointaine et au changement inspiré par un lien notionnel avec le vocabulaire du modèle.

Même un genre aussi fixe dans sa forme et son contenu comme le *planh* garde ainsi une certaine originalité d'expression, surtout quand il se transforme grâce aux influences extra-littéraires comme le renouveau spirituel du XIIIe siècle qui se manifeste dans les oeuvres lyriques de la deuxième moitié du XIIIe siècle.

Par rapport aux éléments relevant de la strophe printanière, la situation est moins nette. Les rares affinités soulignent uniquement le rôle prédominant de Guiraut de Bornelh, qui a visiblement influencé Paulet de Marseille et Cerveri de Girona. Cette constatation se confirme pour la pastourelle, mais le modèle de Marcabru y est encore plus fort, sauf pour Paulet de Marseille, qui reste particulièrement proche de Guiraut de Bornelh. Joan Esteve et Guilhem de Hautpoul se tiennent, comme pour le *planh*, aux modèles des auteurs les plus renommés, à Marcabru et Guiraut de Bornelh. Cerveri de Girona, par contre, est suffisamment indépendant pour assimiler diverses influences. L'utilisation de la tradition dans son oeuvre mériterait une analyse à part. De nouveau, on constate pour l'ensemble des poètes tardifs qu'ils maintiennent les éléments qu'ils considèrent comme constantes formelles (par exemple l'exorde), tandis qu'ils se sentent suffisamment libres sur le plan thématique pour contribuer à l'évolution du genre.

En dernière analyse, il nous semble par conséquent qu'on pourrait qualifier la conception poétique des troubadours tardifs, surtout de Joan Esteve, Paulet de Marseille, Matieu de Quercy et Cerveri de Girona, comme une reprise et une exploitation consciente du modèle thématique et stylistique que leur fournissent certains prédécesseurs du XIIe siècle. Suivant leur propre degré de créativité, les auteurs attribuent ainsi à la poésie de Marcabru, Bertran de Born, Guiraut de Bornelh et Gaucelm Faidit (pour le *planh* aussi à Aimeric de Peguilhan) une fonction de modèle, comme dans le cas de Cerveri de Girona et de Paulet de Marseille, ou de référence normative, comme chez Joan Esteve et Matieu de Quercy.

Ceci n'empêche cependant pas, ni pour les uns ni pour les autres, d'introduire des modifications qui sont inspirées justement par ce regard scrutateur que les poètes de la fin du XIIIe siècle peuvent jeter, à la distance d'un siècle, sur la poésie du XIIe siècle et qui leur permet de saisir (et même de surévaluer par moment) les éléments constitutifs d'un genre, comme le *planh* ou la pastourelle, qu'ils adaptent - sur le plan lexical et thématique avant tout - à une conception poétique différente, qui se caractérise pour le *planh* et la pastourelle, contrairement au XIIe siècle, par une prépondérance des tendances didactiques ou religieuses.

Les poètes tardifs sont ainsi en même temps interprète et poète.

Notes

[1]*Le vocabulaire de la nature dans la poésie des troubadours*, thèse dactylographiée, 3 vol. (Paris-Sorbonne, 1974), surtout vol. III; "L'exorde de la pastourelle occitane", *Cultura Neolatina* 38 (1978), 223-32; "Reminiscences lyriques dans *Ronsasvals*", dans *Charlemagne et l'épopée romane: Actes du VIIe Congrès International de la Société Rencesvals, 28 août-4 septembre 1976* (Liège, 1978), pp. 707-18; "La complainte funèbre dans la littérature occitane: considérations stylistiques", dans *Actes du IVe Colloque de l'Institut d'Études médiévales (Montréal 1978)* (Montréal, 1979), pp. 229-48; "Particularités des éléments religieux dans *Ronsasvals*", dans *Études de philologie romane et d'histoire littéraire offerts à Jules Horrent*, éd. Jean-Marie D'Heur et Nicoletta Cherubini (Liège, 1980), pp. 397-407.

[2]Cf. note 1, la liste des *planhs* dans l'article "La complainte funèbre", pp. 232-34, et le tableau comparatif dans la note 7.

[3]Par exemple Raimon Gaucelm de Béziers (PC 401,77, vv. 4-5): "Lo mieu bo senher / Quez es mortz. . ."; cf. aussi PC 167,22, str. 2, v. 1; 421,5a, v. 3; 266,1, vv. 8-9 et 243,6, v. 9.

[4]Par exemple Bonifaci Calvo (PC 101,12, vv. 6-7): "*car morta es* midonz per cui valia / Pretz e Valors"; cf. aussi 392,4a, v. 5; 421,5a, str. 3, v. 3; 375,7, v. 6; 330,la, v. 6; 9,1 str. 2, v. 4 et str. 3, v. 3; 380,1, str. 2, v. 8; 282,7, str. 2, v. 1.

[5]Par exemple Folquet de Marseille (PC 155,20, str. 1), Gaucelm Faidit (PC 167,22, str. 1), Guiraut de Bornelh (PC 242,56, str. 1), Rigaut de Barbezieux (PC 421,5a, str. 1) et Guilhem Augier Novella (PC 205,2, str. 1).

[6]Ainsi, à la suite de Guiraut de Bornelh (PC 242,65), Guilhem de Saint-Didier (PC 234,15a), Raimbaut de Vaqueiras (PC 392,4a), Aimeric de Peguilhan (PC 10,48) et Daude de Prades (PC 124,4), les poètes de la deuxième moitié du XIIIe siècle comme Bonifaci Calvo (PC 101,12), Lanfranc Cigala (PC 282,7), Guilhem de Hautpoul (PC 206,2), Joan Esteve (PC 266,1), Cerveri de Girona (PC 434,7e) et l'auteur d'une pièce anonyme de 1268 (PC 461,107).

[7]Liste comparative des *planhs* et des pastourelles dans la poésie occitane, établie d'après Springer, Jeanroy et Frank; datations d'après Jeanroy, avec les corrections de Martín de Riquer, *Los trovadores: Historia literaria y textos*, 2 vol. (Barcelone, 1975); les textes suivant Riquer, ibid., ou la édition la plus récente citée dans István Frank, *Répertoire métrique de la poésie des troubadours*, 2 (Paris, 1966), pp. 84-192. L'abréviation PC se rapporte à Alfred Pillet et Henry Carstens, *Bibliographie der Troubadours* (Halle, 1933), pp. 84-192:

Planh			Pastourelle		
Date	Auteur	Pièce	Date	Auteur	Pièce
1137	Cercamon	112,2a	1130/ 49	Marcabru	293,30 293,29

1173 1199 1211	Guiraut de Bornelh	246,65 246,56 246,6	1162/ 99	Guiraut de Bornelh	242,44 242,46
1183	Bertran de Born	80,26 80,41			
1180 (peu après)	Guilhem de Berguedan	210,9			
1186	Bertran de Born	80,6a			
ca. 1190	Raimbaut de Vaqueiras	392,4a			
	Guilhem de Saint-Didier	234,15a			
1192	Folquet de Marseille	155,20			
			1195/ 96	Gui d'Ussel	194,13 194,15 194,14
1199	Gaucelm Faidit	167,22			
ca. 1200	Gavaudan	174,3	1195/ 1211	Gavaudan	174,4 174,6
1209	Guilhem Augier Novella	205,2			
ca.1209 (ou 1245)	Rigaut de Barbezieux	421,5a			

1212	Aimeric de Peguilhan	10,30 10,48			
1220		10,10 10,22			
1220/30	Daude de Prades	124,4			
1er tiers 13e s.	Pons de Capduelh	375,7	1er tiers 13e s.	Cadenet	106,5
1237	Bertran d'Alamanon	76,12			
	Peire Bremon Ricas Novas	330,14			
	Sordel	437,24			
1242	Aimeric de Belenoi	9,1			
1245	Peire Bremon Ricas Novas	330,1a			
			ca. 1250	Joyos de Toulouse	270,1
			1245/65	Guiraut d'Espanha	244,8
1250/65	Bonifaci Calvo	101,12			
vers 1260	Bertran Carbonel	82,15			
	Pons Santolh	380,1			
1262	Raiman Gaucelm de Béziers	401,7			
1266	Anonyme	461,234			

1268	Paulet de Marseille	319,7	1262/68	Paulet de Marseille	319,6
1268	Bertolome Zorzi	74,16			
1269	Anonyme	461,107			
2e tiers 13e s.	Lanfranc Cigala	282,7			
1270	Guiraut Riquier	248,63	1260 1262 1264 1267 1276 1282	Guiraut Riquier	248,49 248,51 248,32 248,50 248,22 248,15
1270 1289	Joan Esteve	266,1 266,10	1283 1288	Joan Esteve	266,7 266,5
1276 1276	Cerver de Girona	i434,7e 434,62	1259/85	Cerveri de Girona	434,7b 434,7c 434,6b 434,9a
	Guilhem de Hautpolh	206,2	1269/70	Guilhem de Hautpolh	206,3
1276	Matieu de Quercy	299,1			
fin 13e s.	Raimon Menudet	405,1			

Amour courtois et amour divin chez Raimbaut d'Orange

Arié Serper

Il arrive dans la poésie des troubadours qu'amour courtois et amour divin se rencontrent, ou, comme l'on dit aujourd'hui, soient branchés sur la même longueur d'onde. Joseph Bédier a donné de cette rencontre une description parfaite dans sa définition de la poésie courtoise: "Ce qui lui est propre, c'est d'avoir conçu l'amour comme un culte qui s'adresse à un objet excellent et se fonde, comme l'amour chrétien, sur l'infinie disproportion du mérite ou désir; - comme une école nécessaire d'honneur, qui fait valoir l'amant et transforme les vilains en courtois; - comme un servage volontaire qui recèle un pouvoir anoblissant, et fait consister dans la souffrance la dignité et la beauté de la passion"[1].

En d'autres termes, il s'agit de savoir, et de sentir, que l'amour, sous sa forme la plus élevée, peut dépasser le strictement humain pour atteindre des concepts "divins", tels que paradis, salut, éternité. C'est une attitude qui implique, dès l'abord, une compatibilité totale entre amour humain et amour divin; parfois, il peut même y avoir identification.

Il résulte également de la définition de Bédier que, si la dame est aimée dans le contexte de l'expérience courtoise, alors la voie qui mène l'amant à s'unir à sa dame est la voie par laquelle s'acquiert la valeur qu'elle incarne. Ainsi, dans la poésie dominée par l'expérience courtoise, Dieu ne s'oppose jamais à l'amour. Bien au contraire, Il prend toujours partie pour les amants, même si le monde lui semble être hostile. Les amants implorent toujours l'aide divine.

Cette rencontre d'amour courtois et d'amour divin, fréquente à diverses époques sous des aspects différents[2], est frappante chez le troubadour Raimbaut d'Orange, qui en tire des effets heureux. Ceux-ci paraissent à la fois intéressants et importants. Tout comme Guillaume de Poitiers, Raimbaut d'Orange (c. 1144-1173) est un grand seigneur de rang ducal qui peut jouer à la fois le rôle de mécène et celui de poète. Il adopte un style qui est souvent forcé, agile, rebondissant en sauts de pensée et d'humeur, faisant joyeusement preuve de virtuosité métrique. Raimbaut est mort jeune, probablement avant d'avoir atteint la trentaine - mais son style a été repris de diverses manières, bien que dans un registre d'émotions plus étroit, par son disciple Arnaut Daniel. De plus, le dernier en date des éditeurs de Raimbaut souligne l'influence du poète sur Bertran de Born ainsi que sur Bernart de Ventadour et Guiraut de Bornelh[3].

Les pièces de Raimbaut d'Orange font preuve d'une remarquable gamme d'attitudes. A part deux *sirventes* - l'un sur le déclin des vertus, surtout *pretz* et *jois*, l'autre sur la politique aragonaise - et une tenson avec Guiraut de Bornelh sur la question de savoir si la poésie ésotérique est tolérable, ses *cansos* sont très diversifiées, allant de l'humour à ses propres dépens à l'exhortation à employer la rudesse, la vantardise et l'attaque comme armes assurant la réussite en amour[4]. Ailleurs, dans "S'il cors es pres", l'on trouve de l'esprit caustique lorsque le poète s'adresse à un mari jaloux ("Senher en fol!") qui tient son épouse à l'écart du poète soupirant. Un instant, la raillerie change de ton:

16 Fol, per mon cap, en qu'es sa cresma meza
Non a tant fort raubador sobre mar.
(XXXII, vv. 16-17)

("Fou, par mon chef, sur lequel son chrême est mis, il n'y a pas de pirate plus fort sur la mer"),

comme si, par l'amour de la dame, le poète avait reçu la grâce du sacrement.

De même, dans le poème divertissant "Escotatz, mas no say que s'es" - "je ne sais quoi" - et où chaque strophe change subitement en prose, le poète s'adresse à la fois à la dame et à Dieu, d'une manière assez inattendue, feignant de les implorer avec un sérieux tout à fait apparent:

26 Dona! Pus mon cor tenetz pres
Adossatz me ab dous l'amar
Dieus, aiuda! *In nomine patris et filii
et spiritus sancti!* Aiso, que sera, domna?
(XXIV, vv. 26-29)

("Ma Dame, puisque vous tenez mon coeur prisonnier, adoucissez-en mon amertume. Mon Dieu, aidez-moi! . . . Que sera-ce donc, ma Dame?")

De plus, dans plusieurs poèmes, Raimbaut feint la folie: ainsi, dans "Ar resplan la flors enversa", où il nous donne une variation brillante sur le thème du "monde à l'envers" (XXXIX)[5].

Deux autres poèmes, "Ab non cor et ab non talent" et "Ar non sui jes mals et astrucs" (XXXV et XXXVI), se ressemblent dans leur structure: un seul mot y rebondit de vers en vers, de strophe en strophe faisant en sorte que l'image de Dieu ou des anges dépassent subitement la limite du badinage. Ailleurs, dans "Ben sai c'a sels seria fer" (XXII), divertissement ironique et extravagance d'amour passionné se combinent d'une manière que l'on ne retrouve chez nul autre troubadour. Raimbaut y affirme ne pas chanter pour l'argent:

7 Qu'ieu no chant mia per aver

mais plutôt

8 Qu'ieu n'enten en autre plazer

("car je poursuis un autre plaisir").

Bien qu'il ne mentionne nullement le nom de la dame bien aimée lorsque quelqu'un répète l'un de ses poèmes dédiés à sa dame, sa joie est telle

15 . . . c'adonx cug tener
Dieu, o lieis, don me volh temer.

(". . . qu'alors il me semble tenir Dieu, ou bien elle-même, que je veux craindre.")

Un peu plus loin dans le même poème, Dieu, devenu le rival du poète, semble éviter de justesse la conquête amoureuse de la dame. Il n'est pas exclu que Raimbaut ait employé l'imagerie de la *mors osculi*[6], où "mourir" c'est être aimé d'un dieu et partager avec lui - ou par lui - la béatitude éternelle. Puisque l'on peut mourir de plusieurs façons, celle-ci semble avoir été la plus appréciée et la plus recommandée à la fois par les sages de l'antiquité et par les autorités de la Bible. Ceux qui aspirent à Dieu et désirent s'unir à Lui (ce qui ne saurait se concevoir à l'intérieur de la prison charnelle) sont portés au ciel et libérés du corps par une mort qui est le plus profond des sommeils. C'est cette façon de mourir que les théologiens symbolistes ont appelé "le baiser" (le *mors osculi* des cabbalistes et auquel le roi Salomon peut avoir fait allusion au début du *Cantique des Cantiques*: "Osculetur me osculis oris sui") et qu'on retrouve préfiguré dans l'image d'Endymion que Diane embrassa alors qu'il était tombé dans le plus profond des sommeils[7].

Raimbaut fait semblant d'être terrifié. Que faire?, demande-t-il. Dissimuler le grand bien avec sa vérité joyeuse? (vv. 38-39). Le poète répond par l'affirmative, car il en a le pouvoir. La *courtoisie*, bien sûr, exige la dissimulation; et pourtant, dans les strophes suivantes le poète abonde en allusions au "jauzen ser" ('la joyeuse soirée') que sa dame lui a accordée, et termine sur un soupir: "a! cal ser!" ('ah! quelle soirée!') La même jubilation émane des hyperboles de l'amoureux.

La question peut donc se poser de savoir quel est le rôle que Dieu et l'amour divin jouent dans les *cansos* de Raimbaut. Il y a, tout d'abord, les appels à Dieu pour réussir en amour, comme dans l'un de ses moments de folie feinte, "Por trobars plans" (XVI), quand il prie Dieu et invoque le miracle de la transformation des contraires dans le contexte humain, comme si celui-ci découlait du contexte divin.

Puis, dans "Ara non siscla ni chanta" (XIV), Raimbaut exprime la certitude implicite que Dieu prendra le parti des amants, alors qu'il s'adresse à sa confidente, une amie de sa dame qu'il désigne par le *senhal* Joglar (vv. 45-46). C'est dans ce même poème que Raimbaut imagine avoir conclu un pacte victorieux avec Dieu: tel Satan tentant le Christ dans le désert, le poète offrirait à Dieu tous les royaumes de la terre et leur gloire en échange de l'amour de la dame que lui-même adore et qui est la source de vérité (vv. 29-35).

Il est néanmoins vrai que ce sont là des réflexions qui peuvent avoir surgi spontanément de l'expérience de cour. Pourtant, dans un autre poème, "Assaz m'es belh" (XVII), au milieu d'éloges ironiques à sa propre personne, Raimbaut prétend posséder le secret, la vraie connaissance ("saber ver") de l'amour, secret qu'il pourrait transmettre à l'humanité. Prenons-le au mot pour voir s'il le pensait sérieusement. Est-ce que sa notion d'amour subit des développements plus profonds? Dans l'un de ses premiers poèmes, "Una chansoneta fera" (III), il y a déjà un événement qu'on qualifierait facilement de miraculeux et où un membre d'un couple en état de complémentarité se détache et prend de l'ascendant sur son partenaire, lié, ici, à la notion de la création divine individuelle. Le miracle essentiel est que Dieu créa la femme pour lui, le poète, et qu'elle est son unique destinée divine. Dans une autre pièce, de la même veine, la signification de ce miracle s'étend, car, derrière les deux membres du couple se tient Dieu le créateur: "apres mon vers vueilh sempr'ordre" (XIV)[8]. Il y a *une* échelle de valeur, "una voluntat veraiga" (v. 58), sur terre et dans le ciel, qui par là-même se dévoile sous un aspect à la fois terrestre et céleste, qu'elle réunit dans sa propre personne. Dans "A mon vers dirai chansso" (XXX), cette "voluntat veraiga" s'identifie à "mi donz" (v. 53), alors que dans "Er quant s'embla·l" (XV), la notion d'amour unique et divin prend une voie nouvelle: les deux éléments nécessaires pour l'accomplissement d'un tel amour sont la grâce de la dame ("merces") et le désir de l'amour ("desir qu'ai volgut"). Et la dame peut faire preuve de grâce puisque la capacité d'aimer et le désir d'aimer sont innés. C'est une autre manière de suggérer que la possession de Dieu et la possession de l'objet aimé sont virtuellement synonymes.

Mais il y a un poème de Raimbaut, "Ara·m so del tot conquis" (XXIX), que d'ailleurs Dronke trouve très beau et cite en entier d'après l'édition de Pattison - ce qui d'ailleurs n'en constitue pas une édition[9] - et où le poète aboutit à une fusion merveilleuse du *courtois* et du "divin". C'est un poème attrayant par son rythme relativement fluide, sa versification assez simple et par la présentation continue de réflexions et de motifs charmants, depuis les doutes initiaux jusqu'au "triomphe final" du chevalier. Pour atteindre ce but, le poète s'écarte du *trobar clus*[10] et prend un soin particulier à relier les strophes de son poème en répétant en tête de chacune l'idée sur laquelle se clôt la strophe précédente et en la développant en une idée nouvelle. C'est ce critère d'ordre purement littéraire, joint aux divergences d'interprétation des trois éditions existantes, qui nous a semblé mériter encore une tentative d'édition.

Raimbaut compose donc, à vrai dire, des *coblas capfinadas*, chaque strophe reprenant un ou plusieurs mots de la fin de la strophe précédente, non point dans le sens habituel de la technique métrique mais dans un sens artistique supérieur.

A part ce phénomène stylistique, il y a deux traits qui semblent caractéristiques dans ce poème: 1) Bien qu'il aime à s'adresser à Dieu et aux saints, dans aucun de ses autres poèmes Raimbaut n'attribue à Dieu un rôle aussi dominant et intrinsèque au sujet de son amour que dans le cas présent; 2) Ainsi Dieu, Amour et Chevalerie, ces trois éléments essentiels de la pensée médiévale, se trouvent mélangés dans une unité mentale et artistique dont on ne trouve l'égal dans aucun autre poème troubadouresque[11].

Nous reproduisons le plus fidèlement possible le texte du ms. *V*[12], tout en tenant compte des remarques de Kolsen, de Lewent et de Pattison. La traduction française en sera la première. Le poème[13], qui appartient donc aux *cansos leus* du troubadour, se compose de trois séries de trois strophes non consécutives de sept vers chacune et de deux (à l'origine trois) *tornadas*. Le schéma rythmique est le suivant: strophes I, IV, VII: abacdcd; strophes II, V, VIII: bdbcaca; strophes III, VI, IX: dadcbcb (a = *-is*; b = *-e*; c = *-ia*; d = *-el*). La première *tornada* correspond par sa rime aux trois derniers vers des strophes I, IV, VII; la troisième *tornada* correspond aux mêmes vers des strophes III, VI, IX. Il manque donc dans le manuscrit une *tornada* qui devait correspondre aux mêmes vers des strophes II, V, VIII. Les mots qui reviennent à la rime sont: *be* (vv. 19 et 70); *cove* (vv. 29 et 72); *dia* (< *dicam* v. 39 et < *diem* v. 71); *folia* (vv. 48, 62 et 65) et *cairel* (vv. 57 et 66); on peut ajouter *devis* (après correction v. 16 et au v. 33).

Le texte

I. Ara·m so del tot conquis
si que de pauc me sove;

Le texte

I. Ara·m so del tot conquis
si que de pauc me sove;
c'oblidat n'ai gaug e ris
e plor e dol e feunia
e no·i faz semblan trop bel
ni crei, tant a·i manentia,
que res mas Dieus me capdel.

II. Car ges per mon sen no cre
ni per prec ni per gragel,
qu'eu poges aver per re
ni conquerer tal amia
si Dieus, a cui la grazis,
no·m n'ages mes en la via
e a leis bon cor assis.

III. Pregarai mais de novel
que no suill de viel servis,
car dat m'a en volt sembel
lo plus d'aquo que·l queria.
E sai per que·m det tan be:
car me conoc ses bauzia
vas leis qui·m retenc ab se.

IV. A leis tainh amans tan fis
per que Dieus l'autrejet me;
c'ad home qui la traïs
no volc dar la seinhoria
ni que ja·l fezes revel;
qu'il non deu esser traïa,
tan val! Mais trop ho espel.

V. Car s'eu dic zo que·s cove
de leis que mon cor sagel
totz lo mons sap, per ma fe,
cals es, car tota gens cria
e sap et es pron devis
cals es la meiller que sia,
per qu'eu la laus et enquis.

VI. Mon cor ai eu tant isnel
que a penas m'en sofris,
c'amors me pueg'el cervel
si que cor ai que lei dia
a totz, tals talens m'en ve!
mas temers e cortesia
e dreg ben amar m'en te.

VII.
Que si·m volia ses Danis,
si ri mon cor de jog ple
qu'esser cug em paradis
can de midons, c'aixi·m lia
que vas autra no m'apel,
auzi parlar, s'es folia
sol c'om de leis me favel.

VIII.
Per qu'es molt grant merce
qui·m mentan neis lo castel
on jai. Mas no sia per que
es pros qui non a paria
ab leis, can que·l fos aclis,
no sai per que re·m valia
mais pe·l be c'ar nai, m'es vis.

IX.
Que ges lanza mi cairel
non tem ni brans asseris,
can bai ni mir son anel,
e si·n faz gran galardia,
ben o dej faire jasse,
e s'om m'o ten a fulia,
no sap d'amor co·s mante.

X.
Muira ongan ab coutel
qui no·m tema ma fulia
o ab peir'o ab cairel!
. . . .
. . . .
. . . .
. . . .
Joglar, Dieus que fetz tam be
e·us creix vostre pretz quec dia
vos capdel si co·us cove.

Traduction

I. Maintenant je suis complètement vaincu si bien que je me souviens de peu de choses; les larmes, la douleur et la tristesse et je ne montre pas une trop belle contenance et je ne pense pas, tant y ai-je de noblesse, qu'autre chose que Dieu me guide.

II. Car je ne crois pas du tout que par mon intelligence, ni par des prières, ni par des menaces, j'aurais pu posséder ni conquérir une telle amie, si Dieu, à qui je suis reconnaissant de l'avoir, ne m'avait mis sur la voie et ne l'avait dotée d'un bon coeur.

III. Je prierai pour une nouvelle faveur, même plus que je ne l'ai fait pour la précédente, car Il m'a donné un encouragement discret et la plupart de ce que je Lui avais demandé. Et je sais pourquoi il m'a donné tant de bien: car il me savait sans tromperie envers celle qui me tenait comme un vassal.

IV. Elle a droit à un si parfait amant que Dieu me l'a accordée; car à un homme qui l'aurait trahie Il ne voulait donner ce privilège, ou qui la désobligerait, car elle ne doit pas être trahie, elle est si précieuse! Mais je révèle trop!

V. Car si je disais tout ce qu'il convient d'elle, que mon coeur renferme en lui, tout le monde saurait, par ma foi, et sait et il est bien évident qu'elle est la meilleure qui soit; c'est pourquoi je la loue et la sollicitai.

VI. J'ai mon coeur si impétueux que je peux à peine m'en retenir, car l'amour me monte au cerveau et que j'éprouve le besoin de parler d'elle à tous, tel est le désir qui m'en vient; mais respect et courtoisie et bienséant amour m'en empêchent.

VII. Car, aussi véritablement que saint Denis puisse m'aider, mon coeur rit, plein de joie, tellement que je crois être au paradis quand de ma dame, qui tellement me tient lié que je ne m'adresse à aucune autre, j'entends parler, même si c'est de la folie quand on me parle d'elle.

VIII. Car c'est une grande faveur que l'on me mentionne, ne fût-ce que le château où elle vit. Mais je sais comment est valeureux celui qui n'est pas en sa compagnie, car avant que je ne fusse son sujet, je ne sais en quoi je valais si ce n'est par le trésor que je tiens d'elle maintenant, ce me semble.

IX. Car je ne crains ni lance ni trait ni épée de fer quand j'embrasse ou regarde son anneau; et s'il est vrai qu'ainsi j'accomplis de grands exploits, je le ferais souvent, et si l'on m'en croit fou, on ne sait ce qu'est l'amour.

X. Que meure sur-le-champ par le couteau celui qui ne respecte ma folie, ou d'une pierre ou d'un trait!

. . . .
. . . .
. . . .
. . . .

Joglar, Dieu, qui fit tant de bien et accroît chaque jour votre valeur, vous guide comme il se doit.

Remarques

2 Selon Dronke, Medieval Latin and the Rise of European Love Lyric, pp. 110-12, il s'agirait ici de la métaphore de la mémoire, que Raimbaut avait déjà utilisée ailleurs (cf. XVIII) et où quatre strophes sont consacrées à cette perte de mémoire spéciale. Lorsque l'intellect humain s'unit totalement à l'intellect angélique, la mémoire, que relève de l'âme sensible, se transcende. Dans la plénitude de l'union, il ne peut y avoir de souvenance, car celle-ci présuppose quelque chose de passif, alors qu'ici il s'agirait, toujours selon Dronke, d'une activité spontanée et "unalloyed".

5 Kolsen traduit semblan par 'Gesicht', ce qui ne paraît point pertinent. C'est d'habitude la domna qui présente, ou est censée présenter, le bel semblan. C'est l'expression du visage par laquelle elle séduit son amant, donc bel signifie 'beau, gai et - surtout - avenant', comme il s'agit d'un homme qui, lui aussi, est sujet aux lois de l'amour courtois. Pattison, quant à lui, considère que le sens est figuré et traduit: "I am not indulging in too fine

an illusion".

6 *Tant ai manentia*: Kolsen traduit: "so reich ich auch sein mag". Mais *tant* suivi d'un verbe à l'indicatif n'a pas le sens concessif, sauf s'il est suivi de *non*. De plus, *manentia*, comme son synonyme *ricor*, ne signifie pas seulement 'richesses', mais implique également la notion de haut rang. Ce qui donnerait au poète un sentiment d'infériorité et fait qu'il a l'air un peu moins joyeux qu'il aurait pu être. Selon Pattison, Raimbaut voudrait dire qu'il a un grand trésor d'amour, si grand qu'il n'en saurait expliquer la possession sans l'intervention de Dieu.

7 *Capdel* 'guide'. Ce verbe se trouve dans l'esprit de la strophe suivante, où le *car* initial (v. 8) est la glose du v. 7. On retrouve ce lien au v. 13 selon la technique stylistique chère au poète.

11 Variante: ms. *aimia*.

16 Variante: ms. *senis*. Kolsen change en *devis* et traduit 'Entscheidung'. Mais de quelle 'décision' pourrait-il s'agir? *Devis* 'désir, volonté' (*SW* 2:203-04)? Le *senis* du manuscrit est fautif: Lewent suggère *servis*, avec un minimum de corrections.

21 *Retener*, terme technique de la casuistique troubadouresque, transposé, comme les autres, du monde féodal au monde de l'amour courtois.

Les trois premières strophes du poème semblent signifier que Raimbaut, complètement possédé par l'amour, sans autre chose que la force divine qui opère en lui et le guide, a dépassé le stade des vicissitudes et des contradictions et a franchi la limite de la mémoire. Au premier abord, le v. 21 semblerait contredire cette affirmation, car *retener* signifie aussi 'garder en mémoire'. Mais ce serait inconsistant, car Raimbaut y parle de l'amour à ses débuts et non point dans sa plénitude, de l'époque où amant et dame aimée gardent en mémoire l'image de l'autre. Mais ils viennent justement de dépasser ce stade. La deuxième strophe nous donne le détail précis de cette transformation, où l'image intellectuelle est forgée non point par des efforts de sa pensée ni par sa personnalité, mais par la conjonction de l'illumination de Dieu et la disposition d'aimer de la dame, divinement inspirée. Cet état est finalement accordé par Dieu comme une récompense pour la vertu courtoise de constance (str. 3-4).

22 Variante: ms. *amors*. Cette forme est impossible à cause du masculin *fis*. Kolsen suggère *amars*, adopté par Pattison. Mais *amans* semble préférable, car toute cette strophe parle d'un tel *fis amans*.

27 Variante: ms. *qel*.

34 Kolsen traduit: "sie sei die Beste, die es gibt". Lewent doute de la correction de cette interprétation, qui exigerait une virgule après *es* et suppose que *cals* est une erreur de scribe, repris d'après le v. 32 et que l'original aurait eu *Qu'il*. Quoi qu'il en soit, le texte semble vouloir dire: s'il louait la dame, que tout le monde sait être la meilleure entre toutes, en parlant de ses attraits, le poète révélerait, même sans prononcer son nom,

que c'est elle qu'il aime, ce qui serait une violation du secret exigé par les règles de l'amour courtois.

31-35 Pour Dronke, *Medieval Latin*, ibid., ces vers rappellent la *Sagesse* de Salomon (Sap. 8:2): "Hanc amavi et exquisivi". Cet enrichissement de sensibilité créerait ainsi une tension, surtout dans les strophes suivantes, entre l'aspect individuel et l'aspect universel: en tant que dame de cour, c'est une grande offense contre *courtoisie* que de parler d'elle; en tant qu'elle représente une image élargie, et si personne ne peut atteindre à l'excellence, si ce n'est par elle, il y a néanmoins un besoin irrésistible de le faire savoir. Toute la suite du poème montrera la recherche de l'équilibre des éléments de sagesse et de ceux de courtoisie.

48 Pattison suit l'interprétation de Kolsen et considère *ses folia* comme faisant partie de la phrase suivante (v. 49). Lewent s'y oppose sur la base de la syntaxe et du sens et propose *s'es folia*: "I think I am in paradise, even if that which they say to me is foolish, provided they are only talking to me of her." En fait, deux idées se trouvent ici entremêlées en une phrase, composée d'éléments ABC, où une idée se compose d'AB et l'autre de BC. Ainsi, l'élément mitoyen doit se joindre d'abord à l'une puis à l'autre phrase pour lancer deux pensées différentes. Cette attitude nous paraît conforme à la pensée du poète au début de la strophe suivante. Faisant suite à l'idée exprimée ici, à la fin de la str. VII, il déclarera que les gens lui font une grande faveur seulement en prononçant le nom du château où sa dame habite. Puis, il marque un temps d'arrêt, la pause étant indiquée par l'enjambement et la césure au v. 52. Parlant du château de sa dame, il se rend soudain compte qu'il n'est pas en sa compagnie. Il s'étonne comment, loin d'elle, il peut être d'aussi bonne humeur. Il sait pourquoi: c'est le *be* (v. 56) qu'il tient d'elle qui le stimule. Ce sera ensuite la bague qu'il a reçue de sa dame (v. 59), don concret, une sorte de talisman dont il décrit les effets magiques dans la str. IX. Du point de vue stylistique, ce *be* est le lien entre les str. VIII et IX.

70Variante: ms. *que fetz*. Kolsen corrige en *que·us*, ainsi que le sens l'exige. *Joglar* est un *senhal* habituel chez Raimbaut. Selon Appel[14], il s'agit tantôt d'une dame aimée, tantôt d'une confidente.

En conclusion, le poème semble être une glorification de la plénitude d'amour. L'amour a complètement conquis l'âme du poète, ne laissant aucune place au jeu des contraires: joie et tristesse, qui sont relatives.

Notes

[1]Joseph Bédier, "Les fêtes de mai et les commencements de la poésie lyrique au moyen âge", *Revue des Deux Mondes* 135 (1896), 172.

[2]Voir Peter Dronke, *Medieval Latin and the Rise of European Love Lyric*, 1,

Problems and Interpretation (Oxford, 1965), ch. 1.

[3]Voir Walter T. Pattison, *The Life and Works of the Troubadour Raimbaut d'Orange* (Minneapolis, 1952).

[4]Voir *Assatz sai d'amor ben parlar* (chanson XX).

[5]Voir aussi Ernst Robert Curtius, *Europäische Literatur und lateinisches Mittelalter*, 2e éd. (Berne, 1954), pp. 104-07: *Verkehrte Welt.*

[6]Voir Peter Dronke, *Medieval Latin*, p. 101.

[7]Voir Edgar Wind, *Pagan Mysteries in the Renaissance* (Londres, 1967), pp. 130-31.

[8]Peter Dronke, *Medieval Latin,* p. 103, voit dans Raimbaut, à propos de ces vers, un précurseur de Dante et de Chaucer.

[9]Avant Walter Pattison, ce poème a connu les éditions suivantes: a) Adolf Kolsen, "Die Canzone des Trobadors Raimbaut d'Orange *Ara·m so del tot conquis* (*BGr.* 389, 11)", *Neophilologus* 26 (1940-41), 99-105; b) Kurt Lewent, "On the text of two Troubadour Poems: I. Raimbaut d'Aurenca *Ara·m so del tot conquis*", *PMLA* 59 (1944), 605-13.

[10]Cf. Kurt Lewent, "On the Text", p. 605.

[11]Ibid., p. 606.

[12]Fol. 113b-114c sont reproduits dans *Archiv für das Studium der neueren Sprachen und Literaturen* 36 (1864), 450.

[13]Pour l'attribution du poème à Raimbaut, il faut accepter l'argumentation d'Adolf Kolsen, "Die Canzone", p. 99.

[14]Carl Appel, *Raimbaut von Orange* (Berlin, 1928), pp. 24 et 55.

Love Poems with Political Hearts: Bertran de Born and the Courtly Language of War

Patricia Harris Stäblein

Bertran de Born is traditionally regarded as a great war poet, but only about ten of his forty-seven extant poems show the violent images that express war's actuality, and even then war's presence is often eroded by the use of conditional or future tenses.[1] In the majority of his poems, Bertran uses successes and setbacks in the torturous manoeuvers of love and politics to measure the distance of his world from war's perfection.[2] Only the man at war has the opportunity to attain the sense of wholeness and joyous freedom that is life, at its most intense on the edge of death. This freedom and wholeness is, however, the product of adherence to Bertran's moral code; its strictures must be fulfilled by a society and its leaders or the ideal of war cannot be realized. Bertran's code is a traditional one, composed of a mixture of heroic and social virtues such as generosity, bravery, courtesy, and charm.[3] A world which ignores his code is formless and meaningless, inimical to the artist as well as the moralist. Temporally, morally, and spatially discrete from the mediocrity of daily life, war is the realization of the absolute and is, in that sense, the highest goal of Bertran's art.

The poet structures the tensions of war into his poems by combining disparate stylistic and semantic elements. As I have noted above, he frequently combines the different patterns characteristic of the expression of *fin'amors* and political satire. He then manipulates the resulting tensions by varying the degree to which the disparate patterns are in contact, even making the opposed forms coincide in an audacious display of his artistic mastery. The dynamic of conflict drives his poetry and infuses it with the brilliant energy that even a hostile Jeanroy could not deny.[4]

I shall use one of Bertran's poems, "Qan la novella flors par el vergan" (PSS23, = PC 80,34), to illustrate the changing relationships of the traditionally separate materials of the political *sirventes* and the love *canso*.[5] Although Erich Köhler has made an interesting suggestion that the *sirventes-canso* may be a genre in itself,[6] I think the use of the tension between two *different* genres is part of Bertran's poetic technique. War may not be realized in his society but, in the formation of a poem from thematically and formally disparate elements, Bertran actualizes war in his aesthetic world. The presence of such mixtures in his and other poets' work probably also testifies to the flexibility with which the twelfth-century artist used his brief vernacular tradition. The neat system of categories envisioned by the contemporary but narrow-minded Raimon Vidal, the later Jofre de Foixà, and our present-day Paul Zumthor did not reign in practice as much as the poet's personal aesthetic configuration.[7] While they are usually the goal of the organizing passion of the scholar, generic paradigms are only the tool of the poet—whatever age he composes in.

Bertran roots his poem "Qan la novella flors" in the *canso* tradition when he takes the rhythm, rhymes, and even language of his creation from a love poem by Guillem de Saint-Didier which ends with one of two *tornadas* addressed apparently to Bertran de Born: "Amics Bertran, vers tal ai cor volon / Qu'ilh chant' e ri quant ieu languisc e fon" (PC 234,2). In "Qan la novella flors," the first stanza focuses on the suffering lover whose feelings crystallize in an isotopy based on "cor volon." The isotopic structure, given knowledge of its source in the Saint-Didier *tornada*, signals ridicule, but within the poem only the *sirventes* portion confirms this suspicion. Bertran begins with *canso* elements, passes to an anti-*canso* structure in the second stanza, and then declares the *sirventes* in his third; the perception of the full range of meaning in each is dependent on its relationship to the others.

Since Bertran initially proposes a *canso* form and then rejects it in his opening stanzas, the poem spotlights the poet's relationship to his art and tradition as well as his social and political aims. The pattern for this structure is laid out in the typically dense oppositions of these stanzas.

I.
Qan la novella flors par el vergan
on son vermeill, vert e blanc li brondel,
ab la doussor q'eu sent al torn de l'an
chant atressi cum fant li autr' ausel;
car per auzel mi teing e maintas res,
car aus voler tot lo mieills q'el mon es;
voler l'aus eu, et aver cor volon,
mas no·il aus dir mon cor, anz lo il rescon.

The traditional spring opening marks the initiation of the energy complex that expresses the deep structure of this poem. The world displayed is new ("novella"), yet its newness is expected ("al torn de l'an"); its passive verbal surface shows a heraldic fixity: "on son vermeill, vert e blanc li brondel." The "doussor" of this season moves Bertran to behave as all others of his kind ("chant atressi cum fant li autr' ausel"). In this way, Bertran points to his use of a traditional form: he is singing in the usual time and *locus* like the other poets, "ausel." His actions ("chant," "fant") are not those of conflict but of harmony. This is a sufficient indication for one familiar with Bertran's work to perceive a satiric slant, but still, within the poem itself and without knowledge of Saint-Didier's *tornada*, such an intent is not clear. He reiterates his identification with "li autr' ausel" and their subject matter in the succeeding explanatory series: "car per auzel mi teing e maintas res, / car aus voler tot lo meills q'el mon es." The passivity of "mi teing" has now changed to a "voler" oriented towards the absolute ("tot lo meills q'el mon es") while the passivity of "auzel" has been interrupted by the emphasis on the aggressive verbal component "aus." Although the will is even more strongly underlined in "voler l'aus eu, et aver cor volon," Bertran maintains the ego limits of the *canso* by turning this external pressure of the will in upon itself in the sudden reversal of the last line: "mas no·il aus dir mon cor, anz lo il rescon." The unfolding of spring and the self, the expansive dynamic of the stanza, is abruptly reversed as Bertran sets up an opposing movement of contraction and internalization. There is no conflict between the two, but high tension is created, a tension which cannot be maintained for long.

In the second stanza, Bertran continues the negative movement that he initiated in the final line of the preceding stanza. This time, however, he takes the pressure off the confrontation of expansion and contraction to directly attack the *canso* form.

II. Eu non sui drutz ni d'amor no·m feing tan
q'ieu enrazon ges dompna, ni n'apel,
ni non dompnei. E si·m val atretan,
qe lausengier fals, enoios, fradel,
desenseignat, vilan e mal apres
ant dich de mi tant, e·n son entremes,
que fant cuiar qe la gensser del mon
mi tenga gai, gauzen e desiron.

He negates the semantic elements of the *canso* tradition to create one variety of the numerous anti-*canso* forms that figure in his poetic structures. Conflict is now present between the *canso* poet in harmony with his fellows and the anti-*canso* poet, isolated and angry at those who present him as a contented lover. He reveals that the first stanza was false and that its traditional charm was actually the language of bitter satire. The *canso* itself is interwoven with the anti-*canso* because Bertran creates his denunciation by referring constantly to the *canso* formula. His *far* and *voler* are undirected now because he ends his stanza with a further reference to the first, leaving us with the false world of the *canso* but no indication of the world's true form.

Bertran resolves this tension in the third stanza.

III. C'om ses dompna non pot far d'amor chan
mas sirventes farai, fresc e novel.
Puois chastiar cuidon en gerreian
nostre baron lo seignor de Bordel,
e per forssa tornar franc e cortes,
mal estara, s'ancar vilans non es
tant que chascuns aia gauch si·l respon;
e no·ls enoi si be·ls pela ni·ls ton.

He begins by repeating his former negations, but then the negative *poder/far* relationship is challenged by the creation of the positive *far* of the *sirventes*: "C'om ses dompna non pot far d'amor chan / mas sirventes farai, fresc e novel." The *sirventes* is new, like the *canso*'s traditional spring flowers, and fresh besides. No longer the suffering or angry victim enclosed by the *canso* formulas, Bertran observes and comments wisely (in opposition to the lying observers of stanza two) on the conflict between Richard the Lion-Hearted, who, as Duke of Aquitaine, is the Lord of Bordeaux, and his barons. A true political focus replaces the false love focus. Bertran's observations have an active force now as he goads each opponent to more violent action with his stinging words. The poem is no longer the record of the hidden reality of the lover; it is the aesthetic model of social reality. In the *sirventes*, war and force appear on the semantic surface ("chastiar," "gerreian" v. 19). The ideal lord which the barons wish to produce through force is, however, one from the world of the *canso*: "e per forssa tornar franc e cortes." Bertran hopes that Richard will be properly "vilans" and so remain in the *sirventes* matrix with his violence: "e no·ls enoi si be·ls pela ni·ls ton."

The focus on violence in the third stanza and the sketch of the tension between Richard and his barons is the prelude to the full manifestation of war's form in the fourth stanza evocation of Richard's immediate past.

IV. Anta·i aura s'aissi pert son afan
en Limozin, on a traich tant cairel
e tanta tor, tant mur e tant anvan
fraich e desfaich, e fondut tant castel,
e tant aver tout e donat e mes,
e tant colp dat e receubut e pres,
e tanta fam, tanta set e tant son,
cum el a traich d'Agen tro a Nontron.

To be "franc e cortes," for Richard, is to lose the power and form created by his many destructive acts. Through the fragmentation of war, all physical barriers are destroyed, and men exchange blows and wealth. Nothing is hidden or repressed. Suffering is physical, not psychological, and power is gained by it, not simply the right to suffer more. The ruined landscape of the *sirventes* testifies to Richard's worth, while the flowers and birds of the spring *canso* bear no testimony to that of the lover.

From the expansive evocation of Richard's warring past, Bertran turns again to taunting the limited number of participants in Limousin politics. The broad view dominates, however, as this stanza is followed by an evocation of widespread future war. The parochial third and fifth stanzas express the knotted frustrations of the present which Bertan confronts with the wide-ranging glory of the past and future expressed in the fourth and sixth stanzas. In his poem, then, Bertran increases the tension in past, present, and future power relationships by alternating the distinct patterns of tension that each manifests and reducing their interval of opposition; he further heightens the tension by demonstrating the formal identity of these differing stanzas in his confrontation of the *sirventes* with the *canso*. The differences between the two stanzas which follow, then, show only an aspect of the multi-leveled system of oppositions in which they exist.

V. Rassa, per vos remanon mout claman
en Limozin, de sai vas Monsaurel;
pel vostre pro avetz faich de lor dan,
so·m dis n'Aimars, e·l seigner de Martel,
e·n Taillafer e·n Rostans e·n Golfiers
e tuich aicill c'ab vos s'eron enpres;
non ant las patz ges per vos en que son.
Anz fant lor grat lai, al comte Raimon.
VI. Una ren sapchon Breton e Norman
e Angevi, Peitavi e Mancel:
que d'Ostasvalhs entro a Monferran,
e de Roziers entro a Mirabel
no·i aura un no·l veia son arnes;
e pus lezer vol coms ni sos dregz es
deman ades la terra San Haiman,
tro la crisma li pauzon sus el fron.

In pursuit of war, Bertran integrates the names of historical persons and places into his poem to provide an ideal model for historical reality. Constantly working with expanding and contracting energy relationships, Bertran has brought his war ideal to its highest point in the wide vision of stanza six, held in suspense only by "aura" since the rest of the verbs are in the present tense. This tension is controlled by the "vol" of Count Richard, "vol" referring back to the amorous "vol" of the first *canso* stanza, and demonstrating the difference between the active volition of the *sirventes* and the passive volition of the *canso*. Richard's "vol" generates a verb series that ends in the soothing act of coronation; only in this circumstance is Richard passive. The peace of total power is thus opposed to his brother Geoffrey of Brittany's (called *Rassa* by Bertran) weak and angry peace in the preceding stanza.

After reaching this summit in his political vision, Bertran begins to unravel the *sirventes* structure to reactivate that of the *canso*.

VII. Sirventes, vai a·n Raimon Gausseran
lai a Pinos, q'en ma razon l'espel
car tant aut son siei dich e siei deman
de lieis que ten Cabrieir' e fon d'Urgel.
A mon fraire en ren gratz e merces
de Berguedan, del fin joi que m'enqes
qe tot mon cor en tornet gauzion
qan nos partim amdui el cap del pon.

Bertran directs his *sirventes* to a local lord but in *canso* terms, using the language of ladies and love. At the same time, he underlines the focus on his art which was also part of the initial *canso* structure by referring to his fellow poet, Guillem de Berguedan. Bertran previously imitated one of his *sirventes* in "Seigner en coms, a blasmar" (PSS16, = PC 80,39) and alluded to his poetry in "Qan vei pels vergiers despleiar" (PSS22, = PC 80,35), also in *sirventes* terms. Given this background, I see the references to Guillem as a further way of integrating the *canso* and the *sirventes* because Bertran places his fellow *sirventes* poet in the *canso* matrix of "fin joi que tot mon cor en tornet gauzion" and precedes his mention with criticism of Raimon Gaucer-an's words and demands concerning the lady of Cabrera. I have my doubts that any real lady is involved and think that the care with which Bertran situates the lord and the "lady" in the first half of the stanza signals another attempt to orient men into conflict. In the second half of the stanza, as we have seen, Bertran lavishes gratitude on Guillem de Berguedan and recalls the first stanza of the poem with the use of "mon cor." The two halves of the stanza do not simply exist as two opposed units, however, because Bertran forces them together in the last line: "qan nos partim amdui el cap del pon." The "fin joi" and "mon cor . . . gauzion" of the *canso* is metamorphosed by the *sirventes* relationship and becomes instead the language of threat, since there is a suggestion that the two political poets are conspiring together against the man mentioned in the first lines. When Bertran parts from Guillem, he so emphasizes their unity that the temporary nature of the separation seems clear. The intensity with which Bertran underlines their friendship balances the division in the first half, while the mention of the strategically important "el cap del pon" closes the main body of the poem with a sense of impending conflict.

All this conjecture seems confirmed in the first *tornada* with the further references to unity with the Urgel lords, although Bertran's cousinly love damns them with faint praise and so throws the whole schema off balance.

VIII. Gausceran d'Urtz e son frair, en Raimon
am atretan cum s'eron mey seguon.

Bertran sides with no one but seeks conflict everywhere. It is impossible to clearly understand the political implications of Bertran's procedure here without more historical evidence. On the aesthetic level, however, he is clearly moving in and out of the *sirventes* and *canso* forms to complete the integration of these conventionally distinct genres.

He returns to the lady and the *canso* in the final *tornada*, but a political *double entendre* is always probable in the light of the relationship of these verses to the *sirventes*.

IX. Si cum l'auzeill son desotz l'aurion,
son las autras sotz la genssor del mon.

Just as the "cor" and "gauzen" forms of the initial stanzas were reactivated in stanza seven, now the birds and "la gensser del mon" of those stanzas surface again as Bertran parallels the hierarchical system of the birds with that of women.

The poet has recrystallized his initial *canso/anti-canso* structures by repeating their separate elements in the final stanza and last *tornada*. Now these elements are fully integrated with the *sirventes*: the language of the *canso* is the language of politics. The formula of the *canso*, "la gensser del mon," which has no real relation to Bertran at the beginning of the poem, becomes his political weapon at the end. After having vaguely criticized Raimon Gausseron, "car tant aut son siei dich e siei deman," for the lady of Cabrera, Bertran uses language that is both literally and figuratively "tant aut" in reference to a lady. He is stirring up trouble by giving a taunting imitation of Raimon's high-flown language (pardon my Bertranian pun): "si cum l'auzeill son desotz l'aurion / son las autras sotz la genssor del mon" (59-60). The opposed *canso* and *sirventes* coincide.

"Qan la novella flors" is only one of Bertran's many investigations of the relationship between two different genres. For a poet obsessed with structuration through opposing forms, the *canso* and the *sirventes* are Bertran's principal weapons in the poetic realization of war.

Notes

[1]All references to and quotations of Bertran de Born's poems are to the texts and translations in the edition forthcoming at the University of California Press, prepared by William D. Paden, Jr., Tilde A. Sankovitch, and Patricia H. Stäblein (henceforth PSS). See PSS1, "Lo coms m'a mandat"; PSS3, "Un sirventes on motz"; PSS14, "Ieu chan que·l reis"; PSS18, "Rassa, mes si son"; PSS23, "Qan la novela flors"; PSS30, "Be·m plai lo gais temps"; PSS34, "Non puosc mudar"; PSS38, "Miez sirventes vuelh far"; PSS44, "Ar ven la coindeta sazos"; PSS47, "Gerr' e trebailh vei." The historical and literary background material used in this article is also based on that in the edition. For further information on the historical Bertran, see William D. Paden, Jr., "De l'identité historique de Bertran de Born," *Romania* 101 (1980), 192-224.

[2]See PSS edition and Patricia Harris Stäblein, "The Rotten and the Burned: Normative and Nutritive Structures in the Poetry of Bertran de Born," *L'Esprit Créateur* 19 (1979), 107-19. This article is followed by an appendix which correlates the PSS numbers with those of other editions and Pillet-Carstens. Cf. the discussion of love and politics in the *sirventes* by Rolf Ehnert in "Les Amours politiques de Bertran de Born," *Neuphilologische Mitteilungen* 77 (1976), 128-48, and in his book *Möglichkeiten politischer Lyrik im Hochmittelalter: Bertran de Born und Walther von der Vogelweide* (Bern and Frankfurt, 1976). Cf. also Karen W. Klein, *The Partisan Voice: A Study of the Political Lyric in France and Germany, 1180-1230* (The Hague and Paris, 1971).

[3]This code is set forth at length in Bertran's *planhs* for Young King Henry of England, PSS15, "Mon chan fenis" and for his brother Geoffrey of Brittany, PSS31, "A totz dic que." See extensive discussion of PSS15 by Patricia Harris Stäblein in "La signification de Gand dans la poésie de Bertran de Born" (to appear).

[4]Alfred Jeanroy, *La poésie lyrique des troubadours*, 1 (Paris, 1934), p. 199.

[5]For examples of medieval thought on this subject, see John Henry Marshall, ed., *The Razos de Trobar of Raimon Vidal and Associated Texts* (London, 1972), esp. Jofre de Foixà, pp. 56-57 and 95-96; also the Anonymous Ripoll Treatises, pp. 111-03. Stephen G. Nichols, Jr. expands the traditional concept of the *canso* in "Towards an Aesthetic of the Provençal *Canso*," in *The Disciplines of Criticism*, ed. Peter Demetz et al. (New Haven and London, 1968), pp. 349-74. The most extensive study of the *canso* (600 texts evaluated) has been done in Greimasian terms by Eliza Miruna Ghil, "The Canzo: A Structural Study of a Poetic Genre" (diss., Columbia University, 1978). See also Dietmar Rieger, *Gattungen und Gattungsbezeichnungen der Trobadorlyrik* (Tübingen, 1976) and Paul Zumthor, *Essai de poétique médiévale* (Paris, 1972).

[6]Erich Köhler, "Die Sirventes-Kanzone: 'genre bâtard' oder legitime Gattung?," in *Mélanges offerts à Rita Lejeune*, 1 (Gembloux, 1969), pp. 159-83.

[7]See note 5; Stephen G. Nichols, Jr.'s discussion of Zumthor's ideas and Marcabru's relationship to his nascent tradition gives a realistic view of poetic practice among the twelfth-century troubadours, in "Towards an Aesthetic of the Provençal Lyric, II: Marcabru's 'Dire vos vuoill ses doptansa' (BdT [PC] 293,18)," in *Italian Literature, Roots and Branches: Essays in Honor of Thomas Goddard*

Bergin, ed. Giose Rimanelli and Kenneth John Atchity (New Haven and London, 1976), pp. 15-37.

“Farai chansoneta nueva”

Antoine Tavera

L’intéressant article que M. Max Pfister a consacré naguère à *La langue de Guillaume IX*[1] se recommande entre autres par la prudence éclairée de sa méthode. Si, en conclusion, M. Pfister ne nous apporte rien de très décisif, rien, voudrions-nous dire, qui puisse trancher la grande question qu’on peut se poser, voyant partir la future *koiné* des troubadours d’une aire aussi septentrionale, où les contacts avec l’Anjou sont si forts dans le cas d’un Guillaume, époux en premières noces de la fille de Foulque IV, c’est aussi qu’il a pris soin de remarquer qu’on ne pouvait pratiquement rien déduire de la langue que l’on trouve dans ses *vers*, à l’exception des seules syllabes rimantes, pour l’évidente raison qu’elle s’est inévitablement altérée, cette langue, et peut-être profondément altérée, au cours des divers transports de bouche à oreille, et puis d’oreille à plume, qui se sont effectués au long d’un grand siècle et demi entre l’*acme* (dont nous ignorons du reste les dates) de Guillaume IX et la rédaction des premiers grands manuscrits (C, D, E, N, R, a . . . et souvent C seul, E seul, N seul) qui ont conservé pour nous les onze chansons. Ne nous étonnons donc pas de ne trouver, dans l’inventaire de M. Pfister, qu’un nombre excessivement restreint de *pictavinismes* avérés (et les comparaisons sont fort bien instruites): mais, données les prémisses, peu importe l’abondance ou non de la moisson; qu’on rencontre un vocable aussi insolite qu’*enguers* (contre *encar*, *ancar*, *ancara* de la *koiné*) semble, à lui seul, assez légitimer la supposition, à jamais substantiellement invérifiable, que le premier des troubadours écrivait dans une langue “dialectale” assez lointaine de celle qui allait peu après s’imposer, grâce sans doute à la prépondérance et à la forte influence de l’oeuvre des “trois grands” Aqui tains, Cercamon, Marcabru et Jaufre Rudel.

Cependant, dans sa prudence, M. Pfister nous semble exagérément défiant lorsqu'il refuse de prendre en compte le *vers* VIII, "Farai chansoneta nueva". Et pourquoi donc? C'est qu'il suit là - il le remarque dans l'assez long paragraphe qu'il consacre à la question, et ses notes - une sorte de tradition de la critique depuis un siècle, qui a commencé, paraît-il, avec Stengel, s'est poursuivie avec l'importante étude sur ce sujet d'Angelo Monteverdi[2], pour s'affirmer encore, depuis cette date (1955) sous diverses plumes. Sans apporter lui-même de nouvel argument probant, M. Pfister se contente de résumer cette tradition (confortée encore par le scepticisme de M. Pasero, qui, dans sa grande édition de l'oeuvre de notre troubadour[3], a rejeté la pièce en appendice): "Farai chansoneta nueva" serait une pièce apocryphe.

M. Pfister rappelle l'un des motifs de cette défiance: ce *vers* nous est conservé par le seul ms. C, et "l'auteur de ce chansonnier n'est pas particulièrement digne de confiance". Il omet les autres motifs qui ont pu être allégués; nous y reviendrons. Pour l'instant, nous nous contentons de rappeler le principal: la pièce en question comporte une majorité de rimes féminines (quatre dans chaque strophe de six vers); or, on ne trouve dans les autres compositions de Guillaume IX que des rimes masculines.

L'un et l'autre motif nous semblent insuffisants. Quant au premier, on doit absolument suivre ici, pensons-nous, le grand principe du Droit qui veut qu'un accusé soit présumé innocent aussi longtemps qu'il n'a pas été jugé coupable. Que les attributions des divers manuscrits se contredisent dans bien des cas à plaisir ne doit rien changer à ce principe: d'autant moins dans le cas du ms. C, dont certaines attributions très improbables, à première vue, parce que minoritaires, ont été *prouvées* justes (nous pensons en particulier ici au cas de l'oeuvre de Bernart de Venzac[4]). Si l'on suivait ce principe de défiance dans tous les cas semblables, c'est, par exemple, un tiers environ de l'oeuvre d'Uc de Saint Circ qui disparaîtrait: une douzaine d'*unica* du ms. H.

Quant au second motif, comment décider que le premier troubadour n'était pas apte, pour ainsi dire, à user de rimes féminines? Il est vrai que celles-ci sont relativement plus rares dans les compositions antérieures au milieu du XIIe siècle qu'elles ne le seront par la suite; mais, précisément, "Farai chansoneta nueva" n'en apporte, à l'oeuvre de Guillaume, que la quote-part qu'on peut raisonnablement attendre. Rappelons du reste ici que la *Chanson de sainte Foi d'Agen* - de toute évidence (linguistique et paléographique) probablement fort antérieure à la naissance de Guillaume - comporte quatre laisses à rimes féminines, de surcroît difficiles dans la plupart des cas: laisse II, *-esca*, 9 vers; XI, *-eira*, 9 vers; XL, *-ura*, 24 vers; XLIX, *-ailla*, 18 vers. Soit 60 vers sur 593, contre 22 vers sur (*grosso modo*: d'après l'édition de Jeanroy) 462 dans l'oeuvre de Guillaume, proportion deux fois moindre.

Alors donc que les deux principaux motifs allégués pour retirer à Guillaume IX la paternité de cet *unicum* semblent fragiles, douteux, il est en revanche un argument pour la lui rendre qui nous semble tout à fait décisif, quoique, si bizarre que cela soit, il n'ait pas encore, à notre connaissance, été remarqué. Bizarrement, disions-nous, car il concerne quelque chose de très simple et de très patent: la structure des strophes, qui est, elle, d'une *singularité* remarquable dans toute l'oeuvre de Guillaume IX, hormis la pièce IX, "Mout jauzens me prenc en amar": faite de huit strophes de six octosyllabes à deux rimes *unissonans*, celle-ci ne présente, par rapport à la lyrique des successeurs de Guillaume, rien de surprenant.

En revanche, si l'on excepte les trois premières compositions des éditions de Pasero comme de Jeanroy (PC 183,3, 4 et 5), d'un type à cet égard bien singulier aussi, mais enfin notoirement archaïque par rapport aux lois de la future *canso*, si bien observées en revanche dans les huit autres; si l'on excepte encore "Farai un vers pos mi sonelh", qui se distingue aussi des compositions "normales" à divers égards, par sa longueur (quatorze strophes), par son contenu qui l'apparente au futur fabliau et puis par la structure strophique elle-même, aux rimes a a a b c b, *singulars*, mais déja fort anormale puisque la cinquième rime, c, ne "rime" en fait jamais; toutes les autres, disions-nous, c'est-à-dire six pièces sur les onze éditées comme authentiques par Jeanroy, se signalent par un trait vraiment unique, jusqu'à preuve du contraire: l'entremêlement, l'*entrebesc*, dans chaque strophe de chacune de ces six pièces, de rimes *unissonans* (que nous dénoterons dans l'inventaire qui va suivre par une lettre capitale) à l'intérieur de *coblas doblas*, ou, plus souvent, *singulars*.

Commençons par le cas le plus singulier à cet égard: celui de la chanson X (PC 183,1), "Ab la dolchor del temps novel". Cinq strophes de six vers chacune, octosyllabes, à rimes pauvres. Cependant, la structure des strophes, à l'égard de ces rimes, va changer à partir de la troisième; comme il y en a cinq en tout, il y a donc un arrangement ici de *coblas doblas* et *ternas*. Il y a une rime obstinée, *unissonans*, en *-an*, mais elle change de place lors du passage de la deuxième à la troisième strophe. Deux schémas donc, asymétriques par le déplacement de la rime *unissonans*: le premier de ceux-ci obéit à l'alternance de rimes suivante:

a a b C b C,

tandis que le second présentera les rimes:

b b C a C a.

Voici, on l'avouera, un raffinement des plus remarquables dans l'organisation de ce *vers*. Il semble préfigurer modestement tout ce que les troubadours pourront inventer de plus compliqué par la suite dans l'ordre des permutations de rimes de strophe en strophe. Mais, nous le répétons, à notre connaissance un *entrebesc* de cette espèce n'a jamais été repris.

Plus simples, et plus aisés à décrire, sont les autres cas; ils n'en sont pas moins exceptionnels eux aussi. Le plus simple est bien sans doute celui de la chanson VI (PC 183,2), "Ben vuelh que sapchon li pluzor", qui offre, pour les rimes, l'arrangement suivant:

a a a a B a B.

Les vers à rime constante, B, sont de quatre syllabes; les autres octosyllabes. Il y a huit *coblas*, qui sont *doblas* pour la rime a; puis deux tornades inégales (quatre vers et deux vers).

Restent quatre pièces qui présentent l'*entrebesc* d'une rime constante reliant entre elles une suite de strophes dont l'autre ou les autres rimes sont *singulars*.

La plus fameuse, la XIe (PC 183,10) et dernière, a été souvent citée et discutée tant pour l'intérêt de son contenu, pour l'émotion que suscite ce "congé" à la vie de Guillaume, que pour, justement, cette structure remarquable qu'on a souvent rapprochée du *zajal* andalou:

a a a B, puis c c c B, d d d B, etc.

Si la forme de "Pos de chantar m'es pres talentz" avait été plus souvent imitée; si c'était là l'unique cas dans l'oeuvre de Guillaume IX de coexistence d'une rime *unissonans* et d'autres *singulars*, nous serions peut-être mieux persuadé par l'argumentation à cet égard de tant de partisans de la "théorie arabe". Mais, sans parler encore de "Farai chansoneta nueva", il y a *deux* autres compositions de Guillaume qui présentent cette même particularité-ci, dans des arrangements différents. Considérons-les à leur tour.

La pièce IV (PC 183,7), "Farai un vers de dreit nien", sur laquelle on a tant écrit, figure dans les deux mss C et E; la structure des rimes est:

a a a B a B,

les vers *unissonans* ayant quatre syllabes, tandis que les autres, à rimes *singulars*, sont des octosyllabes. On voit qu'on rencontre là la même disposition que dans la pièce VI, à ceci près que les strophes ont un vers de moins.

Nous allons retrouver exactement la même structure,

a a a B a B,

dans la pièce VII (PC 183,11), "Pos vezem de novel florir"; ici aussi, les vers 5 et 7, *unissonans*, n'ont que quatre syllabes, les autres étant octosyllabes. Rappelons que cette pièce figure dans les mss C, E, a, et se trouve citée dans le *Breviari d'Amor*: c'est donc une des plus sûres quant à son attribution.

Et nous en venons maintenant à notre "chansoneta nueva". Voici quelle est la structure des rimes (cette fois-ci, nous indiquerons en même temps le mètre, si particulier):

7' a 7' a 7' a 7 B 7' a 8 B,

et l'on voit donc que, quant à l'arrangement des rimes, il est une fois encore le même que l'on a rencontré dans les pièces IV et VII, et, avec un vers de plus à la strophe, dans la pièce VI.

Il est bien vrai que la combinaison métrique est cette fois beaucoup plus subtile que ce n'était le cas pour IV, VI et VII: il y a ces rimes féminines, uniques dans l'oeuvre de Guillaume, et de surcroît difficiles ("rares", remarque Monteverdi, et c'est sa seconde objection quant à l'authenticité de la pièce[5]); cette suite de cinq heptasyllabes auxquels s'oppose un unique octosyllabe final (et c'est là la première objection de Monteverdi[6]); il y a encore la présence d'un "mot-refrain" à la rime du quatrième vers de chaque strophe, *am*, qui devient *amam* dans la dernière. Il y a donc, il est bien vrai, dans le cas de la pièce qui nous occupe, des raffinements remarquables qu'on ne trouve pas ailleurs dans ce qui nous reste de l'oeuvre de Guillaume. Est-ce à dire que celui-ci n'avait pas le *droit*, pour ainsi dire, de les inventer? Nous avons pu remarquer, à propos des permutations singulières de rimes dans la chanson X, qu'elles préfiguraient les recherches de ses successeurs dans ces sortes d'ingénieux artifices; l'entremêlement même de rimes *unissonans* avec des rimes *doblas* ou *singulars*, que nous avons relevé dans six pièces, est un raffinement indiscutable, par rapport - c'est étrange à dire - à la plupart des émules du premier troubadour; enfin on se souviendra combien Guillaume était fier de son talent sur le plan purement formel,

Qu'ieu port d'ayselh mestier la flor...[7]

Voici de sérieuses raisons de penser qu'il était personnellement fort *capable* d'avoir inventé les divers raffinements de la "chansoneta nueva", qui par ailleurs partage avec cinq pièces dont l'authenticité n'est pas discutée la très singulière particularité que nous avons dite, particularité qui nous semble constituer une sorte de véritable signature. Et pourtant ce qu'implique, chez Monteverdi, l'analyse d'objections déjà présentées par Stengel, Maus ou Römer, qu'il récapitule - et de remarquer que l'heptasyllabe n'apparaît que chez Jaufre Rudel ("Quan lo rius de la fontana", PC 262,5), la rime "rare" que chez Marcabru - c'est bien que Guillaume IX n'avait pas encore les moyens, pour ainsi dire, de subtilités qu'on ne suppose "permises" qu'à ses successeurs.

Les deux troubadours en question, Jaufre Rudel et Marcabru, étant les continuateurs, les émules presque immédiats du comte de Poitiers, ces objections ne nous semblent pas bien sérieuses. Elles vont le sembler encore moins si nous examinons de près la structure de la pièce de Jaufre, "Quan lo rius", qui, selon Monteverdi, serait la première dans laquelle apparaisse, "de façon sûre", l'heptasyllabe[8]. Voici quelle elle est:

7' a 7 b 7' a 7 c 7' a 7' a 7' d,

mais elle présente une particularité fort curieuse: les deux seules rimes masculines, b et c, *permutent* à la troisième strophe, et ce jusqu'à la cinquième et finale, de sorte qu'il y a combinaison *doblas/ternas* (pour le dire sommairement) en ce qui concerne ces deux rimes seules, tandis que toutes les autres rimes, féminines, sont *unissonans*. On retrouve le même type de permutation, mais là avec une symétrie remarquable, dans sa pièce IV (PC 262,1), "Bels m'es l'estius e·l temps floritz", dont les rimes présentent, dans la première et seconde strophes, le schéma suivant:

a b b a c c d

(tous octosyllabes), pour se déplacer aux troisième et quatrième:

b a a b c c d,

après quoi l'on revient, aux cinquième et sixième, au premier schéma, pour finir sur le second avec les septième et huitième. Nous n'avions pas prêté attention à ces discrètes subtilités que l'on trouve, sur le plan formel, chez Jaufre, avant d'examiner attentivement l'étude de Monteverdi; tout nous semble indiquer que le prince de Blaye s'inspire, en ceci, de techniques particulières à Guillaume IX (nous rappelons une fois encore ici les permutations de rimes qu'on trouve dans sa chanson X), en raffinant davantage encore dans le cas de sa chanson IV.

Nous venons de parler de *chanson*: il y a encore, dans l'étude de Monteverdi, une autre objection à l'authenticité de la "chansoneta nueva", et c'est l'emploi même de ce terme, *chansoneta*. On sait bien que les premiers troubadours appelaient leurs compositions *vers*, et non *cansos*; Monteverdi relève que dans sept de ses pièces Guillaume emploie, pour les désigner, le mot *vers*. Cependant, il remarque aussi qu'une fois, exceptionnellement, on trouve le terme *chansoneta* appliqué par Marcabru à l'une de ses compositions; eh bien, dans ce cas d'exception encore, s'il y a une explication qui vient immédiatement à l'esprit, c'est l'imitation, le souvenir de la "chansoneta nueva" de Guillaume. Le point ici nous semble de peu d'importance: il est vraisemblable que nous avons perdu une très grande partie de l'oeuvre de Guillaume, puisqu'elle est conservée dans un si petit nombre de manuscrits; il est fort possible qu'il ait déjà introduit dans une de ces pièces perdues le terme *chanso* ou *chansoneta*, ce qui expliquerait, au premier vers de la pièce qui nous occupe, cette épithète, *nueva*, accolée à *chansoneta*.

Les réflexions que nous venons de faire ici concernant la structure strophique de la plupart des compositions de Guillaume IX, la grande vraisemblance qu'elles prêtent à l'attribution par le scribe du ms. C de notre pièce à celui-ci, puisqu'elle partage avec cinq autres pièces dont l'authenticité n'est pas contestée des particularités structurelles qui sont propres au premier troubadour, ces réflexions nous semblent si simples, si élémentaires que nous n'aurions sans doute pas osé les formuler si la lecture de l'étude de M. Pfister sur la langue du comte de Poitiers ne nous avait montré qu'on continue de n'y point songer et que la tradition de scepticisme qui s'est formée à l'égard de la "chansoneta nueva" vient de cacher ce qui nous paraît si évident. Et c'est un fait que Jeanroy, dans son introduction à l'édition qu'il nous procura de l'oeuvre de Guillaume, après avoir remarqué (p. xiii) que "la versification, chez un poète aussi ancien que Guillaume, présente un intérêt tout particulier", ne fait aucune remarque sur cet entremêlement de rimes *unissonans* avec des rimes *doblas*, *ternas* ou *singulars* sur lequel nous avons appelé ici l'attention. Et M. Pasero encore, dans son édition récente, quoiqu'il donne avant chaque pièce le schéma des rimes avec une méticuleuse attention et remarque donc *ipso facto* la particularité sur laquelle nous avons insisté ici (il désigne comme *rimas fissas* les rimes *unissonans* entremêlées à celles qui varient), ne fait lui non plus aucune réflexion quant à la singularité de la chose par rapport aux structures strophiques que l'on trouvera par la suite chez les troubadours.

Nous nous sommes donc décidé à soumettre ces remarques fort élémentaires à l'attention des provençalistes. Sans parler du fait que certains accents fort directs, fort sensuels de la "chansoneta nueva" semblent bien caractéristiques du premier des troubadours (à propos des deux vers "Totz lo jois del mon es nostre, / dompna, s'amdui nos amam", Monteverdi a remarqué, dans sa conclusion qui insiste sur la qualité du texte réputé apocryphe, que ce sont là "due versi come raramente se ne incontrano nella lirica trobadorica"), c'est surtout ce remarquable parti-pris d'un assez difficile arrangement (où l'on peut voir, dans le cas particulier de la "chansoneta nueva" avec sa rime persistante en *am*, l'ancêtre du "mot-refrain" lancinant - *lavador* chez Marcabru, *de lonh* chez Jaufre Rudel - qui aura tant de succès par la suite) qui nous semble, nous le répétons, la signature même de

Guillaume IX.

Ce qui étonne, en vérité, c'est qu'aucun de ses émules n'ait songé (en dehors de Jaufre dans "Quan lo rius") à reprendre une disposition si habile et si heureuse, en rien contraire aux grands principes du genre[9]. C'est pour cette simple raison qu'il faut, nous semble-t-il, redonner sans nulle hésitation la "chansoneta nueva" à Guillaume IX; et lorsqu'il se vante, dans la pièce VI (PC 183,2), de "bien lacer" ses *vers*, qui sait s'il ne pense pas en particulier à cette habileté singulière, qui distinguait peut-être déjà ses oeuvres de celles d'Eble de Ventadorn et des autres hypothétiques premiers troubadours dont les compositions se sont perdues?

Notes

[1]"La langue de Guilhem IX, comte de Poitiers", *Cahiers de Civilisation Médiévale* 19 (1976), 91-113.

[2]"La *chansoneta nueva* attribuita a Guglielmo d'Aquitania", in *Studi in onore di Salvatore Santangelo* [= *Siculorum Gymnasium* 8 (1955)], 6-15.

[3]Guglielmo IX d'Aquitania, *Poesie*, éd. Nicolò Pasero (Modène, 1973).

[4]C'est à l'érudition philologique de Rudolf Zenker - dans son introduction à l'édition qu'il procura des poésies de Peire d'Alvernha ("Peire's von Auvergne Lieder", *Romanische Forschungen* 12 [1900]) - que l'on doit d'avoir démontré que deux pièces attribuées respectivement à Peire d'Alvernha dans *six* importants manuscrits et à Marcabru dans *quatre*, étaient en réalité l'oeuvre de Bernart de Venzac, conformément à l'attribution du *seul* ms. C. Cf. l'éditon qu'a procurée depuis de l'oeuvre de ce petit mais très captivant troubadour Maria Picchio Simonelli, *Lirica moralistica nell'Occitania del XII secolo: Bernart de Venzac* (Modène, 1974).

[5]"E vi appare . . . la rima rara, estranea anch'essa alle abitudini del primo trovatore . . . Or la ricerca della rima rara, che si rileva già non infrequentemente in Marcabruno, è caratteristica di una scuola più tarda" ("La *chansoneta nueva*", p. 8). Mais nous avons conservé quarante-cinq pièces de Marcabru, à qui il arrive aussi d'user de rimes très pauvres. L'argument semble donc assez fallacieux.

[6]"L'associazione dell'ottosillabo all'ettasillabo, se si prescinde dalla nostra 'chansoneta', non si riscontra invece in Guglielmo, ma appare primamente in Jaufre Rudel" ("La *chansoneta nueva*", p. 8).

[7]Chanson VI, v. 4.

[8]C'est omettre qu'une pièce de Cercamon, VII (PC 112,1) "Car vei fenir a tot dia" (Tenson avec Guilhalmi), est entièrement composée en heptasyllabes féminins (quatre par strophe) et masculins (cinq par strophe). Une autre, VIII (PC 112,3), comporte dans chaque strophe l'association de trois heptasyllabes féminins à quatre octosyllabes masculins.

[9]La brève étude qu'on vient de lire fut rédigée et mise au net en 1979, assez hâtivement. Il nous est apparu depuis que cette assertion-ci n'est pas vraiment exacte. Quelques compositions où l'on relève le même trait nous revinrent en mémoire: et d'abord le "congé" de Peire d'Auvergne, PC 323,10 (les problèmes

d'édition que ce texte soulèvent avaient fait l'objet de notre part d'une communication déjà ancienne, parue dans les *Actes du 5e Congrès International de Langue et Littérature d'Oc* [1974], pp. 444-56) qui présente - nous suivrons dans cette note le système de transcription des structures strophiques adopté dans le corps du texte - un schéma 4 a 4 a 8 B 4 c 4 c 8 B; le remarquable *Ensenhamen* de Guiraut de Cabreira, dont les trente-six strophes obéissent au même schéma; enfin, le *gap* de Marcabru "D'aisso laus dieu" (PC 293,16), de construction identique aussi. Nous venons, dès réception des épreuves, de chercher à instruire aussi complètement que possible le problème.

Ce travail nous a été remarquablement facilité par le grand ouvrage de François Pirot, *Recherches sur les connaissances littéraires des troubadours occitans et catalans des XIIe and XIIIe siècles*, dans les Memorias de la Real Adacemia de Buenas Letras de Barcelona, 14 (1972). Dès la page 65, Pirot suggère que "le poème de Marcabru (*D'aisso laus dieu*) est composé suivant le système du *versus tripertitus caudatus*, fréquent dans la poésie liturgique, utilisé également par Guerau de Cabrera et Guiraut de Calanson". Aux pp. 96-108, il s'attaque au problème avec l'extrême érudition qui marque son ouvrage. Cette strophe, imitée de types latins préexistants - on pourrait citer le *planctus* anonyme sur la mort de Charlemagne (IXe siècle), composé de tercets de deux trimètres iambiques suivis du refrain "Heu mihi misero" - est celle qu'on nomme aussi *couée*. Et de citer Henri Morier qui, dans son *Dictionnaire de Poétique et Rhétorique* (1981), parle d'une "disposition strophique dans laquelle une rime revient de trois vers en trois vers, à la suite de deux rimes plates, le retour de cette rime étant souligné par un écourtement du mètre". Notons au passage que, tout au contraire, dans la grande majorité des compositions d'oc obéissant au principe, le retour de la rime est souligné par un *allongement* du mètre - la norme étant 4 a 4 a 8 G.

Aux pp. 104-105, dans ses notes 38 et 39, Pirot fait le tour de la question, en signalant toutes les pièces qui selon lui se rattachent à ce type: en tout vingt-cinq. Nous avons tout vérifié, de préférence sur les textes, et à défaut d'après les indications du *Répertoire métrique* d'István Frank, que Pirot a du reste suivi dans son dénombrement. Il faut éliminer d'emblée quelques pièces qui, de type A A B C C B, sont en fait simplement *unissonans*; et une *viadeyra* de Cerveri de Girona, où le troisième vers - comme dans le *planctus* mentionné plus haut - est un refrain. En revanche, deux pièces de Raimbaut d'Aurenga (mais réputées apocryphes par Pattison), signalées par Frank parmi les formes "91" - sa numérotation pour ce type de strophe - ont curieusement échappé à l'attention de notre collègue belge.

Cette longue note additive pourra sembler fastidieuse: mais elle cherche à instruire un problème de forme non dépourvu d'intérêt. Pour la concentrer autant qu'il est possible, disons d'abord qu'il semble que, dans le *corpus* des troubadours, seize pièces, par leur structure, relèvent du procédé cher à Guillaume IX sur lequel nous venons d'attirer l'attention: c'est à dire qu'elles comportent une *rima fissa*, pour reprendre le terme employé par M. Pasero, parmi d'autres permutantes. Remarquons d'emblée que nous pourrons, en fin de compte, en citer une dix-septième, d'un type différent (strophes de sept vers); et, à propos de celle-ci, encore quelques autres. La très grande majorité - treize - sont de "haute époque", Pons de la Guardia (*terminus ad quem* 1188) étant le dernier à l'utiliser, de façon insolite et, on le verra, assez "géniale", hormis le Moine de Montaudon et Guiraut de Calanson, qui imitent délibérément, et enfin l'infime troubadour Guillem Rainol d'Apt, que Martín de

Riquer situe dans le premier tiers du XIIIe siècle: ce dernier a du reste curieusement adopté une structure strophique fort proche de Guillaume IX.

Ce qui suit sera un bref inventaire, disposé dans l'ordre chronologique, selon les dates proposées, dans les cas douteux, par de Riquer; quant à l'*Ensenhamen* de Guiraut de Cabreira - omis, il faut le regretter, dans la monumentale anthologie de ce dernier - nous suivrons les conclusions de Pirot (p. 196) en plaçant sa rédaction entre 1145 et 1159.

Marcabru: "D'aisso laus dieu" (PC 293,16); "Emperaire, per mi mezeis" (22); "Seigner N'Audric" (43); "Tot a estru" (Aldric de Vilar?, PC 16b: c'est la pièce à laquelle répond 43): toutes sur le compas 4 a 4 a 8 B 4 c 4 c 8 B, qu'on appellera ici par la suite "compas normal".

Guiraut de Cabreira: "Cabra joglar" (PC 242a,1): compas normal.

Marcoat: "Mentre m'obri eis l'uissel" (PC 294,1): 7 a 7 a 7' B 7 a 7 a 7' B et "Una re·s dirai, en Serra" (2): 7' a 7' a 7 B 7' a 7' a 7 B. C'est tout ce qu'on conserve de Marcoat; on remarquera que les deux compas sont uniques et que l'un, en ce qui concerne la répartition des rimes masculines et féminines, est l'inverse de l'autre.

Peire d'Alvernha: "Be m'es plazen" (le "congé", PC 323,10): compas normal, et "Chantarai d'aquestz troubars" (11): 8 a 8 a 8 B 8 a 8 a 8 B.

Raimbaut D'Aurenga: "Anz qe l'aura bruna·s cal" (PC 389,9): six vers de sept syllabes par strophe; il y en a huit; il faut reproduire les permutations de rimes des quatre premières strophes (le reste s'ensuit): 1) a a b a a b; 2) b b a b b a; 3) c c d c c d; 4) d d c d d c. On voit mal pourquoi Pattison a rapproché ce très obscur poème du fameux *garlambey* de Raimbaut de Vaqueyras, tout à fait *leu*. Le schéma permutatif, en revanche, nous semble très comparable à d'autres adoptés par Raimbaut dans des pièces dont l'authenticité est hors de doute: on remarquera que le premier tercet de la seconde strophe est en "rapport spéculaire" avec celui de la première, c'en est l'inversion; il y a là un des ces *entrelacements* caractéristiques chez Raimbaut, et si bien décrits par Aurelio Roncaglia ("L'invenzione della sestina", in *Metrica* 2 [1981], 22-23); comme c'est le cas pour le "sonet nou" (PC 389,3), le système doit, pour les rimes, se renouveler de deux strophes en deux strophes; notons cependant, dans le *sonet*, une *rima fissa* aux vers 3, 6 et 9, qui apparentent cette pièce (ainsi que PC 389,17: *rima fissa* aux vers 5, 8 et 11) à celles de Guillaume IX. La structure si particulière de "Anz qe l'aura" nous ayant longuement retenu, nous irons à la ligne pour la seconde de Raimbaut d'Aurenga: "Compainho, que qu'en irais" (PC 389,24): 8 a 7 a 7' B 8 a 7 a 7' B. Déjà le compas est unique; en outre, les rimes (autres que la *rima fissa*) sont *doblas*; au troisième vers de chaque strophe, B termine un mot-refrain, *fola*; enfin, bizarrement, le tout premier vers a neuf syllabes. De toutes les compositions ici envisagées, c'est, avec les deux pièces assurément authentiques sus-mentionnées et la toute dernière de notre inventaire, la plus proche du système permutatoire adopté par Guillaume IX dans la plupart de ses chansons. Nous laissons à Pattison la responsabilité d'attribuer cette pièce, sur une conjecture historique qui semble mince, à Raimbaut IV, neveu de notre troubadour.

Guillem de Berguedan: "Chanson ai comensada" (PC 210,7): 6'a 6' a 6 B 6' a 6' a 6 B: compas unique.

Pons de la Guardia: "Farai chanso ans que venga·l laitz temps" (PC 377,3): six vers de dix syllabes par strophe. Comme pour PC 389,9, il faut reproduire les permutations des quatre premières strophes pour comprendre: 1) a a b a a b; 2) b b c b b; c 3) c c d c c d; 4) d d e d d e. Les deux compas ne sont pas sans affinité, mais celui de Raimbaut d'Aurenga est organisé par paires de strophes, celui de Pons de la Guardia "éternellement" permutatif (il n'y a néanmoins que six strophes), et il n'est pas interdit d'y voir un antécédent de la *terza rima*, a b a - b c b - c d c, etc., qui est en vérité *inscrit* dans les vers 2 - 3 - 4 de chaque strophe! La pièce ne figure cependant que dans les mss. C et V; ce dernier, catalan et daté (1268), serait-il déjà parvenu en Italie avant la fin du XIIIe siècle?

Monge de Montaudon: "Pos Peire d'Alvergn'a chantat" (PC 306,16): 8 a 8 a 8 B 8 a 8 a 8 B, imité de Peire d'Alvernha, la *rima fissa* (en *en* y comprise).

Guiraut de Calanso: "Fadet joglar" (PC 243,7a): trente-trois strophes, compas normal, imité de Guiraut de Cabreira (mais la *rima fissa* est différente).

Guillem Rainol d'At: "Quant aug chantar lo gal sus en l'erbos" (PC 231,4): 10 a 10 a 10 B 10 a 10 a 10 B; deux mutations de la rime a (en c à la 3e strophe, en d à la 5e), c'est donc un système *doblas/unissonans* fort analogue à ceux que l'on trouve chez Guillaume IX.

Comme nous l'avons déjà remarqué, cet inventaire, limité aux sixains, ne saurait être exhaustif. Une chanson célèbre de la Comtesse de Die, "A chantar m'er" (PC 46,2), présente la structure strophique suivante: 10' a 10' a 10' a 10' a 10 B 10' a 10 B. Il va sans dire qu'elle est unique; cependant nous trouvons, sous le même numéro (25), dans le *Répertoire métrique* de Frank, quatre autres pièces qui présentent la particularité sur laquelle nous avons appelé ici l'attention: coexistence de rimes *singulars* ou *doblas* avec une rime *unissonans* dans chaque strophe - l'une de celles-ci étant la chanson VI de Guillaume IX. On en trouve encore d'autres sous ses numéros 27 (trois pièces) et 29 (deux pièces). Une autre composition de Marcabru, "Quan l'aura doussana bufa" (PC 293, 42), présente la structure suivante: 7' a 7 B 7' a 7 B 7 C 7 C 7' D. . .

Ainsi s'avère-t-il que la recette du procédé ne s'était pas vraiment perdue, comme aurait pu le laisser croire la conclusion de l'étude à laquelle nous avons cru devoir ajouter cette très longue note. István Frank n'a pas été sensible à sa singularité (il ne consacre que quatre lignes, p. xxxvi de son introduction, à ces sortes de strophes), qui, à notre connaissance, n'a jamais été vraiment étudiée. Un inventaire complet de son *Répertoire métriques* à cet égard devrait livrer des résultats intéressants. De toute façon, la subtilité structurelle inventée par le premier troubadour devait être lourde de conséquences: on vient de le voir, elle fut porteuse de nombre de singularités remarquables, et l'on ne saurait peut-être mieux terminer qu'en signalant à l'attention du lecteur une chanson de Daude de Pradas, "Ben ay' Amors" (PC 124,6), qui, si intéressante qu'elle soit déjà du point de vue idéologique par l'outrance des sentiments exprimés, l'est encore plus du point de vue formel: comme l'a signalé son éditeur, Alexander H. Schutz (Toulouse et Paris, 1933), "elle présente cette particularité que chaque couplet suit un compas différent" - ce qui obligea István Frank à la reléguer en appendice, sous le numéro 885,1. On renvoie à l'édition, ou au *Répertoire métrique*, tant est complexe l'agencement; remarquons néanmoins ceci: Daude, en déplaçant constamment des rimes toutes *unissonans* (c'est bien pourquoi cette surenchère semble, en dernière analyse, relever du procédé cher à Guillaume IX), semble annoncer ici les extraordinaires subtilités de *l'Offrande musicale* ou de *l'Art de la Fugue*. Si, du point de vue des rimes, la seconde strophe n'est que la *retrogradatio* de la première, la troisième en est l'*inversio*, ou anastrophe; quant à la quatrième, elle est la *retrogradatio* de l'*inversio*! Rien ne semble permettre d'expliquer les deux dernières combinaisons, que peut-être le caprice.

Mais une conclusion s'impose enfin, qui nous est chère: il n'est décidément pas de *petit* troubadour.

De la rupture comme principe esthétique du *sirventes*

Suzanne Thiolier-Méjean

Nous avions analysé, dans une conférence faite à Gand en 1977, le recours à la rupture comme fait esthétique chez Peire Cardenal à propos de sa pièce "Clergia non valc anc mais tan". Depuis lors il nous est apparu que le *sirventes* en général fondait en grande partie son esthétique sur ce principe. Jusqu'à présent on s'était contenté de relever l'existence de la rupture ("der Bruch" comme l'écrivait Storost) sans pousser plus loin l'analyse[1]. L'élément qui s'offre en premier, le plus simple à examiner, est évidemment la métrique. Il convient cependant de nuancer les opinions antérieures de Storost et d'Anglade, pour qui le *sirventes* était composé sur le modèle d'une chanson[2], car les résultats de notre enquête conduisent à une certaine révision.

Il n'est pas négligeable, en effet, de déterminer la fréquence de l'imitation métrique si l'on veut ensuite s'interroger sur la signification esthétique de cette imitation. Or, sur ce point, les résultats statistiques diffèrent selon la chronologie et n'offrent jamais une certitude totale de l'enquête[3]. A ces difficultés s'ajoute aussi le fait, déjà noté par Frank M. Chambers[4], que bien des pièces ont dû être perdues; sans compter que le caractère très relatif de la chronologie des troubadours constitue un obstacle supplémentaire à une conclusion définitive. Les premiers poètes sont, le plus souvent, les modèles de leurs successeurs. Ainsi les *unica* atteignent 33% chez Marcabru, 53% chez Giraut de Bornelh et 41% chez Peire d'Auvergne. Peire Cardenal sera, des troubadours plus tardifs, celui qui a imité le plus souvent les prédécesseurs: sur quarante-huit pièces retenues, quatre ont un schéma métrique isolé, dix-sept ont un schéma partiellement emprunté (sept avec mètre et rimes isolés, dix avec les rimes seules isolées), et vingt-sept ont un schéma entièrement commun. Pour les poètes les plus tardifs que nous ayons étudiés, c'est Bertran Carbonel qui vient en tête comme imitateur avec, sur soixante-dix *coblas*, trente et un schémas entièrement empruntés[5]. Il faut donc dire très nettement que l'emprunt métrique (ou la communauté des schémas) est bien plus souvent partiel que total. Il est même assez fréquent que les rimes soient originales, le mètre étant emprunté; ou encore, le schéma étant commun à plusieurs auteurs, c'est une variation de mètre et de rime qui intervient. Si la tendance est à l'emprunt, ce n'est évidemment pas une règle[6], et les variations individuelles existent.

L'imitation métrique a-t-elle quelque conséquence esthétique? Il est évident que, lorsqu'il y a emprunt total d'un schéma, l'emprunt mélodique va de pair; on est même en droit de supposer que cet emprunt mélodique apparaît également quand la rime seule est isolée (ou originale), car, en l'occurrence, le mètre représente l'élément essentiel. D'ailleurs les manuscrits offrent dans quelques cas la preuve de l'emprunt mélodique[7]. Or, cette imitation musicale a pour raison d'être d'introduire un élément parodique qui, esthétiquement, crée une rupture. On connaît le célèbre exemple du *sirventes* contre Rome de Guilhem Figueira: "D'un sirventes far" (PC 217,2); il possède le même schéma métrique qu'un chant à la Vierge anonyme, *Flor de Paradis*[8]. A la satire du thème correspond l'effet parodique de l'emprunt musical; parodie d'autant plus remarquable dans cet exemple que le chant marial symbolise la pureté absolue. On comprend qu'une telle oeuvre ait connu le succès que l'on sait[9]. Ainsi, en écartant même la poésie de Figueira qui constitue une sorte de cas-limite, l'emprunt musical révèle une apparente ambiguïté. La musique a pour effet de maintenir l'unité d'une pièce puisque le passage d'un motif à un autre suit généralement la division strophique[10]; et, en même temps, cette musique, quand elle est empruntée à une *canso*, crée une opposition avec les registres développés. C'est ce qu'on peut appeler un phénomène de contrefacture[11].

Or, il nous semble que cet élément parodique, loin d'être accidentel, est constitutif du *sirventes*. Et là les premiers emplois du mot lui-même ne manquent pas d'intérêt[12]. C'est chez le contemporain de Marcabru, Marcoat, que nous avons relevé ce début en forme d'entrée en scène théâtrale:

> Mentre m'obri eis huisel
> Un sirventes escu bel
> En giteira inz s'arena[13].

Nous n'aurions pas cru bon revenir encore sur l'interprétation du groupe *escu bel*[14], importante pour l'orientation de la poésie, si Linda M. Paterson n'en avait proposé une nouvelle: "Dejeanne emends *escubel* to *escur bel*; but cf. *PD* 162: *escobar* 'balayer, nettoyer, purger; fustiger';

escobilh 'balayures, immondices'''[15]. Or, il faudrait expliquer le passage de *escobar* à *escubel*, étant donné l'absence de toute variante *escubar*, *escubilh* et le suffixe *-el*. Dans une aire sémantique voisine, nous aurions plutôt retenu la famille de *escup* (variante bien attestée de *escop* 'crachat', cf. *escopir, escupir, escopimen, escupimen*). Cette forme ne poserait pas de difficulté: *escup* + suffixe *-el*[16], le passage de *p* à *b* à l'intervocalique étant un affaiblissement attendu. Cependant, nous savons que ce suffixe *-el* est utilisé pour la formation exclusive de substantifs[17]. Ce point, qui a échappé à Linda M. Paterson, gêne son interprétation, car on attendrait un adjectif qualifiant *sirventes*. C'est pourquoi, grammaticalement, nous nous en tenons à l'hypothèse de Dejeanne, compte tenu de notre remarque sur la forme *escu* qui n'a nul besoin d'être émendée en *escur*. De plus, il est évident que la suite de la pièce (*bos moz clus*) fait pencher la balance en faveur de Dejeanne[18].

Cette poésie, qui s'adresse à un jongleur nommé Domein Serena (ou Domeing Sarena) fait de lui une satire; l'autre pièce conservée de Marcoat, "Una ren os dirai" (PC 294,2), s'adresse aussi à un personnage tourné en dérision, En Serra, sans doute un jongleur[19]. Nous ne reprendrons pas ici ce que nous avons dit ailleurs: l'apparition du mot semble liée à un divertissement plaisant adressé à un jongleur[20]. Le ton est celui du burlesque, voire, pour d'autres poésies, celui de la parodie. En effet, dans les *sirventes* destinés à des jongleurs (nous réservons pour l'instant le cas de Marcoat), le troubadour utilise un procédé de dérision: il envoie à un inférieur (le jongleur) une pièce où il feint de se mettre à son service (le motif de la requête du jongleur est parfois mentionné en début de poésie); ce pourrait être une manière désinvolte de dire au quémandeur "à votre service", tout en le prenant pour cible de ses railleries. Le troubadour adresserait une sorte de salut ironique au jongleur qu'il prétend "servir" (la pièce devant attirer quelque succès à ce dernier), tout en le desservant, puisqu'il se moque de lui. Y a-t-il eu au départ une intention burlesque ou plaisante dans le choix du mot *sirventes*? Ce n'est là qu'une conjecture, à prendre comme telle et qui n'exclut pas le rôle qu'a pu jouer conjointement l'emprunt mélodique. En somme, les premières apparitions du mot *sirventes* mettent en évidence deux faits: la destination à un jongleur et l'emprunt mélodique[21], témoignant d'une intention burlesque et parodique.

Mais, avec sa pièce "Mentre m'obri", Marcoat ne s'est pas contenté d'écrire une bouffonnerie de jongleur entrant joyeusement en piste: certains mots font nettement allusion à l'esthétique poétique, d'où l'intérêt de l'interprétation Dejeanne. Les termes *escu/bel* et *bos moz clus* appartiennent au *trobar clus*. Si, pour le deuxième groupe, cela ressort d'une lecture immédiate, plus subtil est le premier: *escu* nous conduit à *clus*, et le syntagme antithétique *escu/bel* nous y conduit encore en évoquant les séries de mots composés antithétiques de Marcabru puis de Raimbaut d'Orange[22].

Non seulement Marcoat se désigne comme un contemporain de Marcabru, mais également comme son disciple, ce qui explique la mention de la mort de Marcabru, utile, certes, pour nous, mais de peu d'intérêt, en apparence, pour les auditeurs du temps. Il faut aussi rapprocher le composé *escu/bel* de ceux de Raimbaut d'Orange comme *blanc/vaire, vert/madur, trist/alegre*, qui constituent une expression privilégiée de la poésie hermétique[23]. Pouvoir ainsi établir un lien entre l'oeuvre d'un auteur encore bien méconnu et celle du maître du *trobar clus* prouve assez que le *sirventes* de Marcoat mérite l'intérêt que nous lui avions porté. Si son contenu (une farce adressée à un jongleur) semble a priori assez éloigné de l'hermétisme et des questions d'esthétique, dès le début de sa poésie c'est pourtant à un courant esthétique précis que veut se rattacher Marcoat. Et, en même temps, le registre des premiers vers introduit une rupture par un effet voulu de dérision: ce qui est au coeur même de la poétique médiévale - l'art de la rhétorique - est abordé dans un contexte où, en apparence, il n'a que faire[24]. Cette rupture ne répond pas seulement au goût de la moquerie, elle n'est pas seulement l'effet d'une plaisanterie occasionnelle, elle est un procédé formel qu'on rencontre précisément chez Raimbaut d'Orange. Celui-ci, comme l'a justement remarqué Linda M. Paterson, entretient une ambiguïté qui n'a rien d'accidentel (au reste la poésie des troubadours, quel qu'en soit le genre ou le registre, exclut l'accident)[25]. Ainsi, ce critique remarque, à propos d'une poésie de Raimbaut, le mélange d'allusions littéraires (au *trobar clus* précisément) et érotiques. Depuis Guillaume IX, le procédé n'est pas nouveau. Et il connaît chez les tenants du *trobar clus* une certaine vogue. Linda M. Paterson mentionne aussi la pièce "Lonc temps ai estat cubertz" (PC 389,31) dans laquelle *cubertz* (nous traduisons) "fait allusion au *trobar clus* tandis que la chanson se révèle être une plaisanterie portant sur la castration avouée du poète".[26] On relève des exemples similaires chez Marcabru ("D'aisso laus Dieu", PC 293, 16). Enfin Linda M. Paterson se réfère à Marcoat qui "vante ses *bos moz clus*, tandis que son thème est l'inaptitude d'un estropié et recouvre probablement des tonalités sexuelles"[27]. Nous avons là un véritable procédé parodique. Et il était fort juste de remarquer que "Ces chansons semblent tracer une ligne de développement du *trobar clus* distincte de la tradition plus sérieuse qui inclut 'Contra l'ivern' de Marcabru, 'Be m'es plazen' de Peire et 'Cars douz' de Raimbaut"[28]. Il est alors d'autant plus regrettable que Linda M. Paterson s'en soit tenue à sa très contestable interprétation de *escubel*, se privant ainsi d'un rapprochement supplémentaire - et non des moindres - avec l'écriture de Raimbaut. Pour notre part, nous tenterons d'aller plus loin dans l'analyse. La combinaison, chez Marcoat, de deux éléments, le *trobar clus* et le jongleresque, donne à entendre une oeuvre à double sens: burlesque et esthétique; tout comme chez Marcabru et Raimbaut l'érotique et l'esthétique se mêlent. Et l'aspect *gap*, bouffon, de "Mentre m'obri", loin de l'éloigner d'un courant d'écriture reconnu, l'apparente encore à une tradition qui vient de Guillaume IX.

En somme, cette poésie n'est pas seulement, selon toute apparence, l'un des témoins les plus anciens de l'emploi du mot *sirventes*; elle est aussi bien autre chose qu'un divertissement de jongleur pour un infortuné confrère. Car, à notre avis, la rupture qu'elle introduit entre deux registres est la marque non d'un hasard plus ou moins heureux, mais d'une tradition déjà établie[29]. Au reste, la preuve a été faite, depuis les études de Robert Guiette, Roger Dragonetti, Paul Zumthor, Daniel Poirion, etc., qu'il n'est de poésie médiévale qu'inscrite dans une tradition. La pièce de Marcoat n'est pas une création ex nihilo, mais plutôt le résultat d'une tradition déjà constituée et dont il nous manque, il est vrai, quelques jalons.

Si, dès les débuts du *sirventes*, on remarque une dissonance, une rupture (parodique ou burlesque), jointe sans doute à un emprunt musical, et si, comme il apparaît, toute idée de hasard ou de création accidentelle doit être exclue, il convient de s'interroger sur la signification esthétique de cette rupture. L'élément de référence ne peut être que la *canso*; c'est l'archétype auquel il faut se rapporter. Son esthétique est fondée sur la *convenza* dont parlera Dante. Le Grand Chant se soumet à la tradition qui lui donne sa patine, et, par elle, créateur et public se reconnaissent et communient[30]. Chacun y recherche l'*harmonia concordabilis*. Rien ne doit venir troubler cette harmonie: harmonie du texte et de la musique, harmonie entre le déroulement des motifs et l'attente de l'auditoire. Toute dissonance introduite, toute rupture empêchera la *convenenza* d'agir totalement. La valeur esthétique d'une poésie étant jugée par les contemporains d'après l'archétype de la *canso*, le *sirventes* ne pouvait être considéré que comme une forme secondaire[31]; l'emprunt mélodique introduit une rupture évidente et immédiatement perceptible. Même si les thèmes ou motifs traités relèvent d'une tradition connue et donnent par là quelque valeur esthétique à l'oeuvre, celle-ci s'écarte de l'archétype idéal par cette rupture mélodique; on observe donc une tension entre ces deux éléments divergents. Et toute poésie exprimera cette tension: ou bien elle se rapprochera de l'archétype (et sa mélodie sera originale), ou bien elle s'en écartera. Un nouvel écart pourra même s'introduire dans le choix des motifs. Ainsi, dans la mesure où il sera traité par le *sirventes*, le thème de la *canso*, la *fin'amors*, mettra en évidence un souci de réalisme étranger au monde rêvé de la *canso*. Par rapport à celle-ci, musique et motifs exprimeront une distance, un écart caractéristiques.

Entre les exigences de la morale chrétienne et celles de la *fin'amor*, il y a une profonde opposition maintes fois étudiée. L'image idéale de l'amour reflétée par la *canso* est contredite par la vision plus réaliste des moralistes. Une tension profonde entre idéal et réalité sera la marque du *sirventes*. Le monde illusoire de la *canso* a pour corollaire le réel qui nie toute possibilité de réalisation à l'idéal proposé. Ce dernier est un jeu où tous les obstacles du réel se trouvent surmontés par le seul désir de l'imaginaire poétique. Cette contradiction entre idéal et réalité explique que le même poète puisse louer l'amour pur dans une *canso* et en dénoncer violemment les dangers ailleurs; ou encore qu'il puisse glorifier sa dame, image de Marie, symbole de toute perfection, et fustiger les femmes trompeuses, images d'Eve, symbole de la damnation. On sait combien le moyen âge aima jouer sur les mots *Eva* et *Ave*. Cette intrusion, toute relative, du réel dans l'univers poétique représente le vrai changement de registre, illustré par deux personnages ignorés de la *canso*: le mari et le bâtard.

La femme inaccessible de la *canso* avait donc un mari, mais, pis encore, la voilà grosse d'un bâtard. Ce n'est plus rencontre idyllique au verger, mais conséquence de fabliau! Pourtant, malgré la violence des imprécations (on songe à Marcabru ou à Bernart Marti), il ne s'agit en rien de poésies comparables au fabliau. Il n'est pas question de prêter à rire avec quelques grivoiseries; même les allusions ricanantes de Peire Cardenal sur les béguines témoignent davantage de son indignation que de son amusement[32]. De telles vitupérations étaient jugées par les contemporains moins relevées qu'un motif de *canso*; elles introduisaient de toute évidence une nette discordance[33].

Ainsi se révèle à travers l'étude des motifs moraux une sorte de tension entre la peinture d'une réalité vivante et la tradition rhétorique. Cette ouverture au monde du *sirventes*, qu'il ne faudrait pas, du reste, exagérer, ne peut cependant se réaliser qu'à travers un ensemble de *topoi* qui, par définition, sont hors du temps. Dans le domaine moral au sens large le *planh* en est un bon exemple. Lié à un événement (la mort d'une personne illustre), il comporte un discours parfaitement rhétorique. Le thème de la mort est privilégié en ceci qu'il associe presque toujours le motif du "bon vieux temps" à la *deploratio*; registre moral donc qui ignore les invocations à la nature ou à la mort des Anciens et, souvent aussi, la consolation chrétienne[34]. La rhétorique, pourtant, ne peut empêcher les grands courants de l'histoire de se faire sentir à travers la poésie morale. De ce fait, la rupture, déjà décelée dans le traitement de la *fin' amor* par les moralistes, va s'accentuer grâce à trois événements qui vont, à des degrés différents, marquer l'oeuvre de quelques poètes: la pauvreté et son exigence nouvelle, les croisades, le développement de la classe des marchands. Il s'agit moins, à vrai dire, de la relation d'événements précis que d'un climat. Ainsi l'image du "monde à l'envers", si fréquente chez un Peire Cardenal[35], est l'expression d'une rupture qui peut aller jusqu'à l'incohérence, puisque à l'ordre antérieur (motif du passé idyllique) succède le chaos du présent. Cette rupture qui s'établit au détriment de la *convenenza*, caractéristique de la *canso*, et qui donne sa force au *sirventes*, est héritée des thèmes intemporels de l'héritage classique et se renforce en même temps de l'influence de la réalité contemporaine. La critique des moeurs s'inscrit toujours dans un présent: tradition et actualité sont liées.

Si le motif de la pauvreté est surtout développé par les troubadours du XIIIe siècle - par Cardenal notamment - c'est que celle-ci est devenue en son temps non plus seulement une réalité économique, mais une exigence de l'esprit et l'occasion de faire son salut en la secourant[36]. Or, parallèlement, l'insécurité grandissante et la présence des chevaliers-brigands, jointe à celle des traditionnels routiers, trouvent, dès le XIIe siècle, un écho chez quelques poètes[37]; elles deviennent chez Cardenal un motif qui "actualise" la présence obsédante du pauvre. Cette réalité sous-jacente et si proche redonne vigueur à deux autres motifs pourtant traditionnels: celui du clerc devant renoncer à tout bien et celui de la *caritas*. De même, les croisades (y compris l'albigeoise) laissent leur marque chez les troubadours, et le *sirventes* de registre politico-féodal utilise plus nettement encore la connaissance d'événements contemporains[38]. Ce qui, là encore, ne pouvait manquer de lui enlever, aux yeux des contemporains, une bonne part de sa valeur esthétique, la rupture entre tradition et actualité s'exerçant au détriment de l'harmonie.

Enfin l'incursion dans le monde quotidien - si totalement étranger, encore une fois, à la *canso* - est également due en grande partie à une mutation de la société dès la fin du XIIe siècle: l'avènement de la classe des marchands. Bertran Carbonel développe une morale du profit digne d'un commerçant ménager de son bien et qui témoigne des nouvelles préoccupations de la société. Il rend compte, de façon plus inconsciente que lucide, d'un vrai changement de civilisation. Et il n'est pas le seul: Peire Cardenal est aussi le témoin - ulcéré, celui-là - de l'évolution du droit méridional[39]. La participation de plus en plus fréquente du notaire aux actes importants de la vie citadine, et même paysanne, est le résultat d'un profond bouleversement des moeurs et trouve un écho dans les *sirventes*. Là encore la rupture avec le registre de la *canso* est évidente.

La majorité des *sirventes* sont donc esthétiquement dépendants. Cette dépendance est double: à l'égard de la musique d'abord, à l'égard du temps (ou de l'actualité) enfin. Or, les oeuvres esthétiquement prisées sont celles qui échappent au temps: motifs a-temporels de la *canso*, du chant religieux, voire de certaines poésies morales. On comprend ainsi le succès des chants à Marie qui créaient une sorte de lien entre la *canso* et le registre moral. Cette double dépendance du *sirventes*, musicale et temporelle, entraînant une rupture esthétique, la poésie n'est plus l'image de la *convenenza* ou le symbole de l'harmonie universelle. Mais cette rupture - qui apparaît à un moindre degré dans certaines pièces dénommées *sirventes-cansos*[40] - loin d'être accidentelle devient la marque du *sirventes* et, en définitive, fait fonction, elle aussi, de principe esthétique.

Notes

[1]Cf. notre thèse *Les poésies satiriques et morales des troubadours du XIIe à la fin du XIIIe siècle* (Paris, 1978), p. 40 n. 5.

[2]Pour le rappel de cette théorie, voir ibid., p. 31.

[3]Cf. notre tableau, ibid., pp. 60-61.

[4]Frank M. Chambers, "Imitation of Form in the Old Provençal Lyric", *Romance Philology* 6 (1952-1953), 104-20.

[5]Pour plus de détail, voir notre étude *Les poésies satiriques et morales*, pp. 60-61.

[6]Aussi comprend-on mal l'affirmation trop préemptoire de Dietmar Rieger selon laquelle le *sirventes* s'appuie de plus en plus au cours du temps sur la *canso* du point de vue métrique et musical, i.e. s'intègre peu à peu au système troubadouresque des genres en imitant de plus en plus servilement la dominante de ce système (la *canso*). C'est vouloir raisonner de façon exclusivement logique dans un domaine fluctuant. Cf. Dietmar Rieger, *Gattungen und Gattungsbezeichnungen der Trobadorlyrik* (Tübingen, 1976), pp. 153-54.

[7]Cf. René Lavaud, *Peire Cardenal*, pp. 703-12, à propos du ms. *R*: la même musique y apparaît pour "Ar me puesc" et "No posc sofrir" de Guiraut de Bornelh ainsi que "No sai rei ni emperador" de Peire Cardenal.

[8]PC 461,123, Karl Bartsch, *Denkmäler*, pp. 63-64, et l'article de Pio Rajna, "Un serventes contro Roma ed un canto alla Vergine", *Giornale di Filologia romanza* 2 (1878), 84-91. Il faut ajouter que, dans bien des cas, il est difficile de déterminer avec exactitude l'antériorité d'une poésie sur l'autre et donc de savoir qui a imité l'autre. Si, dans le cas présent, l'emprunt ne fait guère de doute, toute certitude est souvent impossible.

[9]Cf. notre thèse *Les poésies satiriques et morales*, p. 554, à propos des *goliardica*.

[10]Ibid., p. 41 et n. 1.

[11]Voir Paul Zumthor, *Langue et techniques poétiques à l'époque romane (XIe-XIIIe siècles)* (Paris, 1963), p. 171.

[12]Voir notre thèse *Les poésies satiriques et morales*, pp. 22-24.

[13]PC 294,1. Pour le commentaire de "eis, giteira et s*a*", voir notre thèse *Les poésies satiriques et morales*, p. 23 n. 1.

[14]Ibid., p. 23 n. 2.

[15]Linda M. Paterson, *Troubadours and Eloquence* (Oxford et New York, 1975), p. 63 n. 13. Dietmar Rieger, *Gattungen*, p. 171 n. 189, reprend sans commentaire l'interprétation de Dejeanne avec ajout du *-r*.

[16]Cf. E. L. Adams, *Word-Formation in Provençal* (1913; repr. New York, 1967), pp. 171-76.

[17]Cf. *avocat* > *avocadel*; *baston* > *bastonel*; *asta* > *astela*, etc.

[18]"Mon serventes no val plus, / Que faitz es de bos moz clus", in *Jongleurs et troubadours gascons*, éd. Alfred Jeanroy (Paris, 1923), p. 13, vv. 25-26.

[19]Voir la dernière strophe, p. 15, et le v. 31 pour l'apparition du mot *sirventes*:

"Sirventes, ten ta carrieira".

[20]Voir notre thèse *Les poésies satiriques et morales*, p. 24.

[21]Pour les deux pièces de Marcoat, il s'agit du schéma 91:15 et 16 du *Répertoire* d'István Frank:

a	a	b	a	a	b	
7	7	7'	7	7	7'	(PC 294,1) rimes dif-
7'	7'	7	7'	7'	7	(PC 294,2) férentes.

Même schéma et même mètre pour Raimbaut d'Orange (PC 389,9); même schéma, mètre différent pour deux pièces de Marcabru (PC 293,15 et 22), ce qui ne manque pas d'intérêt étant donné l'allusion à celui-ci dans *Mentre* et l'évidente filiation esthétique.

[22]Voir notre article, "Les mots composés chez Marcabru et R. d'Orange: étude de quelques cas", in *Mélanges de linguistique et de philologie romanes dédiés à la mémoire de Pierre Fouché (1891-1962)* (Paris, 1970), pp. 93-107.

[23]Ibid., pp. 101-06.

[24]Pour une mise au point sur le rôle, capital, de la rhétorique dans la poésie d'oc, nous ne pouvons que renvoyer à l'ouvrage de Linda M. Paterson, qui offre une bonne synthèse.

[25]C'est là quelque chose de bien établi. Comme le remarquait Robert Guiette dès 1949: "Jamais poésie ne fut plus rigoureuse, plus totalement et consciemment calcul, mathématique et harmonie. C'est ce que nous entendons exprimer par le terme de 'poésie formelle'", in *D'une poésie formelle en France au moyen âge* (Paris, 1972), p. 35 (reprise de la *Revue des Sciences humaines* [Lille, avril-juin 1969]).

[26]Paterson, *Troubadours and Eloquence*, p. 165.

[27]Ibid.

[28]Ibid.

[29]Pour reprendre les termes de Robert Guiette: "C'est sur un fond de tradition que se dégage la perception du formel", *D'une poésie formelle*, p. 61.

[30]Paul Zumthor, *Essai de poétique médiévale* (Paris, 1972), pp. 75-76; *Le masque et la lumière: la poétique des grands rhétoriqueurs* (Paris, 1978), pp. 198-99 et 205.

[31]Voir notre thèse *Les poésies satiriques et morales*, pp. 15-16.

[32]Voir "Ab votz d'angel", str. VII, v. 53-56 (éd. Lavaud, p. 164).

[33]Voir notre thèse, *Les poésies satiriques et morales*, pp. 17-21. Rappelons l'attitude de Dante, d'abord juge sévère (*De rithmicis vulgaribus*), qui évoluera sous l'influence de l'éthique thomiste (*De vulgari eloquentia*, 2/2, 6-9).

[34]En revanche, on peint une sorte de monde à l'envers, conséquence attendue de la mort du héros, selon des procédés de rhétorique traditionnelle. Cf. Edmond Faral, *Les arts poétiques du XIIe et du XIIIe siècle* (Paris, 1925); Ernst Robert Curtius, *La littérature européenne et le moyen âge latin* (Paris, 1956). Dietmar Rieger a fort justement lié le *planh* à la poésie morale (*Gattungen*, pp. 281, 287-88, 290).

[35]Voir notre article "D'une esthétique de la rupture chez Peire Cardenal", *Revue*

des langues néo-latines 1977, 106-25.

[36]Voir "Vaudois languedociens et Pauvres catholiques", *Cahiers de Fanjeaux*, 2 (1967).

[37]Voir notre thèse *Les poésies satiriques et morales*, pp. 159-61, 262-63, 437-38.

[38]Un doctorat d'État sur les *sirventes* politiques est entrepris depuis quelques années par Mlle Dauzier, Université de Paris XII.

[39]Voir notre article "D'une esthétique", p. 121 et suiv.

[40]Voir Paul Zumthor, *Essai*, p. 136, et l'article déjà ancien de Erich Köhler, "Die Sirventes-Kanzone: 'genre bâtard' oder legitime Gattung?", in *Mélanges offerts à Rita Lejeune* (Gembloux, 1969), pp. 159-83.

Diversity despite Similarity: Two Middle High German *Contrafacta* of an Occitan Song

Stephanie Cain Van D'Elden

The songs "Si darf mich des zîhen niet" (MF 45,37) by Friedrich von Hausen and "Mit sange wânde ich mîne sorge krenken" (MF 81,30) by Rudolf von Fenis have been identified by István Frank and others as *contrafacta* of Folquet de Marseille's "En chanten m'aven a membrar" (PC 155,8).[1] The term *contrafactum* has been used primarily in musicology, where it denotes the setting of new words to a borrowed melody. However, *contrafactum* may also involve a text translation or, more accurately, a text adaptation. The exact nature of such borrowing appears very elusive, and this article is an attempt to formulate more precisely the mechanism of borrowing. One problem is that the melody, for example, does not necessarily have to develop congruently with the sentence or strophic structure.[2] The concept of contrafacture is especially intriguing for Middle High German scholars since there are almost no melodies of German songs extant from that period. In addition, the very process of adapting a song composed for a particular audience into another language, culture, and environment may reveal insights regarding medieval life. What happens to an idea, to an image, to a turn of phrase, when it is transported from Southern France to Germany? Do the changes made reflect important differences in the cultures? Or are we simply dealing with a monolithic, homogeneous culture populated by poets, composers, singers who express purely personal thoughts?

The three poets, Folquet de Marseille, Friedrich von Hausen, and Rudolf von Fenis, flourished from about 1180 to 1195. It is possible that they participated in the Third Crusade (1189-1192).[3] What was it that attracted the German poets to the Occitan song, and how did they go about making it suitable for their particular audiences? First of all, it appears that they were drawn to the melody. Ursula Aarburg designates Friedrich's song melodically as a "sichere Kontrafaktur" of Folquet's song. She places Rudolf's song in the category of "wahrscheinliche und mögliche Kontrafakturen" and suggests that Rudolf may have borrowed from Gaucelm Faidit (PC 167,46), who, in turn, borrowed his melody from Gace Brulé.[4] Friedrich Gennrich emphasizes the notion that the German poets most certainly learned the Occitan songs with text and melody inextricably connected.[5]

Each of the songs has five strophes, Folquet's with an additional two four-line tornadas, typical of Occitan poetry. The songs of Folquet and Friedrich consist of strophes of ten lines with a caesura after the fifth line. Rudolf's song is in typical bar form, two lines to each *Stollen* and three lines for the *Abgesang*. Where in the Occitan song there are eight or ten syllables to a line, the corresponding German lines tend to have four or five beats. Typical of the Occitan song is the use of the same rhyme scheme for each of the five strophes (aa bb cc cc dd) with only four different rhyme sounds in the entire song—ar / or / e / o (*coblas unissonans*). Rudolf, perhaps inspired by this simple (but difficult to achieve) Occitan model, employs the rhyme scheme (ab ab bab) where the two rhyme sounds per strophe are as follows: en ân / êren en / inge in / êre uet / ennet iet. Here the vowel and consonant progression from strophe to strophe point to a master plan of the poet. Friedrich's rhyme scheme is much more complicated—possibly a sign of his greater virtuosity, but more probably a sign of different poetic climate as compared to that of Southern France. The basic pattern is simple (aa bb cc dd ee); however, the rhyme sounds in the third strophe îp / ie / uot / en / ôt / are also found randomly scattered throughout the rest of the poem, thus providing an important element of cohesion.[6]

In addition to the melody, which musicologists have studied in some detail,[7] what other elements could have attracted Friedrich and Rudolf to Folquet's song? In discussing the many *contrafacta* of Rudolf von Fenis, Friedrich Diez claims that Rudolf did not copy or adapt song for song, but rather that he borrowed strophes from several different songs to compose a new song of his own—"man wählte zu eigener Lust, was man brauchen konnte."[8] With reference to a different poem, Helen Stadler claims that Rudolf's "borrowing demonstrates . . . that Fenis is a skillful translator when he wishes to give a close rendering of a part of his original; he uses the device of variation to expand his material and by a combination of translation and variation has produced an elegant, unified stanza which builds up effectively to the pointe of the final line."[9] Thus she, too, emphasizes his "borrowing" for his own purposes.

Folquet's song begins with the speaker's expression of his desire to forget, yet the very act of singing makes him remember precisely what he had hoped singing would make him forget. He addresses the lady directly and appeals for "mercy." In his second strophe Folquet concentrates on the popular medieval antithesis of the body-heart motif (*cor-cors*) which is barely touched upon in the first strophe, in which the speaker claims that it is both true and just that he bear his lady's image within his heart. In the second strophe he develops this theme and elaborates on it to include (1) the possibility of harm to him which also would cause harm to her (within his heart) and (2) the idea that his body is separated *from* and unimportant compared *to* his heart where she dwells. In the third strophe he suggests that this separation causes him to be distracted and not respond to greetings on the street: his heart is so absorbed in love that it takes over all his faculties, and his body is unable to fulfil social obligations. In the fourth strophe, however, he implores the body not to blame the heart. Now finally he adds a jarring note, a suggestion that all is not well in this relationship. He wonders whether she will be willing to hear his song (i.e., love him) without gifts and riches.

The tone of Folquet's song seems resigned, rather analytic and sober. The strophes do not appear to be narratively connected; instead he seems to be analyzing the problem of unrequited love without making either any heartfelt pleas or any real attempts to remedy the situation. It is even possible to rearrange the order of the strophes without changing the flow of the song.[10] The speaker suggests that his lady cannot help but feel pity if she actually were to listen to him (implying that even this might be too much to expect):

> E si la denhatz escoutar,
> dona, merce i deurai trobar.
> (vv. 41-42)

He appears resigned and hardly even protests:

> pero ops m'es qu' oblides sa ricor
> . . .e la lauzor
> qu'ieu n'ai dig e dirai jasse.
> (vv. 43-45)

He laments that he must forget her rich beauty and even the praises (song, i.e. love) which he has sung—the singing and loving which has brought the pain mentioned in the first strophe. She might not even deign to enter his heart unless he promised her rich gifts. Again Folquet refers to the motif of fire alluded to in the second strophe and the antithesis is made explicit: there the speaker is afraid his ardor (taken literally) will grow so hot as to injure both him and the lady; here he complains that a fire left unfanned or untouched will soon die. Without any encouragement from her, his love, too, will soon die.

Like Folquet, Friedrich, too, laments unrequited love, but in his case the emphasis is upon unrewarded service. While Folquet's speaker addresses his lady as *midonz* (my lord), the motif of feudal service is much stronger in Friedrich who, nevertheless, does not include a subservient salutation. The speaker begins by feigning worry that his lady might reproach him for not loving her enough. Then he assures us that he truly loves her with all his heart. He loves her to distraction and is completely oblivious to his surroundings. For example, he is unable to distinguish between day and night, appearance and reality. The expression "wârheit sên" raises the question of what the truth is and whether the lady can see it. The lady should distinguish between the truth of his love and the deceptive forms of his behavior. The rhyme words at the end of the first strophe, *verdâht*, *versan*, *vernam*, make this clear. They indicate the perversion of all normal sense perception. The speaker appears mad, but the lady should see that this state is due to love. He has given up struggling against this all encompassing love for the best of all women whom he serves as a vassal. If God should reproach him for loving her too much, then it is His fault for making her so beautiful. Therefore, loving her cannot be a sin. All this time the speaker has loved this lady, and never was his mind allowed to turn to wisdom (i.e., he was irrational). His love has caused his distraction, his lack of wisdom, and possibly even his sin (but God, since He created her, should forgive him).

Two images dominate the first part of the second strophe: *strît*, the struggle with the lady to convince her of the speaker's true love, and *dienen*, his service to her. In feudal terms the two expressions are incompatible, since one cannot both serve a lord and fight him, but they are not incompatible in terms of Courtly Love, since the service consists of composing songs which are intended to convey the struggle for the lady's love. The two images continue the main theme of the contrast between appearance (*strît*) and reality (*dienen*). In the middle of the second strophe the words "swar ich iemer var" indicate that the speaker is going on a journey. The idea of physical as well as spiritual separation becomes important. The dilemma of service to God is contrasted with service to the lady. At the end of the third strophe Friedrich's speaker suggests that he now wishes to serve God, for He might help him out of his distress.

The feudal motif of service and reward is especially strong in the fourth strophe. Here the speaker reproaches the lady for accepting his service without rewarding him—a lady whose disposition towards him was very ungenerous. He had hoped that with her love she would cure him of his distress; instead, she has shown no grace whatsoever. Now the speaker is willing to serve him who knows how to reward. The "him" is presumably God. But Friedrich is ambiguous, deliberately so. In the final strophe the speaker again complains that he was never able to enjoy the love which he had for his lady. But he will not say anything bad about her or about any other woman. Is he not protesting too much here?

> daz ich ir spraeche iht wan guot,
> noch mîn munt von frouwen niemer tuot.
> (MF 47,3-4)

The same theme had appeared in the fourth strophe:

> von der enspriche ich niht wan allez guot,
> wan daz ir muot
> zunmilte wider mich ist gewesen.
> (MF 46,32-33)

After a long life of praising ladies, he is not about to stop now after just one bad experience. While he is sorry that he has forgotten God for so long and shall revere Him above all forever, he is not giving up his options and will continue to bear women a loving heart:

> doch klage ich daz
> daz ich sô lange gotes vergaz:
> den wil ich iemer vor in allen haben,
> und in dâ nâch ein holdez herze tragen.[11]
> (MF 47,5-8)

I agree with Hugo Bekker's assessment of the complexity of this song; he maintains that "we are dealing with a speaker who plays with concepts, mutually illuminates them and (ironically?) balances them, the one against the other."[12] The speaker is not willing as yet to make a commitment.

This song has often been identified as a crusade song since it appears in the manuscript next to "Mîn herze und mîn lîp diu wellen scheiden" (MF 47,9), which clearly discusses the problem of leaving one's lady for God's service.[13] But here in "Si darf mich des zîhen niet," Friedrich's speaker obviously equivocates in regard to his service to God. In fact the entire song could easily be rendered in the subjunctive: What would happen if my lady were to reproach me for not loving her? Would God consider my love and my distraction and my forgetfulness of Him to be a sin? Would God really be a better master and more forthcoming in His rewards? Naturally Friedrich's speaker does not say this for it would amount to blasphemy. But he does not seem to be entirely convinced of the efficacy of turning entirely away from women and towards the better master—God.

In conclusion, this seems to be not only a lament for unrewarded love service, but also an attempt to explore the possibility of God's love versus women's love. Friedrich's speaker is not willing to take a step altogether in one direction or the other. While he seems sincerely distressed and unhappy, he is not willing to give up everything just because of one unpleasant experience. The same struggle is more clearly put in MF 47,9, and here again we are assured that it is indeed a struggle and not a decision to be lightly made. Friedrich's speaker truly loves women and is willing to serve them with all his heart—to distraction—but he would still like some sort of reward for his efforts.

Rudolf begins with the same motif as Folquet—namely that the speaker tries singing in order to rid himself of his distress:[14]

> Mit sange wânde ich mîne sorge krenken.
> dar umbe singe ich deich si wolte lân.
> so ich ie mê singe, ich ir ie baz gedenke:
> sô mugens mit sange leider niht zergân.
> (MF 81,30-33)

He has been put into such a state by Love that he cannot hope to escape easily (he, too, is distracted). Since Love has honored him by letting him carry her in his heart, he would be a fool to renounce her—she who is able to turn his worry to joy and to consume him, she who can invite him into the house of joy:

> ich waere ein gouch, wolt ich mich der entsagen.
> ich wil ouch Minnen mînen kumber klagen,
> wan diu mir kunde dez herze alsô versêren,
> diu mac mich wol ze vröuden hûs geladen.
> (MF 82,1-4)

Folquet, on the other hand, said: keep my heart as if it were your dwelling place (*vostra maizo*)—a much less concrete image.

Rudolf's speaker complains to his lady of his sorrow, for she has the power to cure him of it. He is fettered to her even when far away:

> Mich wundert des wie mich mîn vrouwe twinge
> sô sêre swenne ich verre von ir bin.
> (MF 82,5-6)

He can only be happy when he sees her, when he is with her, but even thinking about this distresses him. The theme of distress is very strong in this song where the lady is both the source of and remedy for his sorrow. In the first strophe the paradox appears as he laments that while he tries to forget his sorrow in song, he is only reminded of it all the more. In the fourth strophe he says that when he is with her his sorrow is even greater, although in the third strophe he had said that all that was needed to cure him of his sorrow was her presence—"mües ich si sehen, mîn sorge waere hin." He sums up his feelings with the quotation "so ich bî ir bin" (when I am with her)—a little phrase which consoles his spirit and would do so even more if he were to be successful in this endeavor (being with her). But just at this point his sorrow increases ("alrêste mêret sich mîn ungewin"). In the fourth strophe the paradox of the previous strophe is heightened. Although the sight of his lady aggravates his pain, his parting from her increases it still more. He claims that his sorrow increases "when he is with her" like a person who goes too near the fire: he can be warmed (consoled from his unhappiness) or burnt (i.e., made more sorrowful) by the fire. The fire motif is expanded in the final strophe and given an intriguing touch. His lady draws him to her like a moth to a light. It flies to the light until it is burnt:

> Ir schoenen lîp hân ich dâ vür erkennet,
> er tuot mir als der fiurstelîn daz lieht;
> diu fliuget dran, unz si sich gar verbrennet.
> (ML 82,19-21)

Paradoxically, it is the lady's goodness which has so harmed and deceived him; furthermore it is the sight of her beauty, which "mich daz sehen dunket alsô guot," that is luring him to his death. The same type of equivocation appears in the sixth strophe: I love her, who does not love me, etc. Finally the speaker becomes so distressed—crazy—that like a moth he must die:

> mîn tumbez herze enlie mich alsô niet,
> ich habe mich sô verre an si verwennet
> daz mir ze jungest rehte alsam geschiet.
> (MF 82,23-25)

The motif of the moth comes from another song by Folquet[15] where the poet complains that false love (*fals' Amors*) attracts and binds foolish lovers like the butterfly, which is also foolish, is attracted by light, singes itself in the fire, and dies.

All three songs are love laments. Each is a monologue delivered by a person identified only as "I." Only in Folquet's song is the lady directly addressed as "vos" and as "midonz." In the first and fourth strophes Folquet's speaker discusses his lady in the same impersonal manner as that found in the songs of Friedrich and Rudolf—indicating clearly that a specific lady is the subject—but in the second, third, and fifth strophes Folquet's speaker talks *to* and even pleads *with* her to hear his song. Even though he uses the "vos" form, Folquet's speaker seems to be the least involved of the three speakers, the most distanced. In the fifth strophe of his song he claims to his lady, "midonz," that she must feel pity for him. Then, addressing no one in particular, he calmly admits that he must forget her. Perhaps Stanislas Stroński, Folquet's editor, was right when he said that Folquet's love songs are not "expressions of love" but rather "observations on love."[16] Folquet's speaker tries to forget the *dolor* of *mal d'amor* and tends to be more abstract, more introspective, than the two Germans. Friedrich's and Rudolf's speakers emphasize their *kumber grôz*, *sorge*, *nôt*, *ungewin*, *leit*, *wân*, and *schaden* which they bemoan (*klagen*).

It is not surprising to find the word "heart" in all three songs.[17] The first reference to "heart" appears in Folquet and Rudolf in the second strophe in almost identical situations. The speaker is honored by Love, for she allows him to "bear, carry" the lady in his heart:

E pos Amors mi vol honrar
tant qu'el Cor vos mi fai portar...
(vv. 11-12)

Sît daz diu Minne mich wolt alsus êren
daz si mich hiez in dem herzen tragen...
(MF 81,37-38)

Rudolf continues to use "heart" in a rather mundane fashion: the speaker's heart aches, his heart is foolish, etc. Friedrich, too, employs "heart" conventionally: his speaker loves his lady with all his heart, and finally he promises to bear *to* women a loving heart. He is not bearing them *in* his heart but rather referring to his outward attitude towards women—actually vis-à-vis God. Folquet's speaker, on the other hand, bears within his heart the image of his lady. He implores his lady not to excite or inflame him too much. He must keep his heart, in which she resides, from the burning flame; if he is burned, she, too, will be harmed. The heart will keep and hold the lady so well that the body is unimportant. The lady may do what she will with his body as long as she remains within his heart. (In Friedrich's song "Mîn herze und mîn lîp diu wellen scheiden," MF 47,9, the speaker bemoans the fact that his heart and body, which have served him so long united, are separated: the one wants to serve the lady and the other to fight for God). In Folquet's song both body and heart are entirely dedicated to the lady.

Folquet's speaker claims that since his heart is separated from his body, he is so distracted that he no longer notices people speaking to him on the street:

qu'om mi parla, manthas vetz s'esdeve,
    qu'ieu no sai que,
e m saluda qu'ieu no n aug re;
e ja per so nuls hom no m'ochaizo

si m saluda et ieu mot non li so.
(vv. 26-30)

Friedrich employs the same figure of speech: his speaker claims that he was so distressed and distracted that he greeted people with "good morning" in the evening:

ich quam sîn dicke in solhe nôt,
daz ich den liuten guoten morgen bôt
engegen der naht.
ich was sô verre an si verdâht
daz ich mich underwîlent niht versan,
und swer mich gruozte daz ichs niht vernam.
(MF 46,3-8)

In both songs the effects of love disorient the speakers. (Needless to say, it was these parallel passages that drew interest to the two songs in the first place.)[18]

These passages appear at different points within the two songs and in entirely different contexts. In Folquet's song the passage appears in the third strophe where the speaker's distraction is blamed on the heart's leaving the body and thus ridding it of reason, wit, and valor. Evidence of separation is given when the speaker does not notice people greeting him on the street. Furthermore, the speaker claims the body should not blame the heart for such lapses in decorum, since the business of the heart is all important. In Friedrich's song the reference appears in the first strophe, with the purpose of setting the scene, of showing the speaker's complete devotion to his lady. There is an added archetypical dimension—namely the distinction between day and night.

The distress and distraction motif is taken even further in the song by Rudolf. Rudolf's speaker, instead of being so distracted that he disregards greetings from friends in the street as in Folquet's and Friedrich's songs, is so distressed and distracted and without control over himself that he flies like a moth into the fire of his lady's love, which consumes him and causes him to die. This is truly a love lament without any hope. There is no possibility of an escape from the pain of love. He is not willing to suggest the possibility of turning to God as was Friedrich. Nor is he as philosophically resigned to the fate of unrequited love as is Folquet. The result is inevitable, but Rudolf's speaker is not willing to accept it without much lament. Despite all this heartfelt sorrow Rudolf's speaker appears somewhat schizophrenic, vacillating between the abstract thought of being with his lady and the frightening possibility of actually being with her.

Both Folquet and Rudolf begin their songs with the same paradoxical situation: Folquet's speaker says that while he sings to forget, he sometimes remembers in singing what he is trying to forget—namely his grief and unhappy love. Here the words loving and singing are probably synonymous and interchangeable. Rudolf's speaker, on the other hand, says that he tries to make his distress milder through song, but the more he sings the stronger his distress becomes. Love cannot be so easily dismissed. Here, too, probably love and song are interchangeable. In both cases the speakers feel compelled to sing to relieve their distress—but this singing merely increases it. Caroline Locher characterizes the two strophes as follows:

> Like Folquet's, the speaker in Rudolf's poem tells us that singing has reminded him of his sorrows rather than helping him forget them. But while the end of Folquet's first stanza becomes a direct address to the beloved and turns inward to her in his heart (i.e., becomes self-contemplative), Rudolf's remains an external, less personal, more social and public set of observations on the firmness of his love and its psychological and emotional consequences for him.[19]

Then the tenor of the two songs changes. In Folquet's there is a small note of reproach at the end of the first strophe: "que·m chastia. . .". The lady's image reproves the speaker for his mind's vagaries, but not for lack of love. (Friedrich's speaker, on the other hand, *worries* that his lady will reproach him for lack of love.)

Helen Stadler suggests it was "la rhétorique de Folquet" that Rudolf admired and wished to emulate. Rudolf adapts the paradoxes of Folquet, enhancing them by ornaments of style such as simile, annominatio, and chiasmus. "Mit sange" corresponds to "en chantan;" "wânde" roughly to "cug;" "dar umbe singe ich deich. . ." to "per so chant que. . .". His play on singing, "sange . . . singe . . . singe . . . sange" corresponds to Folquet's "chantan . . . chantan . . . chant . . . chant." This is perhaps also intended to reproduce the chiastic arrangement of "membrar . . . oblidar . . . oblides . . . m'en sove." The three-fold "so ich bî ir bin" appears for the first time in the middle of Rudolf's song and serves as leitmotif or motto of the entire song: being with her consoles him, increases his sorrow, and finally kills his spirit. In the last two strophes "ir grôziu güete" is repeated; parallel with it appear "ir schoenen lîp" and in contrast "mîn tumbez herze." These sets of linking devices illustrate Rudolf's affection for "la rhétorique."

All three songs contain feudal terminology, but this is especially obvious in Friedrich's: he repeatedly uses such terms as *dienen*, *holt*, *undertân*, *holdez herze*, etc.[20] This feudal terminology is less prominent in the other two songs which merely contain words such as *midonz*, *seignor*, and *dompna* in the case of Folquet, and *mîn vrouwe* in Rudolf. Clearly the thrust of Friedrich's song is his lament for the lack of reward for his feudal service, for his love service. In both German songs love service is required of the speaker—service which does not require wealth or material reward—

service of the heart which might include writing songs, deeds of valor, etc. Folquet's song presents an entirely different slant on the *dienst* and *lôn* motif: he seems to suggest that the lady wants actual gifts and must have these gifts before the game of love can even begin.

In all three songs the speaker's situation is hopeless. Folquet handles the problem with detached sophistication; Friedrich with an examination of the situation and a questioning of whether God would make a better master; while Rudolf's speaker sounds like a love-sick teenager who does not really understand his own mind or emotions.

The beloved ladies are not actually described. Rudolf's speaker mentions *ir schoenen lîp* and *ir grôziu güete* which confuse him—"ir grôziu güete mich alsô verriet"—and cause him harm, certainly not positive characteristics. Furthermore, she has him fettered (*twinge*). Thus we are told nothing about her physical appearance, merely that she has the power of turning his pain to joy and she could invite him into the house of joy ("diu mac mich wol ze vröuden hûs geladen")—not that she will do this. Friedrich's speaker considers his lady the best of all women ("aller beste wîp"), but her disposition towards him is too ungenerous ("ir muot zunmilte wider mich ist gewesen"). And Folquet's speaker seems resigned to his fate which required that he forget her nobility (*sa ricor*). She could or even should have pity on him, since she is the one who has distracted him; she is the cause of his undying love. In all three songs, the ladies have cold, unfeeling personalities, which thwart the love-filled intentions of the speakers. There is no mention of joy derived from love. When the term "joy" does appear, it is contrasted to the sorrow the poets feel.

This discussion illustrates that the study of *contrafacta* is still in its infancy. While the two German songs have been labeled as *contrafacta* of Folquet's song, they really do not share much in form or in content. The rhythmic forms are related, but the rhyme schemes are different. The content clearly does not represent translations, not even adaptions. The motif of "singing to forget" and the motif of the moth are probably borrowed from Folquet. But the other congruencies are so general in nature that they are probably taken from the great wealth of Courtly Love lyric material. All three are love laments—devoid of any joy—stressing the sorrow, distress, and distraction of the poet. A more exhaustive analysis of a larger corpus of songs may permit a broader generalization regarding the differences between Provençal and Middle High German love poetry. This study suggests that the poets borrowed quite unsystematically "zu eigener Lust." The similarity among the songs is obvious. The diversity which results in individuality is especially appealing. Each of the songs discussed above is a unified composition which, despite some borrowings, stands on its own merit.

Notes

[1]This detailed analysis of three songs is part of a future more comprehensive comparison of *contrafacta* with their models as well as the overall relationships among Medieval Occitan, Old French, and Middle High German love lyrics. The inspiration for this study was provided by Paul Remy, who, when contrasting French and German courtly poetry, wrote that the Minnesinger "... ne furent pas des imitateurs serviles des troubadours et des trouvères. Le vocabulaire féodal se précise et s'accentue, la femme devient impersonnelle, l'amour tend à se légaliser; mais avant tout, les compositions des Minnesinger gardent une fraîcheur délicate et un lyrisme spontané" (*La littérature provençale au moyen âge* [Brussels, 1944], p. 74). Bibliographie: Carl von Kraus, *Des Minnesangs Frühling*, 34th ed. (Stuttgart, 1967), pp. 58-59 and 104-06 (abridged MF). Stanislas Stroński, *Le Troubadour Folquet de Marseille* (1910; rpt. Geneva, 1968), pp. 27-31. István Frank, *Trouvères et Minnesänger: Recueil de textes pour servir à l'étude des rapports entre la poésie lyrique romane et le Minnesang au XIIe siècle* (Saarbrücken, 1952), esp. pp. 62-79. Friedrich Gennrich, "Sieben Melodien zu mittelhochdeutschen Minneliedern," *Zeitschrift für Musikwissenschaft* 7 (1924), 65-98, esp. pp. 71-78 and 88-90; "Der deutsche Minnesang in seinem Verhältnis zur Troubadour- und Trouvère-Kunst," *Zeitschrift für deutsche Bildung* 2 (1926), 536-632; *Der musikalische Nachlaß der Troubadours* [= Summa musicae medii aevi 3, 4, 15], 1, *Kritische Ausgabe der Melodien* (Darmstadt, 1958); 2, *Kommentar* (Darmstadt, 1960); 3, *Prolegomena* (Langen bei Frankfurt, 1965); *Die Kontrafaktur im Liedschaffen des Mittelalters* [= Summa musicae medii aevi 12] (Langen bei Frankfurt, 1965). Ursula Aarburg, "Melodien zum frühen deutschen Minnesang," *Zeitschrift für deutsches Altertum* 87 (1956-1957), 24-45; repr. in *Der deutsche Minnesang*, ed. Hans Fromm (Wege der Forschung, 15 [Darmstadt, 1963]), pp. 378-421. Burkhard Kippenberg, *Der Rhythmus im Minnesang* (Munich, 1962).

[2]According to Siegfried Beyschlag, "Metrik der mittelhochdeutschen Blütezeit in Grundzügen," in *Altdeutsche Verskunst in Grundzügen*, 6th ed. (Nuremberg, 1969), p. 91, the melody may "... in Überschneidung zum einen ... oder anderen oder zu allen beiden stehen. Die Folge dieser drei Möglichkeiten sind künstlerische Wirkungen oft subtilster Art...". The form of the melody cannot in every case be consistent with the form of the text, and it is conceivable that Friedrich and Rudolf may have changed their melodies as well as rhyme schemes.

[3]Frank, *Trouvères et Minnesänger*, pp. 158-62. Friedrich Diez, *Leben und Werke der Troubadours* (1882; repr. Amsterdam, 1965). Karl Bartsch, *Die Poesie der Troubadours*, 2d ed. (1883; repr., Hildesheim, 1966), pp. 244-47. Ernst Baldinger, *Der Minnesänger Graf Rudolf von Fenis-Neuenburg*, Neujahrblätter der Literarischen Gesellschaft Bern (1923), pp. 50-52. Erhard Lommatzsch, *Leben und Lieder der provenzalischen Troubadours*, 1 (Munich and Salzburg, 1972), pp. 34-35. Hugo Pratsch, *Biographie des Troubadours Folquet von Marseille* (Berlin, 1878). Hans Jürgen Rieckenberg, "Leben und Stand des Minnesängers Friedrich von Hausen," *Archiv für Kulturgeschichte* 43 (1961), 163-76.

[4]Aarburg, "Melodien," pp. 394-95 and 407-09. Wendelin Müller-Blattau, *Trouvères und Minnesänger*, 2, Schriften der Universität des Saarlandes (Saarbrücken, 1956), pp. 72-80 and 83-84. Helen Stadler, "Rudolf von Fenis and his Sources,"

Oxford German Studies 8 (1973), 5-19, suggests that Rudolf was familiar with Gace's song and "... decided to adopt its metrical form and paraphrase the content of its opening stanza; yet that he knew Folquet's version and preferred its formulation, with the more striking opening paradox and other rhetorical embellishments" (p. 11). Thus his own strophe amalgamates the two. Hans-Herbert S. Räkel, "Liedkontrafaktur im frühen Minnesang," in *Probleme mittelalterlicher Überlieferung und Text-Kritik. Oxforder Colloquium 1966*, ed. Peter F. Ganz and Werner Schröder (Berlin, 1968), pp. 118-44, clearly presents the problems of identifying borrowed melodies:

> "Bei der Herstellung des Textes bedienen wir uns eines Stemmas, das so weit wie möglich auf sicheren Verwandtschaftsverhältnissen beruht, d.h. durch relevante Fehler belegt werden kann. Bei der Gruppierung der Melodiefassungen entfällt dieses Kriterium, so daß jenes einem Stemma ähnliche Schaubild, das wir herstellen, in Wirklichkeit kein Stemma ist und über die Verwantschaftsverhältnisse keine sichere Auskunft geben kann. So wenig sich beweisen läßt, daß Melodiefassungen der Überlieferung nach (also nicht dem Stil nach) verwandt sind, so wenig läßt sich mit Sicherheit sagen, daß sie unverwandt sind.

Furthermore

> ... daß zu einer Zeit, da die Überlieferung bereits durch zersungene und retuschierte Fassungen bereichert war, die Vortragenden und ihr Publikum von sehr erfolgreichen Liedern mehr als eine Melodiefassung gekannt haben, etwas so wie ein deutscher Lutheraner 'Befiel du deine Wege' mindestens zu zwei Melodien singen kann. Ein Sänger hätte sich unter diesen Umständen genötigt gesehen, selbst eine Entscheidung zu treffen, sei es nach seinem eigenen Geschmack und Kunstverstand, sei es nach dem Wunsch seiner Mäzene. Mit einer geänderten Melodie brauchte er aber nicht auch andere Textlesarten in seinen Vortrag aufzunehmen, denn keine Lesart besitzt für sich schon jenen Ganzheitscharakter und jene relative Unabhängigkeit einer Melodie (p. 116).

[5]Gennrich, "Sieben Melodien," p. 74. For general information pertinent to the subject of contrafacture, see Hans Spanke, "Romanische und mittellateinische Formen in der Metrik von Minnesangs Frühling," *Zeitschrift für romanische Philologie* 49 (1929), 191-235; repr. in *Der deutsche Minnesang*, ed. Hans Fromm, Wege der Forschung, 15 (Darmstadt, 1961), pp. 255-329. Friedrich Gennrich, "Liedkontrafaktur in mhd. und ahd. Zeit," *Zeitschrift für deutsches Altertum* 82 (1948/50); repr. in *Der deutsche Minnesang*, pp. 330-77. Ronald J. Taylor, "Zur Übertragung der Melodien der Minnesänger," *Zeitschrift für deutsches Altertum* 87 (1957/1958), 132-47. Helmut Lomnitzer, "Zur wechselseitigen Erhellung von Text- und Melodienkritik mittelalterlicher deutscher Lyrik," in *Oxforder Colloquium 1966*, ed. Ganz and Schröder, pp. 118-44. Christoph Petzsch, "Kontrafaktur und Melodietypus," *Die Musikforschung* 21 (1968), 271-90.

[6]Ulrich Mehler, "Friedrich von Hausen, 'Sî darf mich des zîhen niet'," *Euphorion* 72 (1978), 324-31, discusses the metrical and rhyme schemes of the songs of Folquet and Friedrich as well as the strophic and compositional principles;

his article includes an excellent bibliography pertaining to the form of these two songs.

[7]Specifically on Folquet's melodies, there is the outdated Ugo Sesini, "Folchetto da Marsiglia, poeta e musicista," *Convivium* 10 (1938), 75-84, and Jadwiga Klobukowska, "Contribution à l'étude de la versification et du rhythme dans les chansons de Folquet de Marseille," *Actes du 5e Congrès International de Langue et Littérature d'Oc d'Etudes Franco-Provençales, Nice 6-16 sept. 1967* (Nice, 1974), pp. 414-19.

[8]Friedrich Diez, *Poesie der Troubadours* (1883; repr. Hildesheim, 1966), p. 244.

[9]Stadler, "Rudolf von Fenis," pp. 6-7.

[10]Caroline Locher, "Folquet de Marseille and the Structure of the Canso," *Neophilologus* 64 (1980), 192-207, takes exception to this general observation: "At first the stanzas may seem autonomous. . . . But autonomy does not overshadow the interrelationship between the stanzas . . . further investigation reveals another level of unity throughout the entire canso. . . . By virtue of the formula and logical connective devices, the entire song becomes one continuous mnemonic chain which, doubling back on itself, returns like memory to its starting point. . . . Thematically, syntactically, semantically, and formally, the canso *is* what it is *about*: the inescapable memory of love."

[11]This line from MS B is ambiguous and open to interpretation. I choose to translate it "and thereafter bear *them* (i.e., women) a loving heart." MS C, however, unambiguously reads "und *im* dâ nâch ein holdez herze tragen"—"and thereafter bear *him* (i.e. God) a loving heart," which would suggest a complete surrendering to God and a forsaking of women.

[12]Hugo Bekker, *Friedrich von Hausen: Inquiries into his Poetry*, University of North Carolina Studies in the Germanic Languages and Literatures, 87 (Chapel Hill, 1977), p. 65.

[13]*Friedrich von Hûsen: Introduction, Text, Commentary and Glossary*, ed. David G. Mowatt (Cambridge, 1971), pp. 31-33. William T. H. Jackson, "Contrast Imagery in the Poems of Friedrich von Hausen," *Germanic Review* 49 (1974), 5-16.

[14]Stadler, "Rudolf von Fenis," p. 9, does not confine her investigation of Rudolf's song to an adaptation of Folquet's. She maintains that in the five strophes Rudolf ". . . has combined three motifs, all essentially paradoxical, from three different sources. These are placed in stanzas 1, 3, and 5. In addition, stanza 2 adduces the lover's paradoxical, if banal, consolation: that Love, which has so tormented him, can also bring him joy; stanza 4 (perhaps derived from yet another source) heightens the paradox of the previous stanza by asserting that although the sight of the lady aggravates his pain, his parting from her increases it still more. To this and to the final stanza he adds the paradoxes that it is the lady's goodness which has so harmed and deceived him, and that it is the sight of her beauty, which *mich dunket alsô guot*, that is luring him to his death. . . . The poet appears especially in stanzas 3-5 to have set himself the technical exercise of constructing a series of stanzas almost exclusively out of such motifs."

[15]Stroński, *Folquet de Marseille*, p. 52, no. 11, v. 9ff.

[16]Ibid., p. 66.

[17]*Cor(s)* ('heart, body') is the second most common noun in the entire corpus of the troubadours. Cf. F. R. P. Akehurst, "L'ordinateur et l'étude des troubadours," *Cultura Neolatina* 38 (1978), 25.

[18]Karl Bartsch, "Nachahmung provenzalischer Poesie im Deutschen," *Germania* 1 (1856), 480-82; "Über den Grafen Rudolf von Neuenburg," *Zeitschrift für deutsches Altertum* 11 (1859), 145-62.

[19]Caroline Locher, "Imitation and Variation in the Medieval Courtly Love Lyric," *Proceedings of the Pacific Northwest Council on Foreign Languages* 29 (1978), 19.

[20]See, for example, Olive Sayce, *Poets of the Minnesang* (Oxford, 1967), p. 220.

Raimbaut d'Orange "Qi tals motz fai / c'anc mais non foron dig cantan" (éd. Pattison, ch. XVI, vv. 5-6; PC 389,37)

Marc Vuijlsteke

Le lyrisme occitan et médiéval est uniforme, sans doute, et conventionnel[1]. Mais loin d'être un défaut, c'est là le signe même de la parfaite insertion de la *canso* dans le mode du dire courtois, le signe de son adéquation à la convenance et à la tradition[2] et, partant, de sa réussite. C'est que "le troubadour, même quand il exprime ses sentiments à lui, parle au nom de tous. Il identifie ses intérêts à ceux de toute la société courtoise"[3]. Son but n'est autre que "d'exprimer au mieux ce que tout le monde attend qu'il dise"[4]. Dès lors, il est normal que tout texte présentant des éléments non prévus par la tradition, apparaisse comme peu pertinent parce que non conforme[5].

En somme, le poète médiéval se soumet, obligatoirement, à tout un ensemble de thèmes et de motifs immédiatement identifiables par son auditoire, en ce qu'ils opèrent "comme un référentiel renvoyant, hors des frontières du texte, à un ensemble distinct [la tradition] virtuellement présent tout entier, par ce moyen, dans le texte"[6]. C'est là ce que Robert Guiette appela, d'une formule particulièrement heureuse, "un jeu de la poésie du lieu commun"[7]. Jeu qui s'étend d'ailleurs de la thématique à son expression au niveau de l'écriture même. En d'autres termes, autant la tradition est contraignante en ce qui concerne les contenus possibles du poème, autant elle l'est aussi en matière d'actualisation de ces contenus. L'une contrainte étant d'ailleurs liée à l'autre[8]. De là que Paul Zumthor en arrive à la constatation de ce qu'il appelle "la misère lexicale" du lyrisme médiéval[9].

A cet égard, les quelques données quantitatives que nous possédons sont assez révélatrices, même si elles ne concernent pas les vocables ou lexèmes des troubadours dépouillés - c'est-à-dire leur vocabulaire proprement dit - mais uniquement leur nombre total d'unités graphiques (N) et, d'autre part, leur nombre d'unités graphiques différentes (N^1)[10]:

Tableau I[11]

Troub.	N	N^1	N/N^1
Gu	3038	1122	36,93%
JR	2024	768	37,94%
Ma	12471	3617	29,00%
Ce	2629	999	37,99%
BM	3125	1225	39,20%
RB	3027	960	31,71%
BV	15729	2461	15,64%
PA	7252	2341	32,28%
GB	32503	4517	13,89%
AM	8210	1798	21,90%
RO	15060	3193	21,20%

Bien entendu, de telles données quantitatives se doivent d'être approchées avec quelque circonspection. Il ne faudrait surtout pas en conclure, par exemple, que N^1 représente, par rapport à N, le vocabulaire d'un troubadour donné. Tout ce que l'on peut dire, c'est que ce vocabulaire est forcément inclus dans N^1 et que N^1 s'en rapproche bien plus, *a priori*, que N. Ainsi, on constatera que le nombre de lexèmes employés par Guillaume IX d'Aquitaine représente nécessairement moins de 36,93% du nombre total de mots que l'on trouve dans ses textes. D'autre part, il importe également de se méfier des comparaisons. Lorsqu'on remarque que N^1 oscille entre 13,89% du nombre total d'unités chez Giraut de Bornelh et 39,02% chez Bernart Marti, cela ne signifie en aucun cas que Giraut possède un vocabulaire près de trois fois moins "riche" que Bernart Marti. Car il est clair qu'à l'accroissement de l'étendue d'un corpus ne peut pas correspondre une augmentation proportionnelle de N^1 et moins encore du nombre de lexèmes[12]. D'ailleurs, lorsqu'on se livre au même calcul, mais en partant d'échantillonnages de même étendue, on en arrive à des résultats qui se trouvent sans aucun doute bien plus près de la réalité, ou plutôt à des pourcentages permettant un classement plus pertinent des troubadours en question. Ainsi, le Chilton Atlas Laboratory nous donne, pour un corpus chaque fois limité à ± 6000 mots (= unités graphiques), les valeurs suivantes[13]:

Tableau II

Troub.	N	N^1	N/N^1
Ma	6136	2113	34,43%
PA	6143	1957	31,85%
GB	6137	1575	25,66%
BV	6142	1398	22,77%
RO	6140	1799	29,29%

De ce tableau, on peut donc conclure que pour un corpus N donné, le pourcentage de N^1 varie entre ± 23% (BV) et ± 35% (Ma). De même, on en déduira que, théoriquement, le vocabulaire de Marcabru doit être plus étendu que celui de, dans l'ordre, Peire d'Auvergne, Raimbaut d'Orange, Giraut de Bornelh et, finalement, Bernard de Ventadour. Rappelons, cependant, une fois de plus, que le vocabulaire de ces troubadours se situe de toute manière en-dessous de ces pourcentages. A titre de comparaison, on notera que dans le cas de Peire Vidal - pour qui l'on dispose de quantifications exactes concernant tant l'étendue du corpus que celle du vocabulaire proprement dit - le rapport est de 17.290 (N) à 1.823 (V), soit à peine 10,54%[14].

En d'autres termes, la "misère lexicale" des troubadours à laquelle Paul Zumthor fait allusion est réelle. Mais, comme le souligne Pierre Bec, "en contre-partie, les mots significatifs ... qui reviennent constamment, jouissent d'une richesse sémantique particulière, d'une pluralité de valeurs, d'une puissance allusive qui font le désespoir du philologue, mais étendent très loin le message poétique et compensent par là la pauvreté numérique des unités lexicales"[15]. En outre, il n'en demeure pas moins que tout texte est le résultat d'un choix. Aussi bien, quelle que soit l'emprise de la tradition sur le troubadour, celle-ci n'exclut-elle certainement pas la variation individuelle, au contraire.

C'est là l'évidence même. Dans cette optique, nous avons tenté naguère de mettre en lumière cette part de "variation", lexicale en l'occurrence, chez un troubadour tel que Raimbaut d'Orange[16]. Une comparaison entre son lexique et celui de ses prédécesseurs et/ou contemporains révéla la présence dans son oeuvre de 190 vocables apparaissant pour la première fois ("new words" = N.W.) dans un contexte lyrique et courtois[17]. En outre, du fait de leurs variantes morphologiques et/ou graphiques, ces 190 N.W. s'actualisent pas moins de 241 fois chez Raimbaut. Par conséquent, on peut donc dire que 1,6% de l'ensemble du corpus de Raimbaut d'Orange se compose soit de néologismes, soit de mots appartenant au langage naturel ou à un langage non lyrique[18]. Cela étant, il ne nous sembla pas inutile de considérer la répartition de ces vocables, poème par poème:

Tableau III

Chans.	N.W.	Var.	Tot.	Chans.	N.W.	Var.	Tot.
1	17	4	21	21	14	-	14
2	9	3	12	22	1	-	1
3	3	-	3	23	7	-	7
4	11	-	11	24	1	-	1
5	6	-	6	25	3	-	3

Tableau III

Chans.	N.W.	Var.	Tot.	Chans.	N.W.	Var.	Tot.
6	-	-	-	26	1	-	1
7	2	1	3	27	-	-	-
8	3	1	4	28	6	1	7
9	2	-	2	29	4	-	4
10	20	2	22	30	2	-	2
11	5	1	6	31	2	-	2
12	3	-	3	32	1	-	1
13	12	1	13	33	-	1	1
14	8	-	8	34	6	1	7
15	6	1	7	35	-	-	-
16	-	-	-	36	3	13	16
17	1	-	1	37	14	1	15
18	3	1	4	38	2	-	2
19	6	1	7	39	3	18	21
20	3	-	3				

A la vue de ce tableau, on remarquera que ces N.W. se retrouvent dans la majorité des poèmes de Raimbaut: quatre textes seulement - les chansons VI, XVI, XXVII et XXXV - ne comportent aucun N.W. En outre, il est tout aussi évident que l'incidence des N.W. dans la poésie de Raimbaut d'Orange ne correspond en rien à l'une ou l'autre tendance chronologique. En effet, pour autant que l'on puisse se fier à la suite chronologique proposée par Walter T. Pattison[19], il ne semble y avoir aucune corrélation entre la date de composition supposée d'un poème et le nombre de N.W. qu'il contient. De là que - toujours en tenant cette chronologie pour réelle - on ne peut parler, dans le cas de Raimbaut, d'une inclusion progressive de la langue naturelle dans le langage poétique ni, ce qui serait le cas inverse, d'un épurement toujours plus sévère de ce même langage poétique, visant à en éliminer ces "scories" naturelles[20].

D'autre part, on pourrait supposer que cette répartition de N.W. corresponde au "style" auquel on croit devoir rattacher tel ou tel poème. Là aussi, nous semble-t-il, il n'en est rien. La chanson I ("Cars, douz e fenhz del bederesc") est le poème le plus "marcabrunesque" de Raimbaut et, selon Linda M. Paterson, la seule "fully serious clus composition"[21] de notre troubadour. Or, si ce poème compte un nombre important de N.W. (21), dépassé seulement par les vingt-deux de "Ar vei bru, escur, trebol cel" (X), que dire alors de XXVIII ("Lonc temps ai estat cubertz") - tout aussi clus cependant - qui n'en contient que sept? Que dire de XXXI ("Ara·m platz, Giraut de Borneill"), où on ne trouve que deux N.W., alors qu'il s'agit précisément de la tenso où Raimbaut se fait le champion du trobar clus? Quant à XXXVI ("Ar non sui ges mals e astrucs") et XXXIX ("Ar resplan la flors enversa"), si elles se caractérisent en effet par plusieurs traits (de versification) les rattachant au *clus*, la haute concentration de N.W. qu'on y trouve (respectivement seize et vingt et un) est due uniquement au grand nombre de répétitions et de variantes morphologiques et/ou graphiques de ces vocables. Dans XXXVI on ne trouve que trois N.W.: *manatz*, *malastrugamen* et *malastre*. Mais ce dernier mot est réutilisé pas moins de quatorze fois dans le poème. Dans XXXIX, on ne trouve guère que *conglapis* (six fois), *gisclar* (qui est déjà une répétition par rapport à X,2 et à XV,2 et qui apparaît également six fois dans XXXIX), *malgrat* (aussi dans XIII,18 et deux fois ici) et *tertres* (6 fois)[22]. Le seul N.W. à ne s'y trouver qu'une seule fois est *cozer* (v. 4).

Il apparaît donc que si certaines chansons *clus* présentent relativement beaucoup d'occurrences de N.W., il ne s'agit pas là d'un phénomène caractéristique. En outre, les poèmes considérés comme *ric* ou *prim*[23] font preuve, à ce propos, d'une variation tout aussi grande: II (9 + 3), III (3), IV (11), XVII (1), XVIII (3 + 1), XXX (2). De même, les chansons qualifiées habituellement de *leu*[24]: V (6), VI (0), XII (3), XVI (0), XIX (6 + 1), XXIII (7), XXV (3), XXVI (1), XXIX (4). Partant, même si l'on rencontre - en moyenne - plus de N.W. dans les chansons *clus* que dans les *leu*, il nous paraît impossible d'y voir un quelconque facteur discriminatif quant à l'appartenance à l'un ou l'autre style.

Cela n'est d'ailleurs que normal. De *notre* point de vue, ces N.W. peuvent poser des problèmes de compréhension, dans la mesure précisément où nous ne les connaissons pas, ou imparfaitement seulement. Du point de vue des contemporains de Raimbaut, il en va tout différemment: pour eux, ces vocables sont des mots de tous les jours, connus. Autrement dit, ce n'est pas la présence ou l'absence de ces N.W. qui rendra le poème plus ou moins difficile, plus ou moins hermétique, plus ou moins *clus*. Le seul problème qu'ils posent au public contemporain - mais davantage encore au lecteur moderne, cela va de soi - est celui de leur inclusion dans le langage poétique consacré par la tradition, celui de leur passage d'un statut à l'autre, celui - en définitive - de leur fonctionnement dans le texte. Il importe dès lors de regarder de plus près les occurrences de ces N.W. dans le corpus de Raimbaut.

Parmi les textes à occurrence maximale de N.W., la chanson I de Raimbaut d'Orange peut aisément être considérée comme une sorte d'art poétique[25]. C'est là qu'on trouve ce qui pourrait bien être une des clés de la poétique de Raimbaut: "cars, bruns e tenhz motz entrebesc" (v. 19). On remarquera - et la chose nous semble importante - qu'un des adjectifs, *tenhz*, employé pour caractériser ces *motz* est lui-même un N.W. et que tout en possédant d'indéniables connotations rhétoriques[26], il a également un sens des plus concrets renvoyant à un vocabulaire que l'on pourrait qualifier de technique ('teint'). Il en va de même des verbes *compassar* et *esqairar* (v. 6): ce sont là aussi des N.W. appartenant à un vocabulaire technique - celui de la construction, de l'architecture - et qui servent pareillement, par extension, à définir les conditions d'apparition du chant idéal[27]. La même remarque est valable pour *siure-siura* (vv. 4 et 7) et *tiure-tiura* (vv. 22 et 25) qui, en dépit de leur sens concret ('chêne-liège', 'liège'; 'scorie', 'couvrir de scories'), s'appliquent aussi, métaphoriquement, au chant courtois.

La chanson II se présente comme un texte facile, léger ("En aital rimeta prima / m'agradon lieu mot e prim", vv. 1-2) et est considérée de ce fait comme appartenant au *trobar ric/prim*, tant par Leo Pollmann que par Ulrich Mölk[28]. Or, les termes mêmes spécifiant son appartenance à ce style sont des N.W.: *rimeta* et, surtout, *regl(a)* et *linha* ('règle' et 'cordeau'). Ces deux derniers vocables renvoient, une fois de plus et très clairement, au vocabulaire de la construction - référence d'ailleurs renforcée par la présence du participe *bastit* dans le même vers - tout comme c'était déjà le cas dans la chanson I. On y trouve également le verbe *rimar* (vv. 25 et 26), autre N.W., qui de par l'homophonie se prête bien sûr à un jeu d'ambiguité portant sur les sens de 'brûler' et de 'rimer', ce qui ramène de nouveau le lecteur à la création poétique[29].

La chanson IV ("Apres mon vers vueilh sempr'ordre"), de nouveau un texte *prim* et s'annonçant comme facile ("una chanson leu per bordre", v. 2), contient nombre de difficultés syntaxiques et lexicales, et si, apparemment, elle ne semble traiter que de courtoisie, on y trouve cependant à la strophe III[30] une critique implicite de la Dame-inspiratrice ("cil qi m'a vout tristalegre", v. 13): elle sait mieux parler d'actions nobles que Salomon ou Marcol, mais qui oserait se fier à ceux-ci? En d'autres termes, il n'est pas difficile de mieux parler qu'eux! Or, les "paroles" de la Dame sont qualifiées par un N.W. (*entegre*, v. 16), tandis que Salomon et Marcol sont désignés par le N.W. *bretols* (v. 18). Ajoutons que *pols* (v. 17), qui apparaît ici dans une expression montrant à quel point il est dangereux de faire confiance à de tels personnages ("cai leu d'aut en la pols"), est également un N.W.

Le poème X ("Ar vei bru, escur, trebol cel") appartient à un autre registre, encore que l'activité poétique y soit évoquée par le N.W. *libres* ("s'auzes desplejar mos libres / de fag d'amor ab digz escurs", vv. 12-13), dans lequel on pourrait éventuellement reconnaître l'équivalent de ce qui, pour Roger Dragonetti, est la *traditio*, c'est-à-dire "ce qui est à 'livrer', à transformer en livre [qui] est l'héritage auquel tout écrivain se réfère comme à l'autorité de l'écrit"[31]. Toutefois, il s'agit ici surtout de la thématique du *lauzengier*, actualisée en une rime qualifiée par le N.W. *braca* (v. 52) et qui appelle tout un vocabulaire connoté négativement comptant nombre de N.W.: *ensacar*, *entoisseguar*, *esclaca*, *gasurs*, *lams*, *macar*, *por*, *raca*, *regoïbres*, *rotz*, *vaca*. Quant aux autres N.W. de ce poème, ils ressortissent surtout au champ sémantique de la nature - *blaca*, *gibres*, *gingibre*, *gisclar*, *guarengals*, *tiriaca* - tout comme dans les poèmes précédents où l'on trouvait aussi *bederesc(a)*, *brezill*, *coire*, *flums*, *gril(s)* dans I; *acortilhar* et *tendilh* dans II; *colom*, *plom*, *pols*, *seschas*, *tordre* et *veire* dans IV.

La première strophe de la chanson XIII ("Er quant s'embla·l foill del fraisse") est une strophe hivernale, et la description de la nature qu'elle contient forcément amène l'occurrence de près de la moitiè des N.W. de ce poème: *s'entressecar*, *fraisse*, *umors*, *saba*, *cisclar*. On notera par ailleurs qu'il ne s'agit pas là d'un fait isolé: le motif de l'ouverture hivernale apparaît cinq fois chez Raimbaut d'Orange, et sa matérialisation linguistique comprend des N.W. dans quatre cas. En d'autres termes, outre les N.W. de XIII, on a également, et dans des cas parfaitement similaires, *gisclar*, *gibres* et *teuna* dans X; *fanc*, *gisclar*, *gibr'* et *tempesta* dans XV (c'est-à-dire quatre des sept N.W. que compte ce poème); *conglapis*, *cozer*, *tertre* et *piscle* dans XXXIX (4 N.W. sur 5, compte non tenu des répétitions). Ce n'est que dans XIV que ce motif hivernal ne provoque pas l'apparition de N.W. spécifiques: on y retrouve *auriols* et *forest* dans la première strophe (v. 2), mais ces N.W. pourraient tout autant apparaître dans une ouverture printanière. D'autre part, le poème XIII renferme également une affirmation se rattachant à l'activité poétique - "mas per dig d'una sillaba", v. 44 - où *sillaba* est un N.W. De plus, là où Raimbaut se vante de la supériorité de sa propre poésie sur celle de tous les autres troubadours, c'est par le biais d'une comparaison fondée sur des N.W. (*pom*, *raba*) qu'il le fait, ces vocables appartenant par ailleurs au champ sémantique de la nature: "qu'anc pos Adams manget del pom / no valc . . . / lo seus trobars una raba / ves lo meu. . ." (vv. 50-53).

La chanson XXI ("Ben s'eschai q'en bona cort"), que l'on pourrait considérer comme un *gap* à propos d'un concours de poésie, présente quelques N.W. qui ont trait à ce thème (*beort*, *bort*, *lort*, *trap*), mais surtout plusieurs verbes, à connotations négatives, gravitant autout du sème "crier-chanter": *cornar*, *flaujar*, *japar*, *pelaudar*).

Tout comme X, la chanson XXXVII s'adresse "Als durs, crus cozens lauzengiers" (v. 1). Rien d'étonnant, dès lors, si l'on y retrouve une série de N.W., appartenant à un vocabulaire dépréciatif, bien propre à s'appliquer à pareil motif: *glat*, *aplatar*, *escata*, *rata*, *lata*, *desbaratar*, *esclatar*. A côté de cela, on y trouvera également d'autres N.W., au sens très concret, mais employés dans des expressions imagées: *sendat*, *feutres*, *cuers*, *calafatar*, *sabata*.

Sans doute, nous n'avons porté notre attention que sur un nombre limité de cas. Reste cependant que les tendances qu'on peut en dégager nous semblent assez représentatives. Les N.W. que Raimbaut d'Orange fait ainsi entrer dans le vocabulaire de la lyrique courtoise appartiennent bien souvent - le plus souvent d'ailleurs - aux champs conceptuels les plus concrets qui soient; ce qui les rend, *a priori*, fort peu susceptibles de s'introduire dans ce code langagier prévu et prescrit par la tradition. Toutefois, dans le poème, ils acquièrent un statut autre, et leur sens trivial y est dépassé ou poétiquement fonctionnalisé.

De la sorte, nous avons vu qu'ils peuvent, par exemple, contribuer à l'actualisation de certains motifs, principalement ceux de la nature ou du *lauzengier*, de par les connotations négatives qu'ils suscitent. Dans certains cas, leur apparition se justifie, en outre, de par les exigences de la versification. On en trouvera un bon exemple dans XXXVI et XXXIX, mais aussi dans la chanson XXXVII, où la rareté de la rime en *-ata* n'est certainement pas étrangère à la présence de N.W. tels que *esclatar*, *aplatar*, *escata*, *rata*, *lata*, *afatar*, *calafatar*, *desbaratar*, *sabata* (deux fois) et où donc neuf mots à la rime sur vingt sont des N.W.; ajoutons-y que, parmi les autres mots à la rime, deux sont des noms propres: *Lobata*, *Laucata*. Ce qui est plus important, c'est que ces N.W. peuvent aussi, dans bien des cas, provoquer l'ambiguité dans le discours poétique (on se souviendra du cas de *rimar* dans II, 25 et 26, mais aussi dans XVIII, 26 et 37[32]) ou intervenir dans la création d'images ou d'expressions[33].

Toutefois, le phénomène nous semble le plus intéressant là où, paradoxalement peut-être, ces vocables interviennent dans les définitions même du *trobar*: là où les mots du *brayre*, se transcendant à travers l'écriture poétique par la vertu des résonnances qu'ils évoquent et provoquent, deviennent des mots du *dire*[34]. Il en est ainsi des vocables "techniques" que nous avons déjà cités plus d'une fois, il en est également ainsi des termes qui, de façon métaphorique, peuvent entrer, à quelque titre que ce soit, dans le registre du "chant": pour le décrire, pour évoquer ce qui en est l'opposé, pour mettre en lumière ses conditions d'apparition ou de disparition, pour en nommer les effets. . .

Ce sont là, sans nul doute, ces mots "c'anc mais non foron dig cantan" (XVI, 6) et qui font que la vantardise de la première strophe de la chanson XVI - un des rares textes de Raimbaut à ne présenter *aucun* N.W. - n'en est plus une:

> Pos trobars plans
> es volguz tan,
> fort m'er greu s'i non son sobrans.
> Car ben pareis
> qi tals motz fai
> c'anc mais non foron dig cantan
> qe cels c'om tot jorn ditz e brai
> sapcha, si·s vol, autra vez dir.
> (vv. 1-8)

("Puisque le 'trobar plan' est tellement désiré, il me sera fort désagréable si je ne m'y montre pas supérieur. Car il paraît juste que celui qui fait (emploie) tels mots qui jamais encore ne furent dits en chantant (ne furent mis en musique) soit également capable de dire, en une autre occasion, s'il le veut, ces mots que l'on prononce et braille chaque jour".)

C'est à juste titre que Raimbaut peut se prétendre supérieur aux autres, lui qui est capable d'employer poétiquement ces mots qui jamais avant lui ne furent employés en poésie (nos N.W.) et qui, dans cette chanson XVI précisément, fera comme les autres: il y emploiera les mots "c'om tot jorn ditz e brai". En d'autres termes, Raimbaut renverse l'ordre des choses, et ici, c'est le discours courtois des autres qui se voit qualifié de "langage de tous les jours". Le *dire* est devenu le *brayre*. Son discours à lui est un code à l'intérieur du code (de l'ancien code?) dont "li mot seran descubert / al quec de razon deviza" (III, 40).

Notes

[1]Voir, entre autres, Alfred Jeanroy, *La poésie lyrique des troubadours*, 2 (Toulouse et Paris, 1934), p. 123.

[2]Pour ces notions de "convenance" et de "tradition", voir, entre autres, Roger Dragonetti, *La technique poétique des trouvères dans la chanson courtoise* (1960; repr. Genève, Paris et Gex, 1979), pp. 15-30, et Paul Zumthor, *Essai de poétique médiévale* (Paris, 1972), p. 81.

[3]Erich Köhler, "Observations historiques et sociologiques sur la poésie des troubadours", *Cahiers de Civilisation Médiévale* 7 (1964), 46.

[4]Ibid.

[5]Dragonetti, *La technique*, p. 545; voir aussi notre article "La réception manuscrite des troubadours: une approche quantitative de la notion de *succès*", à paraître dans les *Actes du VIIIe Congrès international de langue et littérature d'oc et d'études franco-provençales* (Liège, 2-9 août 1981).

[6]Zumthor, *Essai*, p. 84.

[7]Robert Guiette, "D'une poésie formelle en France au moyen âge", dans *Questions de Littérature*, Romanica Gandensia, 8 (Gand, 1960), p. 13.

[8]Zumthor, *Essai*, p. 84; du même, voir aussi *Langue et techniques poétiques à l'époque romane (XIe-XIIIe siècles)* (Paris, 1963), p. 143.

[9]*Langue*, p. 182: "Le vocabulaire significatif de ce genre littéraire doit se ramener à deux ou trois cents mots au maximum. Cette faiblesse quantitative est, selon toutes les apparences, liée au formalisme littéraire, à la prédominance absolue de schème d'expression déterminés sur les variations combinatoires individuelles".

[10]Pour toutes ces notions, voir, entre autres, Charles Muller, *Initiation à la statistique linguistique* (Paris, 1968).

[11]Il nous est agréable de remercier ici notre collègue F. R. P. Akehurst, professeur à l'University of Minnesota, Minneapolis, ainsi que M. Richard Hotchkiss, programmeur de l'University Computer Center de la même institution, à qui nous devons toutes ces données quantitatives. Les sigles employés pour désigner les troubadours se lisent comme suit: *Gu* = Guillaume IX; *JR* = Jaufre Rudel; *Ma* = Marcabru; *Ce* = Cercamon; *BM* = Bernart Marti; *RB* = Rigaut de Barbézieux;

BV = Bernard de Ventadour; *PA* = Peire d'Auvergne; *GB* = Giraut de Bornelh; *AM* = Arnaut de Mareuil; *RO* = Raimbaut d'Orange.

[12]Voir Claude Dolphin, *Vocabulaire et lexique* (Genève, 1979), pp. 86-87.

[13]Linda M. Paterson, *Troubadour and Eloquence* (Oxford, 1975), p. 228.

[14]Maria da Conceiçao Vilhena, *Peire Vidal et les troubadours luso-galiciens*, 1 (Lille, 1977), p. 232.

[15]Pierre Bec, *Nouvelle anthologie de la lyrique occitane du moyen âge. Initiation à la langue et à la poésie des troubadours*, 2e éd. (Avignon, 1972), p. 65.

[16]"Tradition et création chez Raimbaut d'Orange au niveau du langage poétique", dans *Court and Poet: Selected Proceedings of the Third Congress of the International Courtly Literature Society (Liverpool, 1980)*, éd. Glyn S. Burgess (Liverpool, 1981), pp. 329-38.

[17]Une nouvelle vérification des données analysées dans l'article cité amena à la suppression de 5 N.W.: *emploire*, *decoire*, *estremar*, *esflaujar*, *sejnhoria*) et l'inclusion de *escoire*. Rappelons que le sigle *N.W.*, suggéré par F. R. P. Akehurst, signifie 'New Word(s)'. Ci-après, nous en donnons la liste alphabétique. Chaque N.W. est suivi de sa localisation dans l'oeuvre de Raimbaut: *ablasmans* (14,2), *absolvre* (4,32; 39,27), *acodar* (21,40), *acortilhar* (2,44), *afatar* (37,35), *afrenar* (5,50), *aiziva* (5,41), *amonestar* (15,37), *amortar* (23,170), *ancas* (34,35), *anctos* (19,19), *aplatar* (37,19), *arapar* (21,13), *asseris* (29,58), *atacar* (10,23), *atemprar* (9,35), *atozar* (2,5), *auriol* (14,2), *autana* (30,31), *avantar* (14,15), *bederesc(a)* (1,1 et 9), *beort* (21,8), *besoigna* (27,3), *bezonh* (5,35), *blaca* (10,7), *boja* (13,27), *borda* (34,12), *bort* (21,12), *braca* (10,52), *bretols* (4,24), *brezill* (1,13), *broigna* (28,21), *calafatar* (38,49), *calivar* (9,30), *cana* (30,59), *cervel* (29,38), *cisclar* (13,5), *coire* (1,48), *colom* (4,33), *comde* (23,181), *compassar* (1,6), *conglapis* (39,3 et 11,19, 27, 35, 43), *conh* (5,28), *convertir* (23,168), *cornar* (21,22), *cortejar* (7,32; 28,27), *cozer* (39,4), *cuers* (37,47), *davallar* (18,87), *degertz* (28,19), *demerar* (8,36), *derc* (1,47), *derengar* (18,34), *desabricar* (4,57), *desastrucs* (11,21), *desaventura* (11,11), *desazautar* (21,47), *desazegar* (38,39), *desbaratar* (37,63), *descort* (12,23), *deshonors* (20,50), *devinansa* (12,22), *devinars* (7,21), *domde* (23,182), *eissabozitz* (8,38), *enbrojar* (13,51), *encadenar* (25,9), *endreich* (23,72), *eniurar* (1,34), *ensacar* (10,32), *ensimar* (3,54), *entegre* (4,22), *entoisseguar* (10,33; 11,82), *entravar* (14,25), *entressecar* (13,2), *envilir* (2,38; 8,26), *ermitas* (19,52), *escairar* (1,6), *escata* (37,21), *esclaca* (10,55), *esclatar* (37,5), *escoire* (1,39), *esfilar* (2,12), *espatla* (24,35), *espaut* (21,41), *esquer* (22,49), *esquirols* (14,16), *esquiure* (1,65), *fadesc* (21,27), *fanc* (15,1), *fautar* (21,42), *festa* (15,9), *fetg* (34,46), *feutre* (37,46), *fiansar* (32,3), *flaujar* (21,22), *flums* (1,28; 19,44), *forest* (14,3), *fraisse* (13,1), *galardia* (29,60), *gasurs* (10,49), *geliva* (19,55), *gesta* (15,30), *gibre* (10,3 et 21; 15,2), *gingibre* (10,48), *girar* (31,50; 33,46), *gisclar* (10,2; 15,2; 39,6 et 14, 22, 30, 38, 46), *glat* (37,10), *gragel* (29,9), *grezesc* (1,9 et 10), *grill* (1,4 et 9), *grimar* (2,41 et 42), *groigna* (27,39), *guarengals* (10,48), *guimar* (3,38), *japar* (21,6), *laiga* (4,56), *lams* (10,57), *lata* (37,33), *lenhz* (1,28), *libres* (10,12,), *linha* (2,3), *lort* (21,4), *macar* (10,41), *malastre* (14 fois dans 36), *malastrugamen* (36,32), *malgrat* (13,18; 39,40 et 50), *maner* (36,17), *marves* (26,31), *mela* (3,52), *mesbe* (23,166), *milena* (23,51), *mizels* (28,22), *nars* (20,22), *novia* (34,27), *omplir* (37,58), *pairar* (1,42), *pelaudar* (21,26), *perdonaire* (11,63), *peronhar* (5,42; 28,33), *plaideis* (38,49), *plancas* (34,21), *plom* (4,29), *ploros*

(19,53), *pols* (4,23), *pom* (13,50), *porc* (10,25), *prest* (14,31), *putnais* (28,22), *quils* (8,1), *raba* (13,52), *raca* (10,43), *rata* (37,26), *recalivar* (19,20), *regla* (2,3), *regoïbres* (10,30), *religios* (19,54), *rimar* (2,25 et 26; 18,26 et 37), *rimeta* (2,1), *romanza* (12,28), *rotz* (10,27), *saba* (13,4), *sabata* (37,66 et 67), *sendat* (37,46), *sesal* (31,42), *sescas* (4,34), *sillaba* (13,44), *simples* (20,39), *siura* (1,4 et 7), *sobrecilh* (2,54), *sobregensar* (5,45), *sobreplus* (25,34), *sobresabens* (17,5), *tempesta* (15,2), *tempestar* (14,24), *tendilh* (2,24), *tenhz* (1,19), *tertre* (39,2 et 10,18, 26, 34, 42), *teuna* (10,5), *timi* (7,11), *tiran* (34,27), *tiriaca* (10,34), *tiure* (1,22), *tom* (4,35; 13,26), *tordre* (4,4), *trap* (21,7), *trastornar* (11,13), *umors* (13,4), *vaca* (10,25), *varaire* (11,82), *veire* (4,26), *vouta* (13,26).

[18]Voir notre article cité ci-dessus. Pour les notions de "langage naturel" (vs. "système modélisant secondaire"), voir Iouri Lotman, *La structure du texte artistique* (Paris, 1973), pp. 35-37.

[19]Walter T. Pattison, *The Life and Works of the Troubadour Raimbaut d'Orange* (Minneapolis, 1952), p. 45.

[20]C'est ainsi qu'on pourrait interpréter, à première vue du moins, les vv. 21-22 de la chanson I "Com si liman pogues roire / l'estraing roïll ni·l fer tiure" (voir notre article "Vers une lecture de 'Cars, douz e fenhz' de Raimbaut d'Orange (PC 389,22). Notes et commentaires sur l'édition de J. H. Marshall", dans *Etudes de philologie romane et d'histoire littéraire offertes à Jules Horrent* (Liège, 1980), pp. 509-16.

[21]Paterson, *Troubadour*, p. 147.

[22]Ces répétitions par six sont naturellement dues à la structure particulière de ce poème, qui voit revenir dans ses six strophes les mêmes six mots à la rime.

[23]Voir à ce propos Leo Pollmann, *"Trobar clus". Bibelexegese und hispano-arabische Literatur* (Münster, 1965), pp. 44-45, et Ulrich Mölk, *"Trobar clus - Trobar leu". Studien zur Dichtungstheorie der Trobadors* (Munich, 1968), p. 126 et suiv.

[24]Voir Walter T. Pattison, *Raimbaut d'Orange*, pp. 36-45, et Linda M. Paterson, *Troubadour*, pp. 169-78.

[25]Voir notre article cité en note 20.

[26]Ibid., pp. 511-12.

[27]Ibid., pp. 510-11.

[28]Pollmann, "Trobar clus", p. 41; Mölk, *"Trobar clus - Trobar leu"*, p. 126.

[29]Il en va de même dans XVIII, 26 et 37. Pour *rimar* 'brûler' < *rimari* 'zerspalten, wühlen' (*FEW* 10:409); voir aussi l'article de Paul Remy, "L'ancien français *rimee* (*Blancardin*, v. 2762)", *Romania* 76 (1955), 382.

[30]Dans l'éd. de Pattison, il s'agit de la strophe IV (*Raimbaut d'Orange*, p. 79). Nous comptons revenir sur ce problème dans un prochain article.

[31]Roger Dragonetti, *La vie de la lettre au moyen âge: Le conte du Graal* (Paris, 1980), p. 44.

[32]Voir, entre autres, *acodar*, *aiziva*, *borda*, *bretols*, *cana*, *cornar*, *degertz*, *gasurs*, *gisclar*, *grezesc*, *tordre*...

[33]Voir, entre autres, *acortilhar*, *afrenar*, *atozar*, *boja*, *colom*, *cuers*, *encadenar*, *ensacar*, *conh*, *fetg*, *feutre*, *gingibre*, *lenhz*, *mela*, *plancas*, *plom*, *pom*, *sabata*, *sendat*, *sesal*, *seschas*, *timi*, *veire*...

[34]Dans cette optique, le *brayre* serait le langage non-poétique et le *dire*, la poésie.

The Varying "I"'s of Troubadour Lyric

James J. Wilhelm

In an article entitled "Note on the Poetic and the Empirical 'I' in Medieval Authors," Leo Spitzer claimed that the ordinary poetic "I" of the Middle Ages had a more general and universal sphere of movement than the empirical "I" of later periods, which was tied to the thoughts, feelings, and personalities of characters who were extremely particularized.[1]

Dante in the *Divine Comedy*, for example, is as much Everyman as Dante Alighieri, but Proust is first and foremost Marcel Proust of Paris, living in a particular place at a particular time and speaking in a highly individualized voice. The purpose of Spitzer's argument was to account for the strangely accepted medieval practice of borrowing (what would now be called plagiarism), especially in historical and narrative works. Spitzer did not try to apply his argument to the lyric, and, in fact, noted that in Petrarch the formation of an individual "I," or even an empirical one, was already under way.[2]

Although the article did not issue any general ultimatums for medieval literature at large, it is perhaps inevitable that it, directly or indirectly, led to later claims that the ego of medieval lyrics is simply a grammatical entity with no further exterior reference, and the self as it is known in the twentieth century was practically nonexistent in the Middle Ages.[3] The present article seeks to modify that assumption, and will work within the limits of Provençal verse to establish a variety of self-presentations within the poems. Basically it will defend the notion of a poem as an organic interweaving of sound and sense that usually, but not always, contains some projection of the maker's self. Of course, when poets write in schools, as they often do, they share many common themes or metaphors, and they also partake in a Jungian sense of the archetypal patterns that hold true for all times, but these shared features should not close our eyes to the expression of the self that is a real contribution of twelfth-century poetry, a tradition that heard the individual voice speak, removed from the obscurity of earlier times, in terms of secular lyric.

In the main, one can divide the presentations of the self in troubadour verse into three categories. The first is that general or poetic "I" of Spitzer's inquiry, in which the writer strives for a universal identity, and totally eschews a more limited presentation. A second and opposing group would include the totally fictitious "I" that is in no sense the speaker behind the poem, and was never meant to be. The last, and most pertinent to this inquiry, is an "I" that makes a production original or unique. This last presentation can range from a personal "I" that is individuated only through the particularizing of a writer's thoughts or style, to a more specific production that would reveal an empirical "I," that is, a self behind the work that is so specific that it might seem that the creator had signed it with his autograph.

In the ensuing examination, it will be helpful to proceed in terms of genres, for the basic psychology underlying the expression of a genre is often controlled by the self behind the poetic voice operating in the work—the creative poet as opposed to the mediating persona. Beginning with the category of the generalized self, one must admit that this often appears in the primary genre of Romance lyrics, the love song. Yet before we stamp this phenomenon as markedly medieval, we must ask ourselves if the same thing does not occur among Elizabethan sonnets or the love poems of the *Greek Anthology*. Ivor A. Richards showed how difficult it is to assign egos to anonymous works, even when the writers are as great as Shakespeare.[4] All expressions of love, unless direct biography is included (as with Catullus or Lord Byron), tends toward the universal.

There is, of course, a more practical reason why a troubadour might not want to be personally identified in his verse: his love affairs—if he was using them as backgrounds for his songs—were often, though not necessarily always, adulterous, and so infringed not only upon the morality of the Church, but also on the social tenets of feudal society. A troubadour love song is usually distinguishable only in those cases where a poet's voice is so strong that it manipulates the tropes in an identifiable way: as in Duke William IX's ribald love songs or in Bertran de Born's facetious erotic works.[5] Yet these are not typical of most love songs (then or now), in which the "I" is simply the lover at large.

Another genre that lends itself well to a generalized persona is the *pastourelle*. Here the action involving the seduction of a country girl by a man who is usually her social superior often passes beyond the erotic to the scurrilous, and so a submergence of the creative personality behind the work is again in order.[6] For example, the "I" of Marcabru's "L'autrier jost'una sebissa" (PC 293,30) is never clearly Marcabru the poet. In another seduction poem that is not usually called a pastourelle because the women are aristocratic, Duke William's "Farai un vers, pos mi somelh" (PC 183,12), the action is as general as any traveling salesman joke. Even the additions of the two ladies' names—Agnes and Ermessen—do not really anchor the tale to a particular time or place; probably for the audience of the Duke they worked as some kind of inside joke, with no small touch of malice, but for the modern reader, they do not help to attach the story to William's life as do other compositions of the man.

The second category of ego involvement presents the opposite phenomenon, since it concerns the creation of a false "I." This is especially common in genres with multiple characters, such as the alba or dawn song, where no single composer could simultaneously be a male lover, a female beloved, and a watchman.[7] Another type in this category is a song of changed sexuality (especially the *cantiga de amigo*), as in the poem attributed to Raimbaut de Vaqueiras' "Altas undas que venez suz la mar" (PC 392,5a). Yet a work like this, which cannot per se show any direct presentation of the self, still shows a great deal of poetic imagination, since it involves the very sophisticated projection of the real self into a fabricated self. One should not assume in undertaking an inquiry like this that the expression of an individual "I" is necessarily superior to a literary self that can speak for all men or for most other men and, in this case, women.

The most elusive genre in terms of self-expression is the debate poem or *tenso*, where the presentation is complicated by our inability to know in most cases if the entire poem was written by one poet or if the speakers included actually composed their own strophes. A single author for the whole would destroy any argument for personal expression, and would reduce the dialectic to mere sophistry. Yet a poem with genuine multiple authorship would present self-expression at its finest, provided we could be sure that the speakers were actually saying what they truly believed. For example, in the *tenso* beginning "Ara·m platz, Guiraut de Borneill" (PC 242,14), Guiraut defends the practice of composing in a simple style (*trobar pla*), while his adversary defends the composition of hermetic verse (*trobar clus*). Guiraut's argumentation follows the general lines of his other productions; and if his opponent, Lignaure, is truly Raimbaut of Orange, as he is often conjectured to be, then the poem expresses the two men's genuine thoughts on the subject of poetic creativity, for Raimbaut's other works are usually difficult and abstruse. Both, in short, express the fervent beliefs of the self.

Yet the argument is more complicated when one shifts to the *tenso* between Bernart de Ventadorn and a certain Peire, because Bernart, the greatest composer perhaps of delicate love lyrics in the Provençal language, attacks love throughout the poem, and says in the tornada:

> Peire, qui ama, desena,
> car las trichairitz entre lor
> an tout joi e pretz e valor.[8]

In other words, instead of direct personal expression, one finds here the opposite: ironic counterstatement. Yet this kind of presentation is also valuable. In fact, the troubadour employment of intentional irony, marking a detachment or critique of the self, may ultimately be just as important for the development of modern poetry as the creation of an empirical self.

One may now well ask where this empirical self exists in troubadour verse. The primary genre in which it occurs is the *sirventes*, a satire poem that is usually political, but is also often personal.[9] It seems that rancor may bring out an individual's personality far more clearly than love does. For example, the cantankerous Marcabru is extremely fond of railing out against the society around him in a way that is both serious and humorous:

> Mas Escarsedatz e No-fes
> Part Joven de son compaigno.
>   Ai! cals dols es,
> Que tuich volon lai li plusor,
> Don lo gazaings es enfernaus![10]

Marcabru happened to sign his own name to the second line: "Marcabru made the words and the sound" ("Fetz Marcabrus los motz e·l so"), but a reader aware of the Provençal tradition would recognize this instantly as one of his creations because of the combination of strange portmanteau personifications, the mixture of social criticism against a religious background, and the Biblical allusions, including the Latin of the opening line. This is Marcabru's individual style, and no other writer in Southern France consistently shows these features in combination.[11]

At the same time, one has to admit that, the minute Marcabru creates a pastourelle or a delicate love song like his famous starling poem,[12] he loses that identity and becomes one of the crowd. Yet, curiously, that song remains one of the most memorable works in the Provençal tradition. Thus Marcabru creates a style, but when he switches genres, he loses his identity, even though his new creation may have a life of its own, divorced from his recognized personality.

A poet whose voice is equally unmistakable is Bertran de Born. He put so much of his biographical self into his work that he almost begged medieval scribes to attach *razos* or rational explications with them, although these explications usually were little more than dilutions or fabrications from the poetic texture of his verse. Again and again, Bertran describes his pathetic but also comic situation in war-torn Périgord, where "Each day I contend and I struggle" ("Tot jorn contendi e·m baralh," PC 80,44), surrounded by contentious barons (Guilhelms de Gordo in line 15) and ravaging Englishmen (Richard the Lion-Hearted in lines 10 and 52). His castle at Altafort is the center of his life and the focus of his poetic activity. In fact, when Dante said in the *De vulgari eloquentia* that martial poetry was one of the three major categories of poetic expression, the only lyrical, non-epic voice he could find was that of Bertran.[13] Even though the Italian went on to place the singer of Altafort in his *Inferno* among sowers of discord, Dante's critical comment was in many ways more important than his moral judgment. Bertran did have some imitators, and even the vigorous "Be·m platz lo gais temps de pascor" (PC 80,8a) has been attributed to others,[14] but in most of his creations (even some of his love songs) there are too many people, places, and things that are intimately tied to his life—the essence of what Spitzer called the empirical self—to detach the man from his work. Bertran's Altafort is in no way more shadowy or fictive than Baudelaire's Paris.

A poet who is also identifiable, although somewhat less personal, is Peire Cardenal, who attacked ecclesiastical immorality in the way that Marcabru assailed the lay society for lax moral practices and Bertran de Born criticized the political actions of a rapacious nobility. Cardenal is not the only poet who attacked the perpetrators of the Albigensian Crusade, but he did it with the finest style.[15] In his complaint to God, which is actually a *sirventes* against the immorality of his age, Cardenal mentioned himself as a father with his children at the end of the poem, in a way that alone sets him apart from other troubadours, who show little or no paternal affection or respect for marriage:

—"Per merce·us prec, donna sancta Maria,
C'al vostre fill mi fassas garentia,
Si qu'el prenda lo paire e·ls enfans
E·ls meta lay on esta sans Johans."[16]

The satire or poetry of attack is not the only kind of poem that elicits a strong personal statement from a poet. There is also the lesser genre of the pleasure poem (*plazer*), along with its opposite, the annoyance poem (*enueg*), which state the likes and dislikes of the writers respectively. A master of both forms is the Monk of Montaudon, whose voice is distinguished precisely because he is a member of the clergy yet immerses himself in secular things. When the Monk says in "Molt mi platz deportz e gaieza" (PC 305,15) that he likes to eat a fat salmon in the afternoon (line 12) or to make love with his girlfriend by a stream (lines 13-18), there is no reason to doubt him. He seems to be voicing the daring opinions of his idiosyncratic self.

Of course it may be argued that the Monk's pleasure poem merely *sounds* personal, and there is nothing specific among the details that would tie the poem to him—no nominalist delineation. It is true that various shadings of the self constantly have to be kept in mind, for a poem that lists a person's likes and dislikes may not ultimately seem unique, largely because most people like and dislike the same general things in life. Even Bertran de Born's distinctive-sounding "Young-Old Song" ("Bel m'es quan vei chamjar lo senhoratge," PC 80,7), which expresses personal preferences, is subject to the same criticism, although it contains a reference to Richard the Lion-Hearted to particularize it. The manly vigor of the presentation and the bold preference of youth over age suggest the indefatigable Bertran as the author, but these reasons are not sufficient to stamp the poem indelibly as his.

Yet another kind of poem does express the author's personal sentiments in a clearly individuated way. This type, which has no generic name, may be called a "critique poem," since it deals with literature.[17] The prime example is Peire d'Alvernhe's "Chantarai d'aquestz trobadors" (PC 323,11), in which the author comments a bit maliciously but also amusingly on twelve of his poetic competitors:

Peire d'Alvernhe a tal votz
que canta desobre e desotz
e sei so son dous e plazen;
pero majestres es de totz,
ab qu'un pauc esclarzis sos mots,
qu'a penas nulhs om los enten.[18]

This is not simply a frank confessional by a skilled but difficult poet, but also a statement of ironic detachment from that judgment; in other words, one gets a vaunting self along with a removed self that judges that ego, so that in the end the negative and the positive statements balance with each other. The critique poem is bound to be particularized because of the wide variety of literary tastes; people disagree more about poems than about fine wines or fine foods, or the other elements of the usual pleasure poem. Even when the Monk of Montaudon tries his hand at this genre, he does not duplicate the achievement because of the difference of the personalities examined and because of the difference of his own personality which is doing the examining.

Finally, the genre which may be the most particularized of all is the death tribute (*planh*), since it is tied to a specific event that is often datable and concerns a specific object who is often historically known. Yet it can also be general, because the expression of grief frequently tends to express itself in universal tropes. For example, Bertran de Born's magnificent threnody on the passing of Young Prince Henry of England ("Si tuit li dol e·lh plor e·lh marrimen," PC 80,41) can only be guessed as the work of Bertran, because of the martial vigor behind the solemn funeral strains.[20] A better sample in terms of individuation is Sordello's elegy on the passing of his patron Blacatz, "Planher vuelh en Blacatz en aquest leugier so" (PC 437,24). Here, in an extraordinary manner, an elegy contains a political attack (*sirventes*) and is written in a partially comic vein (the "leugier so" of the opening line). Thus three kinds of genres or tones are combined in a single setting, with the events of Sordello's life and times inextricably bound up in the whole. Here is an empirical self *par excellence*.

The most unique genre of all, which almost, by definition, expresses the self, is the elegy on one's own death, of which the greatest and earliest example is Duke William's "Pos de chantar m'es pres talentz" (PC 183,10). The poem is impelled by the crisis of impending death facing the poet, and even if the exact historical details are not known, the dramatic event itself is made clear. The empirical self could not be more clearly delineated: the composer is a lord of Poitou (line 10) who has a son (line 7) about whom he is worried, since his fractious neighbors (Gascons and Angevins, line 16) will attack his holdings unless the King of France (line 14) or the friendly neighbor Fulk of Anjou (lines 11 and 13) intercede to protect the young heir.

The words for the ego (*ieu*, *eu*) occur constantly in the poem, along with first-person verbs. In fact, the *planh* almost turns into a vaunt as the poet brags about his prowess and his enjoyment of life in line 25. Only under the command of a higher Lord does the earthly lord at last surrender the stuff, the things of life, ending finally with a catalogue of his expensive furs:

Tot ai guerpit cant amar sueill,
Cavalaria et orgueill;
E pos Dieu platz, tot o acueill,
E prec li que·m reteng' am si.
Toz mos amics prec a la mort
Que vengan tut e m'onren fort,
Qu'eu ai avut joi e deport
Loing e pres et e mon aizi.
Aissi guerpisc joi e deport
E vair e gris e sembeli.[21]

Here we have the essential details of a proud, egotistical personality whose known life, since it was heavily chronicled, accords perfectly with the portrait created by the self.[22] There are very few works in other literatures in this same genre, and the few that one might try to compare with this are infinitely less individuated.[23]

After this discussion of troubadour verse in terms of genres, it is important to mention another way of dividing the poetry. As was stated earlier, Provençal lyrics fall roughly into two general classifications according to literary style: the simple method (*trobar pla*) and the hermetic or abstruse method (*trobar clus*), in which an individual searches for recondite themes, difficult tropes, and eccentric words and rhymes. The very concept of *trobar clus* excludes a generalized poetic technique, and insists that any poet of merit has to be an individual.

Two of the primary practicers of the more difficult craft, Raimbaut of Orange and Arnaut Daniel, constantly insist on the uniqueness of their persons, and brag, like Horace, that they flee the *vulgus profanum*. As Arnaut says in the tornada of one of his most famous poems:

Ieu sui Arnaut qu'amas l'aura,
E chatz la lebre ab lo bou
E nadi contra suberna.[24]

This is a supreme statement of the unshackled spirit who steadfastly refuses to accept mundane values, and who delights in a proto-Romantic way in running against the popular tide. The lines do not simply voice idle bravado, for again and again in his works, Arnaut shows that he practiced what he preached. His proud, defiant spirit—with the pride of an artist, rather than the pride of a lord or a warrior—cuts through the generic and categorical classifications into which later critics would like to pigeonhole troubadour verse.

Perhaps the extreme anti-generic statement was made by that other hermetic craftsman, the Lord of Orange. His wild poem "Escotatz, mas no say que s'es" ("Listen, but I don't know what it is," PC 389,28) so successfully eludes generic classification that scholars, throwing up their hands in despair, have called it a "Don't-Know-What-It-Is."[25] Raimbaut would doubtlessly have been amused by their insistence on trying to reduce him to a generic cipher.

In another of his outrageously different poems, his famous wren poem, Raimbaut celebrates that small, humble bird instead of the storied (and cliched) birds of romance; and, rejecting the overworked nature-opening of other poets, begins his poem in an atmosphere of twilight mystery:

Cars, douz e fenhz del bederesc
M'es sos bas chanz, per cui m'aerc;
C'ab joi s'espan viu e noire
El tems que·lh grill pres del siure
Chantan el mur jos lo caire;
Que·s compassa e s'escaira
Sa vos, qu'a plus leu de siura
E ja uns non s'i aderga
Mas grils e la bederesca.[26]

Right from the start, the poem is full of puzzles precisely because Raimbaut refuses to give us the easy style of Bernart de Ventadorn. What do the crickets, the cork tree, the stone block, and the piece of cork mean? Why does the male wren of the first line balance the female wren of the ninth? Why are there triple adjectives in line 1 and triple verbs in line 3, while the number four is suggested by the square? None of these questions can be answered for certain. The poem goes on to criticize Raimbaut's society in very vicious terms, and so can be classified (if one must classify) as a *sirventes*. Yet the whole mysterious atmosphere of the composition in some ways brings it close to the genre of a riddle poem, which throws out various questions and offers no answers. Raimbaut is totally unique. He refuses to write a standard love poem, and perhaps commits his greatest travesties on cliched expression when he compares his girlfriend to Satan and calls her Demoniada—a thing that no other troubadour, including Duke William, would have done, or, in fact, did do.[27]

If the points made in this essay have any validity, then it is perhaps time that we reconsider the presence of self-expression in troubadour verse. Individuality has been sought recently in many other areas,[28] and it is time to extend the inquiry to that premier tradition, the troubadour lyric. Of course no one will claim that the Renaissance began in the twelfth century, but there was a renascence then, a rebirth of individual talent that saw the creations of beautifully sculpted poems carved out of words arranged in intricate stanzas and underlaid with song. Arnaut's proudly egotistic *tornada* can be compared to the beautifully sculpted column in San Zeno of Verona that bears the inscription: ADAMINUS DE STO GEORGIO ME FECIT.[29] It is true that whole communities raised cathedrals and perpetuated troubadour song, but the cathedrals were built out of pillars sculpted by individuals, and the songs were made by men with personalities. There was great pride in the inventors of "Proenza," despite their tendency at times, particularly in love songs, to hymn together in a birdlike fashion. Let us not, as we seek out the general in their poetry, which is surely there, lose sight of the more important fact that after centuries of relative lyrical silence, they rediscovered personal song.

Notes

[1]*Traditio* 4 (1946), 414-22; repr. in *Romanische Literaturstudien* (Tübingen, 1959), pp. 100-12.

[2]Note, *Traditio* 4 (1946), 105. Spitzer was also aware of a more autobiographical Dante in the *Vita Nuova*, and he cited the rather opposed work of Erich Auerbach, who saw both Dante and the general literature of the later Middle Ages as high points of European realistic expression in *Mimesis: The Representation of Reality in Western Literature*, trans. Willard R. Trask (Princeton, 1953), pp. 195-202 and 555; and in *Dante: Poet of the Secular World*, trans. Ralph Manheim

(Chicago, 1961).

[3]Typical is the following statement by the structuralist Paul Zumthor in *Essai de poétique médiévale* (Paris, 1972), p. 192: "L'aspect subjectif de la chanson (le sens du *je* qui la chante) n'a pour nous d'existence que grammaticale."

[4]*Practical Criticism* (London, 1929).

[5]All troubadour citations, unless otherwise stated, from vol. 1 of *Anthology of the Provençal Troubadours*, 2d ed., ed. Thomas G. Bergin et al., Yale Romantic Studies, 2d series, 23, 2 vols. (New Haven, 1973). For Williams, see nos. 2 and 4; for Bertran, no. 78, pp. 112-13.

[6]See Michel Zink, *La pastourelle: poésie et folklore au moyen âge* (Paris, 1972), pp. 76-85.

[7]See Jonathan Saville, *The Medieval Erotic Alba: Structure as Meaning* (New York, 1972).

[8]"Amics Bernartz de Ventadorn," ed. Bergin, pp. 52-53, lines 46-48: "Peire, one who loves is mad, for the deceivers among the women have ruined joy and worth and value."

[9]See Karen W. Klein, *The Partisan Voice: A Study of the Political Lyric in France and Germany, 1180-1230*, Studies in General and Comparative Literature, 7 (The Hague, 1971).

[10]"Pax in nomine Domini," ed. Bergin, pp. 13-15, lines 28-32: "But Stinginess and Lack-of-faith part Youth from his companion. Ah, what grief it is that most people want to go where the winnings are infernal."

[11]Only the poetry of Rutebeuf in northern France seems comparable.

[12]"Estornel, cueill ta volada," ed. Bergin, pp. 22-24, with Part 2 on pp. 24-26.

[13]2.2.54: "Bertramum de Bornio arma"; and 62: "Arma uero nummun Latium adhuc inuenio poetasse."

[14]Thomas G. Bergin, *Anthology of the Provençal Troubadours*, 2:39, notes that "Only five of this poem's fifteen MSS attribute it to Bertran."

[15]The few works of Guillem Figueira are naively paratactic and repetitious, showing no personalized ego; see Bergin, pp. 211-15.

[16]"Un sirventes novel vueill comensar," ed. Bergin, pp. 205-07, lines 45-48: "By your mercy I pray, Lady Saint Mary, that you offer good witness for me to your son, so that he will take this father and his children, and put them where stands St. John." Duke William's concern for his son in his *planh*, discussed below, is another exception.

[17]Peire d'Alvernhe, in the poem cited next, called his work simply a verse (*vers*) in line 85, and Bergin called it a *sirventes*.

[18]Lines 79-84: "Peire d'Alvernhe has such a voice that he sings up and down, and his sounds are sweet and pleasant; and so he's the master of all, if he'd only clear up his words, for scarcely can anyone understand them."

[19]"Pois Peire d'Alvernhe a chantat," ed. Bergin, pp. 142-44.

[20]However, Stanislas Stroński thought that Peire Vidal was the author in *Le Troubadour Folquet de Marseille* (Cracow, 1910), pp. xii-xiii.

[21]Lines 33-42: "I have abandoned all that I used to love: chivalry and pride; and

since it pleases God, I accept all this, and I pray to him that he hold me by him. All my friends I pray at my death that they all come and honor me strongly, for I have had joy and fun far and wide and in my home. But now I renounce joy and fun, and my vair and my gris and my sable."

[22]For a re-creation of William's life, drawn from the chronicles, see the author's *Seven Troubadours: The Creators of Modern Verse* (University Park, Pa., 1970), pp. 21-59. See also the very full treatment in the edition of Gerald A. Bond, Garland Libary of Medieval Literature, 4 (New York, 1982).

[23]Among the few samples that come to mind are Guido Cavalcanti's "Perch'i' no spero di tornar giammai" and Emily Dickinson's "I heard a fly buzz when I died"—neither of which contains a bit of empirical detail.

[24]"En cest sonet coind'e leri," ed. Bergin, pp. 101-02, lines 43-45: "I am Arnaut, who amasses the wind, and I chase the rabbit with the ox, and I swim against the rising tide."

[25]*The Life and Works of the Troubadour Raimbaut d'Orange*, ed. Walter T. Pattison (Minneapolis, 1952), no. 24, pp. 152-55. See the attribution of Bergin, p. 60.

[26]*Raimbaut d'Orange*, ed. Pattison, no. 1, pp. 65-72, lines 1-9: "Dear, sweet, and contrived to me is the low-sounding song of the wren, for which I rise up [Pattison: am exalted]; for with joy it expands and lives and grows at the time when the crickets near to the cork tree sing by the wall under the stone block; for its voice is encompassed [Pattison: aligned] and squared, which is lighter than a piece of cork, and never may anyone else rise up, except for the cricket and the female wren."

[27]See Pattison, *Raimbaut d'Orange*, no. 10, pp. 100-04, lines 45 and 60. The only other poetic occurrence of "Satan" is in the *Boeci*, according to Levy's *Provenzalisches Supplement-Wörterbuch*, 7, 477. The word obviously occurs often in religious literature and in *chansons de geste*.

[28]For instance, Colin Morris, *The Discovery of the Individual, 1050-1200* (New York, 1972); Richard W. Southern, *Medieval Humanism and Other Studies* (New York, 1972); Peter Dronke, *Poetic Individuality in the Middle Ages* (Oxford, 1970); Robert W. Hanning, *The Individual in Twelfth-Century Romance* (New Haven, 1977).

[29]See Hugh Kenner, *The Pound Era* (Berkeley, 1971), pp. 323-26, with picture on p. 324.

“Ai Deus! car no sui ironda?”

Werner Ziltener

So fragt laut dem von Carl Appel erarbeiteten kritischen Text Bernart von Ventadorn gequält in der Kanzone “Tant ai mo cor ple de joya”; er möchte die Entfernung aufheben, die ihn von der Kammer der Geliebten trennt:

Ai Deus! car no sui ironda,
Que voles per l'aire
E vengues de noih prionda
Lai dins so repaire?
(PC 70,44, vv. 49-52)

Daß sich das Verlangen nicht verwirklichen läßt, deuten die Konjunktive *voles* und *vengues* an. Raynouard zitiert die Stelle im *Lexique roman* 3:550[b] nach Hs. C (= M) in Form des unerfüllbaren Wunsches *Ai! Dieus, ar sembles yrunda*, und tatsächlich bieten die meisten Handschriften ähnliche Formulierungen[1]. Ihnen steht bei diesem Verse als Vertreterin der zweiten der beiden Handschriftengruppen, in die sich die Überlieferung des Liedes teilt[2], nur Hs. V gegenüber, die *Ai Dieus! can* (lies: *car*) *no fui ironda* schreibt, was Appel in *car no sui ironda* ändert. Er findet, die Frage sei “so viel lebendiger als der Wunsch ‘ach, wäre ich doch einer Schwalbe ähnlich’” und sieht seine Auffassung dadurch bestärkt, daß auch die Hss. IK die Lesart *Dieus, car mi sembles yronda* der Hss. ADN, mit denen sie gewöhnlich zusammengehen, durch Ersetzung des *sembles* in *A Dieus, car me fos yronda* verwandeln[3]. Moshé Lazar druckt in seiner Bernart-Ausgabe von 1966 zwar Appels kritischen Text als Lied IV ab, fragt sich aber auf S. 242 Anm. 10, ob nicht *car sembles ironda* einzusetzen sei; dabei geht er allerdings bloß vom numerischen Übergewicht der betreffenden Handschriften aus, das bei Unterscheidung zweier Gruppen nicht ausschlaggebend sein kann.

Was sagt uns die Motivgeschichte? Vögel finden von jeher in der Literatur Erwähnung[4], sei es bei Naturbeschreibungen oder in Vergleichen. Daß sie auch in den Musterbeispielen der Lehrbücher auftauchen[5], deutet auf eine gewisse Schulmäßigkeit der Verwendung als Naturrequisit in Altertum und Mittelalter hin[6]. Besonderen Eindruck machen ihr munterer Gesang und der schnelle Flug. In Mythos, Märchen und Volkslied sind Vögel zumeist Bild irdischer Triebhaftigkeit, aber auch von Wunsch und Sehnsucht[7].

Den uralten Traum der Menschheit, Flügel zu besitzen, veranschaulicht Ovid mit mythologischen Beispielfiguren[8], doch schon der Psalmist wünscht sich Flügel wie eine Taube, um seinem Feind zu entrinnen[9]: Vulg. Psalm. 54:7 "et dixi: Quis dabit mihi pennas sicut columbae, et volabo et requiescam?" Die christliche Exegese der Stelle entfachte sich an der Auseinandersetzung mit dem Platonischen Mythos von der gefiederten vollkommenen Seele (*Phaidros* 246ᴬ-252ᴮ), und seit Gregor von Nazianz, im Westen seit Hieronymus und Paulinus von Nola, fand der Psalmvers Verwendung, um die Briefsituation - Sehnsucht des Schreibenden nach dem Adressaten - zu verdeutlichen[10]. Ohne christlichen Hintergrund steht das Motiv in einem von Heikki Koskenniemi 1956 edierten Papyrusbrief einer jungen Griechin des 2. Jahrhunderts, die sich wünscht, zum Geliebten fliegen zu können[11]. Einen ähnlichen Wunsch enthält auch Brief 4 (von etwa 1180) der Konstanzer Musterbrief-sammlung[12]: "alas mihi opto dari sepius, ut te videam quantocius".

Über den Wunsch nach Flügeln oder Flugtüchtigkeit hinaus geht nun das Verlangen, sich in eine Schwalbe zu verwandeln. Die Volkstümlichkeit dieses Verwandlungsmotivs steht für die neuere Zeit außer Zweifel. Für den deutschen Raum drängt sich da der Hinweis auf das erstmals von Johann Gottfried Herder 1778 aufgezeichnete Volkslied "Wenn ich ein Vöglein wär, / Und auch zwey Flüglein hätt', / Flög ich zu dir"[13] sogleich auf. Ihm entspricht das anscheinend in der Normandie besonders verbreitete dialogische Lied "Si j'étais-t-hirondelle, / Que je peuve voler, / Sur votre sein, mamzelle, / J'irais me reposer" und aus der Bretagne (Lorient) "Ah! si j'étais belle alouette grise, / Je volerais sur ces mâts de navire"[14].

Im französischen Raum erscheint Verwandlung in einen Vogel als Sehnsuchtsmotiv mindestens schon im 12. Jahrhundert. Im *Raoul de Cambrai* 5988 aus dem letzten Viertel des Jahrhunderts ist es Gueris Tochter in den Mund gelegt:

Droit a Aras en est venus I mes,
Au sor Gueri a conté demanois
Trestout ausi comme Berniers l'a fait.

Grans fu la goie qe s'amie en a fait:
"Amis," dist ele, "verrai vos je jamais?
Diex! c'or ne sui esmerillons ou gais!
Ja ne fëisse desq'a vos c'un eslais".

Ganz ähnlich formuliert ein lateinischer Frauenbrief der l. Hälfte des 12. Jahrhunderts französischen Ursprungs[15]: "O si nutu Dei acciperem volucris speciem, quantocius volando te visitarem!" Der Herausgeber, Ewald Könsgen, stellt dazu u.a. einen Brief der Tegernseer Sammlung[16], in dem das Verwandlungsmotiv an Psalm 54 anklingt: "Quis dabit mihi genus volatile, ut volitem more aquile, ut ad te veniam. . . ?"

Obwohl von den Vogelarten abgesehen die Verwandlungswünsche im *Raoul de Cambrai*, bei Bernart von Ventadorn und im wenig älteren Frauenbrief weitgehend übereinstimmen, ja in den beiden volkssprachigen Belegen sogar identische Satzstruktur aufweisen, liegt ohne Zweifel kein Abhängigkeitsverhältnis vor. Die ersehnte Überbrückung der räumlichen Trennung ist vielmehr offensichtlich ursprüngliches Freundschaftsmotiv, das um so eher in den Brief eingehen konnte, als der Freundschaftsbrief ein wesentliches Mittel zur Bewältigung solch zwischenmenschlicher Beziehung darstellt. Die Motivgemeinschaft mit der Trobadordichtung stützt überdies bis zu einem gewissen Grade Scheludkos Auffassung der Trobadorkanzone als einer Art Liebesepistel[17].

Die Volkstümlichkeit der vorgestellten Verwandlung wird durch die damit verbundene Bezugnahme auf Gottes Willen unterstrichen. Auch ihre Volkstümlichkeit erweisen nämlich jüngere deutsche Lieder, etwa das von Ludwig Uhland[18] aus einer westfälischen Handschrift des 16. Jahrhunderts mitgeteilte Fastnachtslied "Wol up ir narren alle mit mi", von dem die *Wunderhorn*-Sammlung (I, S. 363) eine mit fünf anderen Vorlagen zu einem Gesellschaftslied (Rundgesang von Zechern) kontaminierte hochdeutsche Fassung enthält[19]. Die Strophen mit Verwandlungswunsch beginnen stets: "Wollt Gott". Hier diejenige mit dem Vogel in der Fassung des *Wunderhorns* (die westfälische Strophe weist eine Lücke auf):

Wollt Gott, ich wär ein kleins Vögelein,
Waldvöglein klein,
Zur Lieben wollt ich mich schwingen,
Ins Fenster springen.

Die Existenz weiterer Verwandlungswünsche (Kätzelein, Hündelein, Pferdelein) im selben Lied zeigt, daß das von Bernart gebrauchte Vorstellungsmuster (Verwandlung in einen Vogel) im weiteren Rahmen des Motivs der Metamorphose schlechthin betrachtet werden muß.

Verwandlung kann (symbolhafte) Chiffre für 'Sehnsucht' oder stoffliche Voraussetzung für das Motiv 'Flucht'[20] sein. Beides etwa im dialogischen *Magali-Lied* ("O Magali, ma tant amado"), das Mistral[21] in Art eines volkstümlichen Arbeitsliedes auf eine alte provenzalische Melodie gedichtet hat. Darin stellt sich Magali vor, in welchen Gestalten (Aal, Vogel, Blüte, Wolke, Sonnenstrahl, Mond, Rose, Eiche) sie sich ihrem Verehrer, der ihr in entsprechenden anderen (Fischer, Jäger, Wasser, Meereswind, Eidechse, Nebel, Schmetterling, Efeu) nachstellen will, zu entziehen versuchen wird. Dieses doppelte Verwandlungsschema ist nicht typisch provenzalisch, sondern begegnet - mit geringerem dichterischen Reiz - auch im französischen Volkslied[22].

Verwandlung zwecks Flucht klingt schon *Girart de Roussillon* 3251 an: "Assaillent mi paian de tote munde. / Ne puis volar en France, ne sui arunde, / Ne n'os saillir en l'aige, tant est pergunde" und liegt offenbar ebenso bei Charles d'Orléans, *rondeau* 23, v. 8 zugrunde: "Si j'eusse esté esmerillon / Ou que j'eusse eu aussi bonne aille, / Je me feusse gardé de celle / Qui me bailla de l'aguillon / Quant je fuz prins ou pavillon". Ein erzählendes Lied aus dem Westen[23] schließlich berichtet von der Flucht einer in eine Ente verwandelten Gefangenen.

Der sehnsuchtsvolle Verwandlungswunsch hat antike Parallelen[24]: Objekt der gewünschten Verwandlung sind Gebrauchsgegenstände der Geliebten, Schmuck, Badewasser, Wind (Anth. gr. 5, 83), Rose (Anth. gr. 5, 84). Besondere Wirkung scheint das griechische *Carmen Anacreonteum* 22[25] gehabt zu haben; es wurde nicht nur von französischen Humanisten übersetzt oder nachgeahmt[26], sondern hat auch ein deutsches Gegenstück in der *Wunderhorn*-Sammlung, in dem die Wünsche mit dem volkstümlichen "Wollt Gott" eingeleitet werden[27]. Dem Verwandlungswunsch in einen Vogel am nächsten kommt von den antiken Belegen der Wunsch des liebeskranken Hirten bei Theokrit 3.12-14, in die Biene verwandelt zu werden, die gerade vorbeisummt, um durch Efeu und Farnkraut in die Grotte der abweisenden Nymphe Amaryllis schlüpfen zu können.

Der Motivstruktur "Verwandlung zwecks Annäherung an die Geliebte" war im 16. Jahrhundert besonderer Erfolg beschieden als Modell für den von Marcel Françon untersuchten burlesken Wunsch der Verwandlung in einen Floh bei Ronsard und in Gedichten der *La Puce de Madame des Roches* betitelten Sammlung (1583). Während jedoch die Humanisten das Motiv aus literarischer (Tierlob, Ofilius Sergianus' *carmen de pulice*; Metamorphosemotiv) und volkstümlicher Tradition (Metamorphosewunsch) entwickelten, erscheint Bernarts Verwandlungswunsch in eine Schwalbe durchaus volkstümlich. Das ungeachtet dessen, daß Vögel als Gattung und ihr Gesang oder auch speziell die beliebte Nachtigall im Natureingang okzitanischer und altfranzösischer Lyrik traditionelles variierbares Beschreibungselement einer auf mittellateinischen Kunstprinzipien fußenden Ästhetik der Form darstellen[28], denn im Volksglauben[29] symbolisieren sie zugleich die Erneuerung der Natur nebst der daraus entspringenden

Freude am Leben und an der Liebe.

Die Formulierung "car no sui ironda", die auf eine (ursprünglich geradezu magische) Identifizierung zielt, entspricht der Denkweise der volkstümlichen Parallelen, wogegen die logisch strenge Scheidung von Subjekt und Objekt in der Variante mit *sembles* jedenfalls auch schwerfälliger wirkt als die verwandte Stelle aus dem anonymen okzitanischen *Lai Markiol* PC 461,124, 161[30] "Si pogues coma ironda / Pojar e descendre, / Tost mi veiratz en l'esponda", wo die Vergleichspartikel eine völlige Identifikation unterbindet. Die Vorstellung des Flugs auf den Bettrand begegnet ebenso bei Guillem de Berguedan im fiktiven Gespräch mit einer Schwalbe (PC 210,2[a] "Arondeta, de ton chantar m'azir"), dessen chronologisches Verhältnis zum *Lai Markiol* nicht eindeutig feststeht. Laut Untersuchung des Herausgebers Martín de Riquer ist das Gedicht, das man verschiedentlich für jünger hielt (1213) und einem Namensvetter Guillems zuschreiben wollte, schon im April 1185 entstanden[31], also etwa zur gleichen Zeit wie das *Lai Markiol*, das noch ins 12. Jahrhundert gehört. Guillem de Berguedan versetzt darin das lyrische Motiv des Vogels als Liebesboten[32], das bei den Trobadors bereits in zweiteiligen Romanzen von Peire d'Alvernha[33] und Marcabru[34] Verwendung gefunden hatte, in die Tenzonenstruktur mit ihrem strophenweisen Redewechsel. Während aber in den beiden Romanzen jeweils Absendung und Rückkehr des geflügelten Boten geschildert werden, konzentriert sich Guillem auf das Eintreffen des von der Dame ausgesandten Liebesboten, eine für den eher grobschlächtigen Dichter möglicherweise bezeichnende Umkehrung der Initiative. Die Gesprächsaufnahme lehnt sich offensichtlich an Marcabru PC 293,26, 2. Strophe, an, wo sich der Star bei der Dame zunächst durch ungebührlichen Lärm bemerkbar macht. Wenn sich die Schwalbe dem Dichter mit den Worten zu erkennen gibt[35]:

> Segnier amics, cochan fez me venir
> Vostra domna, qar de vos ha dezir,
> E s' ella fos, si com ieu sui, yronda,
> Ben ha dos mes q' il vos for' a l' esponda;

liegt abermals geläufiges Vorstellungsgut zugrunde. Der Bettrand nämlich erscheint schon bei Bernart von Ventadorn im Liebesthema, und das nicht nur als Ort, auf dem kummervolles Grübeln den Liebeskranken sich nächtelang herumwälzen läßt (PC 70,44, vv. 41-44), sondern gerade auch als Ziel der Wünsche des Liebenden, der seiner Dame dort demütig zu Diensten sein möchte (PC 70,26, vv. 29-35); Guillem de Berguedan hat dieses mit der erwähnten Situationsumkehrung übernommen. Als nicht minder traditionell erweist sich schließlich die im selben Zusammenhang als unmöglich, wenn auch wünschenswert, hingestellte Verwandlung in eine Schwalbe, die die von Appel bevorzugte Lesart stützt, ohne daß eine direkte Abhängigkeit

Guillems angenommen werden müßte.

Die von Bernart erstrebte Wesenseinheit mit der Schwalbe vertieft die Intensität der dichterischen Aussage. Die Wirkung läßt sich etwa derjenigen des Natureingangs im Lerchenlied (PC 70,43) vergleichen, in dem das Naturbild des fröhlich auf- und niedersteigenden Vogels ohne ausgeführten Vergleich der eigenen neidvollen Sehnsucht gegenübergestellt wird, ein Verfahren, das Bernart PC 70,45, vv. 8-14, mit dem Gesang der Nachtigall (die sonst seine eigene Liebesfreude symbolisiert) wiederholt[36]:

Ai las! com mor de talan!
Qu'eu no dorm mati ni ser,
Que la noih, can vau jazer,
Lo rossinhols chant' e cria,
Et eu, que chantar solia,
Mor d'enoi e de pezansa,
Can au joi ni alegransa.

Die Motivstruktur ist dieselbe: Der Vogel versinnbildlicht kontrastierend die gelungene Selbstverwirklichung in der Liebe, die dem Dichter versagt bleibt. Und so umspannt dies eminent lyrische Motiv in konzentrierter Form den ganzen Gefühlsbereich der klassischen Trobadorkanzone, in der sich auf immer neu gestaltete Weise die unerfüllte und unerfüllbare Sehnsucht thematisiert.

Notes

[1]*Dieus* (*Deu* Hs. S) *car mi* (*non* Hs. S) *sembles* Hss. ADNS, *D. ar sembles yeu* Hs. R, *Ai dieus car* (*ar* Hss. CM) *sembles* Hss. CMa. Karl Bartsch, *Chrestomathie provençale (Xe-XVe siècles)*, 6e éd., entièrement refondue par Eduard Koschwitz (Marburg, 1904), Sp. 67, v. 17 *Ai Deus, ar sembles ironda.*

[2]Siehe Carl Appel, *Bernart von Ventadorn. Seine Lieder mit Einleitung und Glossar* (Halle a.S., 1915), S. 258.

[3]Siehe Appel, *Bernart von Ventadorn*, S. 267, Anm. zu 49.

[4]Vgl. u.a. Ernest Whitney Martin, *The Birds of the Latin Poets* (Stanford, 1914); André Sauvage, *Étude de thèmes animaliers dans la poésie latine: Le cheval - Les oiseaux*, Coll. Latomus, 143 (Bruxelles, 1975); Wilhelm Ganzenmüller, *Das Naturgefühl im Mittelalter*, Beiträge zur Kulturgeschichte des Mittelalters und der Renaissance, 18 (Leipzig und Berlin, 1914), S. 10, 27-28, 51-52, 60, 73-75, 99, 102-03, 153-54, 154-56, 175; Werner Hensel, "Die Vögel in der provenzalischen und nordfranzösischen Lyrik des Mittelalters", *Romanische Forschungen* 26 (1909), 584-670; Dafydd Evans, "Les oiseaux dans la poésie des troubadours", *Actes et Mémoires du IIIe Congrès International de langue et littérature d'oc*, 2 (Bordeaux, 1965), S. 13-20.

[5]Beispiel für *similitudo*: Rhet. Her. 4.48, 61 "Ita ut irundines aestivo tempore praesto sunt, frigore pulsae recedunt - item falsi amici sereno vitae tempore praesto

sunt; simul atque hiemem fortunae viderunt, devolant omnes". Danach Anon. Audomarensis (St. Omer, Mitte 13. Jh.) 72 (hgg. Charles Fierville, "Notice et extraits des manuscrits de la Bibliothèque de Saint-Omer, nos. 115 et 710", *Notices et extraits des manuscrits de la Bibliothèque Nationale* 31/1 [1884], 110): "Sicut hirundo redit cum tempus ridet amenum, / Brumalesque minas si senserit, excutit alas, / Sic mereor plures dum floreo rebus amicos: / Si nigram videant hiemem, volitant procul omnes".

[6]Vgl. Ernst Robert Curtius, *Europäische Literatur und lateinisches Mittelalter*, 2. durchgesehene Aufl. (Bern, 1954), S. 167; bei Demetrios 133 (hgg. Ludwig Radermacher, *Demetrii Phalerei qui dicitur De elocutione libellus* [1901; Stuttgart, 1967]) wird allerdings die Nachtigall, nicht die Schwalbe, erwähnt. Das ibid. Anm. 6 angeführte Nachtigallengedicht Eugen. Tolet. carm. 30-33 steht MGAuct. ant. 14, 253-54 (= Anth. 658 = Baehrens 5, 368).

[7]Vgl. Hedwig von Beit, *Symbolik des Märchens. Versuch einer Deutung* (Bern, 1952), S. 236.

[8]Z.B. Ov. epist. 18,49 *Daedalus*; trist. 3,8,6 *Perseus*, *Daedalus*. Siehe Klaus Thraede, *Grundzüge griechisch-römischer Brieftopik*, Zetemata, 48 (München, 1970), S. 63-64, vgl. S. 90 (anonyme griechische Briefe an Jamblich, um 320 n. Chr.).

[9]Zur Situation vgl. Aeneas' höhnische Aufforderung an seinen Gegner Turnus (Verg. Aen. 12,892) "opta ardua pinnis Astra sequi" und *La Chanson d'Aspremont*, hgg. Louis Brandin, 1 (Paris, 1921), v. 270: "Ne te garra bos ne tiere ne mer, / Se ne t'en pués come uns oisials voler"; sowie *Jourdains de Blaivies*, hgg. Karl Hofmann, 2. verm. und verb. Aufl. (Erlangen, 1882), v. 413: "Car plëust Deu, qui forma tout le mont, / Que je volaisse ausiz com uns faucons / De ceste chartre ou je sui en prison".

[10]Vgl. Thraede, *Grundzüge*, S. 174-79; Adele Fiske, "Paradisus Homo Amicus", *Speculum* 40 (1965), 436-59, bes. S. 438.

[11]Vgl. Thraede, *Grundzüge*, S. 80-81.

[12]Hg. Franz-Josef Schmale, *Die "Precepta prosaici dictaminis secundum Tullium" und die Konstanzer Briefsammlung* (Diss. Bonn, 1950), S. 116; zur Datierung siehe S. 58. Der Beleg wird schon von Ewald Könsgen in seiner Ausgabe der *Epistolae duorum amantium*, Mittellateinische Studien und Texte, 8 (Leiden, 1974), S. 49, Anm. 8, zitiert.

[13]Johann Gottfried Herder, *Stimmen der Völker in Liedern*, hg. Heinz Rölleke, Universal-Bibliothek, 1371 (Stuttgart, 1975), Teil 1, Buch 1, S. 36, Nr. 12; danach auch in der *Wunderhorn*-Sammlung, 1 (Heidelberg und Frankfurt, 1806), S. 231, von Arnim und Brentano (= Frankfurter Brentano-Ausgabe, 6 [1975]). Vgl. auch Ludwig Erk-Franz M. Böhme, *Deutscher Liederhort*, 2 (Leipzig, 1893), S. 333-35, Nr. 512^a-512e.

[14]Vgl. Julien Tiersot, *Histoire de la chanson populaire en France* (Paris, 1889), S. 95 bzw. 89, zitiert von Marcel Françon, "Un motif de la poésie amoureuse au XVIe siècle", *Publications of the Modern Language Association* 56 (1941), 307-36, bes. S. 315, wo auch ein Hinweis auf zwei von Clément Janequin (16. Jh.) vertonte Lieder, die den Wunsch "Si Dieu vouloit que je feusse arrondelle" enthalten.

[15]Epist. duor. amant. 86, hgg. Könsgen, S. 49.

[16]Epist. Teg. (Clm. 19411 saec. XII/XIII in.) 5, 15 (hgg. Peter Dronke,

Medieval Latin and the Rise of European Love-Lyric, 2, 2. Aufl. [Oxford, 1968], S. 476). Schmale, *Precepta*, S. 57, vermutet, die Tegernseer Briefe seien älter als Nr. 4 der Konstanzer Sammlung, wo Motive verschiedener Tegernseer Briefe vereinigt sind.

[17]Vgl. Werner Ziltener, *Studien zur bildungsgeschichtlichen Eigenart der höfischen Dichtung*, Romanica Helvetica, 83 (Bern, 1972), S. 205.

[18]*Alte hoch- und niederdeutsche Volkslieder mit Abhandlungen und Anmerkungen*, Bd. 1, Abt. 1 (Stuttgart und Tübingen, 1844), S. 21-22, Nr. 6.

[19]Vgl. Erk-Böhme, *Deutscher Liederhort*, 3 (Leipzig, 1894), S. 31-32, Nr. 1082.

[20]Ohne Verwandlung, d.h. mit logisch geschiedenen Vergleichsebenen, siehe oben Anm. 9.

[21]*Mirèio* (Avignon, 1859), cant 3.

[22]Vgl. Gabriel Vicaire, *Études sur la poésie populaire. Légendes et traditions* (Paris, 1902), S. 22, 177-78 (Bresse).

[23]Vgl. Tiersot, *Chanson populaire*, S. 22.

[24]Zusammengestellt von Françon, "Un motif", S. 310-12. Siehe auch Dronke, *Medieval Latin*, 1, S. 178-79.

[25]Hg. Karl Preisendanz (Leipzig, 1912).

[26]Vgl. Françon, "Un motif", S. 310.

[27]Strophe III ("Wollt Gott, wär ich ein lauter Spiegelglas!") des *Meiner Frauen rother Mund* beginnenden Liedes, das im *Wunderhorn*, 3 (Heidelberg, 1808), S. 113, den Titel "Wollte Gott" trägt. Der beigefügte Quellenvermerk "Ein Bremberger. Gedruckt zu Zürich aus 1500" gibt an, daß das Lied auf die Melodie des "Bremberger" genannten Tons zu singen sei; mit diesem ist der große oder Ton IV des Minnesängers Reinmar von Brennenberg (vor 1276) gemeint, der auch "Brembergers Hofton" oder "Brand(en)berger" genannt wird. Vgl. *Das Königsteiner Liederbuch Ms. germ. qu. 719 Berlin*, hgg. Paul Sappler, Münchener Texte und Untersuchungen zur deutschen Literatur des Mittelalters, 29 (München, 1970), S. 223-24, 227, mit Literaturangaben auf S. 223, Anm. 2; Jacob Grimm, "Beweis dasz der Minnesang Meistergesang ist" (1807), *Kleinere Schriften*, 4 (Berlin, 1869), S. 12-21, bes. 17, und *Über den altdeutschen Meistergesang* (Göttingen, 1811), S. 135. Der Bau der Brembergerstrophe ist bei ihrer volkstümlichen Verwendung allerdings aus den Fugen geraten, siehe *Königsteiner Liederbuch*, hgg. Sappler, S. 302 und 301 (mit Literaturangabe) zum Zürcher Druck des Fliegenden Blatts, der etwa fünfzig Jahre später anzusetzen ist.

[28]Vgl. Roger Dragonetti, *La technique poétique des trouvères dans la chanson courtoise*, Rijksuniversiteit te Gent, Werken uitgegeven door de Faculteit van de Letteren en Wijsbegeerte, 127 (Brugge, 1960), S. 163-93, bes. 170-72, 177, 181-84, 186-88, und oben Anm. 6.

[29]Vgl. René Nelli, *L'érotique des troubadours*, 1, Coll. 10/18, 884 (1963; Paris, 1974), S. 63.

[30]Karl Bartsch, "Zwei provenzalische Lais", *Zeitschrift für romanische Philologie* 1 (1877), 65.

[31]Siehe Martín de Riquer, *Guillem de Berguedà*, 1: *Estudio histórico, literario*

y lingüístico, Scriptorium populeti, 5 (Abadia de Poblet, 1971), S. 113.

[32]Vgl. Riquer, *Guillem de Berguedà*, 1, S. 114, mit Literaturangaben.

[33]PC 323,23 "Rossinhol, el seu repaire / M'iras ma dona vezer".

[34]PC 293,25 "Estornel, cueill ta volada" bzw. PC 293,26 "Ges l'estornels non s'oblida".

[35]PC 210,2[a], vv. 7-10 (XXV; hgg. Riquer, *Guillem de Berguedà*, 2: *Edición crítica, traducción, notas y glosario*, Scriptorium populeti, 6 [Abadia de Poblet, 1971], S. 214).

[36]Vgl. noch PC 70,29, vv. 1-4: "Lo rossinhols s'esbaudeya / Josta la flor el verjan, / E pren m'en tan grans enveya / Qu'en no posc mudar, no chan"; Nachahmung durch Gaucelm Faidit PC 167, 45, vv. 1-8 (XII; hgg. Jean Mouzat, *Les poèmes de Gaucelm Faidit, troubadour du XIIe siècle*, Les Classiques d'Oc, 2 [Paris, 1965], S. 131) "Pel joi del temps qu'es floritz, / S'alegra e s'esbaudeja / Lo rossignols e(t) dompneja / Ab sa par pels plaissaditz; / Don sui tristz, / Qe chans e voutas e critz / Aug, e no sai cum m'esteja, / Que d'enveja M'es a pauc lo cors partitz".